GUARDA UM CRAVO PARA MIM

CB126237

CONSELHO EDITORIAL
Ana Paula Torres Megiani
Eunice Ostrensky
Haroldo Ceravolo Sereza
Joana Monteleone
Maria Luiza Ferreira de Oliveira
Ruy Braga

GUARDA UM CRAVO PARA MIM

Os exilados brasileiros em Portugal (1974-1982)

Rodrigo Pezzonia

alameda

Copyright © 2018 Rodrigo Pezzonia

Grafia atualizada segundo o Acordo Ortográfico da Língua Portuguesa de 1990, que entrou em vigor no Brasil em 2009.

Edição: Haroldo Ceravolo Sereza
Editora-assistente: Danielly de Jesus Teles
Projeto gráfico e diagramação: Airton Felix Souza
Capa: Danielly de Jesus Teles
Revisão: Alexandra Colontini
Assistente acadêmica: Bruna Marques
Imagem da capa: Fotografia do acervo pessoal de Alfredo Hélio Sirkis

Este livro foi publicado com apoio da Fapesp, nº do processo: 2017/13084-9

CIP-BRASIL. CATALOGAÇÃO-NA-FONTE
SINDICATO NACIONAL DOS EDITORES DE LIVROS, RJ

P619G

Pezzonia, Rodrigo
Guarda um cravo para mim: os exilados brasileiros em Portugal (1974-1982) / Rodrigo Pezzonia. - 1. ed. - São Paulo : Alameda, 2018.
23 cm.

Inclui bibliografia
ISBN 978-85-7939-573-4

1. Brasil - Política e governo - 1964-1985. 2. Ditadura - Brasil - História. 3. Exilados - Brasil - História - Séc. XX. 4. Brasileiros - Portugal. I. Título.

18-52805 CDD: 981.063086914
CDU: 94(81).088-054.7

ALAMEDA CASA EDITORIAL
Rua Treze de Maio, 353 – Bela Vista
CEP 01327-000 – São Paulo – SP
Tel. (11) 3012-2403
www.alamedaeditorial.com.br

SUMÁRIO

Nunca um brasileiro deixou de amar Portugal desde o primeiro dia que ele pisou o seu chão. Mas antes de abril de 1974 esse amor era envergonhado e o sentíamos quase como uma fraqueza. Essa terra que tão profundamente identificávamos como nossa, essa gente e essa língua, essa cultura que não precisávamos quase conhecer para incorporar parecia-nos pobre e esterilizada. Portugal parecia ser a terra da burrice oficial, dos comendadores empatacados, da repressão brutal e do povo calado. Quando Chico Buarque dizia que o Brasil ainda cumpriria seu ideal de tornar-se um imenso Portugal não formulava um voto, fazia um exorcismo. Queria dizer que se a ditadura continuasse em nossa terra ficaríamos secos como os portugueses. Hoje, Portugal é o mais fascinante e comovente país da Europa. Seu povo mostra que meio século de salazares, marcelos e pides não conseguiram quebrar sua criatividade e inteligência. Devagar, passo a passo, reaprende-se a pensar, constroem-se modelos de libertação que se espalharão pelo mundo. O nosso velho amor brasileiro já não sente a necessidade de justificar-se. Proclama-se bem alto. Passamos a desejar que o Chico Buarque venha a ter razão, que o Brasil possa realmente um grande Portugal. Afinal, o povo português, ao começar a sua libertação, devolve-nos o nosso passado. Um dia haveremos de dar o troco, construindo também o nosso futuro, que muito continuará a ter em comum.

ALVES, M. M. Introdução à Edição Portuguesa. In: ____. *O Despertar da Revolução Brasileira.* Lisboa: Seara Nova, 1974. p. 11-12.

Prefácio

O exílio é tão antigo como antiga é a humanidade. Produzido e vivido pelos homens, onde quer que tenham se estabelecido, em todas as épocas. É a expressão dos conflitos e exclusões, da intolerância. Mas se o exílio combina com arbítrio e dor, historicamente, por meio dele, homens e mulheres correram o mundo libertando suas ideias proibidas aos quatro cantos. Nesse processo, sofrem, crescem, se transformam, se reafirmam, se perdem, se encontram, sucumbem, sobrevivem... Por natureza, o exílio é assim, múltiplo, contraditório e complexo, fascinante.

Entre as décadas de 1960 e 1980, a onda de golpes militares que assolou a América Latina durante a Guerra Fria trouxe de volta o exílio ao continente. Os que fugiam das ditaduras, instauradas na sequência, procuraram se manter em países próximos, em um primeiro momento. À medida que tais regimes avançavam, os destinos ampliaram-se e os exilados latino-americanos se espalharam por outros continentes.

Ao contrário da historiografia dos países do Cone Sul, que já na década de 1990 produzira títulos importantes sobre esses exílios, os historiadores brasileiros, até então, pouco haviam escrito a esse respeito. O que sabíamos dessa história recente vinha de livros de jornalistas e de biografias, autobiografias e depoimentos de ex-exilados. Esta realidade mudou – e vem mudando – ultimamente. O surgimento de trabalhos acadêmicos, em muitos casos, resultado de dissertações de mestrado e teses de doutorado deram ao leitor a possibilidade de ver o nosso exílio pela ótica do historiador, munido dos instrumentos próprios do ofício. Longe de desconsiderar as perspectivas jornalísticas e memorialísticas, elas tornaram-se, ao mesmo tempo, fonte e objeto da pesquisa histórica. Ao lado de uma documentação que veio a público mais recentemente com a abertura de arquivos, as possibilidades de melhor conhecer o exílio brasileiro se ampliaram bastante.

Na verdade, na própria América Latina, o interesse pelo tema também aumentou muito nesse período. Multiplicaram-se os autores, publicações, congressos e redes de pesquisadores que promovem e estimulam os diálogos, a difusão e a circulação das pesquisas.

A existência de estudos mais gerais e panorâmicos dos primeiros tempos abriu caminho para trabalhos mais verticalizadas que permitem olhar de perto as experiências particulares, considerando as especificidades dos países de acolhimento, inclusive, das suas conjunturas deles e do próprio período do regime militar entre o golpe de 1964 e a Lei de Anistia de 1979.

É nesse contexto que se insere o livro de Rodrigo Pezzonia. Fruto de uma bela tese de doutorado defendida no Programa de Pós-Graduação em História Social da Universidade de São Paulo, Rodrigo focou seu trabalho no exílio brasileiro vivido em Portugal, a partir de 1974. Momento precioso! No Brasil, iniciava-se o projeto de abertura política do governo Geisel. As esquerdas começaram a reavaliar seus métodos, valores, agenda, fosse no interior do país, fosse no exílio. A vitória do MDB nas urnas impunha a reflexão. A experiência do governo Allende, no Chile, que muitos exilados brasileiros e demais latino-americanos conheceram, propiciou um enorme aprendizado, inclusive, a derrota de 11 de setembro de 1973. A ditadura salazarista de 48 anos caía. Os brasileiros exilados em diversos países correram para Portugal. A Revolução dos Cravos criava possibilidades infinitas de atuação política, de trabalho, de acolhimento, de atividades culturais e, sobretudo, renovava esperanças. Voltar a falar português era quase voltar à pátria, para lembrar o Poeta.

Como acontece em países muito tempo sob ditaduras, Portugal viveu intensamente esse momento de enormes expectativas e tensões. Que caminhos seguir nessa reconstrução? Que democracia se queria? Que revolução era aquela? O processo de libertação nacional das suas colônias africanas, na sequência, provocou o retorno de portugueses nascidos na África. O país parecia pequeno para tanta gente. Os antigos-expatriados eram os novos exilados? Os desafios eram inúmeros. Novas questões, novos problemas, novos conflitos se somavam aos já conhecidos. Como diria o grego do Primo Levi, "toujours la guerre..."

Rodrigo nos leva a esse universo riquíssimo, sempre do ponto de vista dos caminhos percorridos pelos brasileiros em Portugal. Muitos ali se transformaram, se metamorfosearam. Outros tantos reafirmaram o autismo tão característico das esquerdas. Rupturas e continuidades que se tencionaram e se completaram, como a história nos ensina.

Com notável fôlego de pesquisa, Rodrigo explora fontes diversificadas como a documentação oficial dos governos brasileiro e português, a legislação internacional acerca da concessão de asilo político, o material variado produzido no exílio, as memórias, as biografias, as autobiografias, as entrevistas, a imprensa etc. Consegue circular entre a escala maior de grandes questões da segunda metade do século XX (refugiados, fim das ditaduras surgidas no entre-guerra, descolonização, golpes e ditaduras latino-americanos, direitos humanos nos anos da presidência de Jimmy Carter etc.) até a escala reduzida do cotidiano dos brasileiros na antiga metrópole.

Essa viagem através de dimensões tão diversas como esclarecedoras do exílio resulta numa inestimável contribuição à historiografia. Entre tantos assuntos sobre os quais aprendemos com Rodrigo, alguns merecem destaque. Os movimentos de denúncia das ditaduras latino-americanas e pela anistia no Brasil. As associações de apoio aos exilados. As relações do governo Geisel com os países africanos, então, independentes. As relações entre o Brasil imerso no regime militar, e Portugal, saindo da ditatura. A atuação de artistas na vida cultural portuguesa, depois de quatro décadas de arbítrio, com histórias impagáveis de José Celso Martinez Correa e Augusto Boal. A presença de militares brasileiros na Revolução portuguesa. As atuações de lideranças políticas na reconstrução da democracia, em especial, as relações entre o PCB e o PCP. O núcleo do PCdoB, em Lisboa, sob a batuta do velho Arruda. E o ponto alto do livro, Leonel Brizola recebido em Portugal depois de sua expulsão do Uruguai. Com apoio de Mário Soares e do Partido Socialista Português, o político liderou o movimento que reuniu em torno dele exilados de diversas origem, até mesmo ex-militantes da luta armada, a "turma do gatilho" como ele, ironicamente, os chamava. No ocaso do exílio, Brizola lançou a famosa *Carta de Lisboa*, que pretendeu refundar o PTB e renovar o trabalhismo de Getúlio Vargas. Na atual e aguda crise das esquerdas brasileiras, conhecer melhor essa alternativa, tão esquecida na última década, não é desprezível.

Na volta dos exilados ao Brasil, a partir de 1979, temática também tratada no livro, toda essa ebulição de ideias e vivências estava na bagagem. Com ela, nos anos 1980, enfrentaram novo desafio. Era a hora e a vez da reconstrução da nossa democracia.

Denise Rollemberg
Rio de Janeiro, 26 de abril de 2018

INTRODUÇÃO

O exílio brasileiro pós-golpe civil-militar de 1964 não pode ser entendido como um fenômeno de caráter singular, mas sim plural. Em maior ou menor grau, diferentes classes e categorias sociais foram envolvidas por este fenômeno, assim como diferentes *gerações.*[1] Além disso, como a literatura sobre exílio revela, para os envolvidos não houve apenas um exílio, ou seja, foram muitas as formas de se viver a saída, seja pelos rumos que a história brasileira e de outros países do Cone Sul tomaram, seja pelos fenômenos político-históricos ocorridos nos países de acolhida.

Várias foram as facetas que um fenômeno como o exílio pôde evidenciar, isto é, não tivemos os mesmos tipos de exílio. Na Argentina e Chile, por exemplo,

1 Para Denise Rollemberg, existiram duas *gerações* de exilados brasileiros, ou seja, uma primeira geração que temporalmente se situaria no período imediatamente pós-golpe, e que politicamente teria como característica a identificação com "o projeto da reforma de base, ligados a sindicatos e partidos políticos legais, como o PTB, ou ilegais como o PCB", e que, "quando foram para o exílio, já eram na maior parte homens maduros definidos profissionalmente". Já o segundo grupo, ou a "geração de 1968 (...) está identificada a militantes mais jovens, extremamente críticos às posições e práticas do PCB, muitos originários do movimento estudantil, de onde saíram para se integrarem à luta armada em organizações que supervalorizavam a ação revolucionária." ROLLEMBERG, D. *Exílio*: entre raízes e radares. Rio de Janeiro: Record, 1999, p. 50.

os processos de repressão e, por consequência, desterro, aconteceram de maneira muito mais violenta e massiva. No Brasil tivemos um movimento mais ligado ao autoexílio do que propriamente a expulsão sumária dos militantes, considerando que tivemos pouco mais de uma centena de banidos (militante trocados por diplomatas capturados pelas organizações que se dedicavam à resistência armada contra o regime). Tivemos também algo peculiar, como aconteceu com Gilberto Gil e Caetano Veloso,[2] que foram os "convidados a se retirar". Os demais saíram por sua própria conta ou com ajuda de suas famílias e organizações.[3]

Do Brasil se mostrou necessário, na maioria dos casos, a necessidade de uma fuga preventiva. Mas deixemos claro, já de início, que isso não descaracteriza a arbitrariedade do exílio brasileiro. Não diminui o sofrimento do exilado. Se o indivíduo deixa o país não é por voluntarismo, mas sim porque, de alguma forma, se sente coagido a fazê-lo. A nosso ver, tanto aquele que é expulso, quanto aquele que é perseguido ou mesmo aquele que abandona o país por medo, é um exilado.

É no romance da escritora Tatiana Salem Levy, criado a partir das experiências na convivência com seus pais, Helena Salem e Nelson Levy, que temos um breve retrato de uma das situações que antecedem a decisão do exílio:

> Quando ela chegou, ele pensava na vida, o corpo derramado na cama, o cigarro queimando solitário no cinzeiro. Levantou-se num ímpeto: então, como foi? Ele tinha ficado em casa (não enquanto ela fora à reunião. Sem grandes movidas, ela respondeu numa voz monocórdia, a planilha de sempre. Ele suspirou aliviado, tinha receio de notícias ruins, e disse: vamos comer. Foram juntos à cozinha fuxicar o armário em busca de um macarrão e um molho de tomate. Já estou farta de comer sempre a mesma coisa, de não poder ir a restaurantes, de ter que ir ao supermercado afobada, fugindo dos olhares alheios, me escondendo o tempo todo. E temos

2 Após o encarceramento de ambos em prisões militares e em seus próprios domicílios, os militares sugeriram que deixassem o país, visto que sua permanência poderia trazer problemas para os próprios militares dada a inexistência de acusações formais contra os dois artistas.

3 Apesar de não ser possível aferir o número exato de exilados que deixaram o Brasil entre os anos de 1964 e 1979, em janeiro de 1978 o Senador Leite Chaves (MDB) estimava em cinco mil o número de refugiados brasileiros. (Refugiados são cinco mil, diz senador. *Folha de S. Paulo*, São Paulo, p. 7, 3 jan. 1978). Hoje se cogita pelo menos o dobro.

outra escolha? Quantos amigos temos na prisão? Hoje mesmo na reunião anunciaram o nome de um tal Humberto, você o conhece? Esse, pelo que entendi, se for pego está morto, ela disse. Ele estremeceu. Você viu onde eu coloquei o cinzeiro? Acho que está na sala. Coxo pelo pavor, saiu da cozinha em busca do cigarro, as pernas tropeçando em si mesmas. Ela continuou falando com ele, falando sozinha. Que não aguentava mais a clandestinidade, não era essa vida que tinha sonhado para si.

Trouxe numa bandeja os pratos de macarrão. Ele já tinha fumado três cigarros, um atrás do outro. O rosto pálido, lívido, a gotejar suor. Ela nem percebeu, estava absorta em sua ideia de sair do país. Com a cabeça baixa, ele sussurrou algo que ela não compreendeu. O que você disse? Ele levantou o rosto e repetiu: sente aqui, a meu lado. Nessa época, moravam num quarto e sala na periferia da cidade, um apartamento arranjado pelo próprio partido. Nada do que ali estava era deles senão as roupas. Ela sentiu a mão fria do marido segurando a sua como a de um menino que tem medo de temporal em noite sem lua. Sentiu que o coração dele palpitava, e o seu acelerou igualmente: o que foi? Ele não respondeu, vergando novamente a cabeça. O que foi? Calma, ele disse, tenha calma. Preciso lhe dizer uma coisa, mas, por favor, não me odeia, não me leve a mal. Depois explico tudo com tranquilidade, mas agora o que importa é que você saiba disso, que você me entenda, que aceite eu ter mantido um segredo esse tempo todo. Seus olhos silentes diziam o que sua voz não era capaz de dizer, e quando ele sussurrou: pequena, o Humberto sou eu, ela estava com a cabeça baixa, as mãos tapando os ouvidos para não ter de ouvir o que já tinha compreendido.[4]

***

Já fora do país, cada indivíduo viveu de maneira diferente sua estada forçada. Muitos continuaram se dedicando à militância, outros se afastaram dela

Há os que viram o exílio como fonte de oportunidade, e outros de desolação.[5] Alguns não suportaram o "tratamento" que sofreram no Brasil, e vivendo

4 LEVY, Tatiana Salem. *A Chave de Casa*. Rio de Janeiro: Edições BestBolso, 2013, p. 117-118.

5 Um bom exemplo disso é a experiência de duas figuras importantes da cultura nacional, Gilberto Gil e Caetano Veloso. Gil e Caetano viveram de maneiras bem diferentes a con-

os mais obscuros medos, lembranças, sentimentos, tiraram suas próprias vidas.[6] Pois, como bem lembra Edward Said, o exílio

> é terrível de experienciar. Ele é uma fratura incurável entre um ser humano e um lugar natal, entre o eu e seu verdadeiro lar: sua tristeza pessoal jamais pode ser superada. E embora seja verdade que a literatura e a história contem episódios heroicos, românticos, gloriosos e até triunfais da vida de um exilado, eles não são mais do que esforços para superar a dor mutiladora da separação. As realizações do exílio são permanentemente minadas pela perda de algo deixado para trás para sempre.[7]

E, em outra obra que se dedicou a tratar sobre o assunto, Said vai além apontando que

> [p]ara a maioria dos exilados, a dificuldade não consiste só em ser forçado a viver longe de casa, mas, sobretudo, e levando em conta o mundo de hoje, em ter que viver com a lembrança de que ele realmente se encontra no exílio (...). Portanto, o exilado vive num estado intermediário, nem todo integrado ao novo lugar, nem to-

---

dição de exilados. Gil se lançou a novas experiências pessoais e profissionais. Para ele, o exílio também foi sinônimo de oportunidade, aprendizado e autoconhecimento, enquanto que para Caetano foi tristeza e isolamento. Ele, inclusive, refere-se ao exílio como a "quase morte" ou "sonho obscuro". Gil usou o exílio para aprender, relacionar-se, encontrar o novo. Por outro lado, Caetano, assim como parte dos exilados, não teve a mesma força que Gil de se ocupar e deixar de lado a nostalgia de seu país que tanto o afetava. Após sua chegada em Londres, cada vez se isolava mais, não produzia e se negava a viver as coisas do país que o acolhera. Cf: MORAES NETTO, Geneton. *Canções do Exílio – A labareda que Lambeu Tudo*. Documentário: Canal Brasil, 2010; VELOSO, Caetano. *Verdade Tropical*. São Paulo: Companhia das Letras, 1997, assim como sua reedição revisada e atualizada de 2017.

6 É válido lembrar também que as psicopatologias ligadas à prisão, tortura e exílio estavam muito presentes na vida cotidiana dos brasileiros exilados, levando inclusive à morte de jovens por suicídio, como foram os casos emblemáticos de (Frei) Tito de Alencar de Lima, que perseguido pelo "fantasma" de seu torturador, o delegado Sérgio Paranhos Fleury, se enforcou em L'Arbresle, na França; e de Maria Auxiliadora Lara Barcellos que, aos 31 anos, se atirou nos trilhos do metrô de Charlottenburg em Berlim.

7 SAID, Edward. *Reflexões Sobre o Exílio*: e outros ensaios. São Paulo: Companhia das Letras, 2001, p. 46.

> talmente liberto do antigo, cercado de envolvimentos e distanciamentos pela metade; por um lado ele é nostálgico e sentimental, por outro um imitador competente ou um pária clandestino.[8]

Assim, a partir da necessidade de adaptação a um novo modo de vida, o exílio se transforma em um conflito entre permanência e mudança. Há um embate entre a realidade de sobrevivência em outra terra, isto é, um impacto do encontro com uma nova cultura no sentido mais amplo (língua, costumes, política etc.), e o desejo de não perder suas raízes. Neste último, o exilado acredita que esta situação é passageira, podendo chegar ao ponto máximo da negação de assimilar o *modus vivendi* do país de acolhida. A necessidade de se unir com os da mesma sorte é imprescindível, daí a formação de vários coletivos de exilados que surgem por todos os países que acolheram os brasileiros.[9]

Não podemos nos esquecer também das várias faces do fenômeno de *retorno*. O regresso não se deu apenas nas festas nos aeroportos que as imagens de cada periódico e programas televisivos transmitiram em fins de 1979 e início da década de 1980; houve também um movimento silencioso vivido em ambiente de receio e cautela. A ditadura se abria, mas não acabara.[10]

Desta forma podemos falar de *retornos*, em que se evidenciou mais uma vez o aspecto plural em detrimento do singular. E isso se nota ao percebermos que houveram os que sentiram necessidade e coragem para voltar antes da Lei de Anistia, negligenciando possíveis arroubos repressivos; aqueles que não se sentiram confortáveis e seguros em voltar nem após a Lei de Anistia e foram

---

8 SAID, E. *Representações do Intelectual: As Conferências Reith de 1993*. São Paulo: Companhia das Letras, 2005, p. 56.

9 ROLLEMBERG, D. Memórias no exílio, memórias do exílio. In: FERREIRA, J; AARÃO REIS, D. (Orgs.). *As Esquerdas no Brasil:* Revolução e democracia (1964...). vol. 3. Rio de Janeiro: Civilização Brasileira, 2007, p. 119-220. Disponível em: http://www.historia.uff.br/nec/sites/default/files/esquerdas_no_exilio.pdf Acessado em: 25 mai 2014.

10 Atualmente há quem defenda a ideia de que a ditadura acabou com a Anistia e com a volta do pluripartidarismo (1979-80); assim como quem entenda que isso só se deu com a entrada de um civil na presidência da República em 1985; ou mesmo os que defendam que apenas com as eleições diretas o regime militar acabara, considereando que José Sarney havia sido membro de destaque do ARENA (Aliança Renovadora Nacional), o braço civil dos governos militares, como pelo fato de abarcar em sua cúpula de governo personagens afinadas com o regime anterior.

voltando aos poucos durante os primeiros anos da década de 1980; os que foram e não mais voltaram – o que ocorreu por decisão pessoal, necessidade ou por falcimento; assim comoaqueles que retornaram ao Brasil e, vendo aqui uma realidade diferente daquela deixada, por vezes, mais de uma década antes, não se readaptaram retornando aos países que outrora os acolheram.

Aliás, pelo que aferimos, pouco se estudou sobre o exílio na história do Brasil em relação a outros eventos políticos e sociais. Embora a ditadura militar seja bastante investigada, os esforços parecem se limitar à história passada dentro do país, e marginaliza-se o fato de que em terras estrangeiras milhares também sofreram as agruras do regime. Possivelmente, no "inconsciente" da produção historiográfica, ou das ciências humanas de forma geral, isso seja um ato refletido da ideia de que os exilados seriam militantes de segunda classe, ou seja, que tiveram papel menor na reação contra os militares,[11] posicionamento que muitas vezes tem a anuência dos militantes que cá permaneceram presos ou clandestinos, e mesmo de parcela dos que estiveram fora do país.

É importante salientar, todavia, que há indícios de que essa situação está mudando, pois aumenta, ainda que de maneira tímida, a quantidade de trabalhos acadêmicos produzidos e defendidos nas universidades brasileiras, mesmo que estes ainda provoquem pouco interesse das editoras.[12] O trabalho que propomos adiante se apresenta como tentativa de colaborar com o estudo deste período que, felizmente, vem sendo trazido cada vez mais à tona.

11 Por exemplo, Daniel Aarão Reis se refere ao que ele chama de *Mito da Terra*, ou seja, uma determinação originária no período "duro" de reação armada ao regime, em que "no exterior, e, portanto, *fora da prática*, não se devia opinar e muito menos decidir sobre os rumos." (ROLLEMBERG, 1999, p. 140)

12 Citando alguns trabalhos: AZEVEDO, D. L.. *Os melhores anos de nossas vidas*. Narrativas, trajetórias e trajetos de exialdos brasileiros em Moçambique. São Paulo: Annablume, 2013; CRUZ, F. L. *Brasileiros no Exílio:* Argel como local estratégico para a militância política (1965-1979). Tese (Doutorado em História Social): FFLCH-USP, 2016; MASSENA, A. P. *Exílio em Moçambique*: experiências vivdas em terra estrangeira durante a Ditadura Militar no Brasil. Dissertação (Mestrado em História): UFRJ, 2005; MARQUES, T. C. S. *Militância Política e Solidariedades Transnacionais:* A trajetória política dos exilados brasileiros no Chile e na França (1968-1979). Tese de Doutorado – Programa de pós-graduação em Ciência Política: UFRGS. Porto Alegre, 2011; CHOTIL, M. T. *Trabalhadores exilados:* a saga de brasileiros forçados a partir (1964-1985). Curitiba: Prismas, 2016; PAIVA, Tatiana Moreira Campos Herdeiros do exílio. *Memórias de filhos de exilados brasileiros da ditadura militar.* Rio de Janeiro: PUC-Rio, Departamento de História, 2006. entre outros.

Sobre o exílio brasileiro

Assim como dividiu os afetados pelo exílio em dois grupos, Denise Rollemberg divide o próprio exílio brasileiro em três períodos, a saber que, o primeiro se compreende entre 1964 e 1973, o segundo, a partir de 1973, e o terceiro não tem uma periodização precisa, visto que leva em conta a existência de comportamentos específicos.

O primeiro diz respeito à criação da já citada primeira geração de exilados até o golpe contra Salvador Allende. A autora aponta que as principais características desta periodização são: a ideia de que o exílio seria de curto prazo, a crença na vitória revolucionária e a manutenção dos exilados dentro da América do Sul.[13]

Entendemos, inclusive, baseando-nos no próprio trabalho da autora, que este primeiro período poderia ser dividido em dois, ou seja, os anos entre 1964 a 1968 (Golpe civil-militar até o AI-5) estariam intimamente ligados ao conceito de gerações assumida por Rollemberg, onde haveria predominância de indivíduos oriundos das categorias políticas e intelectuais próximos ao governo anterior, de posicionamento não-revolucionário, entendidos como *reformistas*. No segundo período, 1968 a 1973 (do AI-5 até golpe contra Allende), predominariam os militantes ligados ao movimento estudantil e luta armada, que estariam distantes em método e prática dos da *geração* anterior.[14] Cabe ainda ressaltar que o recrudescimento do regime após os AI-5 leva ao significativo aumento da população de exilados, seja pelo autoexílio, seja pelos banimentos.

O segundo período retratado pela autora se faz a partir de 1973, e se caracteriza pela "diáspora" dos exilados latino-americanos, pelo distanciamento da crença no retorno, e pela autocrítica e transformação das formas de luta pelos direitos humanos e a busca por denunciar o regime.

Já o terceiro não tem para a autora uma periodização definida e pode se sobrepor sobre a segunda, levando em conta comportamentos definidos e voltados para a aceitação da condição de exilado. Desta forma, o terceiro período seria o momento da intensificação da autocrítica, das mudanças de paradigmas

13 ROLLEMBERG, 2007, p. 4.

14 ROLLEMBERG, 1999, p. 50.

de luta, voltando-se para a retomada das liberdades democráticas, para a Anistia e, acima de tudo, para a reestruturação para o momento de abertura.[15]

Em fins da década de 1960, a reação contra os militares brasileiros em terras estrangeiras tem seu início,[16] e com o passar dos anos esta reação vai tomando forma. Os anos de 1973 e 1974 tiveram visível importância no que diz respeito aos movimentos de reação à ditadura. A partir deste momento, a bibliografia nos mostra uma reavaliação de suas formas de luta. A esquerda armada, por exemplo, sentindo as perdas humanas numerosas e inestimáveis graças à forte repressão, sem nunca terem alcançado empatia e adesão das "massas" para sua causa, são quase extintas.[17] Greco alia a avaliação acima à

> [c]onvivência com o republicanismo radical e libertário do Chile de Allende e pelo contato direto com maio de 1968 na Europa, que se dispõe a enfrentar a questão da democracia e assume, agora sim, conscientemente, a defesa intransigente dos direitos humanos e, na sequência, da Anistia.[18]

Internamente, a desilusão com o chamado "Milagre Econômico" incitou os liberais, até então apoiadores do regime, a se tornarem parte da crescente oposição, que culminou com uma acachapante vitória nas urnas do Movimento Democrático

15 ROLLEMBERG, 2007, p. 5.

16 Um bom exemplo para esta afirmação é a produção do documentário *Brazil: A report on torture*. Filmado em 1971, no Chile, e dirigido por Haskell Wexler e Saul Landau - ambos cineastas norte-americanos e com passado de produção de filmes de cunho social e de esquerda - este documentário tem como objetivo mostrar para o povo norte-americano, através de entrevistas e simulações de tortura, a repressão pelo qual passavam os opositores à ditadura militar. É muito interessante notar neste documentário a violência mostrada no que tange à tortura dos exilados. Os militantes, no intuito de revelar as condições as quais eram submetidos, chocam pela forma violenta com a qual encenam a tortura dos seus companheiros. Neste vídeo, também contamos com o testemunho detalhado de dois militantes que não suportaram a tortura e suicidaram-se no exílio, Frei Tito de Alencar e Maria Auxiliadora Lara Barcelos.

17 Embora algumas organizações armadas urbanas ainda atuassem esporadicamente, sabe-se que após 1972 a única frente guerrilheira que chamava a atenção estava no Araguaia com o PCdoB.

18 GRECO, H. A. *Dimensões Fundacionais da Luta pela Anistia*. 2003. Tese De Doutorado em História - FAFICH-UFMG, p. 186.

Brasileiro(MDB) e, também em 1974, o início da política que ficou conhecida "abertura lenta, gradual e segura" promovida pelo então General Ernesto Geisel.

Enfim, o distanciamento dos exilados, somado à decepção ligada ao fim do sonho revolucionário, fez com que começasse a se pensar em novas formas de luta contra a ditadura, como podemos notar na literatura de exílio, depoimentos e produção impressa pelos exilados na época.

Logo no início da década de 1970, os exilados tinham como principal modo de reação ao regime divulgar as atrocidades cometidas contra militantes de oposição, e tiveram como aliados nesta tarefa vários órgãos civis, personalidades estrangeiras e nacionais, inclusive, diplomatas do próprio Itamaraty, como Miguel Darcy de Oliveira e sua esposa Rosiska Darcy de Oliveira.[19]

Estas campanhas de denúncia tinham como alvo a conscientização dos estrangeiros como forma de angariar apoio na luta contra a ditadura. Este apoio viria dos mais diversos países, incluindo os EUA, que havia financiado os golpes de toda a América Latina, já que, como exemplifica James Green, a grande maioria dos norte-americanos tinha desconhecimento do que se passava no Brasil, e, após a divulgação dos casos de tortura, acabavam por se sensibilizar e se mobilizar pelo que ocorria nas ditaduras do Cone Sul. Nos EUA, ainda de acordo com o autor, houve uma aliança entre "ativistas da Igreja e de esquerda, intelectuais brasileiros e exilados e estudiosos latino-americanistas", que desempenharam importante papel para a introdução da questão dos direitos humanos nos EUA.[20]

Mais tarde, como nos mostra Luís Hildebrando Pereira da Silva, as demandas voltadas ao processo de Anistia fizeram com que os exilados e militantes que ficaram no Brasil se organizassem, pois foi no

> [e]xílio que se realizaram os contatos e o entendimento entre a oposição parlamentar, entre as lideranças do MDB, as lideranças políticas no exílio - como as de Miguel Arraes, Brizola e Jango Goulart - com a participação das lideranças dos movimentos de

19 ALMEIDA, P. R. de. Do Alinhamento Recalcitrante à Colaboração Relutante: o Itamaraty em tempos de AI-5. In: MUNTEAL FILHO, O.; FREIXO, A. de.; FREITAS, J. V. (orgs.). *Tempo Negro, Temperatura Sufocante:* Estado e Sociedade no Brasil do AI-5. Rio de Janeiro: Editora da PUC-Rio, Contraponto, 2008. p. 20.

20 GREEN, J. N. Exilados e Acadêmicos: A luta pela Anistia nos Estados Unidos. In: *Cadernos AEL*, n. 29: Trabalho e Política: Edição Comemorativa, 2010, p. 14.

> esquerda. Foi no exílio que se realizaram os entendimentos que permitiram às lideranças de esquerda refazer os contatos com a sociedade civil do país, com os juristas da OAB, os jornalistas da ABI, os cientistas da SBPC, trazendo de volta à ação unitária os militantes de esquerda com sua reconhecida capacidade de liderança.[21]

Um dos países que tiveram papel de destaque nesse momento foi Portugal após o seu 25 de Abril. Nesta data, no ano de 1974, sob a surpreendente influência e ação das Forças Armadas, Portugal se livrou de 48 anos de ditadura salazarista e se colocou em um processo revolucionário de inspiração socialista que abriria espaço para a chegada e atuação de brasileiros desterrados.

Como veremos nos próximos capítulos, Portugal foi não apenas terra de asilo mas também de luta. Lá foram sediadas organizações – como o Comitê Pró-Amnistia Geral do Brasil (CPAGB) e o Comitê de Apoio à Luta dos Povos da América Latina (CALPAL) –, foram promovidos diversos encontros e atos de denúncia sobre a realidade brasileira, como a *Semana de Solidariedade com o Povo Brasileiro* e demais encontros que congregavam os exilados que se espalhavam pela Europa nos anos que sucedem 1974. Além disso, por se tratar de um processo revolucionário à esquerda, o espaço de ação dentro das mídias eletrônicas e impressas eram ilimitadas.

De acordo com Greco, a "operosidade" entre Portugal e os exilados se daria por quatro motivos principais:a recente Revolução dos Cravos; a língua em comum; a história compartilhada; e a vasta colônia de portugueses no Brasil.[22] Assim, da parte de Portugal, muitas resoluções foram tomadas e documentos-publicados acusando o governo brasileiro de tortura e morte de seus opositores, além ter sido das bases de apoio dos movimentos pró-Anistia.

A atuação de Portugal não se limitou à política que se fazia naquele momento histórico, mas também para a política brasileira pós-Anistia, de transição e redemocratização. É em Portugal que, a partir da chegada de Leonel Brizola, inicia-se o processo de reestruturação do Partido Trabalhista Brasileiro (PTB), a partir de uma perspectiva renovada. Convencionou-se chamar essa nova corrente de "Novo

21 SILVA, L. H. P. da. *Prefácio: A Luta pela Anistia*. São Paulo:EDUNESP, Imprensa Oficial, 2009. p. 17.

22 GRECO, 2003, p. 193.

Trabalhismo",[23] que bebia na social-democracia europeia. E adiante, proibido o uso daquela legenda, inaugurariam o Partido Democrático Trabalhista (PDT), com a sustentação de antigos militantes trabalhistas como Leonel Brizola e exilados das mais diferentes tendências, inclusive, os anteriormente ligados à luta armada. Desta forma, a Revolução dos Cravos poderia ter sido também um marco para a história brasileira ao ser berço de uma reestruturação político-partidária *overseas*.

Por outro lado, cabe ressaltar que, embora esta empolgação com os acontecimentos políticos de nossa antiga metrópole estivesse evidente para muitos, como aponta em suas memórias Maurício Paiva,[24] a instabilidade política (Chile ainda estava muito presente na memória) faziam com que Portugal não fosse uma terra de grande número de exilados. Por isso, então, acreditamos que o exílio naquele país não tenha obtido o destaque que é evidente em outros locais de pouso como França e Chile.

Neste livro pretendemos responder algumas questões: Qual a importância de Portugal para o exílio dos brasileiros? Qual sua importância para a organização da militância de esquerda neste último momento do degredo, e, principalmente, para a restauração político partidária brasileira pós-Anistia? Como viviam os brasileiros, agora em terra de cultura e lingua semelhante? Como se deu o relacionamento entre as organizações e partidos brasileiros e portugueses? E, especialmente, como os governos de ambos os países entendiam e se relacionavam com a situação dos exilados em Portugal?

Por fim, acreditamos ser fundamental tratar dos *retornados*, pois, sabemos, não houve um retorno massivo. Os exilados voltavam de acordo com suas próprias esperanças e expectativas, e, claro, conforme se sentiam seguros para retornar. Dessa maneira, acreditamos ser necessário tratar da questão do exilado neste pós-exílio, pois algumas questões ficam no ar: sabemos que o exílio, oficialmente, terminou com a Lei de Anistia, mas e o sujeito *Exilado*, este "terminou" com o advento do fim do exílio? Como se dá a volta dos exilados? Tudo o que se passou no exterior acaba lá fora? Os degredados voltam para o Brasil da mesma forma

---

23 cf. FREIRE, A. *Ecos da Estação Lisboa:* O exílio das esquerdas brasileiras em Portugal. *Sociologia, Problemas e Práticas*, n. 64, p. 37-57, 2010 e COSTA, I. C. G. da. O Caleidoscópio Político do "Novo Trabalhismo": Os socialistas do Centro de Mobilização Trabalhista. *Revista Contemporânea*. Dossiê Contemporaneidade, n. 1, p 236-251, 2011.

24 PAIVA, M. *O sonho exilado*. Rio de Janeiro: Mauad Editora, 2004, p. 216.

que foram? E para o Brasil, houve alguma influência em âmbito político-social neste retorno? Ou seja, quais as influências, se é que houveram, dos exilados (intelectuais, políticos e artistas) e do próprio exílio para o pós-Anistia e para o movimento de redemocratização, e também, por que não, para o modelo da dita "Nova República" que se instalava?

Assim sendo, como muito bem aponta Silvina Jensen ao falar do retorno do exílio argentino: "Se o exílio é uma viagem de partida não desejada, é também uma viagem ancorada sobre a ideia do retorno: retorno desejado, sonhado, temido, projetado, idealizado, demonizado, postergado ou realizado."[25]

Pesquisas portuguesas

Nos 120 dias passados em terra estrangeira, para além da experiência de pesquisas em acervos internacionais, foi possível de forma subjetiva tentar compreender, mesmo sob os limites temporais e circunstanciais, muito do que foi tratado pelos entrevistados brasileiros acerca de sua predileção pelo exílio em Portugal em detrimento de outros países.

O patrimônio arquitetônico pouco modificado nestes 40 anos permitiu, por vezes, imergir no mesmo cenário relatado em memórias e testemunhos dos brasileiros refugiados. Conversar pessoalmente, por telefone ou mensagens eletrônicas com os que viveram aquele período conturbado da história portuguesa ajudou a dar perspectiva e compreensão deste evento que nos livros limita-se a análises duras e frias.

As dificuldades encontradas em alguns momentos, que se restringiram à carência de contatos com antigos militantes dos partidos e organizações portuguesas, em vez de limitar a pesquisa, mostrou a efervescência política daqueles tempos, uma vez que o silêncio também tem significados.

Além disso, não foi tão simples encontrar documentos das organizações portuguesas que retratassem o cotidiano nos exilados em seu seio. Mas, em uma conversa informal, Isabel Moura, coordenadora do Centro de Documentação Mario Soares, deu-nos uma pista que, pelo menos parcialmente, esclarece essa

25 JENSEN, S. *Reflexões acerca dos Retorno dos Exilados*: um olhar a partir do caso dos argentinos radicados na Catalunha (Espanha). In: QUADRAT, S. V. (org.). *Caminhos Cruzados:* História e Memória dos Exílios latino-americanos no Século XXI. Rio de Janeiro: FGV Editora, 2011, p. 249.

possível displicência de seus contemporâneos em registrar o que acontecia na revolução. De acordo com ela, os portugueses estavam vivendo a revolução, estavam atarefados e em um turbilhão de emoções e atividades que não permitia tempo para o registro dos acontecimentos.

Acreditamos ser absolutamente compreensível, pois era a História acontecendo. E se Beto Guedes e Ronaldo Bastos estavam certos quando escreveram "Quem perdeu a História por querer, saiu do juízo sem saber",[26] deste mal não sofreu aquela juventude portuguesa, e até mesmo a brasileira, na segunda metade da década de 1970.

São mais de quatro décadas passadas desde a saudada Revolução dos Cravos de abril de 1974 e da chegada a terras portuguesas de dezenas de brasileiros que se refugiavam não mais apenas da ditadura militar, mas da avalanche autoritária que soterrava a América Latina.

Para além de qualquer fonte material que pudemos acessar em diversos arquivos, centros de documentação e bibliotecas visitados, nada foi mais produtivo do que a convivência com Portugal e com os portugueses e testemunhar suas reações em relação aos avanços democráticos iniciados em meados dos anos de 1970 e desenvolvidos através das décadas.

A questão do exílio brasileiro parece um tanto quanto nebulosa mesmo para aqueles que participaram deste processo. Foram contatadas mais de duas dezenas de militantes dos mais diversos partidos portugueses da época, e em muitos casos a falta de memória sobre o período tornou-se empecilho para uma possível coleta de testemunho. Em outros, foi perceptível o desconforto em falar sobre o assunto e, por isso, não houve insistência por parte do pesquisador.

Em Portugal, as entrevistas com Helder Costa, Manuel Pedroso Marques, Frei Bento Domingues e, principalmente, com o ex-militante do Partido Comunista do Brasil, Pedro de Andrade, esclareceram pontos que considerávamos obscuros.

No Brasil, Alfredo Sirkis, Moema São Thiago, Enio Bucchioni e Mauricio Paiva foram entrevistados, bem como material de outros pesquisadores,[27] o que nos foi de grande auxilio para entender o cotidiano do refugiado brasileiro.

26 Canção do Novo Mundo. In: GUEDES, Beto. Contos da Lua Vaga. EMI-ODEON, 1981.

27 São eles os professores(as) Denise Rollemberg, Daniel Aarão Reis, Marcelo Ridenti, Mario Augusto da Silva e Lucili Granjeiro.

Em ambos os países, determinante para a pesquisa foi a documentação produzida pelos Ministérios de Relações Exteriores (Arquivo Nacional) e Ministério dos Negócios Estrangeiros (Arquivo Histórico e Diplomático – Palácio das Necessidades). Com eles pudemos entender como os governos se relacionavam com a questão do direito de asilo e dos exilados e seu monitoramento.

Dessa forma, esta obra se dividirá em cinco capítulos, sendo que, na medida do possível em ordem cronológica, tratarão de forma ampla o exílio em terras lusas. No primeiro capítulo, analisaremos as questões referentes às leis sobre direito de asilo e sua relação com Brasil e Portugal. No segundo, trataremos da chegada, da vida cotidiana, das dificuldades e peculiaridades dos exilados. No terceiro capítulo, nos dedicaremos aos movimentos de solidariedade e às relações entre brasileiros e portugueses nos cinco anos de permanência em Portugal. O capítulo quatro será todo dedicado ao exílio de Brizola, seu encontro com a Internacional Socialista e *a Geração de 68*, assim como a reestruturação partidária a partir do caso do Partido Trabalhista Brasileiro. Finalmente, nos dedicaremos brevemente a entender o retorno dos exilados e a influência que adveio de seu encontro com novas formas de ver a política europeia.

ENTENDENDO O EXÍLIO

Em qualquer texto que se debruce sobre o tema "exílio", nota-se que, introdutoriamente, o autor tende a caracterizar este fenômeno enquanto uma instituição milenar e que advém do nascimento da humanidade. É algo que se encontra nos escritos gregos com o "protótipo de exilado de Ulisses, enquanto a luta pela afirmação, a resistência", ou como nos textos bíblicos do êxodo hebreu enquanto diáspora, assim como o estatuto de banimento na expulsão de Adão e Eva do Éden. Mas, quando tratado fora do espaço dos mitos e trazido à luz da realidade, tudo o que é irreal ou extraordinário dá lugar ao real, ao trágico, e mesmo ao cotidiano. Na atualidade, o exílio tende a ser tratado pelo seu viés resistente e de luta política, mas nunca deixando de lado as vivências e relações sociais que permeiam a condição de exilado.

É sob este viés que o exílio é um assunto relativamente bem tratado na bibliografia contemporânea. Suas raízes históricas e sociais têm sido apontadas e estudadas por todos os lugares em que este fenômeno se fez notar. No caso brasileiro, por ainda ser objeto pouco trabalhado, tende ainda a ser tema que demorará a se esgotar, mas podemos dizer que os trabalhos produzidos até agora dão conta de formar um panorama interessante de como o fenômeno do exílio atingiu parcela dos brasileiros.

Já a questão do direito de asilo torna-se ainda mais complexa e se dá de país a país os quais serviram de terra de acolhida para os brasileiros. Neste primeiro capítulo teremos dois objetivos distintos: entender como Portugal e Brasil se portaram diante dos embates interno e externo sobre a lei de asilo; compreender de que forma esta política atingiu as relações luso-brasileiras na segunda metade do século XX, em especial no que concerne o exílio em Portugal.

Mas, antes de tudo, acreditamos ser importante entender como se deu a instituição do asilo enquanto direito internacional.

Europa e a condição de refugiado

Antes de continuarmos, acreditamos ser necessário externar o nosso entendimento acerca dos conceitos de asilo, exílio e refúgio, o que será imprescindível para a compreensão da tese que adiante se adensará.

Entendemos que a diferenciação entre asilado e refugiado, para além do sentido político inerente à situação do primeiro, está muito mais vinculada ao volume de indivíduos e à maneira pela qual são forçados a abandonar sua nação do que propriamente as condições de vida que encontram e às quais são expostos fora de sua terra natal.

De acordo com o sítio eletrônico do Ministério da Justiça, o refúgio é uma instituição concedida "ao imigrante por fundado temor de perseguição por motivos de raça, religião, nacionalidade, grupo social ou opiniões políticas." Já no caso do asilo, que tem um caráter quase que exclusivamente político, ampara-se em outro tipo de instituição que pode, ou não, estar vinculada ao refúgio, pois é identificado a partir da solicitação do interessado individualmente, sendo que é apenas a partir de sua concessão que o indivíduo estará legalizado no território nacional. Outra diferenciação interessante diz respeito ao modelo de casos pelos quais os institutos podem ser identificados: o refúgio se aplica a casos em que a necessidade de proteção abranja um número elevado de pessoas, onde a perseguição tem aspecto mais generalizado, enquanto que o asilo normalmente é empregado em casos de perseguição política individualizada.[1]

1 Entenda a diferença entre refúgio e asilo. Disponível em: <http://www.justica.gov.br/noticias/entenda-as-diferencas-entre-refugio-e-asilo> acesso em 25/04/2016.

O ex-Ministro Luiz Paulo Barreto detalha:

> A principal diferença entre os institutos jurídicos do asilo e do refúgio reside no fato de que o primeiro constitui exercício de um ato soberano do Estado, sendo decisão política cujo cumprimento não se sujeita a nenhum organismo internacional. Já o segundo, sendo uma instituição convencional de caráter universal, aplica-se de maneira apolítica, visando a proteção de pessoas com fundado temor de perseguição. Uma diferença prática que se pode perceber é que o asilo normalmente é empregado em casos de perseguição política individualizada. Já o refúgio vem sendo aplicado a casos em que a necessidade de proteção atinge a um número elevado de pessoas, onde a perseguição tem aspecto mais generalizado.[2]

Na prática, a condição de asilado é, na maioria dos casos, o objetivo final para aquele que se refugia, pois, quando o país de acolhida o assume enquanto um asilado, as condições burocráticas – quando então lhe é possibilitada a solicitação de documentos e se dá seu reconhecimento formal de sua presença naquele país – habilitam-no a adquirir s direitos básicos garantidos pelos tratados legais que legislam sobre o tema do asilo, mas também as reponsabilidades que advêm desta instituição.

Já o exilado, por sua vez, é aquele que se beneficia da instituição do asilo, ou mesmo é apenas um indivíduo que está em "degredo, desterro, expatriação", ou seja, é o caso de pessoa que é expulsa do país ou que resolve deixar sua pátria por motivo de perseguição política.

Edward Said, em obra de Sznadjer e Roniger, também opina sobre a condição de refugiado e exilado, introduzindo o "subgrupo" do emigrante e revelando que

> (...) tornou-se um refugiado político, sugerindo grandes grupos de pessoas inocentes e desconcertadas que requer ajuda internacional urgente. Os expatriados são pessoas que vivem voluntariamente no estrangeiro, geralmente devido a razões pessoais ou sociais. Os emigrantes (...) gozam de um status ambíguo. Tecni-

2 BARRETO, L. P. T. F. Das Diferenças entre os Institutos Jurídicos do Asilo e do Refúgio. 2015. Disponível em: <http://www.migrante.org.br/migrante/index.php?option=com_content&view=article&id=133:das-diferencas-entre-os-institutos-juridicos-do-asilo-e-do-refugio&catid=87&Itemid=1203>. Acesso em: 22/09/2016.

> camente, emigrante é qualquer um que migre a um novo país cuja eleição foi certamente uma possibilidade. Embora um emigrante não tenha sido desterrado, e possa sempre voltar, pode ainda viver com uma sensação de exilio. Os exilados (...) são pessoas forçadas a abandonar suas casas, sua terra e suas raízes, cujos laços com o passado são cortados.[3] (Tradução nossa)

Mas, enfim, concordamos e levamos como base para esta tese a definição de Sznadjer e Roniger que determinam lúcida e claramente sua opinião a respeito da condição de exilado, refugiado e asilado, que, aliás, é a própria definição do que é o exílio político.

> Definimos o desterro ou exílio político como um mecanismo de exclusão institucional, não o único, mediante o qual alguém envolvido na política e na vida pública, ou alguém que detém o poder percebe desta forma, é forçado ou pressionado a abandonar seu país de origem ou lugar de residência, impossibilitado de regressar até que haja uma modificação nas circunstâncias políticas. Esta definição cobre tanto quem sofre perseguição direta das autoridades e de outros atores políticos violentos, tais como os grupos paramilitares e as organizações guerrilheiras, assim como a quem elege os deslocamentos e a expatriação já que sentem uma ameaça ou problema existencial que se origina no político.[4](Tradução nossa)

3 (...) se ha vuelto un refugiado político, lo que sugiere grandes manadas de gente inocente y desconcertada que requiere ayuda internacional urgente. Los expatriados son personas que voluntariamente viven en el extranjero, por lo general debido a razones personales o sociales. Los emigrantes (...) gozan de un estatus ambiguo. Técnicamente, un emigrante es cualquiera que migra a un nuevo país cuya a elección fue sin duda una posibilidad. Aunque un emigrante no haya sido desterrado, y pueda siempre volver, puede aún vivir con una sensación de exilio, desterrado. Los exilados (...) son gente forzada a abandonar su hogar, su tierra y sus raíces, cuyos lazos con el pasado se cercenan. (SAID, E., 2005, *apud.* SZNADJER, M; RONIGER, L. *La Politica del Destierro y el Exilio en América Latina*. Mexico: FCE, 2013, p. 31).

4 Definimos el destierro o exilio político como un mecanismo de exclusión institucional, no el único, mediante el cual alguien involucrado en la política y la vida pública, o alguien al que quienes detentan el poder de su modo, es forzado o presionado a abandonar su país de origen o lugar de residencia, imposibilitado de regresar hasta que haya una modificación en las circunstancias políticas. Esta definición cubre tanto a quienes sufren persecución directa de las autoridades o de otros autores políticos violentos, tales como

Já participamos de debates onde a condição de exilado político para os brasileiros foi veementemente questionada por pesquisadores de outros países latino-americanos. O fato de o país não ter sido detentor de um exílio massivo, o fato de muitas vezes o indivíduo deixar o país com os próprios documentos (o que descaracterizaria a condição de perseguido), e até mesmo a dúvida sobre a existência de uma real condição ditadura do Brasil em comparação à violência dos demais países do Cone Sul foram utilizados como argumento para desqualificar o exílio brasileiro.

Entendemos, é claro, que houve quem partiu apenas por não concordar com o regime vigente, ou mesmo quem usou esta condição como subterfúgio para encontrar melhores condições de vida, mas um aspecto é determinante para identificar um exilado político: o medo. A maioria dos que abandonaram o país, documentados ou não, fizeram-no por temer por sua segurança, de forma imediata ou não. Havia no Brasil uma militância de oposição ao regime, e muitos indivíduos já eram procurados pela repressão, mas muitas vezes, pela deficiência dos órgãos de informação, demoravam a ser inseridos nas listas nacionais de procurados e conseguiam escapar de forma legal. Além disso, havia rotas de fuga que muitos preferiram utilizar para abandonar o país, mesmo sem a certeza de que a repressão estava em seu encalço. Em síntese, acreditamos não ser necessário aguardar a ameaça se aproximar, ou mesmo a prisão e a tortura se fazerem presentes, para que o indivíduo possa adquirir legitimidade em se identificar com um exilado político.

Retomando, como vimos anteriormente e como também assinala Del'Olmo,[5] que se baseia no Alto Comissariado das Nações Unidas sobre Refugiados (ACNUR), os termos"refugiado" e "asilado" tem o mesmo significado, com a única diferença de que o asilado seria um refugiado "que ainda não teve seu pedido avaliado definitivamente".

Aliás, a necessidade do reconhecimento e da possibilidade de se documentar talvez seja o discurso mais repetido pelos entrevistados para este livro. É quando

---

los grupos paramilitares e las organizaciones guerrilleras, así como a quienes eligen el desplazamiento y la expatriación ya que sienten una amenaza o problema existencial que se origina en lo político. (SZNADJER, M; RONIGER, L. *La Politica del Destierro y el Exilio en América Latina*. Mexico: FCE, 2013, p. 31)

5 DEL'OLMO, F. de S. *Asilo Diplomático e Refugio: especificidades, semelhanças e um breve estudo de casos*. In: Direito internacional [Recurso eletrônico on-line] organização CONPEDI/UFSC; coordenadores: Vladmir Oliveira da Silveira, Karine de Souza Silva, Rosângela Angelin. – Florianópolis: CONPEDI, 2014, p. 163.

se adquire a documentação que a procura pelo trabalho, o acesso à saúde, a garantia de educação para os filhos – pois nem às crianças era facilitado o acesso a documentos – tornam-se viabilizados, sendo, muitas vezes, a única maneira de se conseguir direitos sociais ofertados para os cidadãos do país de acolhida.

Cabe ressaltar que os institutos de asilo e refúgio tem importância diferente entre América Latina e Europa. Enquanto o refúgio é uma preocupação que afeta a Europa há séculos, a questão do asilo se tornou a preocupação principal da América Latina. Sim, estas instituições têm espaço em ambos os continentes, mas a predominância do asilo na América Latina e do refúgio na Europa são indiscutíveis, como mostraremos a seguir.

Asilo e refúgio no século XX: entre a Europa e a América Latina

A primeira constatação que devemos considerar no que diz respeito ao asilo e ao refúgio na Europa e na América Latina é a de que ambos os termos estão em campos políticos e sociais completamente díspares. Também há que se levar em conta de que ambos os estatutos têm realidade também diferentes, sendo que nos séculos XIX e XX, o asilo diplomático foi tratado, quase exclusivamente, como um fenômeno latino-americano, enquanto que o estatuto do refúgio só se podia entender pelas questões relacionadas aos países europeus e seus continentes vizinhos.

Na Europa, a prática de asilo adotada anteriormente ao século XIX advém de sua vertente religiosa e eclesiástica vigente na Antiguidade e na Idade Média, quando a concessão do direito era cedida a delinquentes comuns, como apontaWachowicz.[6] Com o tempo, o refúgio perde seu caráter religioso e passa a se tornar assunto de Estado baseado na teoria da extraterritorialidade, passando a se dedicar à proteção de dissidentes políticos, refugiados e apátridas.[7]

A real preocupação e compromisso junto aos direitos dos asilados, no entanto, é assumida após o aumento substancial do volume de refugiados a partir do advento da Grande Guerra (1914-18), período em que este problema tomou proporções de grande magnitude e quando a comunidade internacional perce-

6 WACHOWICZ, M. O Direito de Asilo como Expressão dos Direitos Humanos. *Revista da Faculdade de Direito da Universidade Federal do Paraná*, Local, de publicação, vol. 37, n. 0, p. 149, 2002.

7 BIJOS, L. O Direito Internacional e o Refúgio Político. *Revista CEJ*, Brasília, n. 61, p. 22, set./dez 2013.

beu que "as deslocações não eram apenas consequências de conflito, mas eram também geradoras de conflito.[8]" Assim, são iniciados esforços para a criação de um Direito Internacional que contemplasse esses refugiados.

Com a criação da Sociedade das Nações em 1919 e, depois, em 1921, com a nomeação de Fridtjof Nansen como Alto Comissário para os Refugiados, foi ativado o primeiro ato de ajuda humanitária no que se refere a deslocamentos humanos, uma semente para a criação do ACNUR na década de 1950.

Durante toda a década de 1930, culminando com a II Guerra Mundial (1939-1945), agravou-se o problema dos refugiados, sendo que novos meios de se tratar o problema urgiam ser adotados. Dessa forma, no ano de 1943, foi criada a ANUAR (Administração das Nações Unidas para o Auxílio e Restabelecimento), entidade que, de acordo com Noronha, objetivava prestar assistência de emergência a milhares de refugiados e deslocados, bem como o auxílio e reabilitação das áreas devastadas. Todavia, como o autor explica, a ANUAR, tendo que tratar com a relutância dos refugiados em se dispor a retornar aos países de origem, começou a promover o repatriamento de forma forçada, fenômeno que trouxe graves problemas políticos para a instituição, visto que havia quem defendesse a reinstalação dos refugiados, já que não deveria ser negado a eles o arbítrio na decisão de permanência ou saída do território de refúgio. Isso trouxe desconforto à organização, levando os EUA, seu maior financiador, a abandoná-la em 1947.

Este fato abriu espaço para, entre os meses de abril e junho de 1945, ser promovida a *Conferência das Nações Unidas sobre Interação Internacional*, evento que deu origem à *Carta das Nações Unidas* e à criação e oficialização da ONU meses depois. No ano seguinte, adotou-se a *Declaração Universal dos Direitos do Homem* enquanto documento que leva a questão do asilo à estatura de direito em seu artigo 14º, onde se pode ler que:

> Toda a pessoa sujeita a perseguição tem o direito de procurar e de beneficiar de asilo em outros países, com exceção em casos em que

8 NORONHA, R. *A História do Direito de Asilo no Direito Internacional*. Disponível em: <http://www.ambito-juridico.com.br/site/?n_link=revista_artigos_leitura&artigo_id=4561&revista_caderno=16>. Acesso em: 12 fev. 2016, p. 2.

o indivíduo respondesse a processos de crime comum ou por actividades contrárias aos fins e aos princípios das Nações Unidas.[9]

Com o fim da ANUAR, ainda em 1947, esta é substituída pela OIR (Organização Internacional de Refugiados), que tinha objetivo – ressalte-se que apenas em âmbito Europeu devido à existência de poucos Estados ligados a ONU – de integrar e estender a atuação da organização pelo registro, identificação, assistência médica e jurídica, reinstalação e reintegração à sociedade. Ao cabo de quatro anos, porém, viu-se que a OIR não teve sucesso, principalmente pelo fato de os refugiados continuarem a se proliferar pela Europa e por ser aferido que este não era um fenômeno limitado ao estado de guerra. Desta forma, em 1951, foi criadoo ACNUR, editada a *Convenção de Genebra* e adotada a *Convenção das Nações Unidas relativas ao Estatuto dos Refugiados*, que impunha soluções de caráter político-legislativo, e não apenas humanitário, às questões relacionadas aos refugiados.[10]

Noronha, entretanto, aponta falhas nas disposições da Convenção de Genebra, especialmente no que diz respeito ao fato de que sua resolução limitava-se aos direitos políticos e civis dos refugiados, ignorando seus direitos econômicos, sociais e culturais. Além disso, havia o questionamento sobre a cessão da condição de refugiados apenas àqueles que se encontravam nesta situação anteriormente a 1951, não sendo contemplados com esta instituição os que se refugiaram após a data da Convenção. Podemos inserir também a questão geográfica, pois o asilo se limitava às fronteiras europeias, não sendo então reconhecidos refugiados de outras unidades continentais.

Tal resolução vigorou pelos 15 anos seguintes, até que, em 1966, um Protocolo adicional[11]modificou esta resolução e legislou "a conveniência de que o mesmo Estatuto se aplique a todos os refugiados compreendidos na definição dada na Convenção, independentemente da data-limite de 1° de janeiro de 1951.[12]" Neste, a condição geográfica também é, parcialmente, superada, sendo que a instituição do refúgio poderia ser assumida por qualquer indivíduo dos

9 ONU. Declaração Universal dos Direitos Humanos. Disponível em: <http://www.ohchr.org/EN/UDHR/Documents/UDHR_Translations/por.pdf>. Acesso em: 24 nov. 2015.

10 NORONHA, 2008, p. 3.

11 NORONHA, 2008, p. 4.

12 Protocolo sobre o Estatuto dos Refugiados (1966). <http://www.pge.sp.gov.br/centrodeestudos/bibliotecavirtual/instrumentos/refugiados66.htm>. Acesso em 15 fev. 2016.

Estados aderentes. Este protocolo de 1966 foi chancelado e legitimado com o Protocolo de Nova Iorque de 1967 que, embora ligado à Convenção de Genebra, como aponta Noronha,

> é um instrumento jurídico independente, pelo que a adesão pura e simples ao Protocolo de Nova Iorque é suficiente para que a maior parte das disposições da Convenção de Genebra se tornem aplicáveis aos Estados aderentes. Contudo, muitos foram os Estados que preferiram ratificar a Convenção e o Protocolo reforçando, deste modo, a autoridade destes dois instrumentos de Direito Internacional relativos aos refugiados e os únicos de carácter universal. Mormente alguns Estados, como por exemplo, os Estados Unidos, optassem apenas por ratificar o Protocolo, sem nunca terem assinado nem ratificado a Convenção de 1951.[13]

Mas, como veremos nos próximos capítulos, este protocolo adicional e sua adesão pelo governo português foi alvo de vários debates entre organizações de solidariedade aos exilados após o 25 de Abril.

A instituição do asilo na América Latina

Já no caso específico da América Latina, acreditamos que principalmente pela distância dos problemas oriundos da Europa e pela condução do processo pelas leis de asilo e refúgio, os caminhos seguiram apartados. Conforme veremos detalhadamente adiante, na América Latina, com ênfase no caso brasileiro, excetuando-se os fluxos migratórios no século XIX e no início do XX, a chegada de estrangeiros como refugiados, asilados ou exilados não ocorreu de forma massiva. A distância em relação aos países europeus inibiu proporcionalmente a afluência de refugiados das duas Grandes Guerras para a América do Sul.

Quanto à prática latino-americana de asilo, sua origem se deu ainda com a independência das então colônias e foi calcada em uma matriz liberal e de preocupação com a inviolabilidade dos direitos do homem e do cidadão.[14]Por outro lado, o exílio, por todo o século XIX e início do XX, possuiu caráter de mecanismo regulador do Estado voltado para classes privilegiadas e objetivava o

13 NORONHA, 2008, p. 3.

14 WACHOWICZ, 2002, p. 148.

ostracismo e a exclusão política de determinado desafeto, grupo rival ou governo opositor. Entende-se, portanto, que os menos abastados e influentes politicamente se prostravam a leis mais severas que, não raro, levavam à execução. Já os mais abastados e, na maioria das vezes, inseridos politicamente na ordem regional ou nacional, quando identificados como um transtorno para o regime vigente, eram enviados ao ostracismo e excluídos politicamente. Dessa forma, a instituição exílio vigorando em uma sociedade deficiente de instrução e de tecnologia de comunicação se mostrava extremamente eficiente.

Mas, como aponta Roniger, em meados do século XX, o exílio político seguiu concomitante a um processo árduo de rápida modernização e urbanização. Assim, as transformações sociais, políticas e econômicas que advêm deste processo levaram a uma mudança do caráter do exílio político, entendendo que

> um número cada vez maior de exilados de diferentes classes sociais se vê afetados por sua participação no ambiente político e nas esferas públicas, criando um fenômeno de ampla transcendência que viria a transformar a funcionalidade do exílio e sua função para os Estados ibero-americanos.[15] E, a partir daí "a ampliação da exclusão institucional deu lugar a uma dinâmica de dispersão dos exilados, o que lhes permitiu criar amplas redes de solidariedade no exílio como reflexo da exclusão e de repressão empregadas nos países expulsores.[16]"

Na América Latina, pelo menos três conferências criaram convenções que determinaram os caminhos e a viabilidade para o direito de asilo – em especial o diplomático – no período que antecede a *Declaração Universal dos Direitos do Homem*. Aliás, acreditamos em poder dizer que a busca comum de dispositivos legais para tratar do direito de asilo inicia-se e conflui-se com esta declaração de 1948, que foi a base para qualquer debate posterior neste âmbito.

O jurista Florisbal Del'Olmo revela uma visão geral de tais convenções em seu artigo, anteriormente citado, *Asilo Diplomático e Refúgio: especificidades, semelhanças*

15 RONIGER, L. Exílio Massivo, Inclusão e Exclusão Política no Século XX. *Dados – Revista de Ciências Sociais*, Rio de Janeiro, vol. 53, n. 1, p. 92, 2010.

16 RONIGER, 2010, p. 92.

e um breve estudo de casos, ajudando-nos a entender que, paralelamente às decisões europeias, nas Américas, a preocupação com refugiados estrangeiros também existia.

A primeira convenção a tratar sobre este assunto se deu em janeiro de 1899 e resultou em um acordo firmado por Argentina, Bolívia, Paraguai, Peru e Uruguai, na cidade de Montevidéu, por ocasião do *I Congresso Sul Americano de Direito Internacional*, ficando conhecido como originador do *Tratado de Direito Penal Internacional*. Del'Olmo revela que

> o acordo estabelecia que o asilo é inviolável para os perseguidos por delitos políticos, mas ressaltava que o Estado de refúgio tem o dever de impedir que os asilados realizem em seu território atos que ponham em perigo a paz pública da nação contra a qual teriam delinquido.[17]

Seria então de responsabilidade do país que acolhia a segurança daquele que asilava, assim como monitorar, limitar ou mesmo anular sua atuação política.

Como veremos com o decorrer o trabalho, essa proibição de atividade política no país de acolhida, que aliás se espaça em toda e qualquer resolução sobre o assunto, foi um dos principais motivos de rusgas entre Brasil e Portugal na segunda metade da década de 1970. O desinteresse, ou impotência, do Governo Revolucionário em barrar a atividade política dos exilados brasileiros, paralela à ajuda de membros dos partidos governistas, nomeadamente o Partido Socialista, e as campanhas contra o regime brasileiro, irritavam profundamente Geisel, Azeredo da Silveira e o Itamaraty, e causava preocupação para o Ministério dos Negócios Estrangeiros português.[18]

Em 1928, ocorreu a *Convenção de Havana sobre Direito de Asilo*. Nesta ocasião, foram geradas seis convenções de direito internacional que, no Brasil, foram assinadas pelo então Presidente Washington Luís, em 8 de janeiro de 1929, e nelas estariam presentes as preocupações relativas à convenção sobre a condição dos estrangeiros, sobre tratados, sobre funcionários diplomáticos, sobre

---

17 DEL'OLMO, 2014, p. 158.

18 Inclusive, adiante, defenderemos que há um momento claro de ruptura entre o apoio do governo aos "refugiados" brasileiros e a subsequente impotência, talvez por afinidade ideológica, em suprimir a atuação política dos mesmos a partir do levante frustrado da esquerda revolucionária portuguesa no 25 de novembro de 1975.

agentes consulares, sobre asilo, e sobre deveres e direitos dos estados nos casos de lutas civis.[19] Este evento contou com a presença, na cidade de Havana, de 21 países[20] pertencentes a todo o continente americano, o que proporcionou alto grau de legitimidade à Conferência. O Brasil foi representado pelo então Embaixador Raul Fernandes, pelo Deputado Lindolfo Collor, pelo então secretário da Presidencia da República, Alarico Silveira, pelo Senador Sampaio Correia e Magistrado Eduardo Espínola. De acordo com Del'Olmo, sete pontos determinaram a resolução da Conferência de Havana, e serviriam de modelo para as demais Conferências que a sucederam. São eles:

> I. o asilo não deverá ser concedido a pessoas acusadas ou condenadas por delitos comuns, tampouco a desertores de terra e mar, que deverão ser entregues ao governo local, caso tentem se refugiar em legação, navio ou aeronave de guerra de determinado Estado; II. o asilo de criminosos políticos será respeitado na medida em que, como um direito ou por tolerância humanitária, o admitirem o uso, as convenções ou as leis do país de refúgio; III. o asilo será concedido somente em casos de urgência e pelo tempo indispensável para que o cidadão seja colocado em segurança; IV. Uma vez concedido o asilo, o agente diplomático ou comandante deverá comunicar imediatamente o Ministério das Relações Exteriores do Estado do asilado; V. o Estado sede da Missão Diplomática poderá exigir que o asilado seja conduzido para fora de seu território com a brevidade possível; VI. o agente diplomático do país que concedeu o benefício poderá exigir as garantias necessárias para que o asilado saia do país sede da Missão Diplomática em segurança; e VII. os asilados, enquanto nesta condição, não poderão praticar atos contrários à tranquilidade pública.[21]

19 JUNQUEIRA, M. O. *Declaraçao de Havana em Relaçao ao Asilo (1928).* In: Direito Público, Diversidade e Direitos Humanos. Disponível em: <http://direitopublicoediversidade.blogspot.com.br/2010/03/declaracao-de-havana-relativa-ao-asilo.html>. Acesso em: 03/01/2016.

20 Eram os países participantes Peru, Uruguai, Panamá, Equador, México, Salvador, Guatemala, Nicarágua, Bolívia, Venezuela, Colômbia, Honduras, Costa Rica, Chile, Argentina, Paraguai, Haiti, Republica Dominicana, Estados Unidos da América.

21 DEL'OLMO, 2014, p. 166.

Esta lista foi modificada na *Convenção sobre Asilo Político*, assinada em Montevidéu em 26 de dezembro de 1933, e ratificada pelo Brasil pelo Presidente Getúlio Vargas poucos meses antes da declaração do Estado Novo, em 13 de abril de 1937. Nesta edição, que teve os EUA como única nação a se recusar a assiná-la, o autor aponta que "[c]ompete ao Estado que dá asilo a qualificação do delito político,"[22] ou seja, quem decide e legitima a autenticidade do asilo é o país de acolhida.

Todas essas convenções foram então reconhecidas em âmbito mundial pela já citada *Declaração Universal dos Direitos Humanos* de 1948, onde, e como também já apontado anteriormente, acerta que toda pessoa vítima de perseguição tem direito de procurar e gozar asilo em outros países, desde que não seja um caso de crimes de direito comum ou atos contrários aos princípios das Nações Unidas.

Em 1954, duas novas convenções foram firmadas a partir da 10ª Conferência Interamericana ocorrida em Caracas, a saber: *Convenção sobre Asilo Diplomático* e *Convenção sobre Asilo Territorial*, ambas ratificadas pelo Brasil, e que teriam vigência a partir de então, mas que dependeriam da pressão das instituições internacionais de direitos humanos em fazer valer as resoluções pelos governos autoritários e ditatoriais que seguiriam pela década de 1960, e da disposição destes governos em exercê-las.

Bem, agora, após esta breve introdução sobre a história e legislação do instituto de asilo, cremos que podemos nos dedicar com mais a finco ao objeto deste livro, introduzindo o Portugal da década de 1970 no âmbito das discussões sobre exílio e concessão de asilo.

22 DEL'OLMO, 2014, p. 159.

PORTUGAL E A QUESTÃO DO ASILO POLÍTICO

Para uma melhor compreensão do tema, talvez seja importante nos dedicarmos brevemente a dois modelos de asilo que ainda não foram citados, mas que serão de grande valia para compreendermos qual a posição de Portugal em relação à concessão de asilo e os problemas encontrados pelos exilados para a tentativa de adquirir o *status* de asilado: o asilo Diplomático e e o asilo Territorial.

Em realidade, a diferença entre asilo diplomático e territorial é quase autoexplicativa. O primeiro caso

> aplica-se ao abrigo facultado pelo representante de um Estado estrangeiro a determinada pessoa cuja vida e liberdade se encontram ameaçadas, em certas circunstâncias, pela autoridade local ou pela violência popular. O abrigo pode ser oferecido, nomeadamente, no edifício de uma missão diplomática, num navio de guerra ou numa base militar.[1]

Del'Olmo explica ainda que o asilo diplomático é outorgado de forma temporária e "configura uma forma provisória de proteção, prévia ao asilo ter-

1 Arquivo Histórico-Diplomático do Ministério dos Negócios Estrangeiros. Circular do Ministério dos Negócios Estrangeiros sobre a XXX Assembleia Geral da ONU (1975).

ritorial, já que se torna definitivo apenas com a entrada do estrangeiro no território do Estado que concedeu o benefício.[2]" Quem decide sobre sua cessão é o embaixador ou seu substituto legal, e esta modalidade de proteção deve ser solicitada diretamente pelo indivíduo perseguido e não pode ser oferecida de antemão pelo Estado.

Já o segundo caso, o asilo territorial ou interno, "significa ainda a faculdade de um Estado acolher no seu território aqueles estrangeiros que são perseguidos pelas autoridades do país de que são nacionais ou, no caso de apatridia, pelas autoridades do país onde tinham fixado residência.[3]"É sempre importante lembrar também que a cessão de asilo diplomático não garante o asilo territorial.

Em outras palavras, o asilo diplomático teria como função abrigar e proteger o indivíduo em sessões diplomáticas externas ao país onde se pretende asilo. A consolidação do asilo diplomático, enquanto instituição humanitária nos períodos ditatoriais da América Latina, principalmente nos momentos imediatos aos que sucedem os golpes, como no Brasil, foi essencial para salvar um número expressivo de vidas. Este dispositivo legal criou o que ficou conhecido como *Safe Havens*[4] e foi vastamente acessado, especialmente, após o golpe chileno de 11 de setembro de 1973, quando as embaixadas receberam milhares de indivíduos das mais diversas nacionalidades que procuravam refúgio da repressão militar brutal que se abateu sobre o país. Adiante veremos que esses *safe heavens* foram cruciais para salvaguardar a integridade de boa parte dos brasileiros que se exilaram em Portugal.

Mas note-se que, salvo o caso da América Latina, a generalidade dos países não favorecia um instituto que conduzisse à afirmação do direito de asilo diplomático, pois, embora houvesse evidente preocupação da ONU em consolidar este dispositivo humanitário, havia também o receio de parte dos Estados Membros de que este dispositivo limitasse sua supremacia territorial e que pudesse prejudicar a

> atividade diplomática normal, se forem consideradas como atos inamistosos. Além disso, foi manifestado o receio de que o reco-

2 DEL'OLMO, 2014, p. 164.

3 Arquivo Histórico-Diplomático do Ministério dos Negócios Estrangeiros. Circular do Ministério dos Negócios Estrangeiros sobre a XXX Assembleia Geral da ONU (1975), p. 2.

4 Arquivo Histórico-Diplomático do Ministério dos Negócios Estrangeiros, 1975, p. 3.

> nhecimento generalizado do direito de asilo diplomático pudesse ser explorado como instrumento de proteção ao terrorismo.[5]

Por isso, havia um grande receio da ONU em generalizar o acesso ao asilo diplomático, havendo sido também discutida nessa Assembleia a possibilidade de se manter e consolidar este instituto, mas apenas para o caso da América Latina.

Em 1975, na XXX Assembleia Geral da ONU, os debates sobre a possibilidade de uma lei geral de asilo estavam em evidência e contavam com intensa participação da delegação portuguesa. Isso se deu, em grande medida, pela preocupação constante do Ministério dos Negócios Estrangeiros na relação Portugal/Brasil no que se refere à legalização do asilo a brasileiros pelo mal-estar que já vinha sendo causado pela atuação política dos exilados em suas fronteiras. Cabe salientar ainda que este Ministério passou quase toda a segunda metade da década de 1970 colocando "panos quentes" sobre as ações dos exilados, seja dos portugueses solidários, seja do próprio parlamento português, que denunciava a ditadura brasileira.

Quanto ao asilo territorial, desde pelo menos 1967, com a *Declaração das Nações Unidas sobre Asilo Territorial*, a ONU já parecia encerrar uma posição sobre este tema. Neste ano, a Assembleia Geral das Nações Unidas, adotou uma declaração sobre asilo territorial, assim como uma série de princípios básicos reguladores da instituição do asilo. Já em 1971, a *Dotação Carnagie para a Paz Internacional* promoveu uma reunião em Bellagio, Itália, por um grupo de peritos jurídicos e independentes que elaborou um projeto de convenção sobre asilo territorial visando complementar a declaração de 1967.

É importante esclarecer que o posicionamento de Portugal, desde antes da revolução, sempre foi de reservas em relação à concessão de qualquer tipo de asilo. Ainda no governo de Marcelo Caetano, o Alto Comissário para Refugiados solicitou comentários sobre a vantagem eventual de celebração, no quadro da ONU, de uma convenção de asilo territorial. A resposta veio pela letra de Gonçalo Luís Maravilhas Correia Caldeira Coelho, então Diretor-Geral de Negócios Políticos do Ministério dos Negócios Estrangeiros:

> O direito de asilo nunca foi reconhecido pela ordem jurídica portuguesa. Por outro lado, não parece que o 'direito de asilo territo-

5 Arquivo Histórico-Diplomático do Ministério dos Negócios Estrangeiros, 1975, p. 4.

> rial' tenha elementos de interesse para nossa situação no Ultramar e nos países vizinhos. Não parece, pois, necessário por agora proceder a qualquer estudo e se o assunto vier a ser considerado na AG da ONU parece que se deveria permitir a atitude de completa reserva já anteriormente adoptada e recomendada pelo chefe da nossa delegação.[6]

O diplomata denota a ineficácia e falta de necessidade no que se refere à Europa, em especial Portugal e as colônias na África, mas, mesmo com todos os problemas sabidos, não se refere em nenhum momento à América Latina. Devemos nos lembrar ainda de que no momento em que este documento foi editado, as embaixadas no Chile estavam abarrotadas, e as fugas para países da Europa já se faziam há meses. A afinidade do governo português com os governos autoritários dos países latinos, por si só, já afastava pretensos sul-americanos que buscassem asilo, mas países como a França já recebiam centenas, mesmo milhares de exilados, o que nos faz ao menos estranhar a ocultação da América Latina na resposta de Caldeira Coelho ao Alto Comissário.

Entendendo que esta posição de Portugal em relação ao assunto mudaria após o 25 de Abril, vemos que em vias práticas isso ocorreu, considerando que as portas de Portugal foram abertas para o acesso dos exilados – em especial chilenos, brasileiros e espanhóis. Mas adiantamos também que isso vem a acontecer de forma tímida e parcimoniosa, dado que, dois meses após a revolução, o Ministério dos Negócios Estrangeiros mostrou preocupação em se posicionar quanto ao direito de asilo. Ao discutir sobre a convenção de asilo de 1951, o texto aponta que esta

> não impõe aos países signatários a obrigação de concederem asilo territorial, salvo se o refugiado já tiver sido admitido e se encontrar no território do Estado de recepção e se verificar a hipótese prevista no artigo 33º. Esta disposição determina que nenhum estado contratante expulsará ou rejeitará o refugiado que se lhe apresentar junto da sua fronteira, alegando com razão que se encontra ameaçado na sua vida ou na sua liberdade.[7]

---

6 Arquivo Histórico-Diplomático do Ministério dos Negócios Estrangeiros. PEA 331. A Convenção sobre Asilo Territorial sob a Égide da ONU e o Pedido de Comentários do Alto Comissário para os Refugiados.

7 O Significado do Direito de Asilo. Ministério dos Negócios Estrangeiros. PEA 331.

Em face das condições expostas no documento, Portugal então aceitou receber legitimamente em seu território refugiados provenientes do Chile e a concessão de asilo seria uma faculdade que Portugal exerceria discricionariamente. Isso é, tal exercício não estaria vinculado nem pelo direito internacional geral, nem por quaisquer disposições de direito convencional que se pudessem aplicar à situação em causa.

De certa forma, a negativa de Portugal em incorrer nas regras internacionais não era uma surpresa, já que o país passava por um processo revolucionário, mas, mesmo assim, não poderia olvidar o fato de ser signatário apenas da Convenção de 1951, e não da de 1967, que versava em favor da declaração que preconizava a prática de asilo territorial pela Assembleia Geral das Nações Unidas.[8]

Já em 6 de junho de 1974, foi enviado ao Ministério dos Negócios Estrangeiros um ofício de Joaquim Magalhães Mota, Ministro da Administração Interna do I Governo Provisório, mostrando preocupação com a questão da legislação de asilo em Portugal. O ofício, que punha o asilo como tema de preocupação interministerial, pois enviado ao Ministério da Defesa Nacional, ao Ministério da Justiça e ao Ministério do Trabalho, mostrava apreensão das pastas e apontava a inquietação de Magalhães Mota no que concernia a uma agilização dos processos de asilo – naquele momento por espanhóis, mas também por brasileiros e chilenos – que poderiam se avolumar considerando a maneira que estava sendo tratada, por caso a caso e individualmente, sob auspícios da Polícia de Segurança Pública (PSP). Para ele, "haverá primeiramente que ponderar as vantagens e inconvenientes, no âmbito internacional, da criação de um estatuto de asilo político tendo em especial conta as relações de vizinhança com a Espanha".[9] Assim, entendemos que Mota tentava provocar esta interação interministerial, pois entendia que era a abertura ao asilo poderia levar a graves problemas internos, como ao aumento de criminalidade problemas graves no que tange a relações de trabalho entre cidadãos portugueses e estrangeiros. Mas mesmo assim, Magalhães Mota entendia que o Ministério dos Negócios Estrangeiros era a instituição que deveria se atarefar em relação a este assunto.

No entanto, o governo português encontrou subterfúgios para lidar com a situação. Pois outro motivo que se prendiam para obstaculizar o aceite de exila-

8 Arquivo Histórico-Diplomático do Ministério dos Negócios Estrangeiros. PEA 311.

9 Arquivo Histórico-Diplomático do Ministério dos Negócios Estrangeiros. PEA 311.

dos ou refugiados era o da precariedade dos sistemas de segurança, que possuíam estrutura incipiente, pois o aparato de segurança e inteligência português foi desmantelado com o fim da famigerada Polícia Internacional e de Defesa do Estado (PIDE).

O Ministério da Segurança, em julho de 1974, era severo em advertir que, enquanto não fosse editada uma legislação que pudesse normatizar a atividade dos exilados, estes não deveriam ser aceitos no território português. Pois, apenas com estas leis poder-se-ia obstar ações, que pudessem comprometer as relações existentes entre Portugal e os países aos quais esses estrangeiros pertenciam, justificando, assim, atitudes de retaliação.

Além disso, as organizações oficiais portuguesas não deveriam ser facultadas como locais de trabalho a estrangeiros refugiados políticos, como tradutores, intérpretes, professores etc. Igualmente, deveriam ser vedados aos estrangeiros os meios de divulgação, salvo casos de reconhecida e inequívoca necessidade, e nunca para fins de exploração política; também deveriam ser vedadas aos estrangeiros o uso e comércio de armas, de artefatos ou explosivos; e as autoridades civis deveriam exercer sobre os cidadãos estrangeiros refugiados políticos uma discreta vigilância.[10]

É interessante notar, e isso ficará evidente nos próximos capítulos, que além de o Ministério da Defesa Nacional estar correto em suas previsões, principalmente no período de vigência do Processo Revolucionário em Curso (PREC), poucas ou nenhuma de suas sugestões foram acatadas, visto que os brasileiros tiveram acesso a todos os níveis de órgãos de informação (mesmo que clandestinamente), trabalharam nos mais variados cargos públicos, como professores e até funcionários dos Ministérios, como veremos no caso de Altair Lucchesi Campos e Bete Chachamovitz, que estiveram ao lado do então major Manuel Pedroso Marques no Ministério de Comunicação Social, assim como no de Almirante Costa Aragão, que possuía cargo de pesquisador na Marinha portuguesa.

Acreditamos que foi partir desses primeiros embates entre os Ministérios que se iniciou um ciclo de delegação de responsabilidades para decidir quem seria responsável pela questão dos exilados e da promoção de uma política de asilo, pois nos parece que ninguém desejava ser responsável por este problema. Dessa forma, em 7 novembro de 1974, sob a Decreto-Lei 592/74, foi criada a Comissão Coordenadora dos Assuntos Relativos ao Movimento de Fronteiras

10 Arquivo Histórico-Diplomático do Ministério dos Negócios Estrangeiros. PEA 311.

e Permanência de Estrangeiros (CAMPE), sobre a qual trataremos após nos dedicarmos brevemente ao posicionamento de Portugal frente ao asilo territorial.

Debate sobre asilo territorial

Como vimos, a questão do asilo diplomático estava parcialmente controlada. Podemos perceber isso ao levarmos em consideração ser muito mais simples gerir o trânsito de solicitantes de asilo, pois estes processos são intermediados via embaixadas que controlam a cessão ou não dos pedidos. Mas e quando o indivíduo já se encontra no exílio? Quando este já está instalado no país de acolhida, como tratar de sua situação?

Importa relatar que, mesmo sem que houvesse uma lei interior relativa aos asilados, refugiados ou exilados no exterior, Portugal manteve sua participação nos fóruns de discussão sobre direito de asilo.

Ainda no ano de 1974, a Assembleia Geral da ONU constituiu um grupo de peritos com o intuito de elaborar um projeto sobre o asilo territorial e, em colaboração com o ACNUR, promoveu uma conferência de plenipotenciários para discutir e aprovar um texto que codificasse em um só diploma a regulamentação internacional deste instituto asilar. O grupo, que foi designado pelo Presidente da Assembleia Geral, era composto por 27 Estados membros que, após a consulta a diferentes grupos regionais, elaborou, em Genebra, no ano de 1975, um projeto de dez artigos que teria como fim ser o texto base para as discussões acerca do asilo territorial.[11]

Em novembro de 1976, o Conselho da Europa organizou, em Estrasburgo, a reunião de um comitê *ad hoc*[12] que teve o objetivo de proceder uma troca de impressões sobre o asilo territorial, onde Portugal também esteve representado. Mas a conferência propriamente dita só ocorreu entre 10 de janeiro e 4 de fevereiro de 1977, em Genebra, com a participação de 92 Estados. Nesta sessão, Portugal se colocou como um debatedor junto aos Estados membros, posicionando-se e intervindo em seu resultado final.[13]

11 Ministério dos Negócios Estrangeiros. Conferências das Nações Unidas sobre Asilo Territorial. PEA 32.17. 28/03/1977, p. 2.

12 Comitês criados para se dedicarem a um problema específico e gerar recomendações para sua resolução.

13 Ministério dos Negócios Estrangeiros. Conferências das Nações Unidas sobre Asilo Territorial. PEA 32.17. 28/03/1977, p. 3.

Portugal deu apoio ao texto formulado pelo grupo de peritos, pois este se harmonizou com o ordenamento jurídico nacional. Nas discussões sobre os artigos, vê-se que Portugal se alinhava ao discurso ocidental em detrimento, especialmente, ao do Leste Europeu, o que é compreensível, tendo em vista o momento político vivido pelo país após o PREC, onde, e como veremos, há a amenização dos discursos revolucionário e uma guinada à direita em relação ao momento anterior.

Portugal foi favorável, por exemplo, à admissão de pessoas que entrassem pela fronteira – à qual muitos Estados eram contra – por acreditar haver desvantagem àquele que tenta entrar legalmente, em relação ao que entrasse de forma ilegítima no território ao solicitar asilo. Todavia, isso não seria extensível à concessão de asilo a quem o pretendesse, exclusivamente, em caráter econômico ou quando o asilado viesse a ser uma ameaça ao país que conceda o asilo.[14]

Outro item importante do debate, dado seu sentido humanitário, diz respeito ao artigo que determinava o reagrupamento familiar, sobre o qual Portugal também assumiu voto favorável. Mas, mesmo sendo partidário em generalidade com as resoluções da sessão, o relato de Portugal tem um olhar negativo quanto ao encaminhamento dos trabalhos da comissão, pois:

> [a] descrição que foi o trabalho da conferência, é reveladora de alguns aspectos de interesse. Assim, colheu-se a impressão que a comunidade internacional não se encontrava ainda devidamente preparada para reconhecer o indivíduo como sujeito directo das relações do Direito Internacional Público, em matéria de direito de asilo territorial. O projecto apresentado pela República Federal da Alemanha, que representaria um grande passo em frente na evolução deste ramo do Direito, não obteve apoio significativo, pois os Estados se demonstraram demasiadamente ciosos do exercício de sua soberania. Por outras palavras, os Estados concederão o asilo por assim o desejarem e não porque o indivíduo tenha o direito de o exigir.[15]

Além disso, o representante português notou "uma organizada e persistente tentativa do bloqueio do andamento dos trabalhos", em especial pelos países da

14 Ministério dos Negócios Estrangeiros. Conferências das Nações Unidas sobre Asilo Territorial. PEA 32.17. 28/03/1977, p. 5.

15 Ministério dos Negócios Estrangeiros. Conferências das Nações Unidas sobre Asilo Territorial. PEA 32.17. 28/03/1977, p. 15.

Europa do Leste, assim como Uruguai, Argentina e Turquia. Os Soviéticos realizavam essas tentativas usando o argumento de que "as constituições políticas de seus países já reconheciam a faculdade de solicitar asilo", enquanto que os outros países citados "procuravam esvaziar de conteúdo os artigos aprovados.[16]" O relator conclui que, de modo geral, os países ocidentais mostraram decepção pelo fraco resultado obtido e pelos desvios do texto base. Assim, decidiram por "aguardar um lapso de tempo" no intuito de futuramente ser melhor acolhido.

Concluímos, então, que, mesmo com a boa vontade da delegação portuguesa em debater e encorajar as discussões acerca do asilo territorial, as próprias condições externas não auxiliavam a possível resolução interna, mantendo então os exilados e os órgãos responsáveis por estes estrangeiros sem poder de ação legislativa. Por outro lado, essa incapacidade externa em realizar um acordo sobre uma nova legislação servia quase como anuência para a manutenção da negativa ou, se preferível, o desencorajamento de asilo em Portugal.

Esta nossa afirmação pode ser exemplificada com a criação da CAMPE(Comissão Coordenadora dos Assuntos Relativos ao Movimento de Fronteiras e Permanência de Estrangeiros).

A CAMPE, entidade criada em novembro de 1974, teria por objetivo tentar suprir essa deficiência estrutural do governo português em regular a entrada e saída de estrangeiros no país neste período extremamente conturbado pós-25 de Abril. A lei indicava que a legislação sobre controle de fronteiras e permanência de estrangeiros existente anteriormente à revolução não se norteava pelos princípios democráticos e que os diversos serviços, anteriormente centralizados na extinta Direcção-Geral de Segurança (DGS), que naquele momento eram atribuídos a vários organismos, justificavam a criação daquela comissão coordenadora.

A CAMPE tinha como base de funcionamento as dependências do Ministério da Administração Interna (MAI), mas era uma comissão de caráter pluriministerial,[17] ou seja, tentava-se com ela abarcar e responsabilizar boa parte da máquina pública na gerência decisória referente à entrada e saída de estrangeiros.[18]

16 Ministério dos Negócios Estrangeiros. Conferências das Nações Unidas sobre Asilo Territorial. PEA 32.17. 28/03/1977, p. 16.

17 Arquivo Nacional Torre do Tombo. MAI ACL MAI GM S00014.

18 Faziam parte de sua primeira gestão os seguintes representantes: Cap. Tenente Antônio Emilio Rodrigues da Ponte – Ministério da Defesa Nacional; João Manuel Perestrelo Viei-

A criação da CAMPE se valia de dois objetivos básicos:

> a) [s]ugerir medidas legislativas e outras reguladoras do movimento de fronteiras e permanência de estrangeiros, especialmente respeitantes a princípios a adoptar no movimento de fronteiras, à concessão de passaportes a cidadãos nacionais e à permanência de cidadãos estrangeiros em território nacional;
>
> b) [c]oordenar a actividade dos diferentes departamentos no âmbito das matérias da competência desta Comissão, através de reuniões periódicas para as quais poderá convocar representantes de outros serviços interessados.[19]

Com isso, o governo português realmente poderia tentar levar a cabo esforços internos para que as questões dos casos de pedido de asilo pudessem ser mais rapidamente resolvidas, mas, mais uma vez, pela falta de uma legislação que regrasse os encontros desta comissão, pouco se pôde fazer. Aliás, a falta deste elemento legal levou mais a conflitos, desavenças e trocas de acusações interministeriais, do que à solução deste problema nacional.

Em julho de 1975, um documento apontava que a CAMPE relutava quanto à vinda de mais refugiados políticos. Um documento do dia 25 de julho de 1975, sobre pedido de asilo de um casal espanhol, mostrou o prenúncio da falência da CAMPE quanto à sua tarefa de tratar dos problemas vinculados ao asilo: o documento admitia que a solicitação dos cidadãos espanhóis ainda não havia passado pela apreciação da CAMPE porque esta organização não se reunia havia muito tempo, provavelmente desde maio, e que não havia previsão para que uma nova reunião ocorresse.

Apesar disso, já sugeria a negativa ao pedido de asilo dos solicitantes, dado o conhecimento da opinião da CAMPE de que "não se devia autorizar a vinda

---

ra de Deus Figueira – Ministério da Administração Interna; Mario Rodrigo da Fonseca Ramos – Ministério Inter territorial; Antônio Maria Claro – Ministério da Justiça; Renato Pinto Soares – Ministério dos Negócios Estrangeiros; Licenciado Orlando América da Silva Ribeiro – Ministério das Finanças; Coronel de Infantaria Américo Antônio Rosário e Cruz – Policia de Segurança Pública

19 PORTUGAL. *Decreto-Lei592/74, de 7 de novembro de 1974. Disponível em:*<http://www.legislacao.org/primeira-serie/decreto-lei-n-o-592-74-estrangeiros-permanencia-fronteiras-ministerio-38658>. Acesso em: 6 jun. 2015.

de mais exilados políticos[20]" para Portugal. Além disso, a CAMPE, em reunião do dia seis de maio daquele ano, se recusara em pronunciar-se quanto a qualquer pedido de admissão de refugiados políticos enquanto as autoridades portuguesas não publicassem uma legislação reguladora de asilo Político/Territorial.[21]" Neste documento demonstra-se, mais uma vez, a irritação dos responsáveis pelo tema não ser possuidor ainda de legislação básica, o que estava desgastando as relações entre os Ministérios.

E continuou o embate entre as forças governamentais reponsáveis pelo Comissão quando, em cinco de dezembro de 1975, a DGS enviou documento para a apreciação da Direção Geral dos Negócios Políticos do Ministério da Administração Interna, questionando os métodos empregados pela Polícia de Segurança Pública (PSP) na cessão de passaportes para estrangeiros que pleiteavam a saída do país. A DGS não compreendia o motivo pelo qual se provia documentação, já que não era de interesse do governo português que se mantivessem estrangeiros no país, e muito menos aqueles que, por si, já não cultivavam o desejo de ficar.

O método criticado dizia respeito ao fato de a PSP só ceder documentação (passaporte) para estrangeiros quando tinham certeza de que o interessado possuía o visto de entrada no país de destino. Isso não seria grande problema se, como também era fato, os serviços consulares existentes em Lisboa, também por motivo de segurança, recusassem-se a ceder o visto enquanto não houvesse por parte do exilado seu respectivo passaporte. Ou seja, como diz o próprio documento analisado, "caía-se num círculo vicioso, qual seja o de sem garantia de visto não se obter passaporte e sem ter passaporte não se alcançar a garantia de visto.[22]"

É interessante também notar que o motivo pelo qual não se entregava a devida documentação para os estrangeiros era de cunho financeiro, ou, como atesta o documento, "por razões de economias de impressos de passaportes.[23]" Assim, o Ministério dos Negócios Estrangeiros foi além em sua crítica aos métodos empregados, ao ponto de encontrarmos um toque de ironia e sarcasmo em um dos ofícios:

20 Ministério dos Negócios Estrangeiros. PEA 313 - 330ESP.

21 Ministério dos Negócios Estrangeiros. PEA 313 - 330ESP.

22 Ministério dos Negócios Estrangeiros. PEA 315.

23 Ministério dos Negócios Estrangeiros. PEA 315.

> [c]om efeito, na atual conjuntura da escassez de viveres e de extrema dificuldade do mercado de trabalho, parece que até valerá a pena incorrer na despesa de emissão de uma dezena de passaportes para estrangeiros, ou mesmo mais, por cada um que consiga deslocar-se para outro país.[24]

E continua, agora em tom mais solene,

> e como sucede que a repartição consular é constantemente assediada por estrangeiros naquelas condições, que são despachados de Ministério para Ministério e de repartição para repartição, sem conseguirem ver o seu problema resolvido – para o que, aliás, a Repartição Consular também não tem qualquer possibilidade – a Direção-Geral dos Serviços Centrais muito agradeceria se a Direção-Geral dos Negócios Políticos houvesse por bem ocupar-se, junto ao Ministério da Administração Interna, da resolução deste assunto.[25]

É possível, inclusive, que este não tenha sido o documento enviado, já que consta em si grifos nos trechos mais ácidos e, na mesma pasta, podemos encontrar um outro papel com teor mais ameno e direcionado diretamente para o Chefe de Gabinete do Ministério da Administração Interna em dia posterior, e não para a Direção Geral deste mesmo Ministério. De qualquer forma, esta carta que escancara a cobrança entre os órgãos, e que mais uma vez mostra o ambiente confuso e até belicoso entre as instituições, atesta também um posicionamento do Ministério dos Negócios Estrangeiros, o qual seria o de se livrar deste problema social e político que se instalara no país.

A resposta do MAI, por sua vez, em nome de Filipe da Costa Aires, parece-nos um tanto evasiva. Não esclarece a questão dos exilados e se dedica em grande parte aos *retornados* de países como Moçambique, Angola, Cabo Verde, que, em si, já são cidadãos portugueses. O diretor afirma que, para estes, não há qualquer dificuldade em conseguir documentação para deixar o país. Mas ao tratar dos apátridas, nacionais de países que não mantêm representações diplomáticas em Portugal ou que demonstrem não obter outro passaporte, este diz que há a

24 Ministério dos Negócios Estrangeiros. PEA 315.

25 Ministério dos Negócios Estrangeiros. PEA 315.

necessidade de o estrangeiro possuir uma autorização de residência para estrangeiro, que seria emitida pela Direção de Serviços de Estrangeiros.

Assim, levando em consideração a morosidade e mesmo a falta de interesse do governo português em ceder tal tipo de documentação que daria ao estrangeiro o *status* de residente, cria-se um paradoxo: para ter passaporte e sair do país seria necessário comprovar ser um residente em Portugal. E Portugal, mesmo preferindo a não permanência de tais indivíduos, exigia que estes tivessem *status* semelhante ao de cidadãos portugueses. Ora, cabe lembrar que o principal motivo de necessidade dos brasileiros é exatamente a falta de documentos, pois sem estes não conseguem trabalho e outras oportunidades. O que o diretor parece não entender, portanto, é que a necessidade de saída serviria exatamente para conseguirem fora o que não conseguiriam em Portugal.

A CAMPE aparenta se diluir junto com o processo revolucionário e os debates sobre a Constituição em 1976. Esta comissão pluriministerial aparentemente não teve efeito para sanar o problema do asilo e, além de tudo, mostrou a fragilidade e os desentendimentos nas relações dentro dos governos provisórios. Com a edição da constituição de 1976, enfim o asilo aparece como direito, mas veremos que uma legislação que normatize este direito não vem com o artigo constitucional.

O direito de asilo e a Constituição portuguesa de 1976

Internamente, a indefinição acerca da institucionalização de asilo, seja ele diplomático, seja ele territorial, não teve caminho mais fácil. Mas, nas discussões relativas à futura Constituição Nacional, o tema do asilo não poderia ficar de fora, ainda mais pelo fato de que muitos parlamentares constituintes passaram pessoalmente pela experiência do exílio, o que fez com que a questão fosse vista pela Assembleia com mais simpatia. Talvez, como apresentado no trecho abaixo escrito por Sara Amâncio, que recorda a experiência obtida fora do país antes do 25 de Abril, também estivesse na memória daqueles que legislavam sobre a nova Constituição a necessidade de tratarem da questão com mais esmero, pois, como ela relembra,

> [n]o caso concreto dos refugiados políticos, à chegada a Paris dirigiam-se a instituições, como a OFPRA (Organização Francesa de Apoio a Refugiados e Apátridas), que se encarregavam de organi-

> zar o seu processo de legalização. Eram acolhidos com dignidade; numa base de confiança nas suas declarações, que podiam documentar com maior ou menor facilidade, conforme as circunstâncias da sua fuga; sempre com grande respeito pelos seus direitos de cidadãos ou cidadãs.[26]

Mário José de Araújo Torres recorda ainda que a Constituição de 1976 proclama, logo no seu artigo 1°, que a República Portuguesa se baseia na *dignidade da pessoa humana*. Entendendo este valor como algo inerente a qualquer figura humana, portuguesa ou não, que se de alguma forma necessite da estada no país em direitos e deveres não deve haver empecilho quando se trata da causa humanitária:

> [n]esta perspectiva, o clássico princípio de direito internacional de "não ingerência nos assuntos internos dos outros Estados" (referido no n.º l do artigo 7.º da Constituição) não pode deixar de sofrer as derrogações impostas pela crescente consciência da protecção internacional dos direitos do homem, fundamentadora, sempre que necessário, de um verdadeiro *dever de ingerência*. Por isso, Portugal reconhece "o direito dos povos à insurreição contra todas as formas de opressão, nomeadamente contra o colonialismo e o imperialismo" (n.º 3 do artigo 7.º), o que implica o apoio a esses povos, consistindo um afloramento deste princípio o reconhecimento do *direito de asilo* aos perseguidos em consequência da sua actividade "em favor da democracia, da libertação social e nacional". Direito de asilo que, porém, não se limita a essas situações, pois também é reconhecido aos perseguidos ou gravemente ameaçados de perseguição em consequência da sua actividade em favor "da liberdade e dos direitos da pessoa humana" (n.º 6 do artigo 33.º).[27] (Grifos no original)

Como ficou evidente a todo momento na realização da pesquisa, é essa experiência de vivência em uma ditadura que faz o português se solidarizar, refletir

---

26 AMANCIO, S. *Refugiados*. In: O Asilo em Portugal, vol. I. Disponível em: <http://www.refugiados.net/cid_virtual_bkup/asilo1/sa.html>. Acesso em: 24 fev. 2016.

27 TORRES, M. J. de A. In: *O Asilo em Portugal Vol. I*. Disponível em: <http://www.refugiados.net/cid_virtual_bkup/asilo1/mjat.html≥. Acesso em: 24 fev. 2016.

e se identificar com as questões referentes à reação aos regimes ditatoriais e autoritários na América Latina e, no caso acima, à experiência de fuga e exílio. Esta identificação, de certa forma, fez com que na Assembleia Constituinte, em contraposição ao que acontecia no Ministério dos Negócios Estrangeiros e outros órgãos governamentais que viam com ressalvas a questão do asilo e do exilio, entendeu que estes temas deveriam ser debatidos de forma a facilitar sua conquista.

Assim, a Constituição da República Portuguesa de 1976 veio consagrar no seu artigo 33°, n. 6, o direito de asilo nos seguintes termos:

> [é] garantido o direito de asilo aos estrangeiros e aos apátridas perseguidos ou gravemente ameaçados de perseguição, em consequência da sua actividade em favor da democracia, da libertação social e nacional, da paz entre os povos, da liberdade e dos direitos da pessoa humana.

Mas isso não foi tão simples e incorreu de grande debate na Assembleia Constituinte. A frente de esquerda União Democrática Popular (UDP) talvez seja um dos primeiros partidos a se referir e a se preocupar com a "solidariedade militante com os exilados políticos", logo em projeto de constituição, de 8 de julho de 1975. Lá, pode-se ler que

> [a] República Portuguesa concede proteção e direito de asilo aos estrangeiros perseguidos em razão da sua luta contra o fascismo e a opressão e pela libertação e independência de seus países. Na República Portuguesa, os exilados políticos gozam de toda de toda a solidariedade militante do povo português.[28]

Em agosto do mesmo ano, a *Comissão de Direitos e Deveres Fundamentais,*[29] de ordem pluripartidária, assumiu em dois artigos a questão do direito de asilo.

---

28 *Diário Constituinte*, 014SI, 8 de julho de 1975, p. 24.

29 Relatório da reunião ocorrida dias 29, 30 e 31 de Julho e nos dias 1, 4, 5, 6, 7, 8, 11 e 12 de Agosto, no Palácio São Bento, referente à 2ª Comissão incumbida de dar parecer sobre os projetos de Constituição.Na primeira reunião, realizada no dia 29 de Julho, foi eleito presidente o Sr. Deputado Alberto Marques de Oliveira e Silva, do Partido Socialista, secretário o Sr. Deputado José Pinheiro Lopes de Almeida, do Partido Comunista Português, e relator Manuel da Costa Andrade, do Partido Popular Democrático.

Seu presidente, Oliveira e Silva, do Partido Socialista, também identifica na vivência da ditadura a busca democrática e dos direitos humanos pela Assembleia:

> o parecer agora apresentado reflecte inevitavelmente o traumatismo de meio século de ditadura fascista, com a sua brutal repressão das liberdades, e todo o sequente cortejo de atentados à dignidade humana. Esteve demasiado viva na memória de todos essa época, aliás ainda bem chegada no tempo, posto que uns a tenham experimentado mais duramente do que outros, para que não se revigorasse o empenho de consagrar para o futuro no texto constitucional uma fruição autêntica dos direitos, liberdades e garantias.[30]

Assim, a Comissão de Direitos e Deveres, no que confere ao direito dos estrangeiros, atenta a dois artigos que os contemplariam. O artigo n° 4 dispõe:

> 1 – [o]s estrangeiros e apátridas que se encontrem ou residam em Portugal gozam dos direitos, liberdades e garantias do cidadão português. 2 – Exceptuam-se do disposto do número anterior os direitos reservados exclusivamente aos portugueses, os direitos políticos e o exercício de funções públicas, salvo as de caráter predominantemente técnico.[31]

Há também o artigo 10°, que determina pela primeira vez o que o programa entende como merecedor da condição de asilado:

> 1 – É garantido o direito de asilo para os estrangeiros e aos apátridas perseguidos em consequência da sua actividade em favor da democracia, da liberdade social e nacional, da paz entre os povos, da liberdade e dos direitos da pessoa humana. 2 – A Assembleia Legislativa Popular definirá as bases gerais de um estatuto de refugiado político.[32]

Assim, e considerando estes dois artigos, percebemos que o intuito era o de ceder os direitos reservados aos portugueses, de forma limitada, ou seja, manten-

30 Diário Constituinte, 030, 13 de agosto de 1975, p. 784.

31 Diário Constituinte, 030, 13 de agosto de 1975, p. 787.

32 Diário Constituinte, 030, 13 de agosto de 1975, p. 788.

do-se exclusivos os direitos políticos, além de, como diz o primeiro item do artigo 10º, prestigiar aqueles "em favor da democracia, da liberdade social e nacional, da paz entre os povos, da liberdade e dos direitos da pessoa humana" traduzindo ao vocabulário dos portugueses daquele momento, aos estrangeiros "antifascistas".

Lembremos que este documento nada mais é do que uma espécie de esboço do que seria o documento final, ou seja, a Constituição que seria promulgada em 1976, e, por isso, não estavam os artigos dispensados de vetos e ajustes, como foi o caso do artigo 10°, cujoitem 2° causou divergências entre deputados do Partido Comunista Português (PCP) e do Partido Popular Democrático (PPD) pelo uso de terminologia, que poderia dar sentido diverso à lei.

Como observamos ao analisar a documentação, na questão do direito de asilo, não havia discordâncias agudas que pudessem atravancar o problema dos estrangeiros. Isso tanto é verdade que, oito meses depois, a constituição foi publicada no Diário da Constituinte de 3 de abril de 1976 – quase 2 anos da Revolução – sendo que os artigos discutidos anteriormente se configuram nos artigos 15° e 22°. A seguir, o resultado constitucional dos debates anteriores:

> ARTIGO 15.º
> (Estrangeiros e apátridas)
> Os estrangeiros e os apátridas que se encontrem ou residam em Portugal gozam dos direitos e estão sujeitos aos deveres do cidadão português.
> Exceptuam-se do disposto no número anterior os direitos políticos, o exercício das funções públicas que não tenham carácter predominantemente técnico e os direitos e deveres reservados pela Constituição e pela lei exclusivamente aos cidadãos portugueses.
> Aos cidadãos dos países de língua portuguesa podem ser atribuídos, mediante convenção internacional e em condições de reciprocidade, direitos não conferidas a estrangeiros, salvo o acesso à titularidade dos órgãos de soberania e das regiões autónomas, o serviço nas forças armadas e a carreira diplomática.
>
> ARTIGO 22.º
> (Direito de asilo)
> 1. É garantido o direito de asilo aos estrangeiros e aos apátridas perseguidos em consequência da sua actividade em favor da democracia, da libertação social e nacional, da paz en-

> tre os povos, da liberdade e dos direitos da pessoa humana. 2. A lei define o estatuto do refugiado político.

Entretanto, como notamos nesta pesquisa, não foi tornando o direito de asilo constitucional que a questão dos exilados foi plenamente resolvida. Notamos que por mais que uma parcela da sociedade portuguesa se esforçasse, a classe política fosse pressionada por diversas forças, e que a Constituição da República Portuguesa de 1976 consagrasse que é "o direito de asilo aos estrangeiros e aos apátridas perseguidos ou gravemente ameaçados de perseguição, em consequência da sua actividade em favor da democracia, da libertação social e nacional, da paz entre os povos, da liberdade e dos direitos da pessoa humana", uma verdadeira legislação, que resolvesse de uma vez por todas a questão do asilo demorou demais a vir, pelo menos para os brasileiros, que chegaram e partiram sem ter acesso a esse dispositivo legal.

Mas é importante ressaltar também que a falta desse dispositivo legal não impôs dificuldades extremas aos brasileiros que chegaram a Portugal. Mais adiante, veremos que pelo fato de viver sob um processo revolucionário, a repressão a estes cidadãos brasileiros era quase inexistente e as dificuldades de condições de vivência eram facilitadas, ou ao menos diminuídas, pela solidariedade dos portugueses aos "antifascistas brasileiros" Isso, pelo menos, até 1976.

As Relações entre Brasil e Portugal... e África

Antes de nos colocarmos propriamente ante a discussão sobre os exilados, vemos necessário relembrar como se deu a relação internacional entre Brasil e Portugal. Acreditamos que analisar a relação entre os dois países, tendo como pano de fundo a descolonização da África Lusófona, será de grande valia para compreender a ação e reação dos portugueses ante aos brasileiros que se refugiaram naquele país após o 25 de Abril.

No *Tratado de Amizade e Aliança* de 1825, pode-se ler que o reinado de Portugal tinha "os mais vivos desejos de restabelecer a Paz, a Amizade e a boa harmonia entre os Povos irmãos, que os vínculos mais sagrados devem conciliar, e unir em perpétua aliança (...)[33]"

33 CERVO, A.; MAGALHÃES, J. C. de. *Depois das Caravelas:* as relações entre Portugal e Brasil (1808-2000). Brasília: Editora da Universidade de Brasília, 2000, p. 377.

Realmente, e como foi aferido na obra de Cervo e Magalhães, as tentativas diplomáticas para que se formasse uma comunidade entre Brasil e Portugal por várias vezes se fez presente, principalmente após 1908, quando Carvalho Coelho, em uma conferência à Academia das Ciências de Lisboa, propôs um sistema político unindo Portugal ao Brasil. Em 1917, Antônio Maria Bettencourt Rodrigues defendeu a ideia de uma "confederação luso-brasileira", mas não tardariam objeções a esta proposta pela "Propaganda Nativista", como também ocorreram tentativas no centenário da Independência em 1922. Com a publicação de Casa Grande Senzala, a proposta de uma comunidade luso brasileira ganhou impulso, pois "[a] obra de Gilberto Freyre pôs, em evidência, o papel de Portugal para a formação do Brasil.(...) O sociólogo brasileiro concebia uma comunidade luso-brasileira baseada no que ele chamava de "luso-tropicalismo.[34]"

A partir de 1940, robusteceram-se as correntes pró-comunitárias. Em 1953 foi assinado um tratado que colocava brasileiros e portugueses em equiparação legal, mas os brasileiros só teriam os direitos reconhecidos no Portugal continental e nos arquipélagos da Madeira e Açores; nas colônias portuguesas, não. De acordo com o autor: "[a] infeliz exclusão dos brasileiros de equiparação aos nacionais nos territórios ultramarinos proveio de política de exclusivismo colonial teimosamente prosseguida, através dos tempos, pelos sucessivos governos portugueses e que se manteve inalterável até a revolução de 1974.[35]"

Na segunda metade da década de 1950, Juscelino Kubitschek se tornou presidente e Álvaro Lins assumiu o posto de embaixador em Portugal, o que trouxe grandes problemas para as relações entre os dois países. Álvaro Lins, pelo menos desde 1957, externava hostilidade ao regime salazarista. Seus contatos em Portugal eram, em maioria, contrários ao regime. Mas tudo ficou mais grave quando, no dia 12 de janeiro de 1959, Humberto Delgado, líder da oposição e candidato à presidência, entrou na embaixada do Brasil em Lisboa, pediu asilo diplomático e foi imediatamente atendido, e sem consulta ao governo JK, o que causou problemas para o embaixador do Itamaraty e tratado como um flagrante desacato. Este caso, agregado a outras atitudes políticas do governo de Juscelino, que no entendimento de Álvaro Lins colocava a administração brasileira como defensora de ditaduras, levou-o a romper pessoal e politicamente com JK, além

34 CERVO, A.; MAGALHÃES, J. C. de., 2000, p. 278.

35 CERVO, A.; MAGALHÃES, J. C. de., 2000, p. 272.

de devolver a condecoração da Grã-Cruz da Ordem de Cristo, a mais alta condecoração portuguesa.[36]

Todavia, mesmo com estes entraves na política diplomática entre os dois países por toda a década de 1950, o Brasil manteve seu apoio a Portugal e a sua política colonizadora. Portanto, nos governos Vargas, Café Filho e Kubitschek, os representantes brasileiros na ONU sempre foram solidários com a posição portuguesa.

Esta política começa a mudar ao mesmo tempo em que são revistas também as relações entre Brasil e Estados Unidos da América (EUA) a partir do lançamento da *OPA* (Operação Pan-Americana) em 1958, que seria vista como um primeiro sinal de revisão do exclusivismo na cooperação Brasil-EUA e "do processo de amadurecimento e ampliação dos horizontes da sua visão de mundo", e que de forma ainda muito tímida reivindicava "um novo lugar para o país na política hemisférica e internacional, a busca de reconhecimento do seu amadurecimento político, uma nova construção de autonomia nas suas relações com os EUA e a valorização do multilateralismo como vetor da ação internacional.[37]"

Já com Jânio Quadros, em 1961, o estremecimento das relações entre os brasileiros e americanos do norte se recrudesceu, nomeadamente com a adoção da PEI (Política Externa Independente) que radicalizava os conceitos iniciados pela OPA, pois, como comenta José Honório Rodrigues, "se a OPA regionalizava a política externa brasileira, isto é, circunscrevia sua atuação ao contexto hemisférico, a 'política externa independente' tentava mundializá-la.[38]" Assim, a PEI buscava se influenciar pelo *Universalismo* e pela expansão de relações para com todos os países, independentemente da bandeira ideológica assumida, com vista à projeção internacional.

Em nosso caso específico, a adoção da PEI pelos governos de Jânio Quadros, e depois com João Gulart, levou à ruptura, no início do mandato de Quadros, com o ditador Salazar,[39] já que um de seus preceitos era "o apoio à emancipa-

36 GUERRA, J. *JK: Triunfo e Exílio:* um estadista brasileiro em Portugal. Brasília: Thesaurus, 2005, p. 54-55.

37 LESSA, A. C. Há Cinquenta Anos a Operação Pan-Americana. *Revista Brasileira de Política Internacional*, Brasília, vol. 51, n. 2, p. X, jul./dez. 2008. P. 5.

38 HONÓRIO RODRIGUES, J., *apud.* SANTOS, L. C. M. dos. A Política Externa Brasileira para a África Negra: da "Interdependência" ao "Pragmatismo Responsável". (1964-1979). *Universitas FACE*, vol. 1, n. 1, p. 2, 2003.

39 SARAIVA, M. G.; VIGEVANI, T. Política Externa do Brasil: continuidade em meio à descontinuidade, de 1961 a 2011. In: AARÃO REIS FILHO, D.; RIDENTI, M.; MOTTA, R. P. S. (orgs.)

ção dos territórios não-autônomos, seja qual for a forma jurídica utilizada para sua sujeição à metrópole.[40]" Afonso Arinos de Melo Franco, então Ministro das Relações Exteriores, foi um dos entusiastas da nova política externa brasileira anticolonialista, criando no Brasil uma "Divisão África" que objetivou a instalação de diversas embaixadas no continente. Além disso, outras foram as atitudes que abalaram as relações entre Brasil e Portugal, como, por exemplo, quando assumiu o asilo de Henrique Galvão e outros portugueses que havia sequestrado o navio Santa Maria.[41]

Embora com este início arrojado e de combate, a política radical de Quadros não se sustentou por muito tempo, criando certa ambiguidade nas relações Brasil-Portugal-África, pois, por mais que a PEI apoiasse a autodeterminação dos povos e, como vimos, a emancipação dos territórios não autônomos, havia também o princípio de não intervenção em assuntos internos de outros países, e no caso de Portugal isso parecia ser ainda mais complicado, como relata Celso Amorim:

> [h]avia um problema muito espinhoso: as colônias portuguesas, porque tínhamos (é claro que ainda temos) uma relação muito forte com Portugal. Era uma relação, naturalmente, com grandes laços afetivos mas também muito manipulada politicamente pelo regime português de Salazar. Entre 1961 e 1964, até o golpe militar, houve uma tentativa de ação mais consistente. Não só continuamos a abrir embaixadas nos países africanos, como nossos representantes na ONU passaram a dotar posições mais firmes com relação a descolonização na África, inclusive no que dizia respeito às colônias portuguesas.[42]

Em relação à África, a frase atribuída a Jânio Quadros, a saber, "Portugal pode perder Angola, mas o Brasil não!", demonstra a importância que o governo devia àquele país e, como aponta Ferreira, houve o uso político da África pelo governo de Jânio, em que os líderes brasileiros se aproveitaram das relações com a

---

A Ditadura que Mudou o Brasil: 50 anos do golpe de 1964. Rio de Janeiro: Zahar, 2014, p. 220.

40 DANTAS, *apud.* CERVO; MAGALHÃES, 2000, p. 295.

41 FERREIRA, W. ReVisitando a África na Política Externa Brasileira: Distanciamentos e Aproximações da "Independência" à "Década de 1980". *Universitas Relações Internacionais*, Brasília, vol. 11, n. 1, p. 62, jan./jun. 2013.

42 AMORIM, C., *apud.* FERREIRA, 2013a, p. 62.

África para afirmar sua independência em relação aos EUA e reivindicar seu papel de potência emergente, sendo que Afonso Arinos tinha a ideia que ao Brasil estaria reservado o papel de destaque no mundo afro-asiático.[43]

Já após o golpe de 1964, o PEI é abandonado e o alinhamento aos EUA é radicalmente reestabelecido, assim como os posicionamentos favoráveis a Portugal nas questões coloniais africanas, como pode ser visto no depoimento do então Ministro Juracy Magalhães: "Tudo o que fosse bom para os Estados Unidos também é bom para o Brasil", assim como, "tudo o que acontece de bom para Portugal é recebido com imenso agrado pelo Brasil.[44]"

É verdade, porém, que tal política incisivamente contrária ao que designava a PEI estava calcada em maior grau no primeiro governo militar, ou seja, na gestão do General Castello Branco. Nesta gestão, o conceito de "Interdependência" era baseado nos pressupostos teóricos da Escola Superior de Guerra e na tese do inimigo externo, aderindo à ideia de "Comunidade Luso Brasileira como forma de garantir o controle da costa brasileira sem comprometer o país com uma aliança militar que poderia trazer mais custos que benefícios.[45]"

Conforme as sucessões de governo ocorrem, há o abrandamento desse posicionamento, o que levou, em 1974, durante a gestão do General Ernesto Geisel, a um modelo de política internacional que se mostraria muito aproximada da PEI. Entretanto, nos governos de Costa e Silva e Médici, as críticas ao império português foram gradativamente aumentadas, mas sempre com o cuidado de não hostilizar Portugal, tentando promover uma comunidade afro-luso-brasileira.

Com a chegada de Costa e Silva ao poder, um fator que mesmo no período da PEI não foi mais desenvolvido e na "Interdependência", sequer levado em consideração em relação à África, começa a ser oxigenado: as oportunidades econômicas. Assim, algumas medidas foram tomadas para estreitar relações entre o Brasil e os países africanos como, por exemplo, a criação de postos diplomáticos em países daquele continente. Mas, após seguidas pressões de Salazar quanto a

---

43 FERREIRA, 2013, p. 63.

44 FERREIRA, W. A África na Política Externa Brasileira: Análise de Distanciamentos e Aproximações entre as Décadas de 1950 e 1980. *Revista Acadêmica de Relações Internacionais*, vol. 2, n. 4, p. 137, 2013.

45 FERREIRA, 2013a, p. 65.

esta aproximação brasileira sem o intermédio português, o Brasil recuou e manteve seu apoio a Lisboa.[46]

Com Garrastazu Médici, mais um passo foi dado em direção ao distanciamento ante ao apoio ao colonialismo português. E isso pareceu se dar, principalmente, com a nomeação para o Ministério das Relações Exteriores de Gibson Barbosa, creditado como um "fervoroso adepto da total descolonização de todos os territórios dependentes, sem exclusão dos territórios ultramarinos portugueses.[47]" Ele também se mostrava, por outro lado, como um bom negociador, estar aliado aos portugueses. Dizia ele:

> [a] situação do Brasil era única; tradicionalmente mantínhamos – e deveríamos continuar a manter, por motivos óbvios – relações especiais com Portugal, célula-mater da nossa nacionalidade, de quem herdamos a língua, a união territorial, os laços familiares através de sucessivas gerações de imigrantes.[48]

Mas o que Gibson Barbosa procurava, aproveitando-se do bom momento econômico gerado pelo "Milagre Brasileiro", era um maior desenvolvimento da economia de exportação, e como aponta Santos, Barboza acredita que

> assume caráter de operação de ponta a conquista de novos marcados a partir da base industrial brasileira, incrementando-se o intercambio sul-sul. No bojo dessa estratégia surge como área privilegiada a África. De um lado, a disponibilidade brasileira na exportação de produtos, serviços e tecnologias processadas. De outro, o interesse africano em receber estas tecnologias e serviços mais simples e adequados à sua realidade, os produtos mais robustos de nossa indústria, e a disposição não encontrada nos parceiros do mundo desenvolvido, em repassar tecnologias e desenvolver programas consequentes de treinamento de pessoal.[49]

46 FERREIRA, 2013a, p. 65.

47 CERVO; MAGALHÃES, 2000, p, 305.

48 CERVO; MAGALHÃES, 2000, p, 305.

49 SANTOS, Luiz Claudio Machado dos. A Política Externa Brasileira para a África Negra: da "Interdependência" ao "Pragmatismo Responsável". (1964-1979). In: Universitas FACE, Vol. 1, N. 1, 2003, p. 8.

Ainda em 1973, o Ministério dos Negócios Estrangeiros mostrava ter conhecimento da posição do Itamaraty. Isso pode ser notado quando da visita do General Garrastazu Médici a Portugal. Os diplomatas portugueses viam com muita ressalva a atuação da imprensa brasileira em relação ao compromisso do governo brasileiro, principalmente no que concernia a proposta de Zona de Comércio Livre entre os dois países. Os diplomatas portugueses acreditavam estar a imprensa, na realidade, sendo guiada pela censura na promoção de uma "organização de campanhas de orientação da opinião pública" do Itamaraty contra o regime colonial português, com vistas a benefícios próprios. Para o Ministério dos Negócios Estrangeiros seriam bem-sucedidos nesta ação, não apenas por ter a imprensa sob

> "auto-censura", mas porque seria aquela "a secretaria de 'elite' e a melhor estruturada de todo o Governo, dispondo de serviços de imprensa e divulgação montados em estilo dinâmico e muito actualizado, vem conseguindo obter dos jornais brasileiros a inclusão de seus pontos de vista com uma naturalidade, de que só se apercebe quem conhece todo o mecanismo que condiciona esse trabalho.[50]

O governo português, em alguns documentos, parecia até compreender as pressões internacionais geradas principalmente no ambiente da ONU (no reconhecimento da Guiné-Bissau), mas parecia demonstrar maior sentimento, mesmo decepção, com o comportamento de afastamento do governo brasileiro, além daquilo que acreditava ser a já referida incitação dos brasileiros em relação ao regime português.

Porém, a estratégia de Barboza levou a uma maior aproximação com os Estados Africanos, principalmente a partir de duas pioneiras viagens do Ministro à África, passando por quase uma dezena de países (Senegal, Costa do Marfim, Gana, Togo, Daomé, Nigéria, Camarões, Zaire e Gabão). Mas como concordam os autores estudados, não seria desta vez que o Brasil romperia com os interesses ocidentais, especialmente, com o de Lisboa. Vemos, entretanto, que ao menos o apoio cego às políticas externas portuguesas é diminuído e passa, muitas vezes, a abstenções, em lugar de votos favoráveis nas Assembleias da ONU.

Com a chegada do General Ernesto Geisel ao poder no Brasil, em março de 1974, e 40 dias depois com a Revolução dos Cravos em Portugal, esta relação tenderia a se transformar, como veremos adiante.

---

50 Arquivo Diplomático e Histórico. Ministério dos Negócios Estrangeiros, PEA 337.

Relações entre Brasil e Portugal no pós-25 de Abril

> Embora eu procura-se ter boas relações com Portugal - dentro de um certo limite, por causa da Revolução portuguesa dos Cravos -, no caso da África achávamos que o colonialismo português estava acabado, ultrapassado. Não tínhamos porque apoiar Portugal nessa questão. As antigas colônias tinham-se libertado e passado a ser independentes. Procuramos manter boas relações, principalmente dos países da costa ocidental da África, Guiné Bissau e outros. Já era assim no tempo do Castelo. Ele recebeu dirigentes africanos, e eu também recebi alguns deles em visita ao Brasil.
>
> Ernesto Geisel[51]

Não era de pouco tempo que o governo de Salazar era advertido sobre sua política colonialista; George Ball, já em 1963, advertia o governo Português. Mas não houve jeito: o Salazarismo, dando de ombros às advertências, em 1974, caiu sob as botas dos capitães que não suportavam mais as guerras ultramarinas.[52]

Às 14 horas do dia 27 de abril de 1974, o Brasil reconhecia oficialmente o novo Governo Português, ao acusar o recebimento de uma nota passada pela Chancelaria portuguesa para a embaixada brasileira em Lisboa e para o Itamaraty:

> [o] Ministério das relações exteriores cumprimenta a Embaixada de Portugal e tem a honra de acusar recebimento da nota de hoje, recebida por telex pela qual comunicou a constituição da Junta de Salvação Nacional Presidida pelo General Antônio de Spínola e próxima designação de um Presidente da República, que nomeará um Governo Provisório Civil e preparará a realização de eleições para a escolha de uma Assembleia Nacional Constituinte.

No dia seguinte, foi a vez dos EUA, mostrando que a decisão brasileira não se desalinhava tanto quanto poderia se imaginar com o início da política americana naquele momento. Aliás, no mesmo dia 28, Mario Soares chegava do exílio

51 D'ARAUJO, M. C.; CASTRO, C. (orgs.). *Ernesto Geisel*. Rio de Janeiro: Editora FGV, 1997, p. 344.

52 CERVO; MAGALHÃES, 2000, p. 325.

e seria incumbido, por Espínola, de contatar os governos socialistas e social democratas que eram de seu conhecimento.

Com o Governo Geisel vinha a nomeação do Ministro das Relações Exteriores Azeredo da Silveira e, com ambos, uma nova proposta política internacional. O ano de 1974 foi de mudanças tanto para Portugal quanto para o Brasil.[53] O primeiro, por meio de um golpe de estado, desfazia-se de uma ditadura que quase amargava o cinquentenário, enquanto o Brasil, naquele mesmo mês de abril, "comemoraria" seu décimo aniversário sob a égide de um regime de ordem semelhante. Em Portugal, em 25 de abril, a euforia em relação ao processo revolucionário recém-instalado colocava na ordem do dia a esperança do povo português de sair do estado de repressão, guerra colonial e silêncio. Já no Brasil, no dia 15 de março daquele mesmo ano, trocava-se o principal ator do poder executivo que, muito timidamente, trazia para os opositores a esperança, mesmo que ínfima, da possibilidade do fim do regime militar, pois general Ernesto Geisel propalava a ordem de uma "abertura lenta, gradual e segura".

Pelos cinco anos em que foi presidente (1974-1979), o general Geisel jogou com a oposição e com a linha dura do regime. Revezava ondas de repressão e diálogo com as oposições e, em outras proporções, o mesmo fazia com os "duros."[54] Na política internacional sua atuação foi ainda mais contundente. Geisel e o ministro das relações exteriores Antônio Azeredo da Silveira se posicionaram, desde o início do governo, contra a política desenvolvida pelos estadistas anteriores em relação à subserviência aos EUA e defendia o reposicionamento do Brasil na esfera mundial enquanto protagonista.[55] Para isso, criou a política externa

53 Guardadas as devidas proporções: para Portugal o processo foi revolucionário e de ruptura; para o Brasil era apenas um sinal para uma transição conciliada que se arrastaria por mais de uma década. Sobre a transição brasileira ver CODATO, A. N. Uma História da Política de Transição Brasileira: da ditadura militar à democracia. *Revista de Sociologia e Política*, Curitiba, n. 25, p. 83-106, nov. 2005.

54 Exemplos disso é que Geisel fechou o Congresso em abril de 1977 e cercou a oposição comunista após a dizimação das fileiras armadas, ao mesmo tempo em que afastou o Comandante do II Exército, Ednardo D'Ávila Melo em 19 de janeiro de 1976 e a exonerou do general Sylvio Frota em 12 de outubro de 1977.

55 Indica-se, entre outros, o texto de SARAIVA, M. G.; VIGEVANI, T. Política Externa do Brasil: continuidade em meio à descontinuidade, de 1961 a 2011. In: AARÃO REIS FILHO, D.; RIDENTI, M.; MOTTA, R. P. S. (orgs.) *A Ditadura que Mudou o Brasil:* 50 anos do golpe de 1964. Rio de Janeiro: Zahar, 2014. Nele, os autores compararão o Pragmatis-

que ficou conhecida por "pragmatismo ecumênico e responsável", expressão que, conforme esclarece Specktor, "fora cuidadosamente costurada para impedir a posição de três grupos principais: a linha dura à direita; os opositores do regime, à esquerda; e os diplomatas de carreira do Itamaraty." E explica:

> [o] adjetivo "*pragmático*" era um dispositivo para dotar as escolhas controversas do novo governo de alguma legitimidade. O argumento implícito era o de que as prioridades internacionais do país, em seguida ao golpe de 1964, eram excessivamente estreitas para o mundo de 1974 e chegara a hora de guiar-se mais firmemente pelo "interesse nacional" (...) "*Ecumênico*" significaria que o Brasil expandiria seus laços independentemente de credo, filiação ideológica ou etnia. Regimes marxistas, países árabes, África negra e China comunista entrariam no novo arcabouço diplomático. A expressão deve ser vista como uma medida preventiva para conter grupos de pressão e a opinião pública. Por fim a noção de "*responsabilidade*" cumpria a função de tranquilizar a linha dura: haveria mudanças apenas em áreas que não ameaçassem a continuidade do regime.[56] (grifo nosso).

Assim, foi essa a política que levou o Brasil a reconhecer a China comunista, os movimentos marxistas africanos de libertação e, logo no início de sua instalação, ser o primeiro a legitimar a Revolução dos Cravos.

O ministro Azeredo da Silveira entendia que o reconhecimento da revolução portuguesa seria a porta de entrada para a Europa e África, já que com a possibilidade de problemas de alinhamento com os EUA, eram necessárias melhores relações com o maior número de nações, fossem elas da corrente ideológica que fossem.

Para Azeredo, não havia ameaça de os comunistas tomarem conta da política em Portugal. Um dos motivos para entender desta forma seria a compreensão mútua entre os dois países naquele momento: Silveira havia sido convidado por Mario Soares para visitar Portugal, assim como este havia se comprometido a ir ao Brasil.

---

mo ecumênico e responsável de Geisel á Política Externa Independente (PEI) de Janio Quadros e João Goulart e a autonomia pela diversificação do governo Luiz Inácio Lula da Silva encontrando vários pontos de convergência entre as três.

56 SPECKTOR, M. *Kissinger e o Brasil*. Rio de Janeiro: Zahar, 2009, p. 77.

Este relacionamento mostraria também, na visão de Silveira, que os EUA deveriam olhar para o Brasil como parceiro nas relações entre os três países.[57]

Também se faz importante relatar que Portugal, por sua vez, sabia dessa percepção de Azeredo e do governo Geisel; mais do que isso, entendia a importância que tinha para a política externa brasileira. Isso fica claro ao acessarmos o telegrama 448 de 21 de novembro de 1974, que discutia a possibilidade do Ministro brasileiro visitar Lisboa. Nessa missiva, Vasco Futscher relatava ao Ministério dos Negócios Estrangeiros que parcela do governo, em especial militares, pregava cautela e mesmo a negativa para a viagem do chanceler brasileiro à Portugal. No entanto, pensava diferente Golbery do Couto e Silva, Chefe da Casa Civil do governo Geisel, que incitava a visita. Geisel também estava reticente, mas teria sido convencido por Golbery e pelo próprio Ministro Azeredo. O telegrama diz o seguinte:

> [a] título muito confidencial, sei que em reunião [de] gabinete onde a questão foi discutida, Ministro [de] Estado teria em certa altura declarado: "mesmo que amanhã Portugal se tornasse comunista, [o] Brasil nunca poderia deixar de considerar como prioritárias e especiais nossas relações. (Ministérios dos Negócios Estrangeiros).[58]

Dessa forma, e como já vimos anteriormente, era visível o interesse dos brasileiros em acompanhar o processo de descolonização, e parecia certo para a classe política e intelectual brasileira que o Brasil seria o país herdeiro da influência dos países de colônia portuguesa, em especial Angola. Mas frustrou-se esta expectativa, pois

> não houve da parte das novas autoridades, de par com manifestações de interesse pela manutenção e pelo desenvolvimento de cordiais relações com o Brasil, tentativa alguma de associar o governo brasileiro ao processo de descolonização que não tardou a ser iniciado, atabalhoadamente, com prioridade para a Guiné Bissau. Na imprensa brasileira, surgiram comentários ao fato, provocando mal-estar no Itamaraty.[59]

57 SPECKTOR, M., 2009, p. 77.

58 Ministério dos Negócios Estrangeiros. PEA 1974, (25) M764).

59 CERVO; MAGALHÃES. 2000, p. 325.

Talvez fosse a desconfiança dos portugueses em relação ao que ocorria um ano antes com a campanha da imprensa brasileira, mas, mesmo estando os representantes de ambos os países em constante apresentação de proposta e desejo de estreitamento de seus laços, além de propor a cooperação entre os países, a imprensa brasileira sempre deixava claro "o desinteresse dos portugueses em recorrer aos bons ofícios brasileiros nas conversações iniciadas com os representantes dos movimentos independentistas da África portuguesa.[60]"

Desconfiança também se via do lado africano, que mesmo com a nova política externa brasileira que repudiava o *Apartheid* e que apoiava totalmente a descolonização, não se esquecia dos anos e anos de apoio brasileiro a ambos os fenômenos, sentimento que, provavelmente, só seria revertido com o imediato reconhecimento da independência da Guiné-Bissau, em julho de 1974, e do governo do Movimento Popular para a Libertação de Angola (MPLA), em novembro de 1975.

Mas talvez o maior problema entre Lisboa e Brasília tenha sido o reconhecimento, visto como prematuro por Portugal, da Guiné-Bissau em 16 de julho de 1974. Mesmo assim, Portugal mantinha a proposta de uma comunidade internacional de língua portuguesa com a participação do Brasil. E, da mesma forma, o Brasil via como um papel demasiado pequeno esta participação no processo de descolonização.

Nas cartas entre Azeredo da Silveira e Mário Soares, é visível a consternação que o reconhecimento da independência da Guiné-Bissau trouxe para as relações entre os dois países. Mario Soares, em maio de 1975, escreveu para Silveira dizendo que a decisão do Itamaraty "talvez tivesse podido ser retardada se as circunstâncias me permitido manter Vossa Excelência ao corrente das dificuldades que o processo de descolonização tem encontrado e dos esforços que estamos empenhando para as vencer.[61]"

Mas esta pequena advertência não traduzia o que em verdade era o sentimento de Soares e do governo português. Na documentação do Ministério dos Negócios Estrangeiros, é possível encontrar o rascunho desta carta, no qual podemos ler:

> [d]eu-se entretanto, nas relações luso brasileiras, um desenvolvimento que não devo esconder a Vossa Excelência ter surpreendi-

60 CERVO; MAGALHÃES. 2000, p. 325.

61 Ministérios dos Negócios Estrangeiros. Visita do Chanceler do Brasil. PEA (25A) M.764ª. Pasta 22.

> do o governo português: me refiro a decisão do Brasil reconhecer o Governo da Guiné Bissau. Certo que era direito inalienável do Governo Brasileiro proceder àquele reconhecimento diplomático. Mas teria sido de esperar de acordo com nossas boas relações e com a letra expressa do novo tratado de Amizade e de consulta que antes nos consultasse sobre esta decisão tão importante.

E continua:

> [n]ão tendo até hoje dado passo idêntico nenhum outro país de entre aqueles a que nos unem laços de aliança ou especial amizade, não poderia deixar de nos causar mágoa uma tal decisão, vinda de uma nação que nos encontramos vinculados de uma forma verdadeiramente ímpar, como é o Brasil. Mágoa essa, aliás, tanto mais natural quanto, contrastando aquele reconhecimento com a atitude que sempre o Brasil até agora assumira em relação aos problemas africanos de Portugal.[62]

Neste ano, 1975, o Brasil já havia colocado uma representação em Luanda, na Angola, o que facilitou o reconhecimento imediato de sua independência em 11 de novembro daquele ano. Algo ainda mais surpreendente, e que causou ainda mais a ira da *Linha Dura* do regime, transcendendo o fato de ter reconhecido um governo africano, foi o fato de ter reconhecido um governo revolucionário de extrema esquerda como o MPLA, o que colocou o Brasil ao lado de Cuba nas questões africanas, em oposição aos EUA, que apoiavam o FNLA (Frente Nacional de Libertação de Angola).[63]

Aliás, as relações entre Portugal e Brasil neste momento estavam inteiramente calcadas no papel que o Brasil teria no processo descolonizador e as vantagens que obteria com estas negociações. Geisel apontou em entrevista a Maria Celina D'Araújo e Celso Castro uma das facetas relacionadas ao antigo interesse do brasil na África. Diz ele:

---

62 Ministérios dos Negócios Estrangeiros. Visita do Chanceler do Brasil. PEA (25A) M.764ª. Pasta 22.

63 ROSI, B. G. As Relações Brasil-África no Regime Militar e na Atualidade. IN: Revista Conjuntura Astral, Vol. 2, n. 3-4, Dez 2010 - Mar 2011, p. 36.

> [e]m primeiro lugar tratava-se de uma fronteira marítima nossa e, em segundo lugar, os angolanos falavam português, a nossa língua. Já disse que éramos a favor das colônias portuguesas que se emancipavam de Portugal. Achávamos que o nosso apoio a Portugal nesse terreno tinha que mudar, inclusive porque somos anticolonialistas. Reconhecemos todos os países da costa Oeste e, na costa leste, Moçambique. E o importante é que em angola há petróleo. Presentemente estamos explorando petróleo no mar, em Angola, por intermédio da Braspetro, associada a outras empresas.[64]

O primeiro motivo indicava a adoção de doutrina geoestratégica ensinada na Escola Superior de Guerra, ou seja, de que a África seria a fronteira leste do Brasil, e por isso o contato com o continente africano vislumbrava a possibilidade de manter a segurança a partir desta fronteira. O segundo se manifestava pelo viés de interesse econômico que se traduzia nas jazidas de petróleo africanas. Além disso, havia a possibilidade de escoar mercadoria pesada e de manufaturas. Geisel diria mais adiante:

> [e]mbora eu procura-se ter boas relações com Portugal – dentro de um certo limite, por causa da Revolução Portuguesa dos Cravos –, no caso da África achávamos que o colonialismo português estava acabado, ultrapassado. Não tínhamos porque apoiar Portugal nessa questão. As antigas colônias tinham-se libertado e passado a ser independentes. Procuramos manter boas relações, principalmente dos países da costa ocidental da África, Guiné Bissau e outros. Já era assim no tempo do Castelo. Ele recebeu dirigentes africanos, e eu também recebi alguns deles em visita ao Brasil.[65]

Mas, como os próprios portugueses puderam notar, esta situação só serviu para sustentar um declarado ressentimento suscitado pela marginalização brasileira do processo de descolonização. O governo brasileiro tinha para si que atitudes como o apoio oferecido a Portugal no quadro de Organizações Internacionais, assim como os tratados assinados anteriormente pelos dois países "lhes davam razões para esperar que Lisboa as tivesse de algum modo associado, – ao menos

64 D'ARAUJO, M. C.; CASTRO, C. (orgs.), 1997, p. 345.

65 D'ARAUJO, M. C.; CASTRO, C. (orgs.), 1997, p. 344.

pela via da informação – a um processo político que se refletia na segurança do próprio Brasil.[66]" A este estado de espírito viriam juntar-se crescentes suspeitas e temores face à progressiva radicalização da situação interna portuguesa.

Como vemos, relações entre Portugal e Brasil na segunda metade da década de 1970 estavam baseadas na desconfiança e nas diferenças ideológicas, principalmente no primeiro ano e meio após Revolução dos Cravos, quando a extrema esquerda portuguesa dispensava grande importância nas decisões políticas daquele país. Após o Verão Quentee o *25 de Novembro*, e com a visita de Mário Soares ao Brasil em 1976, os ânimos se esfriaram e as relações, principalmente, entre o governo brasileiro, nas pessoas de Ernesto Geisel e Azeredo da Silveira, e o governo português, na figura de Mario Soares, iniciarammaior entendimento, embora com alguns momentos de atrito, como quando o então Primeiro-Ministro Mário Soares contestou o posicionamento do governo brasileiro.

De Portugal, tanto os brasileiros quanto parte da esquerda portuguesa não via com bons olhos esta aproximação entre os governos e culpavam o Partido Socialista(PS) na figura de Mário Soares, apontando que seria ele quem deixaria passar uma das mais antigas ditaduras militares da América Latina, além de não se colocar em posicionamento crítico ante o regime brasileiro.

É possível encontrar em documento de dezembro de 1976, assinado pelas Comissões Estudantis de Apoio à Luta do Povo Brasileiro, duro texto contra o governo brasileiro e a decisão de Mário Soares em visitar o Brasil e estreitar relações econômicas com o governo militar. No documento, podemos encontrar a ilustração abaixo, onde se via o entendimento de uma parcela significativa da esquerda que se revoltava com a decisão dos socialistas em manter relações com o governo dos "gorilas" militares brasileiros.

66 Relatório de José Cesar Paulouro das Neves de 16 de maio de 1978. Ministério dos Negócios Estrangeiros PEA 33 BRA 1.

Figura 1 - Representação da aliança entre o governo do Partido Socialista, na figura de Mário Soares, e um gorila fardado (que representava o truculento governo brasileiro) em panfleto datado de 14/12/1976. Http://www.amigoscoimbra70.pt/download/Documentos%20de%20 1976/1976_12_14_D_Co

De qualquer forma, tudo isso parece ter levado o Brasil a não esperar que Portugal lhe oferecesse caminhos de aproximação com as colônias portuguesas. Essa situação fica visível, como já revelamos, no reconhecimento, rápido demais para os portugueses, da Guiné-Bissau e do MPLA.

Em resumo, mesmo com a ida de Mario Soares para o Brasil em fins de 1976, o que apaziguou até certo ponto o relacionamento entre Brasil e Portugal, havia ainda desconfiança de parte a parte quanto à ação destes países em África. O embaixador chega falar em determinados momentos em uma infundada rusga colonialista, mas assume que

> é sobretudo nossa a vantagem de nos aproximarmos do Brasil, cabendo-nos aproveitar pragmaticamente as mínimas possibilidades de entendimento neste campo, mesmo que saibamos de antemão que iremos encontrar um interlocutor reservado, suspeitoso e difícil.[67]

De tal modo, com o governo constitucional, o Itamaraty parecia ainda estar, como também se refere Futscher, com "a sensibilidade ferida [causada pelos] desvarios cometidos durante o governo Vasco Gonçalves."[68] Note-se aqui o claro

67 Relatório de José Cesar Paulouro das Neves de 16 de maio de 1978. Ministério dos Negócios Estrangeiros PEA 33 BRA 1.

68 Relatório de José Cesar Paulouro das Neves de 16 de maio de 1978. Ministério dos Negócios Estrangeiros PEA 33 BRA 1.

posicionamento do embaixador contrário aos governos do PREC, em especial os que tiveram o PCP como protagonistas. Para ilustrar seus apontamentos, Vasco Futscher reproduz nota do Itamaraty na qual fica perceptível o ranço dos brasileiros quanto ao governo *Gonçalvista.*

Para a embaixada brasileira, Vasco Gonçalves era retratado como "um socialista extremado, um marxista convicto, implantador do regime soviético em Portugal e também como um louco", como relata Azeredo da Silveira. Tal diagnóstico, no entanto, era considerado exagerado pelo Ministro Brasileiro.[69] Ao anunciar a viagem de Mário Soares ao Brasil o telegrama revelava:

> [a] vinda do chefe do primeiro governo constitucional português formado após a revolução do 25 de abril de 1974 abre novo capítulo nas relações entre nossos dois países. Elas lançam raízes num terreno que está acima das conjunturas políticas eventualmente dominantes em qualquer das partes, como aliás ficou demonstrado com a admirável complacência das autoridades brasileiras diante do paroxismo revolucionário que mediou em Lisboa entre o 11 de março de 1975 e o fim do quinto governo provisório. O caráter transconjuntural das relações luso-brasileiras sempre foi bem compreendido pelo sr. Mario Soares, que já em princípios de dezembro de 1974, vencendo duras resistências internas da esquerda infantil do MFA, dispensou ao chanceler Azeredo da Silveira, em visita oficial a Lisboa, uma recepção condigna de nossa amizade fraternal.[70]

Este evento parecia ser para Futscher – e não poderia ser diferente dado seu posicionamento profissional e seus objetivos no Brasil –, algo que levaria as relações futuras entre os países para outro patamar, embora ele assumisse que, de imediato, poucos avanços reais poderiam vir a ocorrer a partir da visita de Mario Soares. Mas, de qualquer forma, todo o preparativo foi acompanhado por ele de perto, para que qualquer problema não melindrasse a já complicada relação existente entre os dois países.

O embaixador sugeriu nomes de jornalistas para que acompanhassem a comitiva de Mário Soares. Futscher entendia que deveriam considerar os problemas causados pelos governos provisórios, e por isso não agregar à comitiva

69 SPECKTOR, M. *Azeredo da Silveira:* um depoimento. Rio de Janeiro: Editora FGV, 2010, p. 268.

70 Visita de Mário Soares. Ministério dos Negócios Estrangeiros PEA 33 BRA/9 – Ano 76/77.

jornalistas de veículos de sabida oposição política ideológica que tivessem, de alguma forma, incomodado o governo brasileiro.

Além disso, identificava, entre outras coisas, a necessidade de amenizar as reservas que os militares brasileiros haveriam de ainda ter com a "evolução política portuguesa, e o papel que certos elementos militares radicais poderiam ser tentados a procurar exercer futuro vida portuguesa."[71]

Futscher chegava à medida de sugerir a promoção de um ato para se "condecorar figuras brasileiras e altos funcionários do governo,"[72] e criar medalhas comemorativas (não menos que 3000) para membros da colônia portuguesa no Brasil. E ficava ainda mais evidente o intuito de promover a melhor impressão do governo brasileiro quando Futscher sugere:

[p]enso que teria enorme alcance e bastaria, por si só para reaproximar o brasil de nós, sexa Primeiro Ministro fosse portador de um presente de valor histórico inequívoco, não do governo português para os brasileiros, mas oferecido em nome de Portugal e dos portugueses à nação e povo brasileiros. Difícil é escolhê-lo, visto que todos aqueles que tenha para o brasil interesse nacional, também certamente o terão para Portugal, integrando-se por isso nosso patrimônio cultural e histórico. Ponderarei, contudo, que nada simbolizaria melhor amizade luso-brasileira, e repetida a firmação que constituímos um só povo, uma só história e uma só cultura, do que oferecer ao Brasil – ainda que com sacrifico do nosso patrimônio – algo que para ele tenha porventura significado ainda mais importante que para nós.[73]

No entanto, além do problema das colônias em África e das impressões negativas que o governo do PREC criaram, esta visita de Soares ao Brasil teria como fim apaziguar os ânimos no que se refere ao incômodo brasileiro quanto à atuação política de seus exilados em Portugal, que não era nada bem vista pelo Itamaraty, pois, de acordo com relatório de embaixador português,

> [d]urante o período *Gonçalvista*, as relações pioraram. Os exilados brasileiros em Portugal tiveram muito mais facilidades para se manifestarem e isso em órgãos oficiais, como a Emissora Nacional,

71 Visita de Mário Soares. Ministério dos Negócios Estrangeiros PEA 33 BRA/9 – Ano 76/77.

72 Visita de Mário Soares. Ministério dos Negócios Estrangeiros PEA 33 BRA/9 – Ano 76/77

73 Visita de Mário Soares. Ministério dos Negócios Estrangeiros PEA 33 BRA/9 – Ano 76/77.

> a televisão e outras dependências do Ministério da Comunicação Social e do MEIC, o que deu origem a vários protestos do Brasil, além disso houve também um hiato nas relações entre os dois países. Itamaraty deixou de falar de Portugal a não ser para protestar.[74]

Dessa maneira, é sobre as atividades dos exilados brasileiros em Portugal que nos dedicaremos a partir de agora.

74 Visita de Mário Soares. Ministério dos Negócios Estrangeiros PEA 33 BRA/9 – Ano 76/77.

A "JANELA DE ESPERANÇA"

A fuga

O golpe contra Allende, no Chile, foi um evento devastador para as esquerdas latino-americanas, sobretudo para a militância que se encontrava em Santiago, em 1973.

Lá, até então, os brasileiros experimentavam a abertura à esquerda que não conseguiram no Brasil. A União Popular, havia pouco no poder, promovia a vitória tão ensejada pelos movimentos políticos clandestinos brasileiros. Chile era espaço de debate, manifestação e militância de todas as organizações da América Latina. É assim que Bucchioni recorda:

> [e]u nunca tinha visto bandeira vermelha na minha vida. Jamais tinha visto pessoas com bandeiras vermelhas gritando palavras de ordem livremente pelas ruas. (...) Eu olhava para aquilo lá, achava que era o paraíso terrestre, que era outro mundo. (...) Era tudo aquilo que eu já tinha lido em alguns livros, mas eu nunca tinha visto. Ou seja, eu nunca tinha visto o proletariado na rua.[1]

1 Bucchioni, E. [19 abr. 2016]. Entrevistador: Rodrigo Pezzonia. São Paulo, 2016.

Entretanto, com a derrubada de Allende, a alegria se transformou em pavor. Prisões e assassinatos sumários mostraram aos brasileiros, demais exilados e movimentos sociais apoiadores de Allende que era hora de abandonar a utopia chilena e procurar abrigo em países que não estivessem sob a guarda de regimes autoritários e ditatoriais.[2] Assim, imediatamente, avançam às embaixadas e casas consulares na busca de apoio e guarita contra a violência que se recém-instalara nas ruas de Santiago.

Paiva se recorda que poucas foram as embaixadas que abriram suas portas para os perseguidos. Limitaram-se a esta ação a embaixada mexicana, panamenha, peruana, sueca, italiana e a argentina.[3] Mas, não podemos nos esquecer também da embaixada francesa.

Entre estas, uma que se destacou foi a da Suécia, especialmente pela ação incansável de seu embaixador e seus esforços de resgate dos presos políticos. Sendo o prédio de pequenas dimensões para o objetivo de abrigar pessoas, além da embaixada, necessitou-se alugar uma casa para "guardar" as pessoas que vinham solicitar asilo, ou mesmo, os que eram resgatados das prisões como, por exemplo, os oriundos do Estádio Nacional, local que serviu de campo de concentração nos meses posteriores ao golpe, onde assassinados seguiram às centenas.

A embaixada panamenha também sofreu com o alto número de pessoas que lá buscavam asilo. A superlotação só não trouxe mais problemas devido ao fato de o sociólogo Theotonio dos Santos ser vizinho da agência consular. Desta forma, a residência conjugou-se à embaixada para melhor acomodar os refugiados.[4]

Um trabalho recém-publicado por Lastra e Palma[5] acerca dos Chilenos que se refugiaram na embaixada argentina ajudou a nos propiciar compreensão do que os brasileiros que mais tarde se exilaram em Portugal passaram, já que gran-

2 Cabe ressaltar que, e como já nos havia sido relatado por exilados, havia ainda a crença da possibilidade de permanência em algum país da América do Sul. Muitos ainda acreditavam na revolução latino-americana e por isso não intuíam se distanciar.

3 PAIVA, M., 2004, p. 178.

4 Após a saída dos refugiados e do próprio dono da casa do local, esta foi ocupada pela DINA e tornou-se centro clandestino de detenção e tortura conhecido como "Cuartel Olagüe". Disponível em: <http://theotoniodossantos.blogspot.com.br/2014/11/uma-breve-visao-da-historia-da-minha.html>. Acesso em: 29 jul. 2016.

5 LASTRA, S; PALMA, C. P. Asilos em Dictaduras. Chilenos em la embajada argentina. *Perfiles Latino-americanos*, México, vol. 24, n. 48, p. X, 2016.

de parcela também buscou refúgio naquela embaixada que "escancarou os seus portões", assim como a do México.[6]

Aliás, a partir de dados coletados por Carmem Norambuena,[7] podemos aferir que a Argentina foi, de longe, o país que mais recebeu refugiados chilenos (50,78%), seguido por EUA (7.87%), Venezuela (6.18%), Canadá (3.85%), França (3.68%), Itália (2.38%), Suécia (2.38%) e Austrália (2.21%). Além disso, Lastra e Palma, a partir de documento do ACNUR, afirmam também que a embaixada Argentina foi a mais concorrida, seguida da francesa. Assim, embora necessite haver pesquisa mais pormenorizada a respeito das diversas nacionalidades lá refugiadas, podemos, junto aos depoimentos dos brasileiros, verificar que aquela embaixada também foi a que mais abrigou brasileiros.

As autoras apontam que um dos fatores favoráveis para a escolha daquele prédio como refúgio foi a facilidade de acesso, já que situado em região central de Santiago, além da ausência do embaixador Javier Teodoro Gallac, então, substituído por um grupo de diplomatas que receberam e assistiram as pessoas que ingressaram. Albino Gomez, conselheiro da embaixada naquele momento, disse que não houve tempo para pensar, nem meditar, não houve qualquer organização para o recebimento: a ideia era a de receber quantas pessoas possível.[8]

O acesso não era tão simples, pois assim que se instalou o golpe, os *Carabineros* se formaram em frente aos portões para evitar que opositores do regime adentrassem as embaixadas que as levariam a território internacional, e assim, à liberdade possível. Além disso, a cumplicidade dos funcionários em despistar os militares chilenos foi fundamental para a entrada dos opositores na embaixada, pois muitos fingiam ter trâmites consulares a resolver e de dentro da embaixada não saíam mais. Não durou muito tempo para os militares perceberem a ação, e então a saída, muito mais perigosa, era a de saltar os muros do prédio, colocando-se à mercê da mira dos militares chilenos.

Ao adentrarem a embaixada é que podiam ter noção clara da situação ao qual a ditadura recém-iniciada colocava os opositores que conseguiram escapar. O testemunho de Luis Esparza revela:

---

6 PAIVA, 2004, p. 178.

7 NORAMBUENA *apud*. LASTRA; PALMA, 2016, p. 85.

8 LASTRA; PALMA, 2016, p. 88-89.

> nos encontramos con mil quinientas personas adentro, hasta en el baño, y eso fue una epopeya, en donde los milicos impedían el ingreso normal de abastecimiento y en donde había que organizarse para dormir parado, porque no había ni se quiera lugar para recostarse sobre una muralla, éramos setecientas personas adentro, o sea, ahí se puso a prueba la capacidad, la solidaridad, e la humanidad del grupo humano que había ahí, ¡que había de todo![9]

A questão de números de refugiados que lá se encontravam ainda é nebulosa, e isso se daria pela falta de acesso à informação das embaixadas. De acordo com as autoras, alguns meios de imprensa apontam que nas três primeiras semanas contava-se por volta de quatrocentas pessoas, já que nos períodos posteriores pode-se ter chegado a um total de mil; outros meios flutuam números entre quinhentas e oitocentas pessoas aproximadamente.[10]

Em suas memórias, o brasileiro Mauricio Paiva corrobora a estimativa que se aproximaria das mil. Deste total, Paiva afere que cerca de novecentas pessoas eram adultas e as outras cem crianças das mais variadas idades. Havia neste milhar pequenos grupos de venezuelanos, colombianos, cubanos e hondurenhos,[11] mas a maioria eram de chilenos, seguidos de brasileiros, uruguaios, argentinos e bolivianos.

De qualquer forma, podemos estimar que mais de uma centena de brasileiros estiveram alocados na embaixada. O informe número 2646/73-SC[12] do Centro de Informação do Exterior (CIEx), datado de 12 de outubro de 1973, pode nos revelar dois dados importantes: o primeiro é o já mais que conhecido fato de que havia afinadas relações de informação entre as ditaduras do Cone Sul que, àquela época, se estruturavam. Por outro lado, o documento revela os nomes dos 115 brasileiros que lá se abrigaram para fugir das garras de Pinochet. Assim, se avaliarmos o pos-

9 encontramos mil e quinhentas pessoas lá dentro, até mesmo no banheiro, e isso foi uma epopeia, onde os soldados impediram a entrada normal de abastecimento e onde havia que organizar-se para se dormir em pé, porque não havia nem sequer lugar para se encostar em uma parede, éramos setecentas pessoas, ou seja, aí se pos a prova a capacidade, a solidariedade, e a humanidade do grupo humano que estava ali, que havia de tudo! (LASTRA; PALMA, 2016, p. 93).

10 LASTRA; PALMA, 2016, p. 93.

11 PAIVA, 2004, p. 179.

12 PALMAR, A. Documento do Exército com a relação dos brasileiros asilados na embaixada da Argentina no Chile. Disponível em: <http://migre.me/rEtCh>. Acesso em: 22/09/2016.

sível número total de asilados entre 800 e 1000, aferimos que entre 10% e 15% dos refugiados na embaixada argentina provinham da ditadura brasileira.

Dessa maneira, embora se tratasse de um edifício de grandes proporções, se comparado às outras agências consulares, o número de pessoas era muito maior do que a capacidade suportada. Albino Gomes comenta sua visão das condições de vida na embaixada:

> la gente se tiraba acá, se tiraba allá, agarraba los almohadones, bueno quedó hecho todo un destrozo, no por querer destrozarlo pero levantaban los almohadones de los sillones para tirarlos en el suelo, de noche tenían que dormir en el suelo, no tenían dónde dormir (...) logré sí sacar mujeres embarazadas o con chicos, chicos, llevarlos a esos tres dormitorios del anexo, bueno ahí no sé si habría 20 o 25 personas en total para tenerlos un poco más protegidos, conseguirles leche etc.[13]

Paiva complementa que

> [h]avia poucos colchões e quase nenhum cobertor. Os banheiros eram poucos e nas suas portas mantinha-se constantemente uma longa fila. A alimentação por sua vez era escassa e fraca, tendo sido necessário racioná-la. E, para tomar um café pela manhã e comer alguma coisa ao almoço e ao jantar, foram organizados turnos, que chegaram a 20 e tantos.[14]

Assim, a organização em grupos era extremamente necessária, e não apenas no que dizia respeito à alimentação. Outros grupos foram criados para tratar de cada vertente dos problemas dentro da embaixada, como higiene, limpeza, estudos, e assim por diante, procurando minimizar o máximo possível o desconforto e as más condições da estada.

13 LASTRA; PALMA, 2016, p. 93.

14 PAIVA, 2004, p. 180.

Os problemas, todavia, não se limitavamà estrutura. A própria condição humana, junto às diferenças culturais e éticas se colocavam como obstáculos nas relações entre os refugiados.[15]

Em 6 de novembro de 1973, a expulsão de nacionais e estrangeiros[16] foi formalizada através do decreto-lei número 81 (06/11/1973), que outorgou ao Estado a faculdade de expulsar do país os que cometeram delitos e dispôs que as pessoas que desejassem regressar ao território nacional poderiam fazê-lo apenas com prévia autorização do Ministério do Interior.[17] O problema então estaria em qual país assumiria estes exilados, já que a Argentina, pelas condições políticas as quais vivia, não assumiria a malta refugiada da esquerda latino-americana. Pois,

> las primeras respuestas del peronismo ante el golpe de Pinochet y mucho más antes con los asilados, fueron poco claras. Por un lado, el breve gobierno de Lastiri tuvo una posición ambigua entre la condena y la aceptación del gobierno militar chileno en la que finalmente se reconoció la soberanía del régimen de Pinochet. Pero, por otro, hubo una recepción preferencial del gobierno de Perón a los chilenos en relación a otros asilados latino-americanos, a los que solo se recibió de modo transitorio. Junto a ello, profundizando la complejidad del proceso, hubo una fuerte cristalización del tema de los refugiados y/o exiliados como parte de un "problema de seguridad nacional". Este aspecto se fue consolidando desde mediados de 1974 y con mayor claridad en 1975, lo que obligó a muchos asilados y extranjeros en el país a iniciar un segundo exilio hacia otros continentes,[18]

Então, inicia-se uma corrida contra o tempo, com ajuda de organismos internacionais, para conseguir destino paras os refugiados das embaixadas. Como nenhum

---

15 Paiva relata situações em que privilégios eram requisitados ou mesmo atitudes de desrespeito às regras ocorriam o que acarretava mal-estar dentro da embaixada. (PAIVA, 2004, p. 179-182).

16 Em julho de 1974, a Comissão Interamericana dos Direitos Humanos e a Organização dos Estados Americanos estimava que o governo chileno havia permitido a saída de 4948 estrangeiro e 2945 chilenos de distintas embaixadas de Santiago (LASTRA; PALMA, 2016, p. 85).

17 LASTRA; PALMA, 2016, p. 84.

18 LASTRA; PALMA, 2016, p. 103.

país latino americano aceitava receber os refugiados, a saída foi iniciar a diáspora *overseas* que levaria os asilados aos mais diferentes países da Europa e África.

E Portugal, que acabara de fazer sua revolução, não poderia deixar de ser um destino desejado.

Os "Brasileiros do Chile" chegaram

Quando chegaram a Portugal, os refugiados latino-americanos foram acomodados em uma organização religiosa em Sassoeiros e, logo em seguida, na FNAT Fundação Nacional da Alegria no Trabalho (FNAT) - Instituto Nacional de Tempos Livres (INATEL),[19] à época, uma colônia de férias de trabalhadores situada na Costa da Caparica.

Lá, encontravam comida e habitação sob os cuidados da Comissão Nacional de Apoio aos Refugiados Políticos Antifascistas (CNARPA), organização que custeava altos valores para a manutenção dos mesmos[20] e sobre a qual discutiremos com mais afinco no próximo capítulo. Essa ajuda, de acordo com Maria Antônia Palla, era fornecida via "recursos individuais, quotizações de antifascistas que entendem ser seu dever cumprir este gesto de solidariedade.[21]"

Posteriormente, a CNARPA recebeu recursos da Fundação Gulbenkian, do Banco de Angola e da Secretaria de Estado da Segurança Social, além do Conselho Ecumênico das Igrejas e do Fundo Internacional de Intercambio Universitário, no que tangia a concessões de bolsa de estudo. A esperança de Palla em sua reportagem apontava para que no futuro e com a ratificação do protocolo de Nova Iorque pelo Governo Português que ocorrera em 1º de abril daquele ano, haveria a possibilidade de alargamento no

> âmbito do princípio de asilo político a todas as nacionalidades, será possível contar com o apoio do Alto Comissariado da ONU para os refugiados. (...) A CNARPA contava também com a ajuda

19 A sigla FNAT foi utilizada até 3 de abril de 1975, quando foi alterada para INATEL. Disponível em: <http://www.inatel.pt/content.aspx?menuid=898&eid=804>. Acesso em: 14/05/2015.

20 Cada refugiado custava à comissão o valor de 3000$00, sendo que naquele momento, fins de 1974, havia 80 refugiados (240.000$00 escudos) sob sua guarda, como se pode ver no artigo de Maria Antonia Palla cuja referência vem a seguir.

21 PALLA, M. A. *Urge Atender aos Refugiados Políticos. Vida Mundial,* Lisboa, p. 27, 22 jun. 1975.

> de vários médicos que prestam assistência gratuita aos refugiados e forneciam medicamentos.[22]

Outro problema grave que estava no horizonte da organização era a possibilidade da vinda de mais refugiados chilenos, cujo governo, como vimos, se prestava a libertá-los se houvesse países dispostos a recebê-los.[23] A primeira lista era de uma centena de pessoas, mas apenas 70 tinham obtido direito de asilo noutros países, ou seja, Portugal poderia ter trazido 30 refugiados, mas, de acordo com a jornalista, isto não aconteceu, pois não foram "criadas oficialmente as condições de recepção de mais refugiados e a CNARPA, como entidade articular, não pode arcar com mais encargos materiais.[24]"

Como vimos, o primeiro grupo de exilados a aterrar em Portugal era oriundo da Argentina, isto é, refugiados do Chile, das mais variadas nacionalidades, que haviam se asilado na embaixada argentina para escapar da intensa repressão pós-golpe contra Salvador Allende. O grupo em questão continha considerável número de brasileiros, e é importante ressaltar que pelo fato de serem brasileiros fugitivos da ditadura chilena e do golpe que lá se abateu, em princípio não eram considerados como brasileiros refugiados da ditadura brasileira, mas sim latino-americanos exilados do Chile. E é por este motivo que identificamos no *modus operandi* das instituições políticas portuguesas e, por vezes mesmo pelos populares, a imediata junção da condição de exilado chileno também ao refugiado brasileiro, sendo que, em alguns momentos, na documentação analisada estes eram erroneamente agregados aos números e estatísticas chilenas.

Há inclusive, um caso curioso, sobre um casal de brasileiros – assim como uma família de espanhóis e outra de uruguaios – que se faziam passar por chilenos.[25] Entendemos então que tal estratégia serviria exatamente para serem inclu-

22 PALLA, M. A., 1975, p. 27-28.

23 O governo estipulava o número em 748 presos, enquanto a Igreja chilena aferia entre 5000 ou 8000 os que aguardavam decisão de possíveis países de acolhida.

24 PALLA, M. A., 1975, p. 38-39.

25 Acessamos também um documento com folha timbrada da Pensão Astória, que se intitula- *Grupo de Refugiados Chilenos*, em que os nomes de brasileiros se misturavam aos dos chilenos, dando ainda mais indícios ao fato de que não havia um exílio brasileiro em Portugal, mas sim um exílio chileno em Portugal no qual brasileiros estavam inseridos. cf. Ministério dos Negócios Estrangeiros. O problema dos refugiados chilenos em Portugal. PEA 313.

ídos nos possíveis privilégios direcionados aos naturais do Chile de Allende, que, para o mundo, eram os que realmente estavam sofrendo as agruras de um estado repressor e violento.

Conforme os meses foram passando, a afluência de estrangeiros oriundos da América Latina só aumentou. Em março daquele ano, cerca de 80 refugiados chilenos, em grande parte vindos de Cuba, chegavam a Portugal. Estes refugiados referiam-se a um acordo feito entre os governos português e cubano nos termos que os autorizavam se deslocar para o país. Tal situação chega a ser estranha, dado o fato de que, em telegrama de 18 de março de 1975, o chanceler português em Cuba dizia-se desinformado em relação de tal documentação que teria levado ao deslocamento dos asilados.[26]

Em Portugal, e naquele mesmo dia, um grupo de exilados, juntamente com membros da CNARPA, assediaram o Chefe de Gabinete do Ministérios dos Negócios Estrangeiros reivindicando melhores condições de alojamento e alimentação, acusando o Ministério dos Negócios Estrangeiros (MNE) como responsável pela situação e pela afluência de refugiados.[27]

Mas o que, provavelmente, não estava claro para este grupo era o fato de que a preocupação sobre a chegada de novos refugiados já de muito se fazia presente no governo português, tanto que naquele mesmo dia já estava marcada uma reunião do CAMPE para discutir o problema de afluxo de exilados. Como resultado do encontro, os participantes apontaram duas saídas possíveis, nenhuma delas sendo suficientemente boas para nenhum dos dois lados. Eram elas: conseguir emprego para os refugiados, o que prejudicaria os trabalhadores portugueses; ou mantê-los desempregados, com todas as graves consequências que daí poderiam advir.[28]

Estes problemas encontrados pelos exilados traduziam-se pela condição econômica e política pela qual passava Portugal, em especial dificuldades relacionadas a se manter e adquirir trabalho em um momento que o país via uma queda no acesso ao trabalho que muito se devia ao aumento populacional causado pelo fenômeno dos *retornados* das ex-colônias. Maxwell, aponta em números as condições de emprego que os brasileiros puderam encontrar em Portugal no período revolucionário:

---

26 Ministério dos Negócios Estrangeiros. Refugiados Políticos em Portugal. PEA 313, p. 2.

27 Ministério dos Negócios Estrangeiros. Refugiados Políticos em Portugal. PEA 313, p. 3.

28 Ministério dos Negócios Estrangeiros. Refugiados Políticos em Portugal. PEA 313, p. 4.

> Portugal entrou no inverno de 1975 com aproximadamente 400 mil desempregados, dos quais apenas 19 mil recebiam algum tipo de seguro social. E, para rematar, cerca de 500 mil pessoas estavam voltando de Angola, em sua maioria destituídas, pois seu dinheiro perdera o valor.[29]

Os *retornados* eram os cidadãos portugueses que viviam nas ex-colônias africanas e que se dirigiam a Portugal com os processos de independência. Note-se que, em junho de 1974, o termo "retornado" não existia no léxico português, por isso, e assim como os latino-americanos e espanhóis, eram chamados de *refugiados*, ou ainda como *deslocados* ou *desalojados*. Com o aumento do número destes "deslocados" foi criado, dentro do Ministério da Coordenação Inter territorial, o Grupo de Apoio aos Desalojados do Ultramar (GADU), o qual prestou auxilio emergencial a estes recém-chegados.[30]

Mas as discussões neste âmbito ocorrem em todos os setores do governo e da sociedade. É nítida a importância que a concessão de asilo ou refúgio toma em um momento em que se mostrava evidente o retorno dos colonos portugueses em África e a crise econômica que já tomava conta do governo revolucionário.

No início de 1975, o GADU, não conseguindo responder aos problemas criados com o cada vez maior afluxo de deslocados, foi abandonado. Criou-se, então, um serviço nacional que o substituiu, levando adiante a resolução desta situação tão espinhosa. Assim nasceu o Instituto de Apoio ao Retorno dos Nacionais (IARN), que introduzia no léxico português o conceito de *retornado*. O IARN foi o mais importante organismo de auxílio aos *retornados*, assemelhando-se à CNARPA em relação aos exilados, mas, claro, enquanto instituto, possuidor de um apoio do Estado português do qual a comissão não era beneficiária.

Já em outubro de 1975 foi criada a Secretaria de Estado dos Retornados, integrada ao Ministério de Assuntos Sociais, a qual passou a tutelar o IARN, que recebia os regressados, prestava-lhe assistência jurídica, fornecia alojamentos

29 MAXWELL, K. *O Império Derrotado:* Revolução e Democracia em Portugal. São Paulo: Companhia das Letras, 2006, p. 198.

30 Memórias da Revolução: Regressados das Antigas Colônias. RTP. Disponível em: <http://media.rtp.pt/memoriasdarevolucao/acontecimento/regressados-das-antigas-colonias/>. Acesso em: 04/05/2016.

(em hotéis, pensões e outros edifícios públicos e privados), subsídio de família, bolsas de estudos, e outros apoios.

No verão de 1975, com o recrudescimento da guerra de Angola, 700 refugiados chegavam diariamente à Lisboa. Entre junho de 1975 e novembro de 1976 vieram de Angola 275.600 pessoas, em 905 voos ou por meios próprios. De Moçambique chegaram 30.194, e do Timor, 1.525. Entre continente e ilhas, o IARN contabilizou 505.087 pessoas, ou seja, 5,3% da população do continente e 5,1% dos Açores e da Madeira.[31]

Assim, com a afluência dos *retornados* que também na INATEL foram instalados, confusões começaram a aparecer entre grupos distintos, momento em que foram registrados os primeiros incidentes, inclusive físicos, entre exilados e *retornados*. Este ambiente levou a IARN a transferir os estrangeiros para pensões particulares da região, sendo que "em face da agudeza do problema e porque não poderia deixar de se considerar uma solução transitória, o IARN assumiu o pagamento das respectivas pensões,[32]" o que não agradou a CNARPA, que parece ter compreendido o feito da instituição dos *retornados* como ingerência e, a partir de então, pareceu ter se recusado a pagar a manutenção dos refugiados, deixando-a sob responsabilidade da IARN.

Começa então mal-estar entre as organizações de auxílio, sendo que a IARN entendia não serem os refugiados de sua responsabilidade, por se tratar de um grupo que se dedicava a tratar do assunto de cidadãos portugueses *retornados*, não sendo justificável emitir para si encargos de estrangeiros. Sua ação havia tido objetivo, apenas, de separar os grupos em conflito.[33]

Mas, como a afluência dos *retornados* não diminuía, estes também tiveram que ser instalados nas pensões, agravando ainda mais as relações. O ambiente de convivência nestas pensões, dado as diferenças comuns a cada indivíduo, mas tam-

31 Regressados das Antigas Colônias. Disponível em: <http://media.rtp.pt/memoriasdarevolucao/acontecimento/regressados-das-antigas-colonias/> Acesso em: 01 jun. 2016.

32 Ministério dos Negócios Estrangeiros. O Problema dos Refugiados Chilenos em Portugal. PEA 313, p. 5.

33 Ministério dos Negócios Estrangeiros. O Problema dos Refugiados Chilenos em Portugal. PEA 313, p. 5.

bém culturais e de interesses, eram as piores, chegando ao ponto de uma das pensões se recusar à manutenção da permanência destes exilados em sua propriedade.[34]

Na Pensão João XXI, o ambiente era tão ruim que o gerente fez queixa ao IARN, que ainda era responsável pela manutenção de todos os grupos, declarando não estar mais interessado em continuar a hospedar os refugiados. O clima de tensão que se instalara na pensão fez com que o número de refugiados caísse de 42 para 27 em novembro.

Houve também problemas com brigas de casal – que os levou a expulsão –, uma ocorrência em que dois indivíduos, sendo um deles espanhol, foram presos por furto de carro e transporte de arma. Além disso, como haviam chegado antes nas pensões, a disponibilização de quartos de maneira mais confortável aos refugiados acirrava ainda mais os ânimos em relação aos *retornados* e levou a outro desentendimento, pois as acomodações destinadas aos 27 refugiados possuíam 12 quartos, enquanto 54 *retornados* se distribuíam em 17.[35]

Então, como revela o documento, a IARN se revoltou contra os estrangeiros: "o comportamento moral e cívico destes refugiados é absolutamente insuportável pela gerência da pensão, a quem já mais de uma vez tem ameaçado.[36]" Sendo assim, a partir do dia 4 de outubro daquele ano, o IARN não mais pagaria os encargos dos refugiados, transferindo a responsabilidade para ao Ministério dos Assuntos Internos. Com isso, enviou as faturas para que o MAI viesse a se responsabilizar pelos gastos. O MAI também se recusou, e enviou os documentos para o MNE dizendo que eram faturas referentes à estadia de "um grupo de refugiados chilenos alojados na Pensão João XXI, que por engano foram remetidas a este ministério pelo IARN.[37]"

É então que começa o jogo de transferência de responsabilidade entre o MNE e o MAI, já que aquele se recusava a pagar a fatura, pois, "não é de competência deste Ministério proceder ao pagamento de despesas havidas com a estadia de refugiados estrangeiros, no país". Assim, o MNE assume que suas "[m]

34 Ministério dos Negócios Estrangeiros. O Problema dos Refugiados Chilenos em Portugal. PEA 313, p. 5.

35 Ministério dos Negócios Estrangeiros. O Problema dos Refugiados Chilenos em Portugal. PEA 313, p. 3.

36 Ministério dos Negócios Estrangeiros. IARN. 30/09/1975. PEA 313, p. 1.

37 Ministério dos Negócios Estrangeiros. Oficio. 2317. 25/11/1975. PEA 313.

issões tem concedido vistos de entrar em Portugal a pessoas em situação precária e que presumivelmente irão ter problemas de subsistência no nosso país,[38]" mas,

> como é evidente a concessão de visto de entrada não obriga as autoridades portuguesas a garantirem a subsistência dos respectivos titulares. Se alguma entidade pública ou privada, juga que pode ou deve fazê-lo, isso não resulta da concessão do visto de entrada no nosso país, único ele de ligação deste Ministério e as mencionadas pessoas.[39]

O MAI, então, recuou, dizendo que as faturas haviam sido enviadas não para serem pagas, mas para que o MNE – na letra do Chefe de Gabinete Manuel Maria Amaral Freitas –, procurasse vias diplomáticas para que tais problemas fossem resolvidos, "visto tratar-se de cidadãos que vivem parasitariamente neste país (...) já que parece não haver ser o erário público a suportar tais despesas.[40]"

Fica então evidente aquilo que já tratamos no capítulo anterior. Não era intuito do governo, ou pelo menos de seus Ministérios, coadunar com o discurso de solidariedade que se via nos órgãos de imprensa e que gostariam as instituições de auxílio aos refugiados. Mas, por fim, o ACNUR acabou por tentar fazer uma parceria com o MNE e o Governo Português para dividir os gastos destes estrangeiros.

Fica clara também, a partir da documentação do dossiê acessado, a preocupação que já havia sido tema na reunião da CAMPE sobre como identificar quais dos indivíduos realmente seriam dignos da condição de exilado, considerando que, para os responsáveis, muitos dali seriam apenas aproveitadores que não tinham qualquer problema de conduta ideológica e necessitado de segurança, sendo, muitas vezes, detentores de ficha por delito comum, como tráfico de drogas, roubo de carros etc.

Os relatos sobre os exilados latino-americanos apresentam um lado dos refugiados que, ao ser revelado, pôde trazer afastamentos à sua causa. Fica claro que há nestes documentos transgressões de parte dos exilados – que fique registrado não termos encontrado qualquer problema com os de nacionalidade brasileira –, mas cremos que há nestes papéis também problemas que podem se identificar com

38 Ministério dos Negócios Estrangeiros. Resposta ao oficio 2317. 13/01/1976.

39 Ministério dos Negócios Estrangeiros. Resposta ao oficio 2317. 13/01/1976.

40 Ministério dos Negócios Estrangeiros. Oficio 147. 20/01/76. PEA. 313.

choques culturais relativos às diversas diferenças que podem se encontrar quando se aproximam indivíduos de tão diversos pontos de vista, crenças e valores.

Além disso, e como destaca o semanário *Vida Mundial*, o preconceito recebido pelos estrangeiros também poderia ser notado contra os *retornados* que, de acordo com o jornal, estão

> Vivendo há longos meses numa letargia envergonhada, alimentada a subsídios, guias, senhas e termos de responsabilidade, muitos deles viram-se, de repente, sem garantias da alimentação regular, antes mesmo de lhes ser alvitrado qualquer esquema de substituição ou – o que seria desejável e se vai tornando cada vez mais premente – de resolução dos seus problemas.[41]

O semanário também aponta para o problema da necessidade de integração destes *retornados* para que se coibissem, inclusive, as acusações das quais eram vítimas, a saber:"sem nada produzirem, estarem a constituir um peso morto para o país, que com eles gasta perto de 300 mil contos por mês."[42]

Entendemos como generalizantes os termos encontrados nos documentos de órgãos públicos, como, citado anteriormente, "parasitas". Entendemos que em um grupo tão grande e diverso, há a possibilidade de encontrar indivíduos desviantes e mal-intencionados, mas fica claro também em nossa pesquisa o intuito verdadeiro de auxiliar a revolução que se iniciava.

Um exemplo está na ação de um grupo de exilados composto por chilenos, bolivianos e um representante brasileiro (Alberto Carmo) que, no dia 14 de julho de 1975, dirigiram uma carta ao Primeiro Ministro General Vasco Gonçalves, relatando sua situação:

> [a]o termos conhecimento do movimento popular militar de 25 de abril de 1974, que libertou o povo português da longa e tenebrosa noite fascista de 48 anos, desejosos de viver e participar do processo revolucionário português, procuramos transferir-nos para Portugal, na ânsia de contribuir, com nossa capacidade e possibi-

41 Retornados: começou a revolta. Vida Mundial. N. 1887. 13/05/1976, p. 14.

42 Retornados: começou a revolta. Vida Mundial. N. 1887. 13/05/1976, p. 14.

> lidade para essa Revolução e um dia levarmos a nossos povos as experiências aqui adquiridas.[43]

Este preâmbulo, que expressava a vontade de contribuir para o processo político revolucionário português, servia também para introduzir o real objetivo daquela carta, que vinha a ser o de solicitar melhores condições de acesso a postos de trabalho – mesmo que alheios às suas profissões – já que não se tinham, para além das relações com os órgãos de solidariedade, contatos com possíveis empregadores.

Em busca de trabalho

Maria Antonia Palla, uma das poucas jornalistas que se dedicaram à questão dos latino-americanos, é quem parece mais estar engajada e, talvez por isso, informada sobre suas condições de vida. Ao identificar e acusar a morosidade na busca de solução para o problema dos refugiados, principalmente no que concerne à questão do trabalho, ela dá voz a alguns exilados que têm seus nomes ocultados, mas que revelam suas esperanças e dificuldades. Dificuldades estas que Palla sabia estarem sendo enfrentadas também pelos seus compatriotas, e por isso fazia questão de esclarecer seu ponto de vista, na medida em que "um refugiado não é um personagem de livro, credor de um tratamento especial: o principal é ser colocado na situação de toda a gente."[44]

É este o caso de D. C., quem acreditamos ser – pelos dados informados na própria matéria confrontadas a pesquisas em outras fontes – Pedrina José de Carvalho utilizando as iniciais do marido assassinado pela repressão em abril de 1971, Devanir José de Carvalho. Além dela, encontram-se na lista dos refugiados brasileiros no ano seguinte, 1976, dois filhos de idades equiparadas ao relatado na mesma matéria; D. C. havia passado um mês presa no Brasil e exilou-se no Chile, Argentina e então Portugal.

D. C. (ou Pedrina) não via qualquer problema em sua estada na Costa da Caparica: "(...) tudo bom: o alojamento, a comida. Os meninos vão à escola: ao princípio choravam porque troçavam da maneira de falar deles, agora já estão habituados, fizeram amigos, as crianças portuguesas são muito carinhosas com

43 Ministério dos Negócios Estrangeiros. 14/07/1975. PEA 313.

44 PALLA, M. A. O Refugiado nao é Personagem de Romance. *Vida Mundial,* Lisboa, p. 27, 22 jun. 1975, p. 29.

eles". Sua principal e única reclamação era o fato de Caparica ser muito distante de Lisboa, ainda mais nos idos dos anos 70, o que dificultava ainda mais o acesso ao trabalho.

Outro problema era a qualificação profissional. A exilada tinha experiência na indústria têxtil, sua atividade no Chile, mas, em Portugal, o emprego (e não só) naquela área estava escasso. Mas, da mesma forma, Pedrina agradecia o acolhimento português:

> Portugal foi magnânimo em nos receber, porque vínhamos já de outro exílio. O problema da documentação é importante, mas para mim, o essencial é encontrar trabalho. Percebo que é difícil, pois os portugueses têm também este problema. Por mim, faço qualquer coisa: gostava de ficar aqui. Em Portugal sinto-me como se tivesse voltado para o Brasil.[45]

É claro que há na matéria apelo emocional. Quando pergunta Palla: "Mas será impossível? Trata-se, afinal, de encontrar um lugar para uma mulher com dois filhos a seu cargo, que está em Portugal, longe da pátria, longe da família e que quer, na medida de suas possibilidades, colaborar."[46] Percebe-se aí o apelo às emoções dos portugueses em relação à necessidade de uma mãe sustentar seus filhos. A comoção fazia parte das táticas dos que auxiliavam os refugiados para angariar apoio do povo português, e isso vemos em todas as matérias apoiadoras dos refugiados, assim como nos discursos de apoio à causa nos eventos que ocorrerão nos anos seguintes.

Já F. C., fotógrafo de 31 anos, indica que a falta de documentos o afligia pelo cerceamento de sua livre movimentação, motivo que o obrigava a permanecer em Portugal e não lhe dava condições de acesso a trabalho: "Se me apresento numa firma sem documentos, tenho que pensar que só no caso do patrão ser de esquerda é que vou conseguir o emprego, situação que é altamente improvável."[47]

Por outro lado, indica um argumento de extrema validade, pois, se o acesso ao passaporte fosse facilitado, muitos refugiados já teriam abandonado Portugal, aliviando o número de exilados no país, o que, aliás, exemplifica o que foi discu-

45 PALLA, M. A., 1975, p. 29.

46 PALLA, M. A., 1975, p. 29.

47 PALLA, M. A., 1975, p. 29.

tido no capítulo anterior. Este argumento, inclusive, poderia ser um ponto a favor da campanha dos portugueses à causa dos exilados brasileiros. F. C., literalmente, cobra uma ação do governo português nesta matéria:

> [p]sicologicamente, afecta-nos muito o facto de não nos podermos mover, viajar, se necessário. Muitos de nós tínhamos a situação resolvida no Chile. Mas quando se deu o golpe, os que entre nós foram presos ficaram sem documentos, porque os fascistas os tiraram a todos os que se refugiaram nas embaixadas ou nos campos de asilo da ONU. Precisamos de os reaver aqui, em Portugal. Ora, ao assinar o protocolo de Nova Iorque, o governo português assumiu determinadas responsabilidades com os refugiados. Uma dessas obrigações é entregarem-nos documentos. Percebemos eu estes tramites sejam lentos, mas ansiamos porque sejam o mais rápido possível.[48]

Mas não era para todos que deixaram o Brasil que faltava oportunidade de emprego no período revolucionário. São comuns depoimentos em que profissionais como professores e jornalistas (como Duda Guennes, Alfredo Sirkis, Zillah Murgel Branco, entre tantos)ou mesmo militares, imediatamente conseguem espaço no mercado de trabalho português, especialmente, pelo fato de a condição ideológica estar então afinada ao ideário revolucionário e aos partidos de esquerda portugueses. Exemplo disso é o de Alfredo Sirkis, que comenta:

> [e]u imediatamente comecei a colaborar com a imprensa portuguesa, meus primeiros artigos foram para o *Expresso*, do [Francisco] Pinto Balsemão - semanário, não é - aí eu fiz artigo sobre Chile, sobre Argentina... E depois eu escrevi ainda algumas coisas para vários jornais, lembro que fiz para o *República* que depois acabou, para o *Diário de Lisboa*, *Diário Popular*, para revista *Gazeta da Semana*, e depois trabalhei no *Jornal Novo* do [Arthur] Portela [Filho], depois fui trabalhar no jornal da Isabel do Carmo e do [Carlos] Antunes, era editor internacional do *Pagina Um* e depois fui redator-chefe da edição em português dos *Cadernos de Terceiro Mundo*, isso como jornalista. Politicamente, eu fiquei muito próximo do MES.[49]

48 PALLA, M. A., 1975, p. 29.

49 SIRKIS, A. [14 maio 2014] Entrevistador: Rodrigo Pezzonia. Rio de Janeiro, 2014.

Outros, como o médico Almir Dutton, o Almirante Costa Aragão, e o ex-Capitão Altair Lucchesi Campos, como identificaremos adiante, imediatamente se estabeleceram profissionalmente em Portugal sobre a égide da solidariedade revolucionária.

Assim também aconteceu com professores, que eram quase que recrutados para trabalhar nas escolas e universidades então *saneadas.*[50]É importante destacar que não era para o Brasil nenhuma novidade a incorporação de brasileiros no mercado de trabalho português através das afinidades ideológicas, como podemos notar no destaque dado ao Adido Militar brasileiro em Portugal, sobre o caso:

> Partido Comunista Português está diligenciando no sentido de promover o emprego em Portugal, de professores e intelectuais esquerdistas brasileiros, sobretudo especialistas no campo das ciências sociais e econômicas. Os contratos são oferecidos, mais especificamente, a brasileiros emigrados, banidos e refugiados no exterior por motivos ideológicos. Nesse esquema, estaria atuando, notadamente, o professor Rui Luís Gomes, Conselheiro de Estado e Reitor da Universidade do Porto, que, antes de 25 de abril viveu vários anos no Brasil e agora aparece, em Portugal, como figura de prestígio no meio universitário, mercê de suas ligações com o Partido Comunista Português, do qual é provavelmente membro, pois a presença constante em manifestações organizadas por aquele Partido, como foi o caso da «Semana de Solidariedade ao Povo do Chile."[51]

Em seu testemunho, Enio Bucchioni, militante trotskista e um dos sobreviventes do Estádio Nacional chileno, contou-nos como foi sua chegada a Portugal e sua contratação como professor do Instituto Superior de Engenharia de Lisboa (ISEL), e ilustra de maneira bem-humorada a medida em que as convicções ideológicas se davam na realidade do Processo Revolucionário em Curso.

Enio nos contou que ficou ciente sobre uma vaga de emprego no Instituto através de Almir Dutton, militante brasileiro ligado à Vanguarda Popular Revolucionária(VPR) e que tinha um amigo professor militante do PS com contatos

50 Diz respeito à retirada de quadros ligados ao regime anterior de cargos públicos, além de nacionalizações de empresas.

51 Arquivo Nacional. Ministério das Relações Exteriores. BR.AN.DPN.PES. 623, p. 36/114.

no ISEL, este que havia sido saneado após o 25 de Abril, necessitando então de professores alinhados ao regime revolucionário. Enio se recorda da seleção para o cargo:

> [e]m todas as faculdades de Lisboa, todos os diretores foram mandados embora. E foram eleitas comissões tripartites para dirigir as faculdades. Igualdade de número entre professores, funcionários e estudantes. Mas eu me apresentei, fui conversar com esta comissão que presidia o ISEL. E – e isso só acontece em uma situação revolucionária – eu não tinha documento nenhum, porque os documentos que eu tinha no Chile rasgaram. Na França, recebi um passaporte de refugiado. O passaporte de refugiado é feito de um material horroroso, medíocre, era azul clarinho e tinha uma faixa preta. E não tinha documento profissional, também. Eu era professor, mas não tinha nenhum comprovante. Estava tudo detido no Chile.[52]

Assim, o professor do PS o apresentou para a banca avaliadora. Disse que era um professor exilado brasileiro, que havia estado no Chile por três anos e de lá expulso. E então começou a arguição referente à vaga de professor de matemática. Um dos arguidores perguntou: "[p]rofessor, como está a situação política no Brasil?" Já outro questionou: "Professor, no Chile não houve resistência, como foi o golpe?" De acordo com Ênio, essa sabatina durou mais de uma hora, mas sem nada perguntarem sobre suas habilidades em Álgebra, que era a disciplina à qual se referia o concurso.

As perguntas continuaram sobre as experiências de luta política do pretendente à vaga. Até que um professor perguntou: "Mudando um pouco de assunto, qual a área da matemática o senhor prefere, mais gosta?" Mas imediatamente veio uma voz da banca, que bradou: "Isso é coisa que se pergunte?!"Tendo sido então a questão retirada pelo arguidor, Enio foi contratado e lá trabalhou por três anos, até quando de seu retorno ao Brasil.[53]

Enio aponta algo que é de suma importância ressaltar: tal tipo de atitude ideológica tem aceitação até o 25 de novembro de 1975. Após este evento, e as novidades que ele acarretou na vida política portuguesa, o aspecto ideológico foi se arrefecendo até o ponto em que não era mais considerado.

52 Bucchioni, E. [19 abr. 2016]. Entrevistador: Rodrigo Pezzonia. São Paulo, 2016.

53 Bucchioni, E. [19 abr. 2016]. Entrevistador: Rodrigo Pezzonia. São Paulo, 2016.

O professor também se recorda de que percebeu o verdadeiro fim do processo revolucionário quando começaram a lhe pedir documentação comprobatória de sua identidade e habilidades profissionais. Com o tempo, e sem possibilidade de arcar com os pedidos cada vez mais insistentes da secretaria da Universidade, inventa problemas pessoais e pede a saída do cargo.

Outro exilado que teve experiência emocional parecida com o de Bucchioni no que se refere aos movimentos distintos da revolução foi Herbert Daniel. Em seu livro de memórias, escreve ele sobre sua chegada à Portugal:

> Portugal, um meio fio sem proibição onde me sentei e escrevi uns versinhos. Depois de muitos anos fui capaz de parar quieto num café, num banco público, mesmo na calçada se me desse vontade. No dia em que me sentei naquele meio fio, numa avenida que não podia deixar de ser a da liberdade, o mundo teve outro gosto, a vida, outro sentido. A Calma reinventada me deu um empurrão. Ah, que as coisas podem ser fantásticas vistas de perspectiva surpreendente da beirada do passeio.
> E era a festa e eram os cravos e era também e já o exílio, mas um outro, cômodo e acolhedor que continuava a esterilidade da clandestinidade. Exílio, me expliquei então:
> É um certo não
> Uma ausência sim
> Um ponto longe
> Um mundo outro. Todo mundo discutia, por toda a parte. Nas praças, dia e noite, a gente se reunia em grupinhos falando da revolução. Todo mundo no comício, as ruas viraram tribunas.[54]

Mas então, e corroborando a impressão de Enio Bucchioni sobre a diferença entre o período revolucionário e o posterior ao *25 de Novembro*, Herbert Daniel escreve:

> [a]té então não tinha documentos que legalizassem minha situação no país. Depois do 25 de novembro de 1975, os rumos eram outros. Forçado era que fosse exilar-me num canto onde provasse,

54 DANIEL, H. *Passagem para o Próximo Sonho:* um possível romance autocrítico. Rio de Janeiro: Codecri, 1982, p. 144.

> papel passado, quem eu era, e exilado. Não mais podia prosseguir como durante os últimos catorze meses em cena lusa e livre, apenas dizendo 'sou eu' e confiando na confiança que tinham em mim e no meu tropical linguajar.[55]

Daniel passou então a viver em Paris, mas termina seu relato sobre sua estada portuguesa dizendo:

> Mas não falo das coisas portuguesas que já avisei que escrevo sobre os exílios. E Lisboa não foi: nem exílio, nem soluços. Um dia talvez vos conte, portugueses da anedota da minha vida, o amor em que me ficastes ancorados, felizes caravelas de descobrimentos próprios, meus.

E continua adiante: "Não que fugissem de Lisboa; antes uma recusa. O duro seria a continuação daquilo que vocês começaram a ver no desmoronamento da festa, na substituição da flor viva pela glorificação do já antigo cravo". É então que Herbert Daniel dirá que este foi o marco para "o verdadeiro início exílio"[56], pois em Paris, de acordo com ele, os movimentos de solidariedade haviam dado espaço a racismos terceiro-mundistas, já que o impacto do golpe chileno se desgastara.

Assim como Daniel, outros também não viram em Portugal o exílio tão amedrontador e sofrido que muitos passaram. A mesma paixão, assim como o sentimento de Portugal não ser terra de exilio, vem de Helena Salem, ou melhor, na representação que faz sua filha, Tatiana Salem, em seu premiado livro *A Chave de Casa*, onde a autora da voz à mãe que a repreende por fazer um quadro muito negativo da passagem por Portugal. Diz ela:

> Lá vem você, sob o prisma da dor. Não foi isso o que lhe contei. O exilio não é necessariamente sofrido. No nosso caso, não foi. Seu pai [Nelson Levy] continuava no partido [PCdoB]. Estávamos em Portugal, comendo bem, falando a nossa língua, conhecendo gente, trabalhando, nos divertindo. Seus avós vieram nos visitar, muita gente passou por lá. Viajamos sempre, Paris, Florença, Madri, Atenas, Kiev. Sim, é verdade, a incerteza em relação ao futuro às vezes pesava: será que voltaremos um dia? Mas no fundo sabíamos que

55 DANIEL, H., 1982, p. 148.

56 DANIEL, H., 1982, p. 149.

> a situação no Brasil mudaria, só não sabíamos quando. Não minha menina, os acontecimentos não foram da maneira que você narra. Quando você nasceu não estava frio nem cinzento. Não penei para parir. Não tomei anestesia nem tenho cicatriz, você nasceu e parto normal. Eu a peguei nos braços imediatamente. Você foi muito querida e desejada, a resposta de um exilio sem dor. Quando veio a Anistia eu não queria voltar. Você era muito pequena, teria ficado ainda alguns anos por lá. Mas seu pai ainda acreditava no partido, nas mudanças possíveis. Então voltamos para fazer a revolução. Não havia esse sofrimento de que você fala. Ao contrário, havia uma enorme vontade de viver.[57]

Mais adiante veremos mais exemplos de ação dos brasileiros em Portugal, tanto na militância quanto em sua vida cotidiana.

Trânsitos e Permanências

É extremamente complexo determinar a quantidade exata de exilados que tenham residido em qualquer que seja a terra de acolhida. Para o caso português, esta tarefa é ainda mais complexa e árdua. Sabe-se que houve poucos grandes polos de exílio onde o número de brasileiros ultrapassou os milhares, assim como o Chile e depois a França.[58] No caso português, assim como em outras nações que aceitaram receber os exilados, o número tende a cair drasticamente.

A jornalista portuguesa Maria Antonia Palla, quando se comemorava um ano do 25 de Abril, calculava uma centena e meia de refugiados que estariam em Portugal entre brasileiros, chilenos, uruguaios e bolivianos, dentre os quais 30 seriam crianças. Já Américo Freire, três décadas e meia adiante, levando em consideração os pedidos de asilo de brasileiros, demais latino-americanos e espanhóis, aponta que encaminharam 142 pedidos de asilo entre 1974 e 1977[59] –

---

57 LEVY, Tatiana Salem. *A Chave de Casa*. Rio de Janeiro: Edições BestBolso, 2013, p. 25.

58 A França foi a nação que mais acolheu brasileiros após o golpe chileno. De acordo com Napolitano, instalaram-se na capital francesa entre 1000 e 2000 brasileiros (NAPOLITANO, M. No Exílio, Contra o Isolamento: Intelectuais comunistas, frentismo e questão democrática nos anos 1970. *Estudos Avançados,* São Paulo, vol. 28, p. 46, n. 80 jan./abr. 2014.

59 Dentre os 48 pedidos de asilo impetrados por brasileiros, nenhum foi aprovado pelo governo luso. Já no caso chileno, Freire afirma que dos 34 requerimentos 9 foram aprovados gerando, para o autor, uma "exceção digna de nota", o que concordamos. Mas esta dis-

periodização que o autor entende como sendo a primeira fase das solicitações de asilo político após ao 25 de Abril.

Já o Comitê Pró-Amnistia Geral no Brasil, em março de 1978, ou seja, no período final do exílio, também faz uma estimativa, que nos parece a mais confiável, de que haveria 38 exilados brasileiros sem documentação em Portugal. Destes 38, 13 deles saíram do Brasil por banimento enquanto os demais se auto exilaram. Alguns inclusive obtiveram asilo em outros países, mas se transferiram para Portugal.

Há também na mesma lista a inclusão de três menores que foram com os pais, apontando ainda que haveria mais 20 e poucos que, por razões diversas, não foram relacionados ou preferiram não constar no documento. Poderia se adicionar por volta de mais 30 exilados que seriam filhos nascidos no exterior com nacionalidade estrangeira. Assim, o número aproximado de exilados brasileiros em Portugal, em 3 de março de 1978, era de 70 pessoas, sem contar as crianças nascidas no exterior.

Assim, se levarmos em conta os números esboçados por Palla, que vivia o momento da chegada dos exilados, mais a apreciação documental de Freire – mas, claro, levando em consideração que não se caracterizaram em maioria os brasileiros que solicitaram legalmente o asilo político –, além dos sinais encontrados em fontes orais, cremos que dificilmente a colônia de exilados brasileiros em Portugal tenha passado de uma centena de residentes fixos.

De acordo com alguns dos testemunhos que coletamos, os brasileiros não eram vistos pelo governo português, ou pelo menos pelos órgãos responsáveis pela migração, como sendo prioridade para deter a condição de asilo, como nos relata Pedro de Andrade, corroborando o que já tínhamos relatando nos capítulos anteriores:

> [a]qui na Europa havia dois tipos de exilados, quer dizer, não havia exilados. Os que estavam exilados na Bélgica, França, Suécia, eram exilados do Chile.(...) esses brasileiros eram exilados do Chile, da Argentina, apesar de serem brasileiros, mas eram fugidos de regimes ditatoriais. Mas eu e outros, como viemos pra cá sem pedir asilo... nunca pedi por que nunca teria condição te der asilo por

crepância é algo facilmente explicável dados os fatos ocorridos em Chile no ano de 1973 (FREIRE, 2010, p. 34).

> ter vindo direto do Brasil pra cá. E se fosse pedir a condição de exilado ainda nos mandavam pra lá.[60]

É o próprio Pedro Andrade quem nos esclarece sua colocação:

> eles criaram aquele regime estranho aqui no Brasil, em que você tem um presidente eleito a cada 4 anos, um congresso aberto, um partido que apoia o governo e outro partido que é de oposição, a cada 4 anos o presidente é sucedido por outro presidente, portanto não é um ditador permanente (...) Como é que você acha que isso era visto aqui na Europa, diante das ditaduras da América Latina? Você acha que algum brasileiro conseguia chegar e [conseguir a condição de] ser exilado? Mesmo as pessoas da rua diziam: Mas seu país tem o congresso aberto, tem presidente eleito a cada 4 anos, tem eleições. Ditadura é o Chile, a Argentina. Brasileiro aqui não conseguia ser exilado. Os brasileiros que conseguem se exilarem na Europa são aqueles que fogem do Chile ou da Argentina. E então eles chegam na Europa como exilados destes países. A vantagem é que, como ninguém controlava nada, você poderia viver aqui 10 anos sem problema nenhum.[61]

Dessa forma, na visão de Andrade e de outros que tocaram no mesmo ponto, os brasileiros não necessariamente eram considerados como refugiados políticos por parte da sociedade portuguesa, talvez excetuando os que vieram direto das embaixadas após o golpe chileno, mas que, de qualquer forma, como o próprio Freire afirma, não tiveram seus direitos de asilados reconhecidos. Exilados como Mauricio Paiva apontam a todo o momento a dificuldade de se documentar e as dificuldades pela falta de passaporte nas vivências dos brasileiros. Diz ele:

> [s]e eu tivesse conseguido um passaporte brasileiro, como chegou o Alfredo [Sirkis] – não sei como ele arranjou – o Marcio Moreira Alves, que prolongou a validade do passaporte que ele tinha. Mas

60 ANDRADE, P. [16 maio 2016] Entrevistador: Rodrigo Pezzonia. Lisboa, 2015.

61 ANDRADE, P. [16 maio 2016] Entrevistador: Rodrigo Pezzonia. Lisboa, 2015.

> eu não tinha o respaldo do governo brasileiro. Eu era um apátrida, e isso faz a diferença.[62]

Mesmo para Andrade esta posição se caracterizava. Recordamos que, quando em Lisboa, após dias buscando o contato de Pedro Andrade, conseguimos e ligamos. Após a devida apresentação como aluno de doutorado da Universidade de São Paulo e, naquele momento, doutorando visitante do Instituto de Ciências Sociais da Universidade de Lisboa, apresentamos nosso trabalho, dizendo se tratar de uma tese que se debruçaria sobre a trajetória dos exilados brasileiros em Portugal após 25 de Abril. Então, de repente, nossa fala é interceptada por Andrade: "Mas eu não fui um exilado!"

De repente, a linha de raciocínio foi perdida. Provavelmente gaguejamos ou sofremos de algum sintoma inerente à quebra do "discurso pronto". Mas para Pedro a concepção de exilado se limitava àquele que conseguiu o direito de asilo. Para ele, que viveu na clandestinidade mesmo fora do Brasil, este desígnio não representava sua condição. Lembro-me que depois expliquei meu ponto de vista, e mesmo o da historiografia, e marcamos a conversa para alguns dias depois.

Este breve "causo" – como diria Rolando Boldrin – serve para ilustrar que nem mesmo os exilados muitas vezes se assumiam enquanto exilados, às vezes por condições ideológicas (exilados são os que abandonam a luta), por condições psicológicas (culpa por ter abandonado a luta no Brasil) ou mesmo por condições burocráticas (não conseguirem a documentação necessária para se definirem como tal).

Todavia, há um dado abordado no artigo de Freire pode ser usado não como contraponto, mas um modo alternativo de se ver esta questão. Em suas pesquisas, Freire[63]aferiu que dos 49 requerimentos, apenas três foram recusados pelo governo Português, e dos 46 restantes, 23 indivíduos desistiram do pedido.[64] E toma como meio de resposta para estes dados trecho do livro de memórias do já citado Mauricio Paiva, onde este relata:

> [n]ão chegavam contudo, a três dezenas os exilados que permaneciam em situação irregular em Portugal. Seria, pois, muito fácil resolver o

62 PAIVA, M. [10 fev. 2013] Entrevistador: Rodrigo Pezzonia. Belo Horizonte, 2013.

63 FREIRE, 2010, p. 45.

64 Não fica claro no texto o destino dos demais pedidos de asilo.

> problema (...) Por que, então, essa foi uma eterna e insolúvel questão? Não foi somente porque nos constituímos a última das prioridades de quem estava a braços com problemas internos e nas ex-colônias, como pensávamos no começo. Não se tratava de negligência, e sim de uma decisão política. Dificultando-nos a vida, matavam dois coelhos com uma só cajadada: desencorajava-se a transferência para Lisboa de refugiados em outros países europeus e empurrava-se para estes os que estavam em Portugal. E o sucesso dessa política pode ser evidenciado pelo pequeno número de exilados latino-americanos em Portugal, comparado com outros países da Europa.[65]

Assim, e como já tratado no primeiro capítulo, temos mais um exemplo da morosidade dos órgãos do governo português para a questão dos estrangeiros com o intuito de desencorajar a migração de refugiados.

É visível também que a questão do passaporte, por muitas vezes, é a tônica na fala de Paiva. Ele diz que com este documento em poder era possível seguir deslocamentos:

> [os exilados] circulavam daqui pra li. Viviam aqui, viviam ali. Teve gente que foi pra África, ficou um tempo em Angola, ficou um tempo em Moçambique como cooperante, ficou um tempo na Guiné Bissau como cooperante, trabalhando como cooperante, ficou em Portugal um tempo... Portugal é o umbigo do mundo. E tinha um atrativo no caso dos brasileiros. Primeiro, falar português, ter sol, ter praia, ter tudo...Teve gente que viveu lá pouquinho tempo... foi... voltou... Era um caminho de passagem para muita gente. Inclusive de gente que estava circulando. Vinha do Brasil para a França, passava em Portugal e ficava lá uns dias. Então, o que eu sei é que era muito pouca gente. Não só exilados em Portugal naquele momento quando eu cheguei lá, mas também residentes brasileiros que viviam lá, trabalhavam, era muito pouca gente. Porque logo você conhecia as pessoas, parecia que você estava em uma cidadezinha. Pois todos moravam perto, comiam nos mesmo lugares e se encontravam com muita frequência.[66]

65 PAIVA, *apud.* FREIRE, 2010, p. 45.

66 PAIVA, M. [10 fev. 2013] Entrevistador: Rodrigo Pezzonia. Belo Horizonte, 2013.

Algo que pode parecer contraditório é o fato de Paiva acreditar que o único lugar que agregava mais exilados do que Paris era Portugal. Parece contraditório por ele dizer que não passaram de uma centena de pessoas lá residindo, enquanto que, como já explanamos, a França desenvolveu uma colônia brasileira de milhares. Avaliamos então que Paiva se refere ao aspecto transitório do exilio em Portugal, de onde começaram a vir pessoas que residiam em outras localidades, como França, Bélgica, Alemanha, Suécia etc.

Entendemos que isso se dá, principalmente, pelo fato de que vemos Portugal não apenas como uma terra de exilio, mas também como terra de transição e meio para deslocamentos. Não é raro encontrarmos documentos do MNE português onde brasileiros pedem vistos temporários no intuito de, daquele país, partirem para outras nações da Europa.

Também, e como o próprio Paiva aponta, de Portugal, brasileiros se deslocavam para as ex-colônias como *cooperantes* no intuito de saciar a falta de mão de obra especializada que naquelas localidades se necessitava, além de auxiliar nos governos de esquerda que haviam chegado ao poder após as independências. Além disso, nos verões, Lisboa era invadida por exilados de todos os lugares da Europa que, em busca de calor, praias, recordar a língua e a cultura, para lá se deslocavam e agregavam volume aos exilados residentes.

Mas, ao confrontarmos com listas oriundas de alguns órgãos de inteligência brasileiras e portuguesas, aquilo que já havíamos nos referido quanto à impossibilidade de determinar um número exato de exilados que passaram por terras lusas, estes números nos levam a crer que a estimativa de Paiva, que como vimos aponta por volta de uma centena, não está longe da realidade.

Note-se também que o regime brasileiro se preocupava em saber o número de opositores que viviam em Portugal. Logo no final do ano de 1974, o Adido do Exército Brasileiro em Lisboa, Coronel Roberto França Domingues, anunciara:

> [a]pós 25 de abril, numerosos brasileiros contrários ao regime vigente no Brasil têm corrido a Portugal, atraídos pelo que acreditam ser um ambiente favorável aos seus desígnios. Este adido teve o conhecimento da presença e, das suas atividades em Portugal, mas em certos casos é difícil determinar sem sombra de dúvida se elas

> se estenderam no campo político ou, mais especificamente, se forem hostis ao governo brasileiro.[67]

Neste documento ele identificava a presença de 20 "principais elementos", um brevíssimo *curriculum* de cada um deles e, em alguns casos, sua orientação e movimentação política. Essa lista é encabeçada por Marcio Moreira Alves, que sempre esteve presente nos relatórios de informação da inteligência militar e civil brasileira pelas suas manifestações de denúncia contra o governo através, principalmente, da *Frente Brasileira de Informação* – organização criada por ele e Miguel Arraes na Argélia – e pelo trânsito e facilidade nos mais diversos países e em seus meios de comunicação de massa

Todavia, o interesse do governo brasileiro não se limitava a Moreira Alves, e nem mesmo a personalidades de sua *geração*. Figuravam nesta lista educadores como Paulo Freire, Darcy Ribeiro e Ernane Maria Fiori; militares cassados como o Almirante Costa Aragão e Joel Zitelli; membros da esfera política como Miguel Arraes e Plinio Arruda Sampaio; do meio cultural, estava o dramaturgo José Celso Martinez Correa; assim como jovens militantes de organizações de luta armada, como Almir Dutton e Carlos Knapp.

Além destes estão listados os juristas Carlos Figueiredo Sá e Gilberto Faria Lima; o jornalista e militante da Ação Libertadora Nacional (ALN), Paulo Canabrava Filho; Fernando Almeida (membro do Partido Comunista Brasileiro - PCB) que, juntamente com Érico Carneiro e Cristina Sibilis, encontravam-se em Lisboa em julho de 1974, a fim de encenar a peça intitulada: *América Latina: Do Colonialismo ao Fascismo (Tupy or not Tupy)*; assim como Rosely Maria Mano, militante da AP (Ação Popular), Maria Amélia Andrade Baptista, também militante AP, e Carlos Jorge Correia Gago.[68]

Em 1974, e mesmo depois, muitos brasileiros que viam na Revolução dos Cravos a possibilidade de encontrar, como diz o documento do Exército, "ambiente favorável a seus desígnios", deslocavam-se até as agências diplomáticas, principalmente de Buenos Aires, Havana e Paris, para tentar conseguir seu asilo diplomático, o que, como já vimos, muito provavelmente não conseguiriam.

---

67 Arquivo Nacional. Ministério das Relações Exteriores. BR.AN.DPN.PES. 623, p. 36/114 - 12/12/1974.

68 Arquivo Nacional. Ministério das Relações Exteriores. BR.AN.DPN.PES. 623, p. 36/114 - 12/12/1974.

No mesmo período, o governo brasileiro já identificava e se preocupava com a atividade dos brasileiros no interior dos partidos de extrema-esquerda, pois sua ação estaria

> causando preocupação em certos meios políticos, não só pelas possíveis repercussões negativas do plano das relações luso-brasileiras, mas também por se tratar de elementos exaltados, capazes de, com suas atitudes, comprometer o jogo político dos partidos mais "responsáveis".[69]

Estavam em jogo então as relações luso-brasileiras, mas também a possibilidade daqueles militantes infectarem nocivamente os partidos com os quais o Brasil acreditava possuir maior possibilidade de negociação. E isso fica muito claro no posicionamento cuidadoso, e por vezes dúbio, ao qual alguns partidos portugueses se colocaram durante estes cinco anos em que os brasileiros lá se instalaram.

Além disso, fica evidente o respaldo não só político, mas social, que os brasileiros hostis ao regime (como várias vezes são tratados nos documentos) têm em Portugal pelos partidos e organizações da esquerda, como exemplificado na criação da já citada CNARPA em setembro daquele ano. O documento tinha objetivo de auxiliar os exilados que lá aportaram após o golpe chileno, além de outras organizações que tinham um âmbito de ação local, como a *Associação de Ex-Presos Políticos Antifascistas (AEPPA)* e demais organismos que muitas vezes serviam de mediadores entre os exilados e o governo.

De acordo com o documento, a CNARPA poderia "constituir-se em um importante instrumento para a congregação e apoio a elementos hostis ao regime vigente no Brasil sem envolver oficialmente as autoridades portuguesas."[70] O adido nomeava alguns da comissão organizatória e apontava o conhecimento, e a ligação entre estes políticos e intelectuais portugueses "conhecidos dirigentes esquerdistas,"[71] tais como o Professor Rui Luís Gomes, Piteira Santos, Raul Rego e a atriz Maria Barroso (esposa de Mário Soares). Para o Coronel, "sob sua capa

69 Arquivo Nacional. Ministério das Relações Exteriores. BR.AN.DPN.PES. 623, p. 36/114 - 12/12/1974.

70 Arquivo Nacional. Ministério das Relações Exteriores. BR.AN.DPN.PES. 623, p. 36/114 - 12/12/1974.

71 Arquivo Nacional. Ministério das Relações Exteriores. BR.AN.DPN.PES. 623, p. 36/114 - 12/12/1974.

de entidade particular de cunho beneficente,"[72] poderá constituir-se em um importante instrumento para congregação e apoio de elementos hostis ao regime vigente no Brasil, sem envolver oficialmente as autoridades portuguesas."[73]

Adiante, quando nos referirmos aos movimentos de solidariedade, veremos que a preocupação do adido não era sem cabimento. Várias personalidades, e das mais diversas agremiações políticas, dedicaram-se a angariar fundos, empregos e emprestaram seu prestígio pessoal para a causa dos exilados, o que, inclusive, causava certo desconforto em partidos políticos que estavam diretamente ligados ao poder – principalmente, após o PREC – junto ao governo brasileiro.

Já em outubro de 1975, a "relação de subversivos brasileiros" em Portugal – documento enviado pela embaixada brasileira em Lisboa – aumenta o número de exilados para 48, e inclui nomes como o do cineasta Glauber Rocha.[74] Curioso notar que neste documento uma informação é incluída: os dados teriam sido extraídos de informes das mais variadas origens, sendo o grau de probabilidade de veracidade variável. Realmente, é muito difícil, sem ajuda de um serviço de informação alinhado ao dos portugueses, já que, após o fim da PIDE, demorou-se muito tempo para se recriar em Portugal um órgão de inteligência que pudesse acessar e apurar estes tipos de informações.

Dessa maneira, qualquer estatística exata de quantidade de asilados fica ainda mais prejudicada. A não ser a partir dos relatórios de pedidos de asilo, no caso português, e do jogo de informações dos órgãos de inteligência brasileiro, este último, talvez mais eficiente que a Polícia de Segurança Pública, ou então, à época, a Direcção de Serviços Estrangeiros português.

Dois anos após a revolução, no dia 22 de abril de 1976, uma nova lista[75] é disponibilizada pelo Ministério Brasileiro, que aumentava o número de pedidos de asilo para 58 pessoas, pois incluía-se nesta, nome de filhos, esposas e esposos.

No caso português, a única lista que encontramos em relação dos exilados está no Arquivo Nacional da Torre do Tombo, e é datada de 26 de abril de 1977. Nesta podemos encontrar o nome de 36 brasileiros. Tal lista, disponibilizada pelo

72 Arquivo Nacional. Ministério das Relações Exteriores. BR.AN.DPN.PES. 623, p. 36/114 - 12/12/1974.

73 Arquivo Nacional. Ministério das Relações Exteriores. BR.AN.DPN.PES. 623, p. 36/114 - 12/12/1974.

74 Biblioteca Nacional. Ministério das Relações Exteriores. BN.AN.DPN.PES.659, p. 162/202.

75 Arquivo Nacional. Ministério das Relações Exteriores. BN.AN.DPN.PES.738, p. 735/83.

arquivo do Ministério dos Assuntos Internos, diferente das listas do governo brasileiro, revela não apenas nomes dos pretendentes ao asilo, mas também seus endereços, datas de nascimento[76] estado civil[77] e profissão,[78] o que permitiria uma análise social dos exilados em Portugal a partir deste microcosmo.

Acessando a documentação,[79] outros dados interessantes vêm à tona: o texto afirma que o total de estrangeiros em funções públicas é de 228. Neste caso, 60 seriam brasileiros. Estrangeiros ligados ao Ministério da Educação e da Investigação Cientifica seriam 162; destes, os brasileiros são a maioria: 41 profissionais. Depois, viriam os franceses, com 24 pessoas, e, entre os latinos, 5 chilenos e 1 argentino. Dois seriam considerados apátridas pelo documento.

Agora, no que confere a participação em atividades suspeitas, de um total de 20 estrangeiros, 13 seriam brasileiros; sete, vinculados ao Ministério da Educação e da Investigação Científica (MEIC); 2 em quadros técnicos e um no Ministério do Comércio Externo e Turismo; um produtor de cinema (possivelmente Glauber Rocha); um no Ministério da Habitação e Urbanismo e um no Ministério da Marinha (Almirante Costa Aragão).[80]

É certo que estes dados não são suficientes para cravar com exatidão estatística a formação social do exílio brasileiro em Portugal, dados alguns fatos como, por exemplo, o fato de já em 1977, muitos brasileiros já estarem seguindo o caminho do retorno. Também muitos desistiram ou nem mesmo tentaram a condição de asilado, pois, às vezes, causava muito menos problema a inserção social em Lisboa por outros meios, que não a legal. Outros conseguiram se colocar socialmente através de seus contatos políticos e intelectuais em cargos ligados à educação e ao governo, algo que tirava a necessidade da busca pelo direito de asilo propriamente dito.

---

76 Faixa etária em 1977: entre os 25 e os 35 anos de idade calcula-se 23 pessoas; entre 35 e 45 anos, 8 pessoas; e mais de 45 anos apenas 5 indivíduos.

77 Estado Civil: 15 são casados, 16 são solteiros e 2 viúvas, os demais se assumem enquanto separados e divorciados

78 Profissões: 7 são jornalistas, 4 professores, 3 estudantes, 3 desenhadores, 2 militares, 1 médico, 1 socióloga, 1 funcionário público, 1 escritor, 1 tradutor, 1 tecelã, 1 metalúrgico, 1 assistente social, 1 estatístico, 1 assessor de relações públicas, 1 arquiteta, 1 técnico de contabilidade, 1 técnico administrativo, 1 técnico de Raio X, 1 engenheiro eletricista, 1 advogado e 1 industrial.

79 Arquivo nacional da Torre do Tombo. MAI_ACL_MAI_GM_SE007.05.

80 Parte destes dados estão também no texto de Freire, 2010, p. 47.

Como Freire cita em seu texto, referindo-se a um ofício de julho de 1976, encaminhado pela direção do Serviço de Estrangeiros ao Ministério dos Assuntos Internos,

> os brasileiros representavam, na ocasião, cerca de 30% do total dos pedidos. Desses, afirma:
>
> 17 estão referenciados como desenvolvendo actividades políticas tanto em locais onde trabalham como fora deles, havendo apenas 3 desses elementos que não desempenham quaisquer cargos conhecidos, enquanto que todos os outros têm emprego em organismos do Estado, companhias nacionalizadas ou jornais vários. Há alguns professores da Universidade de Lisboa e Coimbra e também há alguns que frequentam cursos nas mesmas universidades. (...) Finalmente temos referenciados 4 elementos que embora sem profissão se dedicam a actividades políticas e também um elemento que não tendo pedido asilo político tem emprego num ministério e exerce actividade política.[81]

Observando todos os dados elencados neste breve capítulo, não nos resta dúvida de que há uma certa predominância dos exilados ligados à *Segunda Geração*, aqueles que de acordo com Denise Rollemberg, também conhecida como *Geração de 68*, que tinham como características: a pouca idade dos exilados, o fato de terem pertencido ao movimento estudantil e de atuarem em estreita ligação com os meios armados de resistência.[82] Seriam estes também os principais resistentes no exílio português.

Resistências

A notícia da Revolução de 25 de Abril de 1974, em Portugal, é recebida pelos militantes de esquerda pelo mundo de maneira ambivalente e, de certa forma, confusa. O Prof. Dr. Ricardo Antunes, em prefácio de livro da historiadora portuguesa Raquel Varela, mostra-nos como um jovem militante do movimento estudantil brasileiro recebeu a notícia de além-mar:

81 FREIRE, 2010, p, 47.

82 ROLLEMBERG, 1999, p. 50.

> [m]ilitávamos na luta contra a ditadura militar brasileira quando, em 25 de abril de 1974, a Revolução dos Cravos nos achou de surpresa. (...) a espetacular notícia revigorava-nos: se ruiu a ditadura em Portugal (...) Mas tínhamos também muitas dúvidas sobre o que se passava em Portugal, porque pelas bandas do Brasil tudo o que se noticiava era profundamente censurado e adulterado (...) como seria possível crer numa revolução a partir dos quartéis, quando no brasil estes se haviam convertido em espaços do terror...? [83]

Na França, Luiz Hildebrando relata o sentimento dos brasileiros:

> [e]m numerosas casas os exilados portugueses, brasileiros e latino-americanos em Paris, como no mundo inteiro, as champanhes espocaram numerosas naquele fim de abril. Para os mais pobres, uma garrafinha de vinho branco. Para nós em particular, os brasileiros, era um bálsamo, uma luz no fundo do longo túnel que atravessávamos. A ditadura militar no Brasil completava dez anos de existência e parecia mais sólida do que nunca. Sete meses antes, Pinochet desencadeara seu golpe sangrento no Chile. Allende assassinado! Ditadura Militar no Uruguai. Os militares argentinos ameaçando novo pronunciamento. A América Latina parecia condenada a um período de ditaduras militares. E eis que de repente, aquele bendita Revolução dos Cravos.[84]

Ao conversarmos com os antigos exilados que naquele momento passavam experiências em outros países da América Latina, o mesmo sentimento se evidenciou. Para eles, era muito estranho que uma revolução antifascista pudesse se realizar sob a ordem de militares. Junto à surpresa vem o sentimento de incredulidade: será que este não haveria de ser um truque das forças reacionárias para reunir todos os opositores em um mesmo lugar e dar cabo um a um? Como Moema São Thiago relembra: "Na noite do golpe era um batendo no quarto do outro [estavam em um hotel], correndo de um hotel para o outro. 'Um golpe em

83 ANTUNES, R. Prefácio. In: VARELA, R. *História do Povo na Revolução Portuguesa* (1974-1975). Lisboa: Bertrand Editora, 2014, p. 11.

84 SILVA, L. H. P. da., *apud*. CORTEZ, L. G. *O drama do barroco dos exilados do Nordeste*. Florianópolis: UFC, 2005, p. 209.

Portugal! Um golpe em Portugal! É a direita...' E ninguém tinha noção achando que era mais um golpe da CIA."[85]

Mas, como bem escreve Maria Inácia Rezola:

> O impacto desta intervenção [militar] transcende as fronteiras nacionais num mundo dividido pela guerra fria e profundamente abalado pelo profundo choque da crescente crise petrolífera. Os que, porventura, se apressaram a estabelecer um paralelo entre estes acontecimentos e os que, um ano antes, tinham ocorrido no Chile, rapidamente se desenganam. Negando todas as previsões e modelos de intervenção dos militares nos processos de transição e mudança política, os Capitães de Abril apresentam um programa democratizador, onde está prevista a constituição de um governo civil e a realização de eleições livres.[86]

Para aqueles que ainda estavam "sob a custódia" das embaixadas na América do Sul, a reação possivelmente deva também ter sido de desconfiança, mas, levando em consideração as condições as quais estes indivíduos se submetiam, não haveria de ser recebida de outra forma a notícia da revolução portuguesa, do que a de euforia.

De início, é necessário identificarmos a importância e os benefícios que uma autorização de exílio em Portugal, externada por este trecho das memórias de Mauricio Paiva, à época militante da VPR:

> [n]esta situação dramática, um acontecimento dramático abriria para nós uma janela de esperança: mais uma vez o imponderável determinando o destino! Em 25 de abril um golpe militar em Portugal pusera abaixo o regime fascista. Quem poderia imaginar uma coisa dessas? Algum tempo depois entramos em contato com os amigos portugueses que residiam no Brasil e estavam retornando a Portugal. Então soubemos que não era uma janela, e sim uma porta que se abria. Formalizamos o pedido de visto no consulado

85 SÃO THIAGO, M. [15 mai. 2014]. Entrevista concedida ao autor. Brasília, 2013 (mês abreviado).

86 REZOLA, Maria Inácia. *25 de Abril: Mitos de uma Revolução*. Lisboa: A Esfera dos Livros, 2007, p. 17.

> português em Buenos Aires e pedimos aos amigos portugueses que resolvessem, por nós, as coisas em Lisboa.[87]

A partir deste trecho podemos perceber o misto de alívio e alegria de um opositor ao regime militar que vislumbrava uma nova oportunidade de se estabelecer, viver e reorganizar sua vida. O caso de Mauricio Paiva, assim como de outros, já mobilizava esforços de órgãos como o ACNUR. Mauricio estava desde o golpe contra Allende refugiado na embaixada argentina daquele país. Aliás, ele e mais cerca de 1000 pessoas de várias nacionalidades que haviam encontrado no Chile da *Unidade Popular* refúgio e lugar de resistência contra os regimes autoritários que tomavam conta da América do Sul.

Já em Lisboa, foram várias as organizações que se estabeleceram após a revolução: tanto as de características não revolucionárias, como o PCB, quanto as de viés armado, como o Partido Comunista do Brasil (PCdoB), a ALN e a VPR.

Estas organizações se aliaram às suas congêneres portuguesas. O PCB aproximou seu vínculo com o PCP, e manteve contato com outros organismos de luta contra ditadura brasileira e, mais adiante, a favor da Anistia; o PcdoB se aliou às correntes maoístas portuguesas, sendo que sua ação em Portugal teve um caráter muito mais criador que de seguidor.[88]

É interessante notar que a resistência à ditadura no exterior também passou por dois momentos distintos. O primeiro diz respeito às denúncias de tortura divulgadas, especialmente, pelos banidos em fins década de 1960 e início de 1970. Como revela Greco:

> [d]e fato, os exilados, ou, mais precisamente os banidos – logo a esquerda armada – são os primeiros a denunciar *urbi et orbe* os crimes da ditadura militar brasileira. Ainda no final dos anos 60 e início dos 70, as trocas de prisioneiros políticos por diplomatas sequestrados por comandos guerrilheiros – verdadeiros golpes de mestre na avaliação de Jacob Gorender – inauguram em grande estilo e muito estardalhaço o que virá a ser o eixo principal da luta dos exilados

87 PAIVA, 2004, p. 200.

88 Em Portugal, e sob a influência de Diógenes Arruda, o PCdoB seria atuante na agregação da reunião de organizações da esquerda maoísta levando à criação do PCP(R) – Partido Comunista Português Reconstruido e sua frente política a UDP – União Democrática Popular.

> brasileiros: a denúncia das torturas, mortes e *desaparecimentos políticos* – o terrorismo de Estado em vigor no país. As iniquidades do regime são expostas aos quatro ventos, ao vivo e em cores, mobilizando a mais ampla cobertura da mídia internacional.[89]

Até então, o próprio exílio não era aceito pelas organizações, sendo este considerado como posição de "derrotistas".[90] Mas, após o golpe contra Allende, parte das organizações abrandaram o anseio revolucionário, mas não se resignaram diante da barbárie chilena. De acordo com Rollemberg,

> [o] tipo de militância foi mudando, em um processo de crescente valorização da defesa dos direitos humanos. As associações de exilados se difundiram, mobilizando campanhas de denúncia da ditadura. Houve um deslocamento de interesse de países como Cuba e Chile para a Europa Ocidental. A revolução em evidência na primeira fase, aos poucos, cedeu lugar a temática da democracia. Paris tornou-se a capital do exílio. Entretanto, a revolução não estava completamente excluída de cena. Revista e redefinida a partir da experiência no Brasil e na América Latina, reavivou-se com os movimentos de liberação nacional dos países africanos e com a revolução dos cravos em Portugal.[91]

Assim, com o sistêmico fracasso das esquerdas armadas, a reação bélica contra o regime passava por um processo de autocrítica no qual, paulatinamente, os movimentos guerrilheiros começaram a compreender que a luta deveria passar à campanha pelo retorno das liberdades democráticas, pela Anistia, pelo fim do Ato Institucional n. 5 e, por fim, à queda da ditadura. Com o processo de autocrítica, parte dos militantes ligados à luta armada analisaram erros, acertos e traçaram prognósticos de luta. As reuniões de "balanço" eram comuns, inclusive entre organizações, como recorda Enio Bucchioni, quando revela que, ainda "no Chile houve um ciclo muito grande de debates que tratava desde antes de 1964 até o tempo das guerrilhas: o *Grupão*. O Eduardo [Abramovay] e a Ia [Maria

89 GRECO, 2003, p. 183.

90 No caso do PCB, esta posição custará a se dissipar, como veremos nos próximos capítulos.

91 ROLLEMBERG, *apud*. GRECO, 2003, p. 186-187.

Ligia Quartim de Moraes], participaram. Grupos independentes que vieram da VPR, da ALN, AP, PCPR, entre outros."[92]

Outro fato relevante (inclusive por ser mais um combustível para a autocrítica das esquerdas armadas) se configurava naquele mesmo ano de 1974: uma importante vitória eleitoral[93] da única oposição legal (MDB) deixou o regime militar em alerta e parte das oposições esperançosas,[94] auxiliando militantes guerrilheiros a reverem suas posições e adotarem a via democrática.

Esta autocrítica é facilitada no distanciamento que o exílio proporciona, embora muitos ainda procurassem restabelecer os contatos com suas organizações para a tentativa de reestruturação e retorno à guerrilha no Brasil. No exílio, principalmente na Europa pós-golpe do Chile, esta alternativa começa a minguar com o passar dos anos.[95]

Conforme veremos adiante, o encontro de alternativas políticas fez com que muitos abandonassem a condição revolucionária, ou pelo menos sua imediata via armada. Como confessaria Wilson Barbosa: "O exílio serviu para me curar do processo de radicalização que o processo de luta armada me deu."[96]

Mas, como não há "receita pronta" quando as análises se voltam para questões políticas e sociais das agremiações revolucionárias, o caso do exílio em Portugal nuança de maneira diferente e adia a decisão de abandono da luta ar-

92 Bucchioni, E. Entrevista concedida ao autor. São Paulo, 19 abr. 2016.

93 Suzeley Mathias aponta a importância estratégica que deveria ter as eleições para o regime: "A revalorização do processo eleitoral explicava-se porque, por meio dele, o governo esperava por um lado encontrar "interlocutores válidos" para seu projeto e, por meio desses interlocutores, definir a transformação gradual do "sistema" político estável. Por outro lado, o apoio político era importante para vencer a principal linha da resistência ao projeto de mudança do regime, representada pelos setores militares comprometidos com a repressão e por civis de direita." (MATHIAS, 1995, p. 111).

94 Em 15 de novembro de 1974, a oposição consentida ao governo militar, o Movimento Democrático Brasileiro (MDB), "obteve 50% dos votos para o Senado (contra 37% da ARENA) e 37% para a Câmara (contra 40% da ARENA). Mais do que isso, saiu vitoriosa nas grandes cidades e nos Estados mais desenvolvidos (...) Fez 16 dos 22 senadores eleitos e 165 dos 364 deputados federais (na legislatura anterior, tinha apenas 87)." NAPOLITANO, 2014, p. 246.

95 Para além do viés político, esta transformação vem também pela via comportamental e de valores. Conforme notamos nas memórias e depoimentos a rigidez "militarista" das organizações de esquerda convencional já não tinha a mesma aceitação e apelo de outrora para os jovens que, naquele momento, chegavam aos 30 anos de idade.

96 SILVEIRA, E. *Setenta*. Livres Filmes. Documentário, Brasil, 2014. 96 min.

mada por uma parcela dos exilados. Assim, para além do PCdoB – que pelas suas convicções estratégicas e políticas atrasa a decisão de abandar o aspecto revolucionário de luta – militantes de outras organizações também se decidem por postergar o abandono das armas em prol da revolução portuguesa.

Entre Ação e Reação: os exilados brasileiros no "Período Revolucionário em Curso"

É sabido que as organizações armadas passavam por um árduo processo de autocrítica que já se desenrolava desde o início daquela década de 1970, especialmente pelas sucessivas derrotas militares e políticas e pela dizimação de suas fileiras pelo aparato repressivo do governo militar. Mas, mesmo chegando a meados da década, grupos ainda acreditavam que a melhor forma de combate era por via armada, e no caso português, onde uma revolução à esquerda se desenrolava vitoriosa, o ímpeto revolucionário destes que já haviam tentado no seu país, o mesmo objetivo era atiçado, mesmo que a tentativa de auxiliar a revolução em outros países também tivesse ido de mal a pior.

Podemos verificar dois momentos distintos no que confere a atuação dos brasileiros em Portugal, momentos que refletem a própria situação política daquele país. Em um primeiro momento, os arroubos revolucionários eclodiam e estavam em efervescência. As organizações à esquerda adquiriam forças que até aquele momento eram mais que improváveis. Aquelas à direta do espectro político estavam debilitadas com o fim do regime de Salazar/Caetano e os moderados, ainda "jovens" enquanto organização política, não tinham prestígio e força que adquiririam mais adiante.

Esta disparidade de forças entre esquerda e direita só fez aumentar após o 11 de março de 1975, quando da deflagração da frustrada tentativa de golpe do General Espínola, originando o que ficaria conhecido adiante como o *Verão Quente*, que se traduziu no embate entre as forças revolucionárias e democráticas pela condução do processo político pós-25 de Abril, e que só terminaria com o também frustrado levante da esquerda no *25 de Novembro* daquele mesmo ano.

Assim, o ambiente político era comum tanto para naturais portugueses quanto para estrangeiros exilados. Os brasileiros viam naquele furor político a possibilidade de auxiliar no processo revolucionário junto às forças armadas portuguesas e, quiçá, permitir-se sentir o sabor de participar de uma revolução vitoriosa, mesmo que de outros. Mas, com o fim do *Verão Quente* e a vitória dos moderados, mais uma vez o fracasso se instaura para eles.

Alfredo Sirkis, em seu depoimento, resume o sentimento de fracasso de parte das esquerdas revolucionárias, e sua primeira ação em Portugal:

> [n]ós estávamos no Brasil querendo fazer uma revolução, não conseguimos. Fomos para o Chile, tentamos fazer uma revolução e não conseguimos. Na Argentina, tentamos fazer uma revolução e não conseguimos. Chegamos a Portugal tentou-se fazer a revolução, não conseguimos. Mas a diferença das outras coisas é que em Portugal não foi uma tragédia, foi uma comédia.[97]

Pelo testemunho de Alfredo Sirkis, o intuito era levar a cabo, aproveitando a liberdade que os exilados tinham naquele país, a revolução que não conseguiram no Brasil ou mesmo no Chile. E isto não consistia em nenhum absurdo naquele momento vivido por Portugal.

Como aponta António Costa Pinto: "A democratização portuguesa caracterizou-se por uma forte ruptura com o passado, facilitada pela crise do Estado e pela radicalização política."[98] A efervescência política e a influência da chamada extrema esquerda, como alguns nomeiam, ou esquerda radical para outros, estava evidente e pouco propensa a qualquer reação contrária.

No entanto, para os brasileiros, que advinham em grande maioria de organizações armadas e revolucionárias, era muito natural sua adequação rápida às organizações congêneres portuguesas sem qualquer reação negativa. Diferentemente do Chile e da Argentina, Portugal havia passado por um longo período de ditadura de direita ininterrupta, o que, no entendimento dos militantes da esquerda brasileira, seria condição facilitadora do apoio a uma revolução que não conseguiram na América Latina. Para estes militantes, talvez agora conseguissem viver sua revolução, mas em terra de outros.

Mas, com o insucesso da extrema esquerda, após o *Verão Quente* em novembro de 1975, uma vez mais os brasileiros amargariam a derrota. Só que, desta vez, e mais

97 SIRKIS, A. Entrevista concedida a Mario Augusto Medeiros da Silva. 28 abr. 2005.

98 PINTO, A. C. O Passado Autoritário e as Democracias da Europa do Sul. In: PINTO, A. C.; MARTINHO, F. C. P. (orgs.) *O Passado que não Passa*: A sombra das ditaduras na Europa e na América do Sul. Rio de Janeiro: Civilização Brasileira, 2013, p. 34.

uma vez se surpreendendo, a retaliação dos vencedores seria bem diferente daquela dos países da América do Sul. Sirkis comenta criticamente a situação portuguesa:

> [e]m Portugal houve um golpe progressista-militar contra o colonialismo. Depois uma situação de transição, restabelecimento da democracia. A extrema esquerda achou que tinha que implantar a república dos sovietes em Portugal de qualquer jeito. E começou, desde o primeiro momento, a conspirar contra a democracia que estava sendo implantada em Portugal. E os brasileiros lá. Nós todos participamos disso, metidos com aquelas organizações de extrema esquerda que havia em Portugal, que era basicamente o PRP, o MES e a ala de ultraesquerda das forças armadas chefiada por Otelo Saraiva de Carvalho e outros militares da extrema esquerda. E era uma visão absolutamente golpista que a gente tinha. Era uma coisa assim... que hoje eu vejo e sinto até vergonha. (...) eu fui para casa (...) eu estava tão deprimido que deitei na cama e fiquei esperando que alguém viesse me prender. Aí passou um dia, dois dias, três dias, quatro dias e ninguém veio me prender, nem a mim nem Carlos Minc - Carlos Minc e eu morávamos na mesma casa. Ninguém veio nos prender, esqueceram-se da gente (rindo). E depois nos perdoaram, o Partido Socialista e o Mario Soares daqui a pouco estavam fazendo campanha pela nossa Anistia no Brasil.[99]

Para além do sentido de arrependimento pela ação no golpe frustrado, percebe-se no testemunho que, naquele momento, havia um choque de conduta política na posição de Sirkis que desencadeou uma severa autocrítica. Com isso, Sirkis se aproximou do PS e, consequentemente, do socialismo democrático, onde abandonou o aspecto marxista-leninista de luta contra a ditadura brasileira. Nos anos seguintes, Sirkis criticaria profundamente os resquícios de aspirações armadas, apontando que, temporalmente, ela fora necessária nos anos de 1960 no Brasil, mas que, em fins da década de 1970, a ortodoxia marxista-leninista era anacrônica.[100]

99 SIRKIS, A. Entrevista concedida a Mario Augusto Medeiros da Silva. 28 abr. 2005.

100 Diz Sirkis: "é tragicômico se ver ainda hoje [1979], muitos companheiros buscarem com sofreguidão a solução para os problemas políticos do brasil nos livros de Lenin, como se aquele fosse a bíblia, e referenciarem os problemas atuais com os de 70 anos atrás, do outro lado do mundo e em outra fase histórica do próprio capitalismo. *MOVIMENTO*. Edição 218, 03-09/09/1979. p. 7.

Neste primeiro momento da vida democrática portuguesa, e como em qualquer processo onde se dá uma transição por ruptura, o *ethos* e memória política do vencido é assumido e transformado pelo vencedor, sua viabilidade de discurso e prática é desencorajada e, na maioria das vezes, condenada. Ou seja, é impossibilitado à organização, indivíduo ou mero simpatizante do regime anterior ter sua voz ouvida nos espaços de debate. E mesmo aqueles que não pertencem, e além, são críticos do regime anterior, mas de posicionamento moderado, muitas vezes se veem identificados enquanto inimigos e fazendo parte do cerne político do governo derrubado. Talvez, os períodos de ruptura político institucional sejam os que mais assumem este caráter maniqueísta, e o PREC teve um pouco disso. Assim, a linha entre "fascista" e "antifascista" se tornou um pouco tênue dentro das organizações de extrema esquerda.

Por outro lado, é claro que este tipo de comportamento não é isento de motivação. O período revolucionário assume incertezas políticas claras; o fantasma do regime anterior está sempre presente. E no caso português não é diferente: vide o 11 de março de 1975, quando da tentativa frustrada de um golpe à direita arquitetada pelo General Spínola. Para além disso, os embates entre as forças diretamente envolvidas no poder, nomeadamente PCP e PS, que por vezes se revezam no comando do país em seis governos provisórios inseridos em um período de tempo de um ano e sete meses, não permite a mínima sensação de segurança política.

Após o 25 *de Novembro*, a derrota da extrema esquerda ficou evidente, principalmente na imprensa que, até aquela data, era majoritariamente encampada pelas suas organizações. O semanário *Vida Mundial* nos proporcionou a clara evidência disso. Até o dia 30 de outubro de 1975, data em que a revista foi suspensa, suas matérias eram ácidas contra os "antifascistas", exaltavam a revolução e o "poder popular". Este foi o veículo, como já vimos, que trouxe a matéria de maior fôlego sobre a necessidade de Portugal se posicionar a favor dos refugiados e ceder espaço e voz às siglas partidárias da extrema esquerda. Já em seu retorno, seis meses adiante, o discurso era outro e seu editorial – escrito por Natalia Correia – vinha para explicitar isto:

> Vida Mundial ressurge com a intenção declarada de ser uma revista de opinião.

> Entendamo-nos: situando-se num quadrante democrático, precisamente aquele que foi definido pela vontade do povo português, "opinião" significa assumir os princípios consagrados nessa escolha. (...) Maus ventos o [País] assolaram e o empenho na construção da pátria implica reconhecer-se que a sociedade portuguesa, profundamente abalada nos seus alicerces, está doente. (...) Entre as múltiplas depredações que, abusivamente e em nome da revolução, debilitaram o País, avulta a tentativa de se desafeiçoar a índole portuguesa dos valores próprios do seu espírito. No lugar onde a revolução devia venerar os expoentes da cultura portuguesa foram estes apeados para em seu lugar se erguerem estatuas a ídolos exóticos a nossa sensibilidade. Pretendeu-se assim, inculcar uma orientação cultural e ideológica de extracção estrangeira e cariz totalitário, imposta como credo único. Obra Nefasta! Subtrair um poço à sua vocação espiritual é amortecer sua capacidade de resposta às agressões que visam o sentimento nacional. (...) Vida Mundial coloca também o objetivo de devolver a dignidade à aviltada cultura portuguesa, uma série de cadernos especialmente dedicados aos temas que articulam o nosso patrimônio cultural. (...) Dentro deste amplo espaço e tendo como duplo objecto do seu repúdio as duas facetas do fascismo, "Vida Mundial" apresenta-se, essencialmente, como uma publicação solidária com a grande opção democrática dos portugueses que promete honradamente informar.[101]

Neste mesmo número, uma matéria com o título *Jornalistas: Os verdadeiros e os falsos* denuncia aquilo que acreditava ser a "partidarização da imprensa", referindo-se não apenas ao caminho que tomaram os meios midiáticos nos anos anteriores, como também identificando o inflar da população de jornalistas, já que, e de acordo com a matéria, quase 2200 jornalistas haviam sido creditados pelo Ministério da Comunicação Social para cobrirem as eleições de 1976, sendo que, destes, 1411 eram portugueses.

O que *Vida Mundial* apontava era a impossibilidade deste número, pois acreditava haver apenas cerca de 1000 jornalistas em Portugal. E mesmo assim, de acordo com a imprensa, 500 jornalistas foram os que cobriram o 25 de Abril. Ou seja, a conta que não batia para o "novo" *Vida Mundial* era que em 20 meses

101 CORREIA, N. *Editorial*. Vida Mundial, Lisboa, p. 1, 6 jun. 1976.

este número havia duplicado. Além destes, mais 411 surgiriam para cobrir as eleições, o que colocaria o crescimento de mais de 900 jornalistas em menos de dois anos. Sendo assim, o próprio *Vida Mundial* tira suas conclusões:

> [o]ra, o que acontece é terem os jornais sido invadidos por centenas de indivíduos que neles foram entrando pelas vias dos partidos de que são militantes. Assim é, e certo modo, compreensível que esses homens e mulheres ponham a sua militância acima do comprimento das regras deontológicas da profissão em que entraram.[102]

Este exemplo demonstra que a partir dali a radicalização vista nos meses corridos até então não seriam mais suportados, seja por naturais portugueses, seja por estrangeiros, que certamente estavam implícitos na reclamação do *Vida Mundial* acerca da inflação de jornalistas, visto que era essa a profissão de vários brasileiros que serviam, com seus nomes ou pseudônimos, aos jornais portugueses, como o já citado Sirkis (que escrevia como Marcelo Dias), além de Hermano Alves, Marcio Moreira Alves, Zillah Murgel Branco, entre outros.

Vimos anteriormente que com o fim do caráter revolucionário do regime, juntamente com esta guinada à destra, os brasileiros que até então tinham liberdade de ação no país começaram a sentir dificuldades e preocupações sobre o futuro político da esquerda portuguesa, assim como sua própria sobrevivência. Assim, muitos começam a deixar Portugal no sentido da África ou outros países europeus, como é o caso de Herbert Daniel. Mas não só os jornalistas assumiam e defendiam a revolução portuguesa.

Militares brasileiros na Revolução portuguesa

Considerando que a revolução se deu a partir da ação de militares, não haveria de ser mais natural a integração destes no governo que se iniciava e, para além da identidade ideológica, a condição corporativa também afluiu quando da defesa da revolução portuguesa. O artigo de Maria Antonia Palla na revista *Vida Mundial,* de meados de 1975 e no calor da tentativa de golpe do General Espínola, relata a ação de um brasileiro em defesa da revolução:

102 *Verdadeiros e Falsos Jornalistas.* Vida Mundial, Lisboa, p. 7, 6 jun. 1976.

> [d]o dia 11 de março guardo uma imagem inesquecível: a de Altair Campos, ex-capitão do Exército brasileiro, preparando-se para defender de armas na mão a Revolução portuguesa (...) No dia 11 de março, de pistola à cinta a confiança a animar-lhe o sorriso franco, o capitão estava no seu posto, feliz e honrado pela oportunidade que se lhe oferecia de mostrar que, "onde quer que esteja", é um homem válido, um combatente apto a entrar em ação.[103]

O ex-capitão Altair Lucchesi Campos havia sido banido em meados de 1970, após a captura do Embaixador Alemão. No Brasil, Campos fazia parte do 4º Regimento de Infantaria junto ao Capitão Carlos Lamarca. No exílio viveu no Uruguai, Argélia e, após o 25 de Abril, em Portugal, onde a embaixada brasileira acusa sua presença no dia 6 de março de 1975. Neste momento, o ex-militar já estava com emprego fixo que conseguiu com indicação do também militar, recentemente reincorporado pelo Movimento das Forças Armadas (MFA), Manuel Pedroso Marques.[104] Esta informação é assumida pelo referido militar português tanto em seu livro recentemente publicado, quanto em entrevista a nós concedida. Pedroso Marques fala sobre o encontro e afinidade instantânea:

> [e]ntre os que vieram da Argélia para Portugal, vem um capitão do exército brasileiro, Altair Campos, que fizera amizade com [Fernando] Piteria Santos em Argel, que nos apresenta por ver nele uma história parecida com a minha "às avessas"... um capitão português exilado no Brasil, agora brasileiro em Portugal. Logo convidei Altair Campos para me ajudar e trabalhar comigo, na Di-

103 PALLA, M. A., 1975, p. 26.

104 Pedroso Marques, embora coronel do exército português, se dedicou mais aos trabalhos de escritor, jornalista e gestor de empresas do que propriamente à caserna. Participante do evento conhecido como *Revolta da Beja*, passou quase três anos refugiado na embaixada do Brasil em Lisboa e depois mais 12 anos em exílio. No Brasil trabalhou para Enciclopédia *Delta Larousse*, *Páginas Amarelas* e escrevia para o *Jornal do Brasil*. Em seu retorno e já ligado ao Partido Socialista se tornou Presidente da Lusa – Agência de Notícias, da RTP e do *Diário de Notícias* e *Capital* e foi Administrador e Gerente de várias empresas dos sectores da publicidade e editorial, como a *Cinevoz*, a *Bertrand*, a *Difel*. Pedroso Marques acaba lançou em 2015 um ensaio sobre exílio sob o título *Os Exilados: Não esquece nada, mas falam pouco*. Neste livro, Pedroso fala de seu exílio no Brasil, assim como dedica um capítulo sobre os exilados brasileiros, com quem teve a oportunidade de conviver nos tempos que em Portugal estiveram.

> reção Geral de Divulgação, do Ministério da Comunicação Social, no Palácio da Foz, para onde me tinham mandado após a minha reintegração no exército. Entrando nos detalhes, Altair adianta: "Pedroso, eu não preciso de ganhar nada. O que eu quero é ajudar na revolução. É que minha mulher é viúva de mim e tem uma pensão que não é má"... Como é? Explique-me lá isso! Então, Altair Campos, capitão no ativo, ajudava o camarada de armas e de ideias Carlos Lamarca. Descoberto, foi preso e de tal modo torturado que pensaram que ele não iria sobreviver. As tentativas de sua mulher, Denise Campos, para falar com ele, um dia despacharam-na dizendo que ele tinha sido morto na guerrilha com Lamarca...Filha de um general brasileiro, Denise, que tinha duas filhas pequenas. É de imediato orientada pelo pai na apresentação dos documentos para receber a pensão de viuvez. Altair recupera na prisão e vem a ser colocado na lista dos presos a serem trocados por um embaixador sequestrado pela guerrilha urbana. Desembarcando em Argel, 'Denise, eu estou aqui, vem e traz as meninas!'. Passados uns tempos, é o velho general a informar a filha que a pensão havia saído e estava a ser depositada na sua conta no banco.[105]

Pode-se pensar: como viam os portugueses esta possível ingerência de um militar brasileiro a empunhar armas sob a "farda" de outra nação? A revista admite que houve quem se preocupasse com esta cena. Um contínuo questionou: "Este capitão, agora é do Exército Português?". Questão a qual a revista emitia a resposta dada por um "camarada": "Ora, um capitão é sempre um capitão, onde quer que esteja. Este agora está conosco."[106]Na mesma ocasião, Manuel Pedroso Marques recorda outra passagem, ao perguntarem ao militar brasileiro sobre o que acontecera no *11 de Março*. A resposta que seguiu foi: "não sabia o que se estava a passar, mas que estaria ali, enquanto lá estivesse o Major Pedroso Marques."[107]

Esta, provavelmente, é uma cena que só se pode evidenciar em momentos políticos típicos daqueles vividos no PREC português e demonstra o posicionamento ideológico do periódico em questão. Mas isso não deixa de ser um cenário

105 MARQUES, M. P. *Os Exilados não Esquecem nada, mas Falam Pouco*. Lisboa: Âncora Editora, 2015, p. 66.

106 PALLA, M. A., 1975, p. 26.

107 MARQUES, 2015, p. 66-67.

emblemático para que entendamos o porquê de parte dos exilados brasileiros estarem confiantes e animados com a possibilidade de participação em um movimento revolucionário vitorioso. Além disso, a lealdade afirmada pode ser explicada e resumida quando Marques diz:

> [o] Altair tinha a afinidade e a particularidade de ser capitão do exército brasileiro e que estava em Portugal. E eu ter sido capitão do exército português exilado no Brasil. Portanto havia uma permutação de situações, que fazia a camaradagem militar, que é uma coisa que existe.[108]

Esta camaradagem militar nos remete a outro exemplo no que se refere à recepção dos militares exilados junto ao MFA. Em sua tese de doutorado, o historiador Anderson Almeida se debruça sobre o período em que ficou exilado o Almirante Candido Aragão em Portugal. O Almirante, assim como Altair Campos, é recebido como igual pelos seus colegas de farda em Lisboa, e logo também lhe é oferecido um emprego. O então capitão de fragata Manuel Martins revela a Almeida como se deu este encontro:

> [n]ão me recordo como foi esse contato inicial do almirante Aragão com a Marinha, mas é natural que ele tenha procurado a Marinha. O recebemos ali no gabinete do Chefe do Estado-Maior da Armada, onde acredito, eu estava como chefe de gabinete do almirante Pinheiro de Azevedo (...) Portanto, eu o recebo e imediatamente se manifestou aquela solidariedade normal entre pessoas próximas ideologicamente e, sobretudo, nós o recebemos com muito carinho e consideração. Nós procuramos resolver a questão material do almirante porque era uma pessoa que estava sem recursos. (...) Arranjamos-lhe essa situação de ser investigador [pesquisador] da Biblioteca Central de Marinha. E, portanto arranjamos um local de trabalho, um gabinete e essa situação de investigador. E o que ele ganhava era suficiente para sua estadia em Portugal, para se manter cá, e digamos, para viver com alguma dignidade.[109]

108 MARQUES, P. [19 jun. 2015] Entrevistador: Rodrigo Pezzonia. Lisboa, 2015.

109 GUERREIRO, M. M. Entrevistador: Anderson da Silva Almeida. In: ALMEIDA, A. S. ... *como se fosse um deles – Almirante Aragão:* memórias, silêncios e ressentimentos. 2011.

E continua:

> [e]le também almoçava conosco na mesa dos oficiais. Durante muito tempo ele almoçou na minha mesa. (...) Nós conversávamos sempre. Nós estávamos interessados em conhecer a experiência brasileira, sobretudo como é que as coisas tinham passado, e ele também estava muito interessado em falar conosco e em conhecer a realidade portuguesa.(...) Tínhamos longas conversas à hora do almoço, às vezes fora da hora do almoço. Às vezes ele próprio ia ao gabinete do Chefe do Estado Maior da Armada porque ele sempre foi um homem muito preocupado com a situação portuguesa. Creio que ele teve alguns contatos políticos em Portugal, creio que com a Isabel do Carmo, era uma dirigente do Partido Revolucionário do Proletariado.[110]

Mas pode-se entender que esta imediata e boa recepção se limitou ao respeito corporativo das Forças Armadas e em casos os quais o exilado já tivesse certo reconhecimento profissional, como professores que assumiram cadeiras nas universidades portuguesas, além de artistas que dispensavam seu *know how* a serviço da revolução. De qualquer forma, era necessária uma condição privilegiada (profissional e/ou ideológica) para que, de imediato, se conseguisse um meio de sobrevivência no país.

É por isso que muitos exilados chegaram a Lisboa necessitados de auxílio do governo português e das entidades de apoio que foram criadas a partir da intensa demanda de exilados latino-americanos que, logo após o 25 de Abril, desembarcaram em terras lusas. Como recorda e admite Manuel Pedroso Marques, que presenciou no Ministério da Comunicação Social – especialmente de Altair Campos e Bete Chachamovitz, funcionários daquele órgão – um comportamento que seria

> reflexo de uma falta de cultura política que atraiçoa a natural generosidade dos povos portugueses. E notei-a tanto em responsáveis pelas organizações públicas ou privadas como em representantes

---

Niteroi, Tese em História – UFF, p. 211.

110 GUERREIRO, M. M. Entrevistador: Anderson da Silva Almeida. In: ALMEIDA, A. S. ... *como se fosse um deles – Almirante Aragão*: memórias, silêncios e ressentimentos. 2011. Niterói, p. 212. Tese em História – UFF, p. 212.

> dos trabalhadores, hostis a contratação de estrangeiros, mesmo que exilados. Assim como, envergonhado, passei um dia no aeroporto de Lisboa, com outros portugueses, em diligências para que o SEF (Serviço de Estrangeiros e Fronteiras) autorizasse a entrada de Francisco Julião no nosso país, o que só acabou por acontecer 24 horas depois, com interferência de Mário Soares, então Ministro dos Negócios Estrangeiros.[111]

Temos que levar em consideração o problema de falta de emprego que a própria população portuguesa, especialmente a lisboeta, enfrentava naquele tempo e que adiante sofreria ainda mais com o fenômeno dos *retornados*.

Após o *25 de Novembro*, o governo português, naquele momento liderado pelo PS, identificou na ação de integração dos estrangeiros aos partidos de extrema esquerda um problema a ser resolvido, dada a sabida participação nos levantes revolucionários de outrora, e que agora queria controlar a possibilidade de entrada de indivíduos ligados à luta armada em território português.

Um exemplo disso está no pedido de asilo para um casal de brasileiros, Paulo Antônio de Paranaguá e Maria Regina Jacob Pila presos pela ditadura Argentina em 1976.[112] Em documento, Joaquim Rafael Caimoto Duarte, encarregado de negócios da Embaixada de Buenos Aires, pedia instruções ao MNE sobre a possibilidade de cessão de asilo para estes presos políticos, mas já enfatizava no pedido que havia

> desagrado nos países socialistas os movimentos extremistas latino-americanos(...) existe forte probabilidade que as mencionadas pessoas tenham vinculações com organizações internacionais de guerrilha como seja o ERP (Ejérjito Revolucionário del Pueblo), trotskista e os "Montoneros", organização dissidente peronista de extrema esquerda, ambas favoráveis a acções violentas reclamando designadamente

---

111 MARQUES, 2015, p. 70.

112 Ambos ficaram presos até 1977, na Argentina, quando conseguiram a liberdade a partir do pedido do pai, Embaixador Brasileiro no Kuait, junto ao governo Francês. Disponível em: <http://www1.folha.uol.com.br/fsp/mundo/ft2508200204.htm>. Acesso em: 22/07/2016.

> autoria do assassinato de cerca de sessenta oficiais das forças armadas e do ataque de numerosas unidades da polícia do exército.[113]

É evidente que havia desconfiança de que a extrema esquerda portuguesa, mesmo que com pouca força, pudesse tentar novamente golpear. Por isso, acreditamos que a negativa de cessão de asilo àqueles, mesmo que possivelmente, ligados à luta armada deveria ser política comum. Além disso, o signatário admite que isso seria um aconselhamento dos países socialistas, evidentemente, para se afastarem da pecha de revolucionários e aproximarem da identificação social democrata europeia de então.

Então, a resposta que deveria ser dada aos solicitantes viria de modo a desencorajar o deslocamento do referido casal com base em dois argumentos. São eles: "[não existir] ainda em Portugal, de forma generalizada ou aplicável ao caso em questão, o instituto do refúgio político, [assim] como as atuais condições da economia desaconselham que se autoriza a entrada ao país de pessoas que aqui pretendem refugiar-se."[114] Seria então essa a reposta praxe para os pedidos oriundos de latino-americanos a partir, principalmente, de 1976, e especialmente direcionados àqueles ligados à luta armada.

Todavia, acreditamos que poucos foram os exilados brasileiros se envolveram com atividades bélicas junto as Forças Armadas portuguesas nos anos que sucedem o 25 de Abril. Por essa razão, não se pode generalizar, como em qualquer análise sobre um grupo tão heterogêneo quanto o dos exilados, a conduta de todos os envolvidos.

Para além das críticas de anos posteriores, entendemos que as tentativas de ação revolucionárias em outros países tinham não apenas o intuito de promover a revolução internacionalista, mas também condições objetivas de reação externa ao regime militar brasileiro através de um governo de esquerda ocidental e reconhecido internacionalmente. Por isso, talvez, um dos motivos que tenha trazido Sirkis ao arrependimento quanto a sua participação no *25 de Novembro* foi a percepção de que mesmo sem o sucesso do levante da extrema esquerda, as ações dos portugueses em auxílio aos exilados e a reação à ditadura no Brasil tiveram mais impacto do que o puro embate de Guerra Fria.

113 Arquivo Histórico e Diplomático. Ministério dos Negócios Estrangeiros. PEA 32.17.

114 Arquivo Histórico e Diplomático. Ministério dos Negócios Estrangeiros. PEA 32.17.

Com a influência e ajuda de bastidores dos exilados, políticos e intelectuais portugueses se levantaram contra o regime ditatorial do Brasil e da América Latina de modo geral, por exemplo, na fundação do *Comitê Pró-Amnistia Geral no Brasil* em Portugal.

As atividades em armas não eram as únicas maneiras encontradas pelos brasileiros para auxiliar na revolução; muitas outras maneiras poderiam ser acessadas, como nos projetos de Dinamização Cultural promovidos pelo Movimento das Forças Armadas.

Brasileiros e a Dinamização Cultural e Acção Cívica

A herança do Salazarismo para o regime pós-25 de Abril foi a de um país que não superou sua natureza rural[115] e que foi dominado por graves problemas estruturais e sociais, sobretudo no que dizia respeito à educação e à saúde, mantendo

> as suas deficiências estruturais: falta de mão-de-obra qualificada, emigração em massa, uma agricultura atrasada e marginalizada do processo de mudança, hiperconcentração de empresas industriais e financeiras e uma pesada máquina burocrática, dirigista e, por vezes, ineficiente corrupta, que deitaram abaixo nos mais ínfimos pormenores.[116]

Os problemas causados pela política de governo voltada às guerras coloniais, entre outros motivos, fizeram com que a população continental fosse esquecida pelo poder público e explorada pelos detentores do capital, e este problema agudizava-se quando se volta o olhar para o interior. Como exemplo deste ambiente rural e de exploração, "em 1974, 1,4 dos proprietários do distrito de Beja, Évora, Portoalegre e Setúbal detinha 56% do solo."[117] Na educação e saúde,

115 Em 1970, apenas 25,9% da população vivia em área urbana. SOUZA, IN: Acta Paul Enferm 2009; 22 (Especial - 70 Anos), p. 885.

116 CORKHILL, 2004, *apud*. ALMEIDA, S. V. de. *Camponeses, Cultura e Revolução*: Campanhas de Dinamização Cultural e Acção Cívica do MFA (1974-1975). Lisboa: Edições Colibri/IELT, 2009, p. 247.

117 SECCO, Lincoln. *A Revolução dos Cravos e a Crise do Império Colonial Português*. São Paulo: Alameda, 2004, p. 221.

os números também eram preocupantes: a taxa de analfabetismo estava em 26%, sendo que as mulheres lideravam o ranking, com quase 40% de analfabetas.

No início dos anos 1970, Portugal apresentava indicadores socioeconômicos e de saúde muito desfavoráveis no contexto da Europa Ocidental de então. A título de exemplo, podemos citar: a taxa de mortalidade infantil de 58.6 (5.0 em 2001), 37% de partos hospitalares (99% em 2001),[118] sendo que as condições de higiene e saúde eram precárias, tendo Portugal alta incidência de doenças erradicadas em outros países europeus. O êxodo rural, que agravou o problema habitacional, levou a disparar os índices de pobrezas nos centros urbanos,[119] e a zona rural não viu qualquer melhora dada a milenar exploração do trabalho camponês.

Assim, e com a revolução, medidas para sanar todos estes problemas deveriam ser tomadas de imediato, inclusive com a instituição da reforma agrária, habitacional, educacional que tenderia a mudar aspecto arcaico português. Mas para pôr em prática estas atividades, assim como fazer chegar aos recônditos portugueses as ideias do MFA, em 28 de setembro de 1974, materializou-se o projeto intitulado *Campanhas de Dinamização Cultural e Acção Cívica.*

Entendemos por este projeto uma vitrine para os feitos do MFA, dado o fato de a comunicação social e a cultura serem de grande importância para os governos revolucionários após o I Governo Provisório. As campanhas eram assimiladas dentro da Comissão Dinamizadora Central (CODICE), que por sua vez era parte da estrutura 5° Divisão do Estado Maior General das Forças Armadas, criada em junho de 1974, e uma divisão militar incumbida das relações públicas do MFA, pois, como diria o Primeiro-Ministro Vasco Gonçalves:

> [n]esta tarefa de reconstrução nacional tem papel fundamental a esclarecida e lúcida ação de todos os órgãos de comunicação social. A objetividade e sentido das grandes responsabilidades nacionais dos trabalhadores da informação, desde os tipógrafos aos diretores de jornais, passando pelos redatores, serão um poderoso estímulo para a educação de mobilização de vontades, na edificação de um

118 SOUZA, Paulo Artur Ferreira de. O Sistema de Saúde em Portugal: realizações e desafios. IN: Acta Paul Enferm 2009;22 (Especial - 70 Anos), p. 886.

119 ALMEIDA, 2009, p. 247.

> Portugal novo (...) fundamental para a consciencialização e democratização do povo português.[120]

Como aponta Vasco Ribeiro, os programas de dinamização cultural tinham cinco linhas mestras: a luta antifascista, o estabelecimento do *Programa do MFA*, o apoio às Forças Armadas, a isenção partidária e a promoção da inteligência política de atuação. Estes programas eram sempre executados pelos próprios militares, sob a coordenação do tenente médico-naval Ramiro Correia, tido como o ideólogo da 5.ª Divisão.[121]De acordo com Ramiro Correia, o programa de Dinamização, então, teria duas finalidades:

> a primeira é coordenar e apoiar imediatamente todas as associações culturais do país, de modo a ser possível estabelecer uma rede cultural em todo o território, rede cultural essa, que será a base de uma futura vida cultural portuguesa. Em segundo lugar, vamos procurar actuar politicamente com uma presença efectiva de militares junto da população, pensando nós que esta presença dos militares permitirá o esclarecimento das razões que levaram o país à situação lamentável em que se encontra. Permitirá o esclarecimento do Programa do Movimento das Forças Armadas, visto que nós constatamos que a 10 km fora das cidades ninguém sabe o que se passou no país devido à situação de indigência política em que nos encontrávamos. Permitirá também a discussão das vias do futuro e criará condições para uma participação efectiva e ampla do povo português na construção do país que todos desejamos.[122]

As campanhas, então, para além de levar conscientização política e propaganda revolucionária através dos mais diversos meios culturais para os recônditos de Portugal, prestou-se a intervir também "no campo das infraestruturas, do cuidados médico-sanitários e na área da veterinária, levado a cabo pelo sector

120 RIBEIRO, V. Os primeiros passos da comunicação política democrática em Portugal: A 5.ª Divisão do MFA como motor da propaganda revolucionária no PREC. *História. Revista da FLUP Porto, IV Série, vol. 4 – 2014*. Disponível em: <http://ler.letras.up.pt/uploads/ficheiros/12911.pdf>. Acesso em: 15 jan. 2016.

121 RIBEIRO, 2014, p. 84.

122 ALMEIDA, S. V. de. "Vítimas do Fascismo". Os camponeses e a dinamização cultural do movimento das forças armadas (1974-1975). *Análise Social*, vol. 43, n. 4, 2008, p. 821.

militar."[123] Mas, como assume Sonia Vespeira Almeida, não foram somente os militares que se puseram a cargo das campanhas de dinamização. Intelectuais também se engajaram nesta missão, além, é claro, dos artistas e demais envolvidos nas ações culturais. Mas este preâmbulo é exatamente para inserir neste rol de ativistas da Campanha de Dinamização mais um elemento que parece não ter sido relacionado: a ação de alguns brasileiros que se aliaram às forças do MFA para auxiliar no processo revolucionário. E assim relata Moema São Thiago:

> [n]ós fomos trabalhar nas cooperativas fazer alfabetização (...) nós optamos por viver processo português, a revolução portuguesa, não necessariamente pegando nas armas, mas vivendo politicamente, participando do processo através do comitê da Anistia, trabalhando nas cooperativas, fazendo alfabetização popular, todo este processo. Mas, seria muito mais fácil em termos financeiros, profissionais estarmos na Suécia ou Alemanha. Mas nós quisemos viver o processo altamente enriquecedor, e que tinha, claro, vantagens, pois você iria falar a mesma língua, a solidariedade uma terra mais agradável, a mesma cultura, a mesma religião, a mesma base alimentar.[124]

Outros se dedicaram a mesma missão, como Shizuo Ozawa e Maria do Carmo Brito, ou mesmo o médico Almir Dutton. Pedroso Marques revela a impressão de surpresa que teve ao saber da participação da nova amiga na Campanha:

> [p]ortanto, eu sentia que muitos brasileiros andavam aqui a ajudar aquelas campanhas de Dinamização Cultural, inclusive minha querida amiga Maria do Carmo Brito (gostava muito do marido dela, o Mario Japa) (...) ela também foi para as campanhas de dinamização que andaram por nordeste de Portugal. E eu quando soube disso, só imaginava Maria do Carmo, com seu sotaque carioca a explicar Marx para o camponês trasmontano português, a olhar para ele com os olhos esbugalhados. Mas enfim, ela tinha esse idealismo e essa dedicação e é uma mulher que eu prezo muito pelo seu idealismo, mas, todos os brasileiros andavam aqui no registro muito mais à esquerda do que eu considerava que eles na realidade estavam.[125]

123 ALMEIDA, S. V. de., 2008, p. 825.

124 SÃO THIAGO, M. [15 maio 2014] Entrevistador: Rodrigo Pezzonia. Brasília, 2014.

125 MARQUES, M. P. [19 jun. 2015] Entrevistador: Rodrigo Pezzonia. Lisboa, 2015.

Assim como com Bete Chachamovitz e Altair Lucchesi, Manuel Pedroso Marques foi responsável por acolher no Ministério da Comunicação Social, Maria do Carmo Brito.[126] Em outubro de 1974, ela foi alocada na Direção Geral de Animação Cultural, órgão do Ministério da Educação de Portugal, e uma semana depois já viajava para o Norte de Portugal.[127] Maria do Carmo Brito se lembra como foi a sensação de sua primeira incursão pelo interior português: "Chegava nas aldeias aquele exército português lindo, todo mundo barbudo, com aquela farda heroica, realmente uma coisa muito bonita aquela primeira fase mágica de toda a revolução."[128] Em relação ao trabalho, relata que

> [f]omos todos, inclusive o [Mario] Japa, trabalhar na alfabetização de adultos no norte de Portugal. Foi criado um Plano Nacional de Alfabetização, dirigido por José Coelho, militante comunista da cidade do Porto. Incorporamos ao trabalho sua mulher, Leonilda Principelina, o físico francês Maurice Bazin, a cineasta brasileira Teté Moraes, as assistentes sociais portuguesas Maria Graciette Ferreira e Maria Gabriela Ferreira, pessoas maravilhosas, antigas militantes da oposição anti-salazar. Havia ainda mais dois companheiros, o brasileiro Fernando Peixinho e o português Zetó, muito inteligentes. Meu colega de

126 Maria do Carmo Brito se recorda que recebeu um dia telefonema do escritório do Major Pedroso Marques dizendo que havia um emprego para ela no Ministério de Comunicação Social, mas Maria do Carmo tentou imaginar quem seria este major que lhe oferecera emprego, sem sucesso. Recorda ela: "fui ao Ministério da Comunicação Social e vi se aproximar um homem baixo que nunca pensei ter visto na vida. Quando me viu, ele deu um pique, correu e me abraçou, chorando. E começou a falar de Juarez, e até de Lótus, minha irmã. E eu naquele branco, sem me lembrar de nada, com uma enxaqueca interminável. Marcamos um encontro para o dia seguinte, e fui correndo telefonar para o Brasil. Era um caso de vida ou morte: eu ali, com um emprego na mão, sem saber quem era meu protetor. Lótus então me ajudou a refrescar a memória: o homem baixinho era um refugiado português, que tinha trabalhado um ano e meio na sala ao lado da minha, na Enciclopédia Larousse; era redator, e eu, tradutora. Tínhamos ficado muito amigos, Lótus tinha até uma foto do aniversário de Antônio Houaiss, nosso chefe, todos juntos, na churrascaria recreio, no Rio. Eu então consegui me lembrar de alguma coisa, mas não disse nada a ele porque as pessoas tinham as vezes uma reação meio torta em relação a esta minha amnésia". VIANNA, M. Uma *Tempestade como a sua Memória*. A História de Lia, Maria do Carmo Brito. Rio de Janeiro-São Paulo: Editora Record, 2003, p. 144-145.

127 VIANNA, M., 2003, p. 145.

128 VIANNA, M., 2003, p. 145.

> agitação cultural Esaú Diniz, também ex-padre, Miguel, Ana Luiza Janeira e muitos outros mais. Éramos uma equipe interdisciplinar, com um objetivo em comum e muita garra.[129]

Mesmo com este olhar apaixonado de Maria do Carmo em relação a seu trabalho, entendemos que não devia ser nada fácil, tanto para o estrangeiro, quanto para o local, aquele contato inusitado. Por mais que a língua se parecesse, era evidente que o indivíduo que adentrava sua vila se tratava de um estrangeiro. Era evidente também que a condição cultural era outra, principalmente quando se tratando de conscientização política de uma população quase sem instrução e levada a cabo por uma "carioca".

No caso da educação, é interessante notar que a participação brasileira não se limitava à atuação prática dos brasileiros. De certa forma, a condução teórico-metodológica também se fez notar na formação e ação dos componentes das Campanhas de Dinamização. Sabemos disso quando a antropóloga Sonia Vespeira[130] afirma a influência nos métodos utilizados para a instrução no campo nos cursos preparatórios baseados nas teorias e práticas *freireanas*, nomeadamente no manual *Resumo do Método Paulo Freire e sua Aplicação Prática em Portugal* organizado pelo professor Lindley Cintra.

Mas em outras condições e áreas, como a médica, também poderíamos crer que fosse mais tranquilo, dada a carência de atendimento encarada pelos moradores dos recônditos portugueses. Mas, no caso de Almir Dutton, isso não pode ser totalmente creditado de verdade. Por isso, reproduziremos aqui alguns comentários de pessoas que conheceram o já falecido "médico revolucionário".

Almir Dutton, como revela João Freire de Oliveira, envolveu-se com "acções ditas revolucionárias, nomeadamente as ligadas à sua profissão de médico" desde que chegou a Portugal. Além de participar de discussões públicas e privadas defendendo "suas teorias por vezes controversas e pouco ortodoxas, mas coerentes relativamente às suas nobres (e o termo não é retorico) convicções."[131] Oliveira também recorda que, mesmo não tendo se filiado em nenhum partido

129 VIANNA, M., 2003, p. 147.

130 ALMEIDA, S. V. de. *Camponeses, Cultura e Revolução*: Campanhas de Dinamização Cultural e Acção Cívica do MFA (1974-1975). Lisboa: Edições Colibri/IELT, 2009, p. 63.

131 MIRA &LOPEZ, Emilio. Almir Dutton Ferreira. A vida é o grande momento de todos nós. Rio de Janeiro: Achiamé, 2005, p. 111.

em Portugal – e isso se dá também pelo fato de ser um exilado, o qual não é permitido adquirir direito político – "sempre, no entanto, esteve muito próximo dos movimentos mais à esquerda, sem que, contudo, cortasse as pontes com outras forças, nomeadamente através de elementos de partidos considerados, ao tempo, de direita, pelos mais radicais, como o PS."[132]

É esta convicção à esquerda e sua sanha em participar de algo em que realmente acreditava[133] que o coloca diretamente ligado às campanhas de Dinamização, como aponta Idalécio Cavadas:

> [a]s ideias políticas que o conduziram ao exílio enquadram-se no momento em que o país está a viver. Médico, revolucionário, depressa é integrado nos grupos de saúde que irão sair de Lisboa para prestar apoio das várias valências da medicina nas províncias mais afastadas. Face a sua especialidade, ginecologia, é enviado para a zona mais distante e mais retrograda – Trás-os-Montes – com a finalidade de curar males físicos, mas, sobretudo, para iniciar programas de planeamento familiar e de valorização da mulher enquanto tal. (...) Dir-me-á, mais tarde, que sua alegria e satisfação só não eram completas porque não se encontrava no seu Brasil.[134]

Mas nem tudo seria fácil para Almir, para os brasileiros e para a Campanha do MFA:

> [a] população masculina manipulada pelos velhos padres reacionários, manifesta-se e começa a agir. Não aceita lições sobre "controle de natalidade", "anticoncepcionais" e, muito menos, as "intimidades" de linguagem ou outras que suas mulheres possam vir a ter com estes revolucionários barbados que, de repente, aparecem a falar de "sexo", "sexualidade" etc. Era o que faltava. Da não aceitação à perseguição foi pouco tempo.[135]

---

132 MIRA &LOPEZ, E., 2005, p. 111.

133 Prova disso é a recordação de José Ribamar sobre o momento em que Dutton foi convidado à TV por ter pedido apenas o salário mínimo (100 dólares) pelos seus trabalhos, o que serviria como forma de sensibilizar, de acordo com o testemunho, os que pediam muito para trabalhar fora de Lisboa e dos centros urbanos. *Idem*. p. 121.

134 MIRA &LOPEZ, 2005, p. 115.

135 MIRA &LOPEZ, 2005, p. 115.

É claro que existe aí um forte choque cultural que atravancou as relações entre o metropolitano e o rural, a moderno e o arcaico, mas é certo que não foi só o problema cultural, ou de comportamento, que arrefeceu as relações. Além da própria incapacidade dos militares em proceder da maneira ideal nas ações, estas que muitas vezes eram tratadas mais como uma obrigação à ortodoxia ideológica que propriamente a uma intervenção cultural, os confrontos políticos que se encerravam à esquerda e à direita, principalmente no norte do país ajudaram, e muito, no arrefecimento das ações das campanhas.

Outro nome importante do Brasil que teve sua em sua vida a passagem pelas Campanhas de Dinamização Cultural foi o ex-deputado cassado no AI-5, David Lerer. No exílio, passou por vários países da América Latina até chegar à Europa, via Paris, onde ficou entre os anos de 1970 e 1973. Em fins de 1973, a convite de quadros do PCB, decidiu atuar como médico junto a Frente de Libertação de Moçambique.[136] Com a vitória da guerrilha, partiu para Portugal, onde, de acordo com Salvadori, e se alistou no exército português o abandonando-o após o *25 de Novembro.*[137] Partiu então para Luanda, onde serviu ao MPLA (Movimento Popular de Libertação de Angola) e foi diretor do Hospital Militar.[138]

Pelo depoimento de Lerer, não fica claro qual a participação dele nos momentos posteriores à Revolução dos Cravos, mas algo que corroboraria a afirmação de Salvadori a respeito de sua participação no processo revolucionário é a imagem abaixo, de 1975, em que está vestido com a farda do exército português em uma obra de construção de um recinto poliesportivo em Vinhais, fazendo parte da Operação Maio-Nordeste. Esta campanha ocorreu entre maio e outubro de 1975 e se caracterizou como a mais bem organizada.[139]

---

136 Salvadori aponta que Lerer, após a vitória da revolução se tornou Ministro da Saúde de Moçambique. SALVADORI, F. O Revolucionário Cordial. *Apartes*: revista da Câmara Municipal de São Paulo, n. 17, out.-dez., 2015. In: http://www.camara.sp.gov.br/apartes/revista-apartes/numero-17/perfil-david-lerer/, acessado em 13/03/2016.

137 SALVADORI, F. O Revolucionário Cordial. *Apartes*: revista da Câmara Municipal de São Paulo, n. 17, out.-dez., 2015. In:http://www.camara.sp.gov.br/apartes/revista-apartes/numero-17/perfil-david-lerer/ acessado em 13/03/2016.

138 Memória do Poder Legislativo. Entrevista com David Lerer. TV Assembleia SP: Associação dos Parlamentares do Estado de São Paulo, 56:43 minutos. https://www.youtube.com/watch?v=JaswytDgUCc

139 ALMEIDA, S. V. de. *Camponeses, Cultura e Revolução*: Campanhas de Dinamização Cultural e Acção Cívica do MFA (1974-1975). Lisboa: Edições Colibri/IELT, 2009, p. 204-205.

Em 1977, apanhado no fogo cruzado dos conflitos entre facções internas do MPLA foi preso, escapou por pouco de ser fuzilado.[140] Foi expulso do país e voltou à Portugal, onde permaenceu até janeiro de 1979, quando retornou ao Brasil.

Lerer ficaria conhecido pelos amigos como "Che Guevara brasileiro", ou como o alcunhara Antônio Calado "o Che Guevara que nos coube", pois, além de médico e de seu envolvimento em movimentos de guerrilha, assim como o argentino, tivera por várias vezes a oportunidade de se acomodar, mas escolhera o caminho revolucionário.

De acordo com descrição na imagem: operação maio-nordeste (Bragança, 1975). Vinhais. Construção de um recinto poliesportivo. Na fotografia, registra-se a presença de alguns jornalistas de periódicos do Porto – que estavam nesse dia a acompanhar os nossos trabalhos – de alguns militares e, com uma camisola vermelha, o Profº. Francisco Carreiro da Costa (Direcção Geral dos Desportos). Está igualmente no centro da foto um conhecido político brasileiro, o ex-deputado David Lerer, com uma farda verde-oliva, que acompanhou durante muito tempo a nossa missão.
Centro de Documentação 25 de Abril. (F. 04/04/2004). N. Registro: SL00775.

No Portugal da Revolução dos Cravos, os brasileiros conseguiram encontrar terreno fértil para, da forma que entendessem mais pertinente, posicionar-se

140 SALVADORI, F. O Revolucionário Cordial. *Apartes*: revista da Câmara Municipal de São Paulo, n. 17, out.-dez., 2015., In http://www.camara.sp.gov.br/apartes/revista-apartes/numero-17/perfil-david-lerer/acessado em 13/03/2016.

não apenas em relação às questões da ditadura em seu país, mas também tiveram espaço em se posicionar e até mesmo participar da revolução portuguesa.

Como pudemos notar também, após o *25 de Novembro*, com o arrefecimento revolucionário e a adoção do modelo de transição democrática, também os brasileiros amenizaram seus arroubos revolucionários, em alguns casos, inclusive, assumindo um discurso social democrático e se aliando às forças moderadas do PS português. Interessante notar também que dois anos depois, em 1978, Brizola desembarcaria em Lisboa e assumiria dali por diante junto a este grupo de jovens a adesão a social democracia europeia, trazendo este modelo ao Brasil pós-Anistia política na fundação do PDT. O PDT de Brizola seria o único partido brasileiro a se filiar à Internacional Socialista.

Outras organizações também adquiriram experiências externas e as trouxeram ao Brasil. A experiência do PCdoB, por exemplo, de organização do Partido Comunista Português Reconstruído, além de seu aprendizado nas questões referentes à propaganda e difusão das ideias vide órgãos de imprensa organizados, fez com que no Brasil o partido se reestruturasse e se adequasse ao sistema democrático. Com o passar dos anos, o partido abandonou os preceitos revolucionários, firmando-se como um dos partidos mais fiéis à base governista entre os anos de 2003 e 2016.

Cultura no exílio: os casos de Augusto Boal e José Celso Martinez Correa[141]

O artigo escrito por João Pedro George nos dá um amplo panorama do lugar da cultura em Portugal na segunda metade da década de 1950. É nele que percebemos quão interligada esteve a política ao meio cultural, já bem antes do 25 de Abril. Nele, George comenta que

> [a] cultura portuguesa da década de 1960, tendo sempre como pano de fundo a ausência de liberdade de pensamento, é essencialmente uma história de protestos e proibições; de exigências e de intransigências; de transgressões e de repressões (...) uma cultura em conflito e que vive e se alimenta do conflito. Não só entre

141 Uma versão preliminar deste capítulo foi publicada nos anais do XXIII Encotro Estadual de História – ANPUH (2016), sob o título: Augusto Boal, José Celso Martinez Corrêa e a Revolução dos Cravos: dois olhares em dois momentos. Acessível em: http://www.encontro2016.sp.anpuh.org/resources/anais/48/1467723694_ARQUIVO_ANPUH_BOAL_ZECELSO.pdf

> apoiantes e opositores ao regime, mas também entre os grupos constituídos no interior de cada uma dessas facções. Na realidade, é difícil perceber a cultura desse período sem ter em conta a sua fortíssima componente ou dimensão política, fosse como aparelho propagandístico a favor do regime, fosse como instrumento de oposição contra o governo autoritário.[142]

Esta realidade permanece no período de Marcelo Caetano, onde "o campo cultural manteve-se subordinado à lógica política, continuando a verificar-se uma transposição dos conflitos ideológicos (nomeadamente entre PCP e PS) para o interior da criação artística."[143]

Mas, com a tomada do poder dos partidos à esquerda, após o 25 de Abril de 1974, esperava-se que houvesse a junção dessas forças para que o pleno desenvolvimento cultural do país acontecesse, em que o velho (a tradição) encontraria o novo (a modernidade) e as questões sociais poderiam a partir dali serem tratadas também através das artes, sem que para isso houvesse conflitos entre os grupos no poder que, em tese, buscavam ambos o fim do autoritarismo, o desenvolvimento social e todas as questões levantadas enquanto eram organizações clandestinas vivendo sob a égide de uma ditadura. Isso seria louvável senão estivesse apenas no mundo das ideias, como logo aperceberam-se.

Assim que o 25 de Abril aconteceu, não havia espaço para aquilo que era considerado "arte burguesa". Como revela George,

> um dos aspectos que sobressai desta narrativa da cultura durante o PREC é, naturalmente, a subalternidade ou subordinação da cultura à política (...) a cultura era a última das preocupações dos políticos e estava longe de ser uma prioridade revolucionária.[144]

Isso ocorria embora houvesse subsídios para artistas e grupos que tivessem afinidade para com os preceitos da Revolução de Abril, fossem eles portugueses ou

---

142 GEORGE, J. P. A Cultura. In: PINTO, A. C. (Coord.) *História Contemporânea de Portugal (1808 – 2010)*, vol. 5: A Busca da Democracia (1960 – 2010), Lisboa: Fundación Mapfre/ Objectiva, 2015. p, 145-195.

143 GEORGE, J. P. 2010, p. 168.

144 GEORGE, J. P. 2010, p. 176.

não, assim como consideraremos agora ao falarmos sobre dois dramaturgos que passaram pelo exílio em Portugal: José Celso Martinez Correa e Augusto Boal.[145]

José Celso Martinez Corrêa

> Diário, São Paulo, 22/08/1974
> Quarta-feira, manhã linda. Notícias péssimas. Há sol. Não há dinheiro. Não há casa. Não há trabalho. Há doença. Há tudo o que faz separar as pessoas; logo nós que queremos juntar, juntar, juntar, amar, comer, trabalhar, lutar. Mas como? Uma luta diária. Um dia a ser inventado. Espero, espero, espero, espero carta de Portugal, telegrama de Portugal, reposta do Roberto de Farias...
> Fazer uma carta para o Estado brasileiro hoje pedindo que subvencionem o Rei da Vela.
> Calor. Falta de amor. Vontade de amor. Vontade de luta em mim como o povo faz cada dia: inventa um motivo de vida. Aliás, é a necessidade que inventa: tenho que comer hoje. Meus amigos, eu não tenho o que comer hoje.
> Que faire? Que faire, que faire?
> Isso vai passar e eu vou ter sofrido à-toa. Mas às vezes penso que melhor seria uma retirada para pensar, me repreparar depois do que me aconteceu. Não sei. Estou de saco cheio de sofrimento.[146]

Assim Zé Celso percebia o momento conturbado o qual vivia naquele momento. Percebe-se também em seu diário a angústia e ansiedade que suas escolhas de ação política traziam para alguém que poucas saídas conseguia enxergar após

145 Sabe-se que pelo menos mais um influente artista brasileiro passou por Portugal neste período, o cineasta Glauber Rocha. Não conseguimos na abrangência de nossa pesquisa nos dedicar com mais afinco a este fato. As fontes que pesquisamos pouco, ou nada, se referiam a presença do cineasta em Portugal, acreditamos que isso se deu porque Glauber, assim como podemos notar pelas suas correspondências reunidas no livro *Cartas ao Mundo* (1997), no período em destaque, não fincava raízes em país algum, transitava pelos continentes em busca de encontrar meios de realizar e divulgar seus filmes. Mas isso não exime, pelo contrário, da necessidade de uma pesquisa de fôlego e exclusiva sobre a passagem de Glauber Rocha por Portugal.

146 CORREA, J. C. M. *Primeiros Atos*: cadernos, depoimentos, entrevistas (1958-1974). São Paulo: Editora 34, 1998, p. 267.

a prisão e, consequentemente, a possibilidade de voltar a trabalhar ou até mesmo se sentir seguro novamente. Identifica-se até mesmo confusão, quando assume a possibilidade em pedir auxílio para o mesmo "Estado" o qual, dias antes, promovera por meio de seu aparato repressivo as piores sevícias contra seu corpo e mente.

Aliás, foi em um momento destes, de desespero, que Zé Celso produziu o principal motivo, a gota d'agua, que o levaria à prisão. Quando do dia 20 de abril de 1974, Zé Celso escreveu e procurou publicar um longo manifesto no qual se posicionava contra o regime e em defesa não apenas do Teatro Oficina, invadido dias antes, mas também da própria cultura nacional. Neste documento, fazia um chamamento à ação a todas as esferas, da classe artística à Presidência da República, mas, especialmente, aos que ele chama de "comunicadores diretos ou indiretos", dizendo: "Homens da lei. Homens fora da lei. Homens do teatro. Homens da imprensa. Homens fora da imprensa. Homens do governo. Homens fora do governo. Homens não presos. Ouçam a voz de um filho desse país, de 37 anos."[147]

Zé Celso foi preso, torturado e ficou encarcerado por dois meses e meio. Ao sair não tinha trabalho, pois as portas haviam se fechado. Desta forma, e sem ao menos ter para onde ir, decidiu aceitar o convite que já havia sido feito antes da prisão, e seguiram – ele e mais dezesseis pessoas do grupo *Oficina* – para Lisboa.

Seu breve manifesto de criação, contido no número inaugural do jornal *Oficina Samba*[148], explica qual seria a proposta do grupo, que se reunia então em

> uma forma comunitária criando dentro do método de criação coletiva. Nosso objetivo é a criação livre, sem os entraves das grandes estruturas, que tomam a informação como mercadoria. Na nossa relação com o povo português, ou simplesmente com o povo, procuramos, não somente a informação que trazemos, mas, muito mais importante, incentivar a manifestação da informação que as verdades que o homem do povo é depositário. Nesse sentido o trabalho é de animação cultural pois o objetivo final é trazer à tona toda a

---

147 CORREA, 1998, p. 279.

148 Este número teve uma tiragem de 5000 exemplares que se esgotaram pela distribuição do próprio grupo Oficina Samba. O jornal, de acordo com o número seguinte, serviria também como programa da peça *Galileu Galilei*.

> cultura latente que existe nos oprimidos e que está reprimida pelas forças impositivas, quer do fascismo, quer do imperialismo.[149]

José Celso Martinez Correa chegou a Lisboa no dia 16 de setembro de 1974, o que de imediato chamou a atenção do Ministério das Relações Exteriores brasileiro, que solicitou um pedido de busca por informação à Embaixada em Portugal a seu respeito.[150] No mês seguinte, a embaixada brasileira informava e denunciava a campanha feita pelo dramaturgo de propaganda contra o regime brasileiro na imprensa portuguesa, onde também indicava os objetivos de sua estada. Zé Celso manifestava ao semanário *Sempre Fixe* os motivos de sua saída do Brasil e a situação repressiva pela qual passava o país. Ele revelava

> estar em Portugal para, fundado nos temas "Libertação do Fascismo" e "descolonização", colaborar com o Movimento das Forças Armadas na tarefa de 'conscientização das populações locais' tendo o mesmo solicitado ao Ministério da Comunicação Social ajuda financeira para 12 de seus companheiros virem ao Brasil.[151]

Realmente, pela preocupação e pelos recortes de jornais enviados pela embaixada ao MRE, a vinda de José Celso foi bem noticiada e festejada pelos portugueses. Matérias com os títulos: *José Celso: Grande do Teatro Brasileiro em Portugal*[152]ou *Explosão do Teatro - Possível em Portugal,*[153] faziam crer que a presença de José Celso e do grupo *Oficina Samba* auxiliariam na restruturação e renovação do teatro português.[154]

Já em abril de 1975, nestes recortes de jornais lisboetas enviados pela embaixada, podemos encontrar informações importantes, como o fato de o grupo *OficinaSamba* estar em Portugal em 13 membros brasileiros, um português e uma moçambicana. Estas informações nos levam a entender o espaço multicultural que o teatrólogo intentava criar, ao assimilar no *Oficina Samba* diversas na-

149 Oficina Samba, n. 0, 29 mar. 1975, p. 2.

150 Ministério das Relações Exteriores. BR.AN.DPN.PES.747, p. 112/218.

151 Ministério das Relações Exteriores. BR.AN.DPN.PES.641, p. 77/221.

152 Diário de Lisboa, 14 set. 1974.

153 A Capital, 16 set. 1974.

154 A Capital, 16 set. 1974.

cionalidades com respaldo significativo do governo português. Os recortes também reproduzem fala de Zé Celso em que ele diz ter se deslocado para Portugal com ajuda do Ministério da Educação português e a Fundação Gulbenkian,[155] mostrando que havia para seu projeto participação do governo português. Isto é, como vimos antes, fica claro que, pelo menos a princípio, o governo português identificava em Zé Celso um aliado e em sua obra um veículo revolucionário.

José Celso tinha muito claro em sua mente o que queria com a estada em Portugal. Ele estava extasiado com o processo revolucionário que lá se desenrolava e queria dele participar. Por isso, em novembro de 1974, ele dizia querer desenvolver Trás-os-Montes, com portugueses, brasileiros e africanos um trabalho de ação direta para despertar para a criação coletiva, utilizando temas ligados principalmente ao problema da descolonização, da mudança da "relação senhor-escravo em África e em Portugal", para ele a liberdade estava na rua, e essa liberdade deveria ser aproveitada para se criar um teatro novo, para se "demonstrar as condições que favorecem o fascismo (...) [n]ossa função é tirar a máscara, mostrar o real."[156]

Faz-se interessante notar que, naquele momento, ainda quando parcela dos brasileiros não haviam abandonado totalmente a visão de revolução armada, ou mesmo ainda estavam embebidos pela doutrina cultural, comportamental e moral vinculados à ortodoxia marxista-leninista, Zé Celso vinha com outra proposta, muito mais anárquica e contracultural. É assim que ele recorda:

> [e]stou novamente em Portugal onde estivemos com o "Grupo Oficina Samba" atuando ardorosamente na revolução portuguesa. Quando nos reencontramos, nós os exilados culturais e os exilados políticos, nos estranhamos. Os que fizeram a Luta Armada envergonhavam-se nos ver sambando no Rossio, centro de Lisboa. Criticavam as obras primas de Glauber Rocha, Rogério Sganzerla, porque queriam um cinema a mediocridade estética de um Costa Gavras. Tinham horror aos que viajavam nos alucinógenos ampliando sua percepção. Ficaram caretas, presos mentalmente à Cultura Ocidental Patriarcal Moralista Capitalista Cristã. Essa la-

155 Ministério das Relações Exteriores. BR.AN.DPN.PES.657, p. 17/281.

156 Arquivo Nacional. Ministério das Relações Exteriores. BR.AN.DPN.PES, 641, p. 92/221

cuna foi por muitos superada, mas há os que ficaram nos tempos coloniais, da pré-Tropicália.[157]

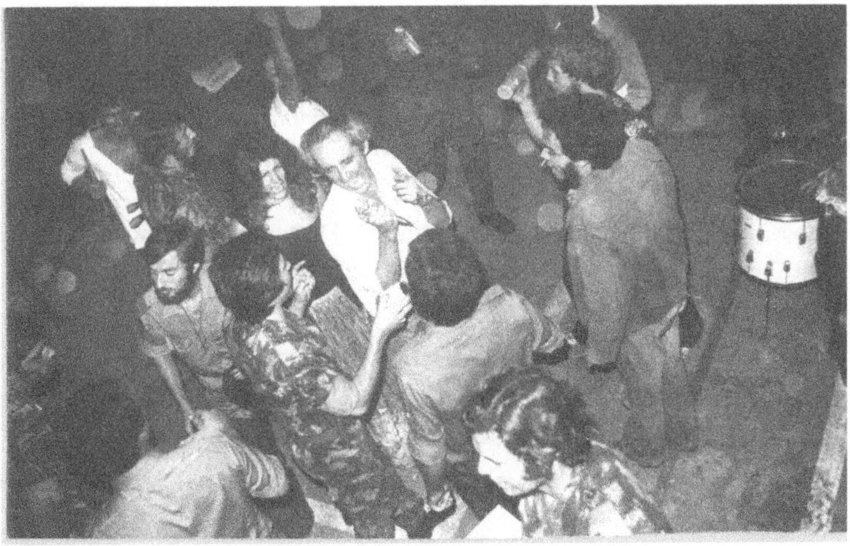

Animação cultural - Nov. 1975. (Imagens Oficina Samba - Fundo Teatro Oficina - Arquivo Edgar Leuenroth/UNICAMP).

Este descompasso entre exilados políticos e exilados culturais, utilizando aqui o termo usado por Zé Celso, não foi notado apenas por ele. Outros artistas se posicionavam de forma diferente das esquerdas tradicionais, ou radicais, que naquele momento passavam por um doloroso processo de autocrítica. Anos antes, Gilberto Gil e Caetano Veloso foram exemplos de artistas que desistiram de se estabelecer em Paris, a capital cultural do mundo e destino de vasta população de exilados, exatamente porque presença das organizações políticas, ou de grupos de militantes exilados, era muito forte e as decisões referentes ao comportamento na estada de brasileiros deveria, de alguma forma, passar pelo crivo dos movimentos de esquerda no exílio.

Entendemos, contudo, que a inserção do grupo *Oficina Samba* em Portugal tem caráter mais revolucionário do que a ação de parte dos brasileiros da esquer-

157 CORREA, J. C. M. A Babel que deu Certo*Sombras Elétricas*, n. 8, abril de 2012. Disponível em: <http://sombraseletricas.webnode.pt/arquivo/a-babel-que-deu-certo-entrevista-de-jose-celso-martinez-correa>. Acesso em: 21 mar. 2016.

da armada que se puseram de uniforme e armas do exército português. A contribuição de Zé Celso seria de ordem comportamental e de costumes que, inclusive, muitas vezes, para o bem o bem ou para ou mal, era mais percebida e impactada que as intervenções dos militares portugueses ou dos militantes revolucionários.

Naquele momento, ou seja, no clímax do processo iniciado com o 25 de Abril, onde as forças da extrema esquerda, (ou esquerda radical, como às vezes era chamada) estava em ebulição, vários brasileiros se dedicavam a auxiliar a revolução junto aos militares do MFA nos recônditos de Portugal a partir do exercer de suas profissões, como ocorreu com o médico Almir Dutton, ou mesmo assumindo a instrução educacional e política que teria como objetivo fortalecer as bases ideológicas daquele processo em que vários outros brasileiros se dedicaram a realizar.

Não diferente foi com Zé Celso e o *Oficina Samba* que, a partir de sua arte, se posicionou politicamente em auxílio à Abril. Lá foram produzidas duas peças – *Galileu Galilei* e *Carnaval do Povo* –, além do filme *O Parto*, filme que objetivava mostrar, após exatos 9 meses de seu início, a revolução a partir de um viés análogo a uma gestação.[158]

Para Georges, os Grupos Dinamizadores tiveram resultados adversos aos objetivos iniciais, ou, pelo menos, não serviram à cultura de maneira desvinculada a política como acreditava ser melhor. Ele opina que as Campanhas de Dinamização Cultural tinham

> o vasto objetivo de democratizar a cultura, colocando ao alcance de todos, nomeadamente nas zonas rurais do interior do país (através, sobretudo do teatro militante e da canção de intervenção). Estas campanhas, levadas a cabo por militares auxiliados por alguns intelectuais, normalmente com filiação partidária, geraram apreensões críticas, foram apodadas de tentativas de dirigismo e manipulação, e cavaram um fosso entre algumas individualidades da cultura, em particular entre as que eram próximas do Partido Socialista e do Partido Comunista. No fundo, vieram apenas confirmar uma evidencia, ou seja, em que as divisões entre as pessoas da cultura eram

158 Sobre os filmes, ver: SILVA, I. O. P. *Bárbaros Técnizados*: Cinema no Teatro Oficina. 2006. Dissertação de Mestrado (nome do curso) – FFLCH-USP. Dissertação de Mestrado, p. 52.

> consequência direta da transposição dos conflitos políticos para o interior da vida cultural.[159]

É evidente que em sentido *latu* o autor está com a razão, já que, como já vimos, a transposição da política teimava em aceder sobre a cultura. Não se esperaria nada diferente, uma vez que a cultura pode ser fértil campo de embate ideológico, qualquer seja o regime que o esteja representando. Por outro lado, acreditamos que não se pode determinar que não houve proveito, ou que não existiu resultados positivos nestas ações, pois estes esforços ajudaram a promover culturas às populações distantes da capital.

Produção no Exílio e Conflitos com a Revolução

De acordo com Georges, nos meses subsequentes ao golpe, diferentes setores da vida artística portuguesa se reuniram em assembleias para identificar problemas e formas para solucioná-los com apoio do MFA.[160] Realizaram-se dezenas de debates sobre a relação entre revolução e cultura, ou entre povo e intelectuais; discutiram-se amplamente questões como a ideia de arte militante e tomada de consciência do artista, a democratização da cultura e a educação das massas através da divulgação e inculcação da "arte revolucionária" ou "genuinamente popular".

Continua Georges dizendo que, "no teatro, quase todas as companhias alteraram seus programas para a temporada de 1974 e anunciaram a encenação de obras ou textos de Sartre, Manuel Fonseca, Manuel Alegre, Bernardo Santareno, e sobretudo Brecht."[161] O autor também aponta que entre o 25 de Abril de 1974, e setembro de 1975, a assistência nos teatros aumentou, assim como aumentou a promoção de peças gratuitas nas ruas e na televisão. Este também foi um período muito positivo para o teatro, pois recebeu subsídios, "atingindo-se uma situação em que quase todos os atores, encenadores e dramaturgos tinham trabalho, o dinamismo neste setor era tal que nessa época chegou a ser discutido um projeto de lei que previa a passagem do teatro a serviço público."[162] Diferente não foi com os brasileiros que lá estavam.

---

159 GEORGES, 2015, p. 175.

160 GEORGES, *Op. Cit.*, p. 172.

161 GEORGES, *Op. Cit.*, p. 174.

162 GEORGES, *Op. Cit.*, p. 175.

Peixoto explicitou o ambiente de *Galileu Galilei* em São João do Campo, primeira paragem da trupe do *Oficina Samba*:

> [h]á proposito de reviver a celebração dionisíaca: vinho jogado para o ar no esforço de recuperar o espírito do deus grego. A casa paroquial é pequena, muita gente fica fora. A comunidade Oficina Samba decide: todos ou ninguém. Há uma tentativa de fazer o espetáculo nas ruas, mas o frio é grande. Dirigem-se todos para o clube de futebol onde é mostrado o "Carnaval do Povo" (...) 'cena com a participação do povo em que se faz uma corrente para receber os espíritos do futuro, isto é, do mundo liberto das relações de servidão'.[163]

Foi por este clima que Zé Celso ainda hoje se faz saudoso, mesmo com a desconfiança da esquerda brasileira, e se recorda de como se sentiu ao chegar no Portugal revolucionário:

> [n]os encontramos na revolução portuguesa, que era uma revolução maravilhosa que começou no rádio e terminou na televisão. Incrível isso. Cheguei, aliás, um dia maravilhoso, no dia em que o General Espínola foi posto pra fora, então a revolução passou aos oficiais que a tinha feito. Então, conforme ela foi evoluindo, ela foi baixando as hierarquias, entendeu? E o povo veio vindo. Então, era muito muito bonito ver o povo... Por exemplo, eu tinha horror de ir a Portugal na época de Salazar, não conseguia ficar um minuto lá dentro. (...) Mas você vê um povo, um povo inteligente, maravilhoso, surgindo assim com uma força... E trabalhamos muito. Começamos primeiro no Teatro São Luís fazendo Galileu Galilei. E Galileu Galilei é uma coisa, porque Portugal estava na idade Média, e de repente ele pula para o renascimento brusco. Então, Galileu era visto assim como uma criança e os padres inquisidores... A gente tomava muito ácido para fazer para fazer o espetáculo. Saca? Aliás, em Portugal choveu droga do mundo inteiro. E a gente adorava alucinógeno e fazia o espetáculo alucinado. Aí eu lembro que tinha uma cena que eu fazia com um rapaz jovem, que fazia um cara que era conservador, que não queria

163 PEIXOTO, F. *Teatro Oficina (1958-1982):* trajetória de uma rebeldia cultural. São Paulo: Brasiliense, 1982, p. 109.

que divulgasse as pesquisas de Galileu. Aí ele fica velhinho e eu ficava um moleque. Fizemos uma vez para ciganos e os ciganos ficaram maravilhados com a ... Porque era Portugal que estava acontecendo aquilo, era um ressurgimento.[164]

Oficina Samba em São João do Campo – 1975 – (Fundo Teatro Oficina – Arquivo Edgar Leuenroth/UNICAMP).

Neste trecho, percebemos pelo menos duas características que identificam a passagem de Zé Celso e seu encontro com Portugal. Em primeiro lugar, o êxtase, e até certo ponto a surpresa, em enfim estar participando de um momento histórico libertador de todo um povo em contraposição ao passado recente de autoritarismo. Segundo, o alcance que esta liberdade gerou para a relação comportamental de um povo traduzida na "abertura ao mundo" exemplificada pelo acesso às drogas e à própria arte renovada na estética tropicalista de Galileu

164 CORREA, J. C. M. [15 out. 2014]. Canções do Exílio. TV Brasil. Entrevistador: Sérgio Brito. Exibido em 15/10/2014. Disponível em: <http://tvbrasil.ebc.com.br/exilio-e-cancoes/episodio/ze-celso-remonta-aos-tempos-de-exilio>. Acesso em: 10 ago. 2016.

Galilei. A cultura da década de 1960 chegava, então, tardiamente a Portugal. Talvez esse choque cultural fosse menos percebido na capital Lisboa, embora sofresse da mesma desatualização, mas em um grau muito menor. Mas no interior português, acreditamos que as incursões artísticas do grupo se revelavam reações de todas as naturezas, do êxtase ao insulto. Zé Celso recorda:

> eu senti o barato da revolução! Finalmente, eu saí de um momento de opressão muito grande... e fomos bem recebidos inicialmente. Depois houve um escândalo nas camadas superiores que fizeram um espetáculo, Oficina Samba... aí nós fomos para um lugar, estava muito cheio, e a multidão ia derrubar uma paróquia da igreja porque era de madeira e nós fomos pra rua e fizemos uma cena que era: ócio, pão, tesão, habitação é a terra... E na cena do *tesão* as meninas todas do elenco, Maria Alice Vergueiro, que era uma mulheraça enorme, linda... todas elas com colares e davam para aquelas portuguesas vestidas de preto, camponesas assim, e paqueravam, jogavam perfume nelas... e os homens ficaram loucos e começaram a atacar a Maria Alice Vergueiro, e virou assim o pão das massas... pois não estavam acostumados a ver a liberdade.[165]

Oficina Samba era "pelo ócio, pelo amor, pelo amor, pelo direito a terra e pela liberdade". Criticavam as sessões de esclarecimento e animação cultural, pois as viam como "tendo aspecto de coisa de igreja. Muita beatificação, seriedade e falta de humor, de espirito critico, dialético."[166] Assim, apenas com a trilogia *Humor, Crítica e Profanação* é que poderia "dar força a um socialismo autogerido, livre e não a um burocrático de Estado, clerical, chato, com 'novos latins.'"[167]

Assim, o *Oficina Samba* peca em dois pontos nevrálgicos: por um lado, critica o próprio *modus operandi* revolucionário burocrático e sisudo das cartilhas comunistas (muitas vezes até hoje seguidas), contrariando o MFA e demais forças a esquerda que direcionavam a revolução; por outro lado, identificava na religião (diretamente ou em sentido figurado) o fator principal de estagnação so-

165 CORREA, J. C. M. [15 out. 2014]. Cançoes do Exílio. TV Brasil. Entrevistador: Sérgio Brito. exibido em 15/10/2014. Disponível em: <http://tvbrasil.ebc.com.br/exilio-e-cancoes/episodio/ze-celso-remonta-aos-tempos-de-exilio>. Acesso em: 10 ago. 2016.

166 Oficina Samba Pede Passagem à Todos. Oficina Samba, n. 0, 29 mar. 1975.

167 Oficina Samba Pede Passagem à Todos. Oficina Samba, n. 0, 29 mar. 1975.

cial e cultural. Dessa forma, e levando em consideração a profundidade religiosa da sociedade portuguesa, não é de se surpreender que as manifestações escritas ou performáticas da trupe de Zé Celso fossem afrontadas nos recônditos lusos. Isso, sem ainda considerarmos a verve sexual que a filosofia do *Oficina Samba* expunha, onde a religião se ligaria a Eros: "A religião e a vida sexual, os elementos da superestrutura que mais refletem a infraestrutura de relações econômicas e de produção velhas. A cultura vem toda daí."[168]

Assim, é de dentro do próprio projeto de Dinamização que vem o primeiro golpe, perpetrado pela produtora cultural de um dos eventos, Judith Cortesão, alcunhada pelo jornal como "latifundiária". O recém-lançado periódico relata a experiência como a melhor possível, mesmo não tendo sido tão bem recebido pela produtora, que pediu o roteiro da peça ao final da apresentação, criticando-a, dizendo que esperava uma atração mais séria. Isso mostrava que não se estava preparado para aquele tipo de apresentação.

Se pensarmos que ainda hoje os métodos adotados pelo teatro Oficina são entendidos controversos, imagine-se em um vilarejo em Portugal em meados da década de 1970. Além disso, o MFA e as organizações envolvidas com o processo revolucionário entendiam que os eventos produzidos pelo MEIC deveriam prezar pela seriedade. Assim, desagradando-os, desagradavam os que promoviam as ações culturais, ficando então proibido o grupo de usar o nome do MEIC. Brevemente, sua subvenção seria revogada. Restou então para o grupo o espaço de crítica do jornal *Oficina Samba,* que em matéria sob o título *Dinamitação Cultural*, claramente em referência ao programa do MFA, expressa as críticas à maneira pela qual se conduzia o programa de Dinamização, tecendo também duras críticas à 5° Divisão das Forças Armadas.

Mas este relato pode ser discutido, levando a crer que não foi apenas esse o problema do *Oficina Samba* com o governo português. Parece-nos que ocorriam problemas também junto aos próprios exilados brasileiros. Ramos aponta que no ano novo de 1974, o grupo teatral teve que apresentar a peça para Marcio Moreira Alves. O autor reproduz a fala de Luiz Fernando Guimarães, então membro do grupo:

> [d]ezesseis caras que nós éramos, fazendo uma noite, 4 ou 5 horas, um espetáculo cansativo dentro de uma casa, só para Marcito. Este

168 Oficina Samba Pede Passagem à Todos. Oficina Samba, n. 0, 29 mar. 1975.

> tipo de apresentação se repetiu N vezes em N lugares do mundo. Isso não era teatro, isso podia ser um ensaio, isso podia ser qualquer coisa, mas não numa noite de ano novo, a gente passar 4 ou 5 horas fazendo um espetáculo só para Marcito.[169]

Com a decisão de se estabelecer em Lisboa no teatro São Luiz, após passar pelo crivo do Conselho da Revolução, houve certo desconforto, e o grupo entrou em dúvida se aquele era realmente o lugar para o desenvolvimento do trabalho. O fato de haver pouco público presente criava a impressão de que o povo não estava acostumado ou mesmo confortável em ocupar as dependências luxuosas do teatro. Talvez caso fosse de levar a peça de volta ao povo, pois, como diria umas das críticas ao espetáculo: "[n]o São Luiz o povo não vem, vocês terão que ir até o povo, pois só assim a arte estará à serviço da revolução". Mas a ideia era esta: a de levar o povo para ocupar os espaços que outrora não poderiam "aproveitar a contradição da proposta de um teatro político-popular no templo da burguesia portuguesa (...) A ideia é fazer um ritual de desmascaramento."[170]

Outra crítica que pairava sobre o *Oficina Samba* vinha de Maria Helena de Mesquita. Agora o problema advinha do investimento recebido pelo grupo, que seria quase o mesmo valor concedido para a sobrevivência de um ano do *Centro Cultural de Évora*. Havendo tido apoio inicial do MFA, do Ministério da Educação e Cultura e da Fundação Gulbenkian, com a desconfiança das forças públicas, o *Oficina* foi obrigado a se sustentar por conta própria, saindo do São Luiz e voltando para as ruas, frequentando quartéis, bairros, festas, fazendas e fábricas.[171]

A liberdade era a pregação do grupo *Oficina Samba* em Portugal, algo que perderam em terras brasileiras e lá recuperaram. E por isso a necessidade de externar esta liberdade que pelo menos duas gerações de portugueses não conheciam. Mas como vimos, a plateia não estava preparada para atitudes artísticas e de comportamento que geraram tamanho choque. Mesmo o governo revolucionário se preocupou com a repercussão causada e chamou o grupo para uma apresentação

169 RAMOS, L. F. Dez Anos de Uzina Uzona, Trinta Anos do Exílio Português. In: MARGATO, I.; GOMES, R. C. (orgs.) *Literatura, política, cultura (1994-2004)*. Belo Horizonte: Editora UFMD, 2005, p. 275.

170 PEIXOTO, 1982, p. 110.

171 PEIXOTO, 1982, p. 110.

no MEIC, no intuito de entender sobre o que se passava na peça que causara tamanho transtorno. Resultado: perderam o apoio financeiro que recebiam do governo.

Foi então que o segundo e último número do jornal *Oficina Samba* veio para dar respostas ás críticas levadas a cabo pela opinião pública portuguesa:

> [d]e qualquer maneira nossa posição é inevitavelmente nova para nós mesmos e para os que nos veem de fora. Nosso objetivo agora é de nos colocarmos perante o povo, perante nossa relação. Não é uma posição gratuita, acadêmica, mas uma necessidade de luta, de sobrevivência. Viemos de uma outra realidade, tínhamos ideias pré-concebidas e fomos recebidos também com ideias pré-concebidas. Essa realidade, não era a diferença entre a realidade brasileira e a realidade portuguesas, mas entre um processo de dominação, de reação e um processo de reação revolucionária para o socialismo. Nisso, não semente nós, mas os que nos viam, estávamos todos perante uma realidade nova, sem padrões e nos nossos erros, nas nossas ideias pré-concebidas, nós fazíamos parte desta mesma realidade em movimento.[172]

Com isso, o grupo assume, de certa forma, uma autocrítica sobre seus atos anteriores, mas não sem voltar à carga contra a opinião pública portuguesa que questionava os subsídios distribuídos ao grupo teatral sem uma contrapartida satisfatória. *Oficina* entendia que o dinheiro (474 950$00) "foi concedido e investido com uma finalidade de criar as condições mínimas para transferência para Portugal de um núcleo cultural que no Brasil teria de desaparecer pela repressão econômica e policial", e por isso, entendia que:

> [p]ara um país que sai de um fascismo nos parece de maior lucidez e sentido de internacionalismo revolucionário criar as condições para dar a um grupo cultural modesto que seja, de um país da mesma língua e da mesma origem cultural, no momento em que esses países passam por processos opostos.[173]

172 Oficina Samba, n. 1, 04 jul. 1975, p. 6.

173 Oficina Samba, n. 1, 04 jul. 1975, p. 6.

Segue então uma detalhada prestação de contas nas páginas que sucedem este trecho e que não convém aqui reproduzir.

Uma nota do jornal do grupo admite também que, além do corte de subsídios, a casa do Areeiro, um prédio que havia sido utilizado antes da Revolução pela *Juventude Salazarista*, e onde habitava a comunidade, assim como a comissão de moradores do bairro, seria também tirada de seu poder pelo MEIC. Por fim, com o corte de subsídios, a comunidade não pode mais viver da mesma forma, tendo que cancelar *Galileu Galilei*.

Assim, para angariar fundos, um grupo se dedicou ao filme *O Parto*, filme que objetivava mostrar, após exatos 9 meses de seu início, a revolução a partir de um viés análogo a uma gestação;[174] outro foi para a venda de jornais na rua; outro se dedicou à produção da peça *Ananke – Luta Pela Sobrevivência*; outros se desligaram do *Oficina Samba* para trabalhar em outros projetos, enquanto alguns voltaram para o Brasil.

Assim, com todos estes problemas, a África passava a ser o caminho natural para o grupo, pois, além do fascínio pelo movimento de independência, lá teriam apoio quase incondicional a seus projetos com a Frente de Libertação de Moçambique(FRELIMO), algo que, em Portugal, por desavenças com a Rádio e Televisão de Portugal (RTP) e, por sua vez, com o governo, começava a causar mal-estar. Com a independência de Moçambique, e vendo este evento por uma perspectiva contracultural, deslocam-se para a África, onde produzem o documentário 25, sobre a revolução moçambicana.

Mas quando retornam à Portugal, a revolução que havia começado pelo rádio já arrefecia pela televisão, como próprio Zé Celso se referiu ao se recordar de quando se deu conta que os cravos murchavam:

> [n]ós estávamos lá montando o filme na Rádio e Televisão Portuguesa, e de repente a gente foi tomar um lanche e estava vendo na televisão os soldados falarem e tal... De repente corta e entra a televisão do Porto com uma imagem da *Columbia Pictures... The Man Who Came to Dinner*, e uma série de enlatados. Um golpe dado pela televisão. Aí mudou tudo, quer dizer, não virou a ditadura do Salazar, nem do Marcelo Caetano, mas o que vinha vindo...

174 Sobre os filmes, ver: SILVA, Isabela Oliveira Pereira. *"Barbaros Técnizados"*: Cinema no Teatro Oficina. São Paulo: FFLCH-USP. Dissertação de Mestrado, 2006, p. 52.

> foi todo mundo novamente para os seus lugares, suas classes, suas coisas e começou a se tentar jogar a social democracia, até hoje. E hoje Portugal é um país dividido em dois.[175]

Zé Celso se desiludiu com o que aconteceu com a revolução, mas sempre nutriu afeição pelos seus tempos de Portugal, já que, mesmo tendo a visto esmorecer, viu-a também em pleno funcionamento. Já Boal, que vinha com a sanha de viver a experiência de um processo revolucionário, chegou tarde. O governo constitucional liderado pelo PS e aliado a partidos à sua direita guinou à destra a política portuguesa.

Augusto Boal

> Meu pai era um imigrante econômico; ele vem de Justes de Trás-os-Montes; ele não podia lá continuar vivendo; ele não queria sair de Portugal por vontade própria; se ele pudesse ficar cá, ficava. Ele exilou-se no Brasil, porque não havia condições no norte.
>
> Agora, o que aconteceu com nossos pais, está acontecendo ao inverso com os filhos deles. Meu pai foi um exilado econômico e eu volto como um exilado político. Isso cria um facto novo. E este facto tem que ser estudado. Isso cria para nós, artistas a possibilidade de trabalhar, de novo, para a nossa plateia, mas não, de novo, no nosso pais.[176]

Era assim que Boal via o exílio. Acreditava que nele criaria condições novas, novas oportunidades de desenvolver seu trabalho, tanto que sua produção no exílio é de grande monta e qualidade. Para além do contato com novas formas de ver teatro, o público também seria novo e diferente e plural: "[n]ós vamos encontrar plateias brasileiras fora do Brasil, plateias argentinas, uruguaias, chilenas, fora da Argentina, do Uruguai e do Chile."[177] Embora ele não acreditasse que conseguiria um público brasileiro em Portugal, "todos os brasileiros que estão

---

175 CORREA, J. C. M. [15 out. 2014]. Canções do Exílio. TV Brasil. Entrevistador: Sérgio Brito. exibido em 15/10/2014. Disponível em: <http://tvbrasil.ebc.com.br/exilio-e-cancoes/episodio/ze-celso-remonta-aos-tempos-de-exilio>. Acesso em: 10 ago. 2016.

176 Boletim FAPIR. *Helder Costa Entrevista Boal Entrevista Helder Costa*, n. 2, fev. 1977, p. 20.

177 Boletim FAPIR. *Helder Costa Entrevista Boal Entrevista Helder Costa*, n. 2, fev. 1977, p. 20.

em Lisboa, não dá carreira para dois dias de peça"[178] – na França, sim, ele entendia a possibilidade desta internacionalização do teatro a partir da experiência do exílio – sua atividade na criação, produção e docência naquele país, até onde possível, foi importante.

Além disso, Augusto Boal queria ficar em Portugal, estava ciente de sua contribuição para o processo português, mas via que era fora de Lisboa que as condições reais para a internacionalização do teatro se encontravam. Entendia Portugal ainda como uma escola que deveria auxiliar, mas com vistas no mundo exterior.

Diferente da experiência de José Celso Martinez Correa, quando da chegada de Boal, em suas palavras, a revolução já havia fenecido. A ebulição política, social e cultural na qual o primeiro havia se deleitado agora havia dado espaço a uma condição burocrática. Não que no período do PREC não houvesse intermináveis e calorosas discussões a respeito do futuro cultural do país, pois a polarização que permeava o cenário político transbordava para outras esferas, e a cultural não seria diferente.

Porém, para artistas engajados como eram os dois dramaturgos, no primeiro momento, onde predominavam os já citados grupos de *Dinamização Cultural e Acção Cívica* do MFA, sob a égide do PCP e outras organizações da extrema esquerda que se identificavam com o aspecto revolucionário, o leque de oportunidades e de satisfação era bem mais proveitoso que no segundo momento, onde os arroubos revolucionários arrefecem e o burocratismo ganha força.

Como nos revela George, com o VI Governo Provisório, os subsídios para a cultura diminuíram drasticamente, "começou a formar-se a ideia de que a cultura é um 'luxo'(...) e que os dinheiros dos contribuintes devem ser canalizados, sobretudo, para as reformas do país."[179] Assim, diferentemente do período logo seguinte ao 25 de Abril, onde verificou-se um aumento geral de consumos de bem cultural após o *Verão Quente*, e por todo o resto da segunda metade da década de 1970, a produção e o consumo cultural decaíram, em particular no teatro, que perdeu expectadores e teve salas fechadas.[180]

É importante também ressaltar que a pasta da Cultura, a princípio, fazia parte do MEIC; em agosto de 1975, no VI Governo Provisório, e passou para

178 Boletim FAPIR. *Helder Costa Entrevista Boal Entrevista Helder Costa*, n. 2, fev. 1977, p. 20.

179 GEORGES, 2015, p, 174.

180 GEORGES, 2015, p. 177.

o Ministério da Comunicação Social, com o Governo Constitucional. Com a extinção deste Ministério, entre 1976 e 1978 passou a fazer parte da Secretaria de Estado da Cultura (SEC), que estava ligada à Presidência do Conselho de Ministros, onde se objetivava se desvincular "das anteriores 'estreitamente didáticas e de conotação de propaganda imediata'", onde se manteve até 1983, quando se criou um Ministério exclusivo para a pasta da Cultura.[181]

Cabe agora mencionar como como Boal chegoua Lisboa e qual o ambiente político que ele traz consigo.

O histórico de casos envolvendo o governo brasileiro e Boal já existia havia algum tempo, pelo menos desde 1969, quando foi encenada em Nova York a peça *Arena conta Zumbi*. De acordo com James Green, baseado em documentos do arquivo do Itamaraty, um representante do grupo pleiteou um auxílio financeiro para o deslocamento de 12 artistas de Nova York para Washington que, após hesitação, foi negado ao saber que, supunha-se, Boal pretendia apresentar o espetáculo na sede nas Nações Unidas, com a possível presença do Secretário-Geral da Organização.[182]

Mesmo essa informação não sendo reflexo da realidade, Boal havia aberto a ferida da ditadura dentro da casa daqueles que haviam apoiado o golpe, ainda que, naquele momento, sua população desconhecesse tal apoio. Como Green também destaca, neste período em que a luta armada recrudesce suas ações no Brasil – especialmente após a ação que captura o então Embaixador americano Charles Burk Elbrick – é um momento em que os olhos dos do norte começam a se voltar para o sul.[183]

Dessa maneira, qualquer olhar diferente daquele que imputava ao governo o semblante de salvador do Brasil da ameaça comunista e o colocava em posição de quebra contra os direitos humanos não era bem-vindo para o regime brasileiro, e, portanto, quem tivesse direcionado o olhar para esta posição estaria então no radar de seu aparato repressivo.

Assim, em 1971, Boal foi preso, coincidência ou não, após ser convidado para o Festival de Nancy, na França, para onde iria duas semanas mais tarde

181 GEORGES, 2015, p. 177

182 GREEN, J. N. *Apesar de Vocês*: Oposição à ditadura brasileira nos Estados Unidos, 1964-1985. São Paulo: Companhia das Letras, 2009, p. 398.

183 GREEN, 2009, p, 400.

para negociar uma turnê europeia.[184] Acusado de pertencer à ALN, é torturado e passa dez dias em solitária. Seu interrogatório, sob tortura, mostra bem que a preocupação se dava por o teatrólogo ter "difamado o Brasil no exterior, e que isso era um crime", mas o interessante é que o ato difamatório foi afirmar, "no estrangeiro, que no Brasil havia tortura."[185]

A prisão imediatamente iniciou uma sólida campanha internacional nos EUA e que se espalhou pelo mundo, agregando assinaturas e declarações das mais diversas personalidades em favor da soltura de Boal e por retratações sobre a real situação dos direitos humanos no Brasil. Este fato levou não apenas à soltura, e mais tarde à absolvição, de Boal, como também criou propaganda extremamente negativa para o governo brasileiro.

Boal caiu então em exílio, o que se revelaria mais um problema para a manutenção da face democrática do regime e uma situação desagradável para Itamaraty, pois as peças que antes eram proibidas no Brasil, além de novas produções, agora eram livres e sua notoriedade se alastrava pelo mundo.

O dramaturgo morou na Argentina por cinco anos, embora viajasse para vários países criando, apresentando, desenvolvendo e ensinando seus métodos. Em 1976, dirigiu-se para Portugal, mas não sem antes ter problemas com o governo brasileiro, no que ficou conhecido pela imprensa como o *Caso Boal*, referindo-se à dificultação pelo governo brasileiro em liberar o passaporte para que Boal pudesse deixar o país.

Na Argentina, após a morte de Perón, os ânimos políticos exaltavam-se e a possibilidade do golpe se concretizar era cada vez mais iminente. A permanência em Buenos Aires não era mais uma opção. Boal já havia sido convidado por Carlos Porto, crítico português, para uma temporada em Lisboa e o governo português já havia, de acordo com ele, enviado passagem e promessa de contrato, mas o que lhe faltava era o passaporte, que estava vencido.[186]

A renovação dependeria então do governo brasileiro que, mesmo não negando ou deferindo o pedido, dificultaria o máximo possível. Assim, após meses de espera, o advogado Idibal Pivetta – também um dramaturgo responsável pela criação do *Tetro Popular União e Olho Vivo* sob o codinome de Cesar Vieira –

184 GREEN, 2009, p, 401.

185 GREEN, 2009, p, 402.

186 BOAL, Augusto. *Hamlet e o Filho do Padeiro*. Rio de Janeiro: Record, 2000, p, 290

entrou com um mandado de segurança contra o "Sr. Ministro de Estado dos Negócios das Relações Exteriores da República Federativa do Brasil" Azeredo da Silveira, por não proceder à prorrogação do passaporte de Boal, e nem mesmo dar razões que motivassem este comportamento. Na ação, Pivetta acusa:

> [a]o negar, por ato omissivo, a revalidação do Passaporte do Impetrante, o Ilustre Sr, Ministro das Relações Exteriores feriu frontalmente os preceitos Constitucionais que estabelecem os diretos do cidadão com referência a sua liberdade, exercício de trabalho o e de locomoção, (Constituição da República Federativa do Brasil-zlrt, 153 - Caput - § 23 e 26).[187]

Ou seja, por cercear o direito de ir e vir de um cidadão brasileiro que, julgado e inocentado, nada devia à Justiça, impossibilitando-o de arcar com suas responsabilidades profissionais. E eram exatamente as suas "responsabilidades profissionais" que amedrontavam o Itamaraty. No mesmo mandado de segurança, Pivetta elencava dez convites de palestras e cursos em entidades internacionais – a maioria nos EUA – que, pela ação daquele Ministro, o dramaturgo estava sendo impossibilitado de honrar. Além disso, uma campanha internacional reivindicava, como pode ser lido em sua versão finlandesa, "que [o governo brasileiro] reveja sua posição quanto a alegadas medidas restritivas tomadas contra o teatrólogo Augusto Boal."[188]

Azeredo da Silveira, tendo que se retratar, enviou ao Ministro do Tribunal Federal de Recursos, Décio Miranda, recortes de jornal de México e Argentina que corroborariam sua opção em obstaculizar a cessão do dito passaporte, pois, para Azeredo, as atitudes de Boal estariam inseridas criminalmente nos artigos 23º (tentar subverter a ordem ou estrutura político-social vigente no Brasil, com o fim de estabelecer ditadura de classe, de partido político, de grupo ou indivíduo); 34º (ofender moralmente quem exerça autoridade, por motivos de facciosismo ou inconformismo político-social); 45º (fazer propaganda subversiva); e, com o agravante do primeiro capítulo do artigo 47º (a pena será aumentada de metade, se o incitamento, publicidade ou apologia fôr feito por meio de impren-

187 Arquivo Nacional. BN.AN.DPN.PES 61, p. 130/255.

188 Arquivo Nacional. BN.AN.DPN.PES 61, p. 164/255.

sa, radiodifusão ou televisão); todas referidas no Decreto-Lei N. 898:[189] a famigerada Lei de Segurança Nacional. E termina seu relatório:

> [c]om efeito, seria contraditório que um documento oficial de viagem, emanado da autoridade policial competente, parte integrante da ordem jurídica que o impetrante violou, lhe fosse concedido e, destarte, lhe proporcionasse meios adicionais de obrar contra essa ordem jurídica e de frustrar a realização da condição de punibilidade estabelecida pela alínea a do parágrafo 29 do artigo 59 do Código Penal.[190]

Dois meses e meio após a apresentação do mandado de segurança contra Azeredo, o Tribunal Federal de Recursos – por dez votos favoráveis contra dois de recusa – concede o direito de Boal ao passaporte, com voto determinante do Ministro Paulo Távora, que advogou que não se poderia admitir

> a negativa de fornecimento de documento necessário ao exercício do direito individual sob a alegação de haver índicos de crime contra a segurança nacional, quando quem denuncia não tem competência policial ou judiciária para a apuração ou processo e não informa ter representado a jurisdição militar competente e nem dá notícia de instauração de inquérito ou ação penal.[191]

Assim, Boal tem acesso ao documento e se dirige a Portugal para assumir os cargos prometidos.

Detivemo-nos neste caso exatamente para mostrar o ambiente desconfortável criado por Boal dentro do governo brasileiro, indicando que o Itamaraty nunca mais o tiraria do radar, sobretudo, porque Boal se aproveitaria do espaço cedido por toda a imprensa portuguesa, além de seus palcos, para palanque contra o regime militar que tanto o prejudicara. Daí por diante, todos os relatórios emitidos pela embaixada do Brasil em Lisboa para o MRE viriam com a epígrafe "Campanha de Difamação contra o Brasil", por mais que muitas vezes os próprios

189 Disponível em: <http://www2.camara.leg.br/legin/fed/declei/1960-1969/decreto-lei-898--29-setembro-1969-377568-publicacaooriginal-1-pe.html>. Acesso em: 27 mar. 2016.

190 BN.AN.DPN.PES 61, p. 114/225.

191 S/ autor. TFR concede a Boal o Mandado contra o Itamaraty. *O Estado de S. Paulo*, São Paulo, 12 maio 1976. BN.AN.DPN.PES 61, p. 86/255.

relatores tenham admitido que as entrevistas não necessariamente se dedicassem a falar do regime, ou mesmo, na quase exclusividade das conversas, direcionarem-se para o trabalho dramatúrgico de Boal.

Augusto Boal assumiu sua posição como funcionário contratado pelo MEIC, o que não era bem visto pelo MNE português. Vasco Futscher, Embaixador português em Brasília, desde o início apontava objeções contra a obtenção por Augusto Boal (então na Argentina) de passaporte português, pois, para o diplomata, o deferimento não deixaria de ser desfavorável às relações com o governo brasileiro.[192]

Boal havia sido contratado para ministrar as disciplinas de *Laboratório de Interpretação* e *Seminário de Dramaturgia* na Escola Superior de Teatro do Conservatório Nacional de Lisboa, o que foi um absoluto sucesso, pois, sem qualquer divulgação, atraiu mais de 200 inscrições de pessoas ligadas ao teatro, outras atividades culturais e mesmo outras áreas de profissões, o quelevou Boal a ter que aumentar o tempo de trabalho e dividir as salas.

O dramaturgo Helder Costa[193] relembra que quando chegou do exílio após o 25 de Abril e foi convidado para ministrar aulas no conservatório, percebeu-se do sistema arcaico de avaliação dos alunos e lutou para mudar isso. Este também foi o cenário que Boal observou na sua chegada, pois a revolução mudou a maneira de se pensar as instituições em Portugal, mas que em vários momentos foi freada.[194] Ao chegar, convidado pelo governo português, Boal demorou em assinar seu contrato de trabalho, o que, na realidade, só ocorreu após severa pressão da classe teatral. Luis Aguilar conta neste trecho sua versão de como se deu o aceite de contratação de Boal:

192 Arquivo Diplomático do Ministério dos Negócios Estrangeiros de Portugal. PEA 32-19. Telegrama: 192. 20 maio 1976.

193 Dramaturgo e ator português de reconhecimento mundial, Helder Costa foi militante de grupos maoístas em fins da década de 1960. Perseguido pela polícia política, se exila em Paris em 1970, onde promoveu a fundação do grupo *Teatro Operário*. No retorno à Portugal, após a revolução de 25 de Abril, une-se ao grupo teatral *A Barraca*, retomando pouco depois seu contato com Augusto Boal (que conhecera em França anos antes) e com ele desenvolve projetos teatrais neste grupo.

194 COSTA, H. [25 mai. 2015] Entrevistador: Rodrigo Pezzonia. Lisboa, 2015.

> David Mourão Ferreira, Secretário de Estado da Cultura não tinha honrado o compromisso de contratar Augusto Boal e a equipa que trouxera consigo. Contagiados por Teresa Mota e Richard Demarcy que invocavam ser um gesto revolucionário, contratar Augusto Boal, começamos a seguir a direcção do realismo e a exigir o impossível. Encarregou-se Amilcar Martins, que integrava o elenco directivo da E. S. T., de falar com Augusto Boal, enquanto eu iria invadir a secretaria do Conservatório Nacional (invadir é o termo, já que nessa altura, era a mesma "assaltada" por mais de 30 pessoas que integravam as diversas Comissões Directivas das cinco escolas) para sondar as possibilidades de contratar Augusto Boal. Nenhuma! respondia-nos o lendário senhor Antunes, chefe de uma secretaria em verdadeira revolução em curso. Horas depois, lá obtivemos a possibilidade de contratar Augusto Boal por 12 contos mensais, salário que era estipulado para todos os trabalhadores da casa.[195]

De acordo com o próprio Boal, no entanto, o contrato foi assinado, mas por apenas seis meses, sendo que após apoiar movimentos da classe teatral insatisfeita com a gestão do secretariado, assim como ele também estava, seu contrato foi suprimido a dois meses e então demitido. Acreditamos que esta insatisfação de Boal se dava por entender que aquela não era a revolução que esperava; ela não se parecia em nada com aquilo que entendia por "revolução". Ele, assim como boa parte das esquerdas portuguesas radicais, notava uma viragem à direita no processo revolucionário, o que realmente ocorrera após os fatos de 25 de novembro de 1975. Boal, por ter chegado logo após este evento, em 1976, entendeu que a cultura, em particular o teatro, estaria subjugada a uma Secretaria de Estado da Cultura que não mais se afinava com as ações da esquerda revolucionária.

A partir daí, e junto a Helder Costa,[196] ator que há anos pertencia aos grupos de esquerda radical portuguesa ao grupo teatral *A Barraca*, produz, escreve e dirige três peças, além de escrever outra, como veremos agora.

---

195 AGUILAR, L. *Morreu o Leão da Arena*: Augusto Boal. Disponível em: <http://luisaguilar.ca/jornalismo/augustoboal.htm>. Acesso em: 10 mar. 2016.

196 Criador em 1968 em Paris do grupo político maoísta *O Comunista* e que, mais tarde, ao se juntar com o *Grito do Povo*, formará a Organização Comunista Marxista-Leninista Portuguesa – OCMLP. CARDINA, Miguel. *O essencial sobre a esquerda radical*. Coimbra: Angelus Novos, 2010. 46-51.

Sua estreia se deuem 16 de abril de 1977, com a peça *A Barraca Conta Tiradentes*, aludindo ao trabalho de mesmo nome de sua autoria e encenado no Brasil pelo Teatro de Arena, mas que adaptada assumia toda uma conotação portuguesa pós-revolucionária. Como aponta Helder Costa:

> A Barraca já então queria falar de seu país e da dura prova que sempre são as lutas pela independência e as descolonizações. Fez com Boal um trabalho dramatúrgico estimulante e luminoso e através dele conseguimos sentir-nos portugueses em cena e contar o tempo em que a 1º ex-colônia portuguesa lutou pela sua independência, num século em que os dois países ainda tinham o mesmo rei.[197]

No fim daquele mesmo ano, no dia 12 de dezembro, estreia a peça *Ao qu'isto chegou! - Feira Portuguesa de Opinião*. Nesta obra, mais uma vez baseada em seu trabalho no Brasil, Boal e *A Barraca* atingem ainda mais seu objetivo de criticar os rumos da revolução, abrindo um debate público sobre ela. De acordo com o programa, "a função do espetáculo era assinalar a repressão política, a viragem a direita do que um dia se chamou a revolução dos cravos."[198] Foi feita uma chamada para todos os envolvidos com as artes e intelectuais para participarem do espetáculo junto com o público em geral. A peça ocorreu junto à exposição criada para este evento chamada "Mitologias Locais" na Sociedade de Belas Artes. *A Barraca* via como ponto alto da peça a "denúncia das traições políticas e econômicas ao 25 de abril."[199] Está aí posta a influência do já citado desapontamento de Boal com a revolução.

O último espetáculo sob a batuta de Boal em Portugal ocorreu em 20 de junho de 1978 e se chamava *A Barraca Conta Zé Telhado*. Esta peça, escrita por Helder Costa, pressionado por Boal (pois o português não acreditava ter potencial para escrever material de qualidade), tinha no assaltante Zé do Telhado o personagem principal, considerado o Robin Hood português.

Mas, se olharmos a importância da produção de Augusto Boal no exílio, pelo exílio e para o exílio, uma peça se torna mais importante do que as demais: *Murro em Ponta de Faca*. Esta obra foi escrita em Portugal e enfatizava as aventuras e des-

197 A BARRACA 30 ANOS. A Herança Maldita. (Programa)

198 A BARRACA 30 ANOS. A Herança Maldita. (Programa)

199 A BARRACA 30 ANOS. A Herança Maldita. (Programa)

venturas do exílio. O autor diz ter escrito esta peça sobre a sombra do suicídio, em referência às mortes causadas não apenas pela solidão do exílio, mas também pela animosidade da tortura que se tornava ainda presente, mesmo distante do Brasil.

Montada em 1978 no Brasil por Paulo José, e exibida no *Teatro de Arte Israelita Brasileira* – TAIB, em São Paulo, foi encenada pela primeira vez pela companhia de Othon Bastos e tinha no elenco nomes como Renato Borghi, Francisco Milani e Marta Overback, cenários e figurinos a cargo de Gianni Ratto, e Chico Buarque assinava a direção musical. "Escrevi Murro em Lisboa quando os exilados se suicidavam. Tribo de solitários, tão juntos, iguais: tão sós!"[200]

A história de três casais sofrendo, cada um à sua maneira, o fenômeno do exílio mostrava as diferentes faces as quais um evento como este impõe ao indivíduo. Naquelas seis personagens havia o resumo de milhares de brasileiros que se espalhavam pelo mundo na década de 1970. Em meio a alegrias, tristezas, traições, saudades, recordações, fantasias e projeções, a peça apresentava uma compilação do exilado, mostrando não apenas a capacidade de Boal em externar as próprias insatisfações, necessidades e frustrações inerentes à sua condição de exilado, mas também revelava, em nossa opinião, sua profunda capacidade de observação do outro.

A demissão

Bem, mas para além de sua atividade profissional, que por si só já se mostra militante no que se refere à sua produção, Boal não perdia a possibilidade de denunciar o regime. Isto se via de forma mais clara em suas peças, mas em uma ou outra entrevista ele, principalmente ao tratar de temas culturais, atacava de forma na maioria das vezes sutil o regime brasileiro. Desta forma, e não se esquecendo das ações passadas do dramaturgo, o governo brasileiro, via Itamaraty, decide pressionar pela sua demissão com apoio da embaixada portuguesa no Brasil, e mesmo com o Ministério dos Negócios Estrangeiros.

O Governo brasileiro também se mostrava ciente e incomodado pelo fato de Boal exercer "atividade remunerada pelo Governo português, na qualidade de contratado da Secretaria de Estado da Cultura", e atestava que "desde que ingressou em território português Augusto Boal tem-se feito notar pela pratica de atos hostis ao Brasil, como foi o caso, entre outros, de sua participação em programa

200 BOAL, A. 2000, p. 295.

da "Radiotelevisão Portuguesa (RTP), em 29 de junho de 1976, quando aproveitou a entrevista com Eduardo Prado Coelho, no programa iniciado as 20 horas, para fazer propaganda contra o Governo brasileiro."[201]

Como reação, a classe artística, em especial os organizados na Frente dos Artistas Populares e Intelectuais Revolucionários (FAPIR)[202] se levantaram em apoio a Boal e acusaram a SEC de ter recusado de forma "unilateral e sem explicações" a se responsabilizar pela manutenção de seu contrato, pois "os progressistas de nosso país ligados ao teatro sentiram grandes esperanças, quando souberam que a SEC solicitara os serviços de Augusto Boal para o teatro português,"[203]

Mas a situação política entre os países ficou mais complexa a partir das Moções de Repúdio ao governo brasileiro oriundas da *Assembleia da República* a respeito do assassinato de três membros da direção do PCdoB em meados de dezembro de 1976, e que não foi nada bem recebido pelo Itamaraty, dado o fato de que tal pauta foi colocada por parlamentares do PS, ou seja, membros do partido governista.

Além disso, em 1º de fevereiro de 1977, a embaixada brasileira enviou ao Ministério do Negócios Estrangeiros memorando pedindo satisfações ao governo português acerca das atividades de Augusto Boal naquele país. O Itamaraty, acreditamos, informado pela embaixada brasileira, teria tido ciência da participação do dramaturgo nos comícios de "solidariedade com os antifascistas brasileiros presos" nas cidades de Lisboa e Porto entre os dias 21 e 23 de janeiro daquele ano, o que desagradou enormemente o governo brasileiro, não apenas pelas agressões impetradas pelo dramaturgo em sua fala, mas também por não entender o Itamaraty o motivo pelo qual um exilado teria tamanha facilidade e permissão em se expressar politicamente no país que lhe acolhia.[204]

Dessa forma, ao mostrar estranheza pelos atos públicos de Boal, o governo brasileiro lembra os portugueses do Decreto-Lei 582/76, artigo 1º, que prevê a

201 Ministério das Relaçoes Exteriores. BR.AN.DPN.PES.745. p. 7/154.

202 Organização que tinha por objetivo lançar as bases de uma Frente Cultural, procurando unir em torno de uma plataforma antifascista e anti-imperialista que teria fundação nas associações de moradores e trabalhadores rurais e urbanas em defesa da Revolução e da classe artísticas.

203 Boletim da FAPIR. Boal Não Serve à SEC. n. 3, 30 mar. 1977, p. 15.

204 Ministério das Relações Exteriores. BN.AN.DPN.PES.62, p, 143-151.

expulsão de cidadãos estrangeiros "que participem de forma activa em actos políticos sem para tanto estarem devidamente autorizados pelo Governo."[205]

No dia seguinte, Alves Machado enviou documento classificado como Confidencial, em que relata o telefonema que recebera do Ministro Conselheiro da Embaixada do Brasil, Leite Ribeiro, para avisar do envio da nota acima ao MNE a propósito das atividades de Boal em solo português. Ribeiro teria enviado cópia de tal nota para Machado com cartão[206] que dizia: "Acredito que devemos realizar esforços para evitar que grupos minoritários, embora organizados e obstinados, voltem a cavar o fosso entre nossos países que começou a ser aterrado pelo Primeiro-Ministro Mário Soares em Brasília."[207]

Alves Machado argumenta com o Ministério que a preocupação de Ribeiro não é em vão, já que, para ele

> há importantes setores do poder político militar brasileiro que se opõe a uma aproximação em relação a Portugal. É inegável que as atividades como a que se descreve na nota anexa dão argumentos a esses setores e calam as vozes dos que nos defendem. Será difícil a estes últimos continuarem a sustentar que melhores relações com Portugal beneficiam o Brasil se, depois de uma abertura considerável como se obteve por ocasião da recente viagem aquele país de S. Exª o Primeiro Ministro, o nosso governo continua permitir que o brasileiros, aqui refugiados ou residentes, se manifestem politicamente contra o regime de Brasília.[208]

Alves Machado, via na atitude de Leite Ribeiro em ter enviado a nota para o MNE, e principalmente por ter lhe enviado uma cópia, que "as autoridades brasileiras atribuem, a este incidente menor, um a importância considerável e sugerem vejam-se os termos do cartão de Leite Ribeiro – que a normalização das

205 Ministério das Relações Exteriores. BN.AN.DPN.PES.62, p, 143-151.

206 Curioso é que a nota que motivara a reação de Alves Machado esta rascunhada em um cartão de visitas de Leite Ribeiro ocupando seus dois lados, ou seja, não tinha qualquer sentido oficial, o se poderia se relacionar com alguma espécie de correspondência. O cartão faz parte do processo PEA 33/BRA/19 que se encontra no Arquivo Diplomático do Ministérios dos Negócios Estrangeiros.

207 Ministério das Negócios Estrangeiros. PEA 33/BRA/19.

208 Ministério das Negócios Estrangeiros. PEA 33/BRA/19.

nossas relações com o Brasil é incompatível com as actuações desta ordem". E dá o veredito: "No caso concreto haveria a agravante do sr. Boal exercer atividade remunerada pelo Governo português."[209]

Com isso, a pressão do Ministério dos Negócios Estrangeiros para exoneração dos brasileiros que tinham cargos públicos em Portugal aumentou e, por isso, os contratos com Boal não foram respeitados, o que o irritou profundamente até a sua morte, como pode-se notar no profundo amargor pelo qual se refere ao seu tempo de exílio luso:

> [q]uando saí da Argentina, boa parte do arsenal na mala, fui para Portugal levando esperanças. Não me dava conta de que a revolução portuguesa se chamava a dos cravos. Cravos são flores; e flores fenecem. Quando chegamos os cravos revolucionários estavam secos, perfumes tristes.[210]

Então, no ano seguinte e já próximo da Lei de Anistia, Boal deixou Lisboa em direção a Paris, fechando o registro de sua autobiografia da seguinte forma: "De Portugal, levei saudades de tudo o que não aconteceu... E lembranças de poucos amigos que aconteceram."[211]

Boal e Zé Celso: dois momentos, dois olhares

Diferente da experiência de José Celso Martinez Correa, quando da chegada de Boal à revolução, em suas palavras, esta já havia fenecido. A ebulição política, social e, porque não, cultural ao qual o primeiro havia se deleitado, agora tinha dado espaço a uma condição burocrática. Não que no período do PREC não houvesse intermináveis e calorosas discussões a respeito do futuro cultural do país, pois a polarização que permeava o cenário político transbordava para outras esferas, e a cultural não seria diferente. Mas, para artistas engajados como eram os dois dramaturgos, o primeiro momento, onde predominava os grupos de *Dinamização Cultural e Acção Cívica* do MFA, sob a égide do PCP, entre outras organizações da extrema esquerda que se identificavam com o aspecto revolucionário, o leque de

209 Ministério das Negócios Estrangeiros. PEA 33/BRA/19.

210 BOAL, A. *Hamlet e o Filho do Padeiro*. Rio de Janeiro: Record, 2000, p, 290.

211 BOAL, 2000, p. 315.

oportunidades e de satisfação era bem mais proveitoso que no segundo momento, onde os arroubos revolucionários arrefecem e o burocratismo ganha força.

A atuação dos artistas brasileiros com o fim da "radicalização" pós-25 *de novembro*, de certa forma também arrefece e isso muito tem a ver com uma maior aproximação Portugal – Brasil. Depois do golpe frustrado da esquerda, a relações fluem com menor desconfiança e de maneira um pouco mais amena, e o diálogo quanto ao que desagradava o governo brasileiro começa a ter maior relevância dentro do Ministério dos Negócios Estrangeiros e maior audiência do governo português. Então, o que Portugal pudesse fazer para amenizar as relações com Geisel, seria feito. Ainda mais sendo algo que, de fundo, não agradava também ao governo português como a atividade de Augusto Boal junto a grupos de extrema-esquerda e lutando em favor da manutenção do processo revolucionário.

Podemos entender que a ação dos dois dramaturgos que passaram por momentos diferentes também foi de certa forma diferente. Zé Celso, embora um admirador da revolução portuguesa se alimentava artisticamente para além da fonte ideológica comum às organizações de esquerda, e sua atuação se dava especialmente em sua atuação artística em se impor contra regras comportamentais e morais dentro da própria revolução. Zé Celso parecia querer revolucionar a revolução, e por isso se distanciou.

Já Boal se identificava mais com os projetos e objetivos da esquerda "tradicional" e, por isso, foi marginalizado pelo governo português constitucional. Quando chegou, a revolução já havia desaparecido dos horizontes políticos de Portugal, e sua ação parece sempre ter sido afetada por ter perdido o "trem da história", e por isso desiludiu-se com sua passagem por Portugal até o fim da vida.

SOLIDARIEDADE

É possível encontrar emocionadas recordações dos brasileiros em relação ao tratamento dispensado pelo povo português, como no testemunho de Pedro de Andrade, que tenta analisar os motivos que teriam levado a esta acolhida. Diz ele:

> [e]m nenhum lugar isso [solidariedade] teve a importância que teve em Portugal. Só em dois países é que poderia haver essa importância: em Portugal e na Espanha. Porque eram países que haviam vivido embaixo de ditadura. E quando você destapava a ditadura, as pessoas tinham a sensibilidade do que era estar submetido a ela e conseguia-se, realmente, quase encarar isso como se fosse uma coisa deles (...) Como fenômeno de massa, só poderia ter acontecido na península ibérica, pós-queda do salazarismo e do franquismo, porque as pessoas sabiam como era se viver sob uma ditadura, e de repente libertam-se, e, ao saber que tem outros assim, eles eram imensamente solidários.[1]

---

1 ANDRADE, P. de. [29 jan. 1996]. Entrevistadores: Denise Rollemberg e Daniel Aarão Reis Filho. Lisboa, 1996.

A solidariedade portuguesa à causa brasileira também fica evidente na entrevista com Moema São Thiago:

> [t]odos nos assumiam, era uma solidariedade muito grande. Eram os antifascistas portugueses apoiando os antifascistas brasileiros. Houve uma vez uma situação comovente. Eu fui ao dentista - eu não conhecia o dentista, mas tinha uma referência dele, e não falei nada -, e, na hora H eu pensava numa dor imaginando uma tortura, e numa dessas eu passei mal, tive uma tontura e não sei o que... E então, ao pedir para marcar outro dia, porque não tinha condições, eu contei [sobre a militância no Brasil], não é? E o cara tinha sido preso, torturado, ficou emocionado, fez o tratamento da gente, não quis receber. E disse: 'Pode trazer mais outros companheiros!' E eu levei mais não sei quantos companheiros.2

A solidariedade em relação aos brasileiros - e demais exilados oriundos da América Latina - resultou tanto da vivência dos portugueses à sua própria ditadura quanto do fato de que o caminho inverso já havia sido trilhado pelos portugueses. Muitos dos que estavam participando do processo revolucionário iniciado com o 25 de Abril também haviam passado pela experiência do exílio e tiveram como "lar provisório" o Brasil, onde foram bem recebidos, conforme podemos constatar, em diversos momentos, nos discursos dos membros das Assembleias da Constituinte e da República. Estes atestam os motivos para que se auxiliem os povos latino-americanos, em especial, os brasileiros.

Dessa forma, em sentido político, a solidariedade veio de várias formas. Um exemplo foi a ação de colagem de 5000 cartazes estampados com o rosto do líder guerrilheiro Carlos Marighella em vermelho pelas ruas de Lisboa por exilados e parlamentares do PS[3], como relembra Moema São Thiago.

---

2 SÃO THIAGO, M. [15 maio 2014] Entrevistador: Rodrigo Pezzonia. Brasília, 2014.

3 É importante ressaltar que neste momento, de acordo com depoimentos, havia um grupo dentro do Partido Socialista que estava com posicionamento mais à esquerda em relação a doutrina social democrata do partido de anos posteriores.

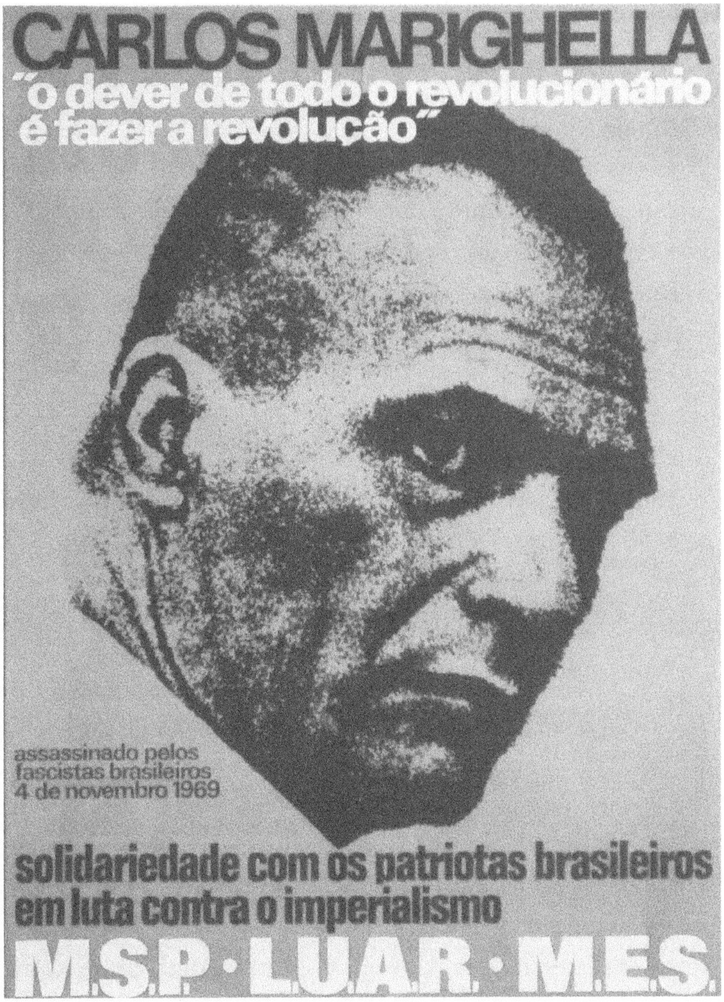

Cartaz elaborado por partidos da esquerda revolucionária portuguesa. De acordo com Moema São Thiago, mais de 5000 exemplares foram afixados por toda a Lisboa em 1975. Acervo do Centro de Documentação 25 de Abril.

Outro exemplo diz respeito ao Movimento Democrático de Mulheres (MDM) que, em 1975, promoveu em evento de solidariedade às mulheres brasileiras. O MDM, uma associação de mulheres fundada em 1968, define-se

> como movimento de opinião e intervenção que valoriza o legado histórico dos movimentos de mulheres que lutaram contra a opressão e as desigualdades entre mulheres e homens, defenderam

> e defendem os direitos das mulheres nas suas vertentes políticas, sociais, econômicas e culturais e de direitos humanos.[4]

O MDM também se coloca como laico, apartidário, nacional, sem fins lucrativos: "cujo objetivo central é a luta pela emancipação das mulheres, pela paz e pela dignidade humana o que é indissociável da luta pela construção de uma sociedade de igualdade, democracia, justiça social e desenvolvimento ".[5]

Em Portugal, o MDM se destacou por realizar os mais variados eventos, não apenas em relação às mulheres portuguesas, mas também em solidariedade às mulheres no exterior, em especial àquelas que passavam por problemas políticos e/ou sociais. Neste caso, as mulheres brasileiras não poderiam deixar de ser contempladas com a preocupação da organização, e, por isso, em dois de outubro de 1975, foi realizado o evento *Solidariedade da Mulher Portuguesa à Mulher Brasileira*, pois,

> [s]endo as mulheres brasileiras ao longo dos anos vítimas particulares dessa dura repressão e odiosa exploração, tomo o MOVIMENTO DEMOCRÁTICO DAS MULHERES PORTUGUESAS a iniciativa de promover um dia de solidariedade com o povo brasileiro e em particular com as mulheres, no apoio à sua luta por um mundo melhor, de paz, de amizade e de progresso social.[6]

O ano 1975 havia sido designado pela ONU o *Ano Internacional da Mulher*. Desta feita, este evento tinha ainda mais significado para as brasileiras que haviam sido contempladas pelas portuguesas em serem o tema de debate daquele ano.

O evento em questão, que ocorreu no Teatro Trindade, de acordo com o jornal *Primeiro de Janeiro*, da cidade do Porto, iniciou-se com uma intervenção introdutória de Dulce Rebelo; então deu-se a palavra para a oradora, a jornalista brasileira Zillah Branco, que colocou em baila a condição das mulheres no Brasil e fez um chamamento à conscientização das mulheres portuguesas e de todo mundo, "sem dúvida as mais exploradas entre todos os explorados."[7] Houve tam-

4 Disponível em: < http://www.mdm.org.pt/ >. Acesso em: 24 abr. 2015.

5 Disponível em: <http://www.mdm.org.pt/?page_id=1298>. Acesso em: 24 abr. 2015.

6 Solidariedade da Mulher Portuguesa à Mulher Brasileira. Lisboa: Edições MDM, 1975. Pasta Solidariedade Internacional: acervo MDM.

7 A NECESSIDADE de Despertar a Consciência das Mulheres para as Tarefas de Luta. *Primeiro de Janeiro*, Porto, 5 out. 1975.

bém a intervenção do ex-deputado Fernando Perrone, que fez analogia entre a atividade das forças reacionárias no Brasil e em Portugal.

Este movimento tinha grande compromisso em relação à Anistia, e tinha também em alta conta a atuação de Terezinha Zerbini nesta luta, principalmente após sua participação, em nome do Movimento Feminino pela Anistia, na Conferência Mundial do Ano Internacional da Mulher, que ocorrera na cidade do México. Diria Terezinha Zerbini neste encontro:

> [a] amnistia virá fortalecer a união e desarmar espíritos. Ela conduz à Liberdade. Liberdade Desenvolvimento e Paz são termos indivisíveis e nenhum deles pode ter prioridade sobre os outros. Estabelecida a paz e a concórdia em cada nação, partiremos para chegar a meta global, ou seja, a paz mundial.[8]

Anos depois, a Anistia continuava como tema e, inclusive, foi assunto de um memorando produzido pelo MDM e entregue à embaixada brasileira para o embaixador Carlos Alberto Fontoura, exigindo Anistia política como sendo a única forma de garantir democracia, liberdade e justiça no Brasil.[9]

8 Solidariedade da Mulher Portuguesa à Mulher Brasileira. Lisboa: Edições MDM, 1975. Pasta Solidariedade Internacional: acervo MDM.

9 MULHERES Portuguesas pedem Anistia Política no Brasil. Extra, 9 mar. 1978.

Reprodução do autocolante de divulgação do evento: Solidariedade da mulher portuguesa à mulher brasileira. Acervo do Movimento Democrático de Mulheres, Lisboa.

As instituições portuguesas também se alinharam com a luta em favor dos exilados e atacaram a ditadura brasileira. Ainda nos tempos de Assembleia Constituinte, Vasco da Gama Fernandes já se posicionava em favor da criação de uma comissão de solidariedade aos que procuravam Lisboa como terra de exílio:

> [p]or uma questão de feitio e de vocação já muito antiga, encontro-me nesta altura fazendo parte da Comissão de Auxílio aos Antifascitas Exilados em Portugal. (...) Tem sido um drama, um pequeno drama, o que se tem passado com esta Comissão com dificuldades tremendas, sem auxílio concreto do Estado, sem resposta a apelos insistentes que temos feito a várias individualidades e a várias entidades. Só o esforço – ia já asar uma expressão muito adequada: só a

> calorice - de meia dúzia ou de uma dúzia de pessoas não tem permitido que os exilados antifascistas neste país (chilenos, brasileiros e até espanhóis) morressem de fome nas ruas de Lisboa.[10]

Os portugueses militantes da causa dos asilados tentavam promover ações de conscientização de seus conterrâneos para a causa dos estrangeiros. Stella Piteira Santos, que, junto ao seu marido, Fernando Piteira Santos, também havia sofrido o degredo, ainda em 1975, apelava

> para todos os organismos sindicais, para todos os partidos políticos, para todas as comissões de trabalhadores no sentido de dar a cada trabalhador português a consciência de que há uma solidariedade para com os refugiados políticos antifascistas que o povo português tem que assumir, ainda que isso represente sacrifício nas actuais circunstâncias. Esta é, de facto, a única resposta válida de um país que produziu, durante 50 anos, centenas de asilados, homens e mulheres perseguidos pelas suas convicções políticas que foram obrigados a pedir auxílio a outros povos, se quiseram salvar a liberdade e a vida.[11]

Stella Piteira Santos não apontava apenas para a população, que ela, como já visto, identificava enquanto um facilitador das condições e compromisso assumidos internacionalmente pelo país. Suas armas eram descarregadas no alvo do governo português, que deveria legislar para que estes compromissos, ou seja, as convenções que ratificou, fossem valoradas e colocadas em prática. Para ela, as dificuldades econômicas que Portugal atravessava não seriam sequer exclusivamente portuguesas, mas mundiais, tendo a crise sido acionada como desculpa à negligência e ao egoísmo. Dizia ela que: "um país que se liberta do fascismo tem uma dívida de solidariedade a pagar a Humanidade que ainda conhece essa forma de violência."[12]

É interessante notar os discursos dos brasileiros e portugueses daquele período no que se refere à identificação com a nação e à nacionalidade. Ao depararmos com a documentação, percebemos que, quando necessário para a legitima-

10 Diários da Assembleia Constituinte, 1 ago. 1975, n. 24, p. 597.

11 PALLA, M. A., 1975, p. 30.

12 PALLA, M. A., 1975, p. 30.

ção do discurso – e apenas no discurso – as fronteiras tendem a ser derrubadas. No caso de nossa pesquisa, é evidente a necessidade do uso do conceito de nação para a condução política das relações exilados: nação que acolhe e nação que exila, como se em um ciclo.

Mas o mais interessante é o uso do argumento de "nação única" tanto para aqueles que são solidários aos brasileiros exilados quanto para aqueles que necessitam deste argumento para se aliar, política e economicamente, com o outro estado nação, de forma que tal argumento passa a ser exaustivamente utilizado.

No caso luso-brasileiro, a História comum, a relação "matriarcal", a língua e a cultura comuns, que são moldadas e aprendidas nestas relações internacionais, são a todo momento evocadas para demonstrar a simbiose pretensamente existente entre os dois países.

Assim, este argumento foi utilizado tanto pelo militante de esquerda português solidário aos antifascistas brasileiros – e o antifascismo também entra como ingrediente, já que os portugueses em seu período "fascista" foram recebidos no país irmão, o que obrigou os portugueses receberem seus "filhos" brasileiros –, como também foi evocado pelo governo português, em especial a partir do I Governo Constitucional dos moderados do PS de Mário Soares, na necessidade de aproximação comercial e política com o os militares brasileiros. O argumento de internacionalidade cultural e histórica entre os dois países parece ser o gancho para tratar de assuntos como, por exemplo, da entrada e legitimação brasileira nas ex-colônias africanas de Portugal, e amenizar as relações que até aquele momento eram difíceis.

E isso é mesmo perceptível. Quando estive por quatro meses em portugal, não me sentia fora do Brasil. Pessoalmente, sentia-me como estando em um outro Estado brasileiro que, por suas particularidades, era provido de uma cultura peculiar ao Estado de São Paulo (de onde vinha), tinha o sotaque diferente etc. Senti-me realmente fora do Brasil quando passamos alguns dias em outro país europeu, onde realmente tudo modificara, a começar pela língua. Cremos que situação similar aconteceu com os exilados que para Portugal se deslocaram; pelo menos é este o relato comum de quase todos com quem tivemos contato, referindo-se como "um retorno à casa" após passarem por exílios em outros países

Neste capítulo nos concentraremos nos movimentos de solidariedade de portugueses com os brasileiros, e, porque não, a atuação dos segundos em relação aos primeiros. Por isso, e como já referido anteriormente, o primeiro ponto a ser discutido diz respeito à CNARPA, a primeira organização que se dedicou a auxiliar os refugiados latino-americanos em Portugal. Depois, dedicar-nos-emos aos partidos políticos e às organizações geradas por eles.

CNARPA - Comissão Nacional de Apoio aos Refugiados Políticos Antifascista

Em documento intitulado *Apelo da Comissão Nacional de Apoio aos Refugiados Políticos Antifascistas*, que, sob preenchimento do interessado, seria enviado para possíveis apoiadores do intuito de angariar fundos, a CNARPA

> constituiu-se com a finalidade de prestar auxílio aos lutadores antifascistas que, por sofrerem perseguições nos seus países, tiveram que se exilar para escaparem à prisão e mesmo à morte, procurando agora em Portugal acolhimento que lhes permita refazer a sua vida com dignidade e liberdade. A solidariedade prática para com esses refugiados, é, para nós, um dever moral. Não esquecemos os inúmeros casos de exilados políticos portugueses que receberam no estrangeiro apoio de organizações idênticas.[13]

Vasco Martins, em entrevista a Maria Antonia Palla para o jornal *A Luta*, aponta de forma mais informal como se decidiram pela criação da organização. De acordo com ele,

> [t]udo começou por uma circunstância muito concreta: soubemos, por intermédio do Ministério dos Negócios Estrangeiros, que em Buenos Aires havia um grupo de 60 refugiados chilenos e brasileiros que não tinha conseguido asilo nos países da América Latina susceptíveis de os receber e que também não podia ficar na Argentina, porque este país não lhes dava direito de estada, carta de trabalho etc. Inclusivamente, muitos deles começaram a ser perseguidos por organizações de extrema-direita, tendo alguns sido mortos. O Alto Comissário das Nações Unidas previu a hipótese desses refugiados virem para Portugal. E assim aconteceu: munidos de um passaporte da ONU, sobre o qual o nosso cônsul

13 *Apelo da Comissão Nacional de Apoio aos Refugiados Políticos Antifascistas.* Centro de Documentação 25 de Abril. Espólio Judite M. Abreu. Priv. CNARPA. Corresp.

> em Buenos Aires pôs um visto turístico, esses 60 antifascistas desembarcaram em Portugal.[14]

O documento afirma que a comissão teria a seu cargo apenas trinta refugiados naquele outubro de 1974, e que era necessário garantir sua subsistência "enquanto não [fossem] encontradas soluções para a vida normal de cada um."[15] O documento solicitava "contribuições monetárias", especialmente mensais, mas também haveria disposição em aceitar outros formas de auxílio, já que havia "algumas crianças necessitando de escolarização e outras dos cuidados de um infantário para que as mães [pudessem] trabalhar", assim como indicações de "hipótese de emprego."[16]

A CNARPA funcionava em Lisboa à Rua Castilho, 32, 1° andar, e tinha expedientes às terças e quintas das 17 às 20 horas, o que já apontava a indisponibilidade de seus organizadores em dedicar tempo integral à causa; esta era uma atividade extraordinária nas vidas destes militantes. Além de tal matriz em Lisboa, havia ainda núcleos de apoio em Porto e Coimbra, que, aliás, eram pontos de apoio não só a esta organização, como a outras que se solidarizavam com os refugiados.

A CNARPA congregava sob sua sigla personalidades das mais diversas posições e partidos portugueses. Em 1974, a organização documentava que havia 21 aderentes[17] à causa dos exilados.[18]

Cabe-se ressaltar que a CNARPA tinha o intuito de não se limitar à busca de auxílio material junto aos exilados; ela também se orientava na perspectiva de ajudar

14 PALLA, M. A.. Vasco Martins da CNARPA: É necessário distinguir o asilado político do aventureiro. A Luta, local, p. 2, 20 dez. 1975.

15 *Apelo da Comissão Nacional de Apoio aos Refugiados Políticos Antifascistas.* Centro de Documentação 25 de Abril. Espólio Judite M. Abreu. Priv. CNARPA. Corresp.

16 *Apelo da Comissão Nacional de Apoio aos Refugiados Políticos Antifascistas.* Centro de Documentação 25 de Abril. Espólio Judite M. Abreu. Priv. CNARPA. Corresp.

17 Eram eles: Antônio Galhordas, Berta Mendes, Etelvina Lopes de Almeida, Fernanda Lopes Cardoso, Fernando Piteira Santos, Francisco Lino Neto, Henrique de Barros, João Pedro Miller Guerra, Joaquim Ângelo Caldeira Rodrigues, Joel Serrão, Levy Batista, Luisa de Barros, Manoel Rodrigues Lapa, Maria Antonieta Barracha, Maria Barroso, Eugenia Varela Gomes, Maria Estela Piteira Santos, Nuno Teotonio Pereira, Raul Rego, Ruy Luis Gomes, (Ruy Cabeçadas está com o nome riscado da lista), Vasco da Gama Fernandes, Vasco Martins.

18 Centro de Documentação 25 de Abril. Espólio Nuno Teotônio Ferreira. Doc. Pol. p. 25 A. CNARPA - Doc. Diversos/148.

na conquista de condições dignas de vivência destes indivíduos na busca de seus direitos legais, como aponta Vasco Martins, e ainda sobre a formação da organização

> [n]ão existindo nenhum organismo oficial encarregado de receber refugiados, formamos a CNARPA, como forma de apoio e solidariedade dos antifascistas portugueses aos antifascistas dos outros países. A Comissão tinha um carácter provisório, existiria até estarem reguladas as estruturas oficiais, embora passasse a ser o interlocutor válido a nível nacional e internacional. O nosso maior esforço fez-se no sentido de levar o Governo português a assinar a Convenção de Washington e a definir o Estatuto do refugiado, de modo a permitir ao Alto Comissariado das Nações Unidas tratar oficialmente com Portugal. Acontece que, apesar de todos os esforços e boas vontades, até hoje isto não foi resolvido.[19]

Podemos identificar estes esforços na correspondência encontrada nos arquivos do Centro de Documentação 25 de Abril em Coimbra, exemplificado na carta de Ana Maria Galano, de Genebra, à CNARPA. Ana Maria Galano foi até Genebra, em outubro de 1974, para consultar a ACNUR a respeito da condição em que se encontrava a política para refugiados em Portugal até aquele momento, e angariar bibliografia concernente ao estatuto do refugiado.

Chegando lá, foi atualizada que – e como já vimos nos capítulos anteriores – até aquele momento, Portugal só ratificara a Convenção de Genebra e não aderira ao protocolo de 1966 que atualizou a definição de refugiado político, e, que de acordo com Georges Koulischer – Chefe da Seção Américas, Ibéria e Oceania para a ACNUR –, Portugal declarou que limitava a concessão de refúgio às pessoas que se encontram fora de seu país e apenas anteriormente à 1951, não estando compreendidos, portanto, os latino-americanos. Para Koulischer, haveria o entendimento de que "seria muito bom que Portugal aderisse ao protocolo de 1966, pois este permitiria que os refugiados políticos já em Portugal passassem a beneficiar de todos os direitos concedidos pelo estatuto regulamentado internacionalmente."[20]

---

19 PALLA, M. A. 1975, p. 2.

20 Centro de Documentação 25 de Abril. Espólio Nuno Teotônio Ferreira. Doc. Pol. p. 25 A. CNARPA - Doc. Diversos/150.

Na mesma correspondência, Galano indica o que seria necessário para Portugal se alinhar com ao protocolo não assinado. Dever-se-ia haver anúncio do governo português externando este interesse à ACNUR, o que permitiria que um funcionário do Alto Comissariado acompanhado de um jurista fosse enviado a Portugal para o acordo ser revisto.

Galano pediu também a Koulischer um parecer sobre o entendimento que a ACNUR teria em relação a esta, então, nova organização de auxílio aos exilados. Assim, ao ler o recorte do jornal *República* sobre a CNARPA, Koulischer ficou preocupado com o nome escolhido para a Comissão, nomeadamente com o adjetivo "Antifascista", pois de acordo com relato de Galano,

> [Koulisher] [d]isse que haveria resistências no ACNUR a que se mantivesse relações, se concedesse financiamento etc. a uma comissão que tomasse posição política forma e explicitamente, através de seu nome, como a CNARPA. Parecia-lhe evidentemente que, vista a conjuntura política de Portugal, a tendência dominante e mesmo exclusiva, seria de apoiar refugiados políticos antifascistas. Esta triagem teria lugar por diferentes mecanismos, porém seria muito aconselhável que fosse suprimido o adjetivo antifascista, para evitar que se criassem obstáculos a boa relação entre a Comissão e a ACNUR.[21]

A estas informações angariadas por Ana Maria Galano, juntou-se o que a Comissão já levantara, e, em outubro de 1974, veio à luz um relatório da organização que reunia aquilo que se tinha sobre a questão do exílio em Portugal após a Revolução.

O relatório aponta que antes do 25 de Abril, Portugal havia sido quase exclusivamente local de refúgio para simpatizantes dos regimes fascistas, que encontraram da parte do Governo todas as facilidades para sua instalação no país.[22] E com suas fortunas, viviam sem incômodos por parte país que os acolhera e por parte internacional. O documento coloca em discussão, assim, o fato de que o governo salazarista utilizou a legislação sobre asilo da maneira que melhor lhe

21 Centro de Documentação 25 de Abril. Espólio Nuno Teotônio Ferreira. Doc. Pol. P. 25 A. CNARPA - Doc. Diversos/150.

22 Centro de Documentação 25 de Abril. Espólio Judite M. Abreu - MOCNARPA - Relatórios - Comissão Nacional de Apoio aos Refugiados Políticos Antifascistas - Relatório Outubro de 1974, p. 5.

aprouvera, tendo assinado apenas a Convenção de Genebra de 1951, e se distanciado do protocolo de 1967.

Para a organização, com o 25 de Abril o governo abria suas fronteiras para receber os refugiados, mas esclarecia que apenas isto não seria suficiente para a Comissão, sendo apenas um primeiro passo. Como segundo movimento, seria necessário que se promulgasse a legislação apropriada à situação criada após o 25 de Abril. O terceiro passo consistiria em dar condições e estrutura de acolhimento e apoio aos refugiados políticos, pois, acima de uma definição jurídica dos asilados, a CNARPA entendia que deveria sobrepor-se a ela uma definição humana de "refugiado político antifascista", que seria, ao ver da Comissão

> [u]m homem ou mulher, frequentemente um companheiro de luta antifascista, que passa a fronteira de Portugal, sem ou com poucos meios econômicos, sem amigos ou sequer conhecidos, ignorando a nossa língua, sem habilitações profissionais quando se trata de um jovem, ou com qualificações que, por diversas razões, lhe são totalmente inúteis. É na sua dimensão íntima, é um ser cortado de suas raízes, conservando a memória, vivendo psicologicamente entre dois mundos.[23]

Ainda para a CNARPA:

> [a] legislação adequada sobre refugiados é indispensável, mas, senão se acompanhar esta de um uma acção de apoio concreto, material e moral, à pessoa concreta do refugiado, nós, os antifascistas portugueses, limitar-nos-emos a oferecer aos antifascistas estrangeiros um refúgio juridicamente reconhecido e regulamentado onde eles pouco mais poderão albergar do que o seu desespero e sua frustração.[24]

Em seu segundo mês de atividade, a CNARPA, em Lisboa, assumia o cuidado de cerca de 30 refugiados entre latino-americanos e espanhóis, e haveria

23 Centro de Documentação 25 de Abril. Espólio Judite M. Abreu - MOCNARPA - Relatórios - Comissão Nacional de Apoio aos Refugiados Políticos Antifascistas - Relatório Outubro de 1974, p. 5.

24 Centro de Documentação 25 de Abril. Espólio Judite M. Abreu - MOCNARPA - Relatórios - Comissão Nacional de Apoio aos Refugiados Políticos Antifascistas - Relatório Outubro de 1974, p. 6.

notícias de que, em Porto, três outros procuraram a organização. Dos indicados inicialmente, 26 eram adultos, sendo oito mulheres; havia também seis crianças, dentre as quais, cinco em idade escolar e um recém-nascido.[25] Após este primeiro período, é sabido, como já vimos, que este número aumentou. Acreditamos que o total pode ter chegado a quase uma centena.

No que se refere a "alimentação, alojamento e outras despesas", a CNARPA, inicialmente, angariou auxilio do Ministério do Trabalho, FNAT e Serviços Sociais. A assistência médica ficou a cargo de um grupo de médicos simpatizantes da causa, a partir de uma ligação com o sindicato dos médicos. Empregos ainda eram muito defasados, sendo que apenas algumas pessoas conseguiram se colocar no mercado de trabalho. Vestuário e material escolar eram adquiridos por meio de doações. Auxilio jurídico estava sendo estudado para que um grupo de juristas pudesse se ater futuramente a estas questões.

Além disso, a Comissão dava seguimento a pedidos de residência feitos pelos refugiados nos serviços competentes, mas o relatório revelava que até aquele momento nenhum retorno havia-se conseguido destes órgãos. A CNARPA fazia autocrítica por ainda não ter se colocado no combate pela educação e formação profissional para os exilados e se cobrava em fazer contato com o MEC ou outras entidades que pudessem colaborar nesse ponto.[26]

A CNARPA também se preocupava com a informação à opinião pública, e por isso se manifestava via imprensa escrita e televisiva através de uma campanha de entrevistas e anúncios tendentes a informar sobre a situação dos refugiados em Portugal e obter apoio para a atividade da Comissão.

Todo o trabalho era realizado via voluntariado; até mesmo a sede era emprestada, e as doações vinham de indivíduos e organizações, mas de forma muito irregular, o que dificultava ainda mais os trabalhos.

Por fim, a entidade entendia que três fatores deveriam ser alcançados para facilitar seu trabalho. Eram eles: 1) a adesão do governo ao Protocolo de 1967; 2) que o governo português legislasse internamente sobre o pedido de refúgio

25 Centro de Documentação 25 de Abril. Espólio Judite M. Abreu - MOCNARPA - Relatórios - Comissão Nacional de Apoio aos Refugiados Políticos Antifascistas - Relatório Outubro de 1974, p. 5.

26 Centro de Documentação 25 de Abril. Espólio Judite M. Abreu - MOCNARPA - Relatórios - Comissão Nacional de Apoio aos Refugiados Políticos Antifascistas - Relatório Outubro de 1974, p. 5-9.

político e sobre o procedimento a ser adotado em relação aos refugiador; e 3) que autoridades e organizações nacionais e internacionais apoiassem, direta ou indiretamente, a organização na assistência aos refugiados.[27]

Conforme discutimos anteriormente, resultados para esta luta pela legislação de asilados nunca se concretizaram verdadeiramente, pelo menos não para o caso dos brasileiros. Não conseguimos identificar quando a CNARPA efetivamente findou suas atividades, mas acreditamos que não tenha sobrevivido ao ano de 1976. Em dezembro de 1975, a organização já estava extremamente endividada com a INATEL e recebia críticas do governo, inclusive de Mario Soares, em relação ao auxílio a refugiados que na realidade estariam usando sua condição de refugiados para promover luta política interna a Portugal. Vasco Martins, naquele fim de 1975, ainda sob o calor do *Verão Quente*, caracterizava os diferentes tipos de exilados:

> [p]enso que quando se fala em "estrangeiros" e em "refugiados" há que distinguir claramente de quem se fala. Temos, em primeiro lugar, os refugiados que passaram pela Comissão e acerca dos quais, tanto quanto nos foi possível, verificamos tratar-se de pessoas realmente necessitadas de asilo, em virtude de se encontrarem em risco de prisão ou de morte; há os refugiados que vieram para Portugal ligados aos Partidos Políticos e que foram auxiliados diretamente por eles, não passando pela Comissão; há ainda Um terceiro grupo, que é o mais numeroso, de jovens que vieram a Portugal passar férias, muitos deles pertencentes ás chamadas esquerdas revolucionárias europeias, e que decidiram ficar para observar e participar no espectáculo da Revolução portuguesa. São estes últimos que aparecem ligados aos problemas da Reforma Agrária, às ocupações armadas, às herdades cooperativas, levados pelos portugueses a imiscuir-se no processo português. Das pessoas assistidas pela CNARPA apenas dois espanhóis foram detidos no Verão passado, no Barreiro, conduzindo um automóvel furtado, que transportava armas. Penso que os restantes desejam efetivamente

27 Centro de Documentação 25 de Abril. Espólio Judite M. Abreu - MOCNARPA - Relatórios - Comissão Nacional de Apoio aos Refugiados Políticos Antifascistas - Relatório Outubro de 1974, p. 10-11.

> continuar em Portugal, aceitando o estatuto de asilado, o que os impede de participar na vida política portuguesa.[28]

Identifica-se então algo verdadeiro, de que haveria exilados de diferentes países, com diferentes intuitos e objetivos e com diferentes meios de chegada a Portugal, como já vimos também no capítulo anterior. E o que propunha então Vasco Martins era verificar aqueles que realmente precisariam de ajuda, não podendo assim Portugal virar costas para a colônia de estrangeiros que estariam interessados em recomeçar suas vidas. Vasco Martins termina a entrevista à Maria Antonia Palla enviando um recado para o governo português e em especial a Mário Soares:

> [p]enso que o essencial, neste momento, é não metermos no mesmo saco, sob o termo de "refugiado", pessoas que não têm nada a ver umas com as outras. A publicação do estatuto de refugiado permitiria analisar caso por caso, de forma a não se confundir o verdadeiro refugiado, que merece toda a solidariedade, com o aventureiro político, o possível agente policial, a soldo sabe-se lá de quem. (...) Não é crível supor-se que Mário Soares esteja contra os refugiados políticos que se encontram em Portugal, pois foi dele que partiu a ideia de facilitar a vinda dos refugiados que se encontravam na Argentina, mostrando-se favorável à concessão do direito de asilo, certo que o problema não ficou resolvido enquanto esteve no Ministério dos Negócios Estrangeiros. Depois, também não. Devo dizer que nada me anima contra os estrangeiros que estão em Portugal para participar na "Revolução". É verdade que a maioria não conhece a mentalidade do nosso povo e actua irrealisticamente. Mas muitos "revolucionários" portugueses fazem o mesmo, movendo-se num pais imaginário. O que penso, sim, é que o assunto dos refugiados políticos tem de ser tratado, de forma a proteger os autênticos antifascistas, que pediram asilo político a Portugal, que aqui se comportam de forma responsável e por isso mesmo não devem sofrer por actos que não cometeram![29]

28 PALLA, M. A., 1975, p. 2.

29 PALLA, M. A., 1975, p. 2.

Com o fim do *Verão Quente*, e como já pudemos notar nos próprios discursos dos exilados, havia uma reacomodação dos indivíduos mais radicais que assimilavam uma perspectiva democrática de luta.

Já a CNARPA não nos deixou pistas da conclusão dos seus trabalhos, mas acreditamos que com a própria absorção da sociedade portuguesa - mesmo sem a legislação solicitada - destes exilados, a necessidade de sua existência é diminuída. E também, com a própria dificuldade de angariar meios materiais para acomodação dos estrangeiros, ela se dilui em outras organizações de solidariedade que visarão então buscar, no caso brasileiro, a Anistia política e o fim da ditadura.

Partidos Políticos Portugueses e os Brasileiros

Para nós, ficou muito claro que a movimentação e atuação dos exilados, assim como a colaboração e solidariedade do país de acolhida, acompanharam o desenrolar e os humores da própria revolução portuguesa. Acreditamos poder dividir este fenômeno em dois períodos distintos, fazendo um "antes" e "depois" da história política lusa da segunda metade da década de 1970. Assim, antes de novembro de 1975, há a predominância do PCP e demais organizações da extrema-esquerda; depois de 1976, há o predomínio do PS e partidos à direita do espectro político, passando de processo revolucionário socialista para uma transição de viés democrático burguês.

Portugal teve seu processo de transição anterior ao brasileiro. Cremos, aliás, que os brasileiros exilados em Portugal viveram duas experiências de transição democrática: a primeiro ainda no exílio, em Portugal, e depois, no retorno ao Brasil. Esta, como qualquer outra experiência, pode ter servido para evitar possíveis deslizes que poderiam ocorrer devido a negociações políticas. Dessa maneira, os partidos brasileiros que estavam em Portugal na época de sua transição pouco tiveram que lidar com as questões voltadas aos embates clássicos esquerda/direita, que é de onde os partidos conseguem estruturar seus alinhamentos eleitorais.[30] Embora atuantes nas questões sociais e na relação entre as organizações partidárias lusas, no sentido eleitoral - com exceção do PCdoB - os brasileiros foram apenas espectadores das lutas político-partidárias lusitanas.

30 LISI, Marcos. *Os Partidos Políticos em Portugal: continuidades e rupturas*. Lisboa: Almedina, 2011, p. 35.

Se quisermos entender internamente a relação entre os exilados, diríamos que em grande medida, e com as divergências normais, em vários momentos estiveram juntos pela mesma causa: a luta pelo fim da ditadura e – mais uma vez com exceção do PCdoB – a luta pela Anistia.

É interessante notar que não só os brasileiros foram beneficiados com estas relações entre as organizações de ambos os países. Os partidos portugueses por muitas vezes se utilizaram do capital político que os refugiados poderiam trazer para seus grupos. Era a solidariedade com estes antifascistas em comícios, encontros, saraus e demais eventos que servia também para promover eleitoralmente os partidos portugueses que se digladiavam como defensores, cada um à sua maneira, do simbolismo do *25 de Abril.*

Mas, como a teoria dos estudos sobre os partidos está ancorada em sua ação e representação em espaços democráticos, ou, como coloca Jalali, "em sistemas onde as práticas democráticas existem por períodos de tempo substanciais",[31] torna-se difícil a comparação entre as organizações brasileiras e portuguesas entre os anos de 1974 e 1979. Por mais que os brasileiros estivessem em equiparação aos portugueses no que tange à liberdade de discussão, estavam longe de seu *habitat* político e vivendo na semiclandestinidade, o que poderia limitar sua ação política prática. Assim, só podemos fazer uma análise comparativa entre as organizações de ambos os países em Portugal a partir do conteúdo de suas resoluções e atividades práticas comuns nas ações contra o regime brasileiro.

Partido Socialista, a Esquerda Revolucionária e o Partido Comunista Brasileiro

O Partido Socialista

Assim como outros partidos menores que foram criados nos 48 anos do regime de Salazar, o PS surgiu a partir personalidades exiladas, em especial, em Paris, embora o partido tenha sido originado em Bad-Munstereifel, Alemanha Ocidental, em 19 de abril de 1973. Na reunião de sua criação, havia 27 delegados

31 JALALI, Carlos. *Partidos e Democracias em Portugal* (1974-2015). Lisboa: Editora ICS, 2007, p. 20.

da Acção Socialista Portuguesa criada em Genebra no ano de 1964 – dos quais 16 não tinham residência em Portugal.[32]

O PS, em referência aos partidos dos quais trataremos aqui, PCP e UDP, deve ser identificado como o mais moderado dos três. Embora parcela significativa de seus quadros tivessem um posicionamento mais à esquerda, e o primeiro programa do PS se caracterizasse por princípios e objetivos que iam da esquerda mais radical à esquerda mais moderada, o que aproximava teoricamente o PS do PCP[33] como já pudemos notar em capítulos anteriores e considerando suas ações. Tendo à frente de comando na figura de Mario Soares, o PS deve ser localizado, naquele momento, como um partido de centro-esquerda. E isso fica ainda mais evidente após o Verão Quente e sua disposição de aliar-se aos partidos mais à direita do espectro político.

As Esquerdas Revolucionárias em Autocrítica

No capítulo anterior identificamos que uma parcela significativa da esquerda armada, nomeadamente aqueles envolvidos nas ações de guerrilha urbana no Brasil, colocaram-se em processo de autocrítica. Alguns já vinham se redefinindo quando da chegada em Portugal, e outros precisaram passar por nova decepção política para se alinharem a novos projetos e formas de luta após o *25 de Novembro.*

Dessa forma, a moderação oriunda da autocrítica não poderia levar estes indivíduos para outro caminho senão para o mais moderado dos partidos, o que parece ter logrado êxito na receptividade com a qual PS abraçou estes novos militantes, mesmo estes tendo uma visão mais radical que os socialistas portugueses. É interessante como realmente pode ser notado no discurso de entrevistados que os brasileiros pareciam ter posições às vezes mais radicais do que os mais radicais partidos portugueses. Pedroso Marques deixa isso muito claro em seu testemunho:

> [e]u digo uma coisa: os amigos meus, brasileiros exilados em Portugal, todos eles têm uma posição muito mais radical do que o pensamento político equivalente na Europa. Quer dizer, pessoas que no Brasil se podiam considerar socialistas democráticos ou social de-

32 TELO, A. J. *Do 25 de Abril à Atualidade.* Vol. I. Coleção Fundamentos. Lisboa: Editora Presença, 2007, p. 61.

33 cf. MACHADO, A. M. O Binômio "Esquerda/Direita" no Portugal pós-25 de Abril. *ResPublica: Revista Lusófona de Ciência Política, Segurança e Relações Internacionais,* Lisboa, n. 9, 2009.

> mocratas, tinham uma linguagem que, para nós aqui, sociais democratas... eu sentia que havia uma dissonância nas posições políticas, e eu vim a refletir sobre isso e a explicação que dou é que um homem do Brizola do Brasil tinha uma linguagem muito mais à esquerda do que um homem do Mário Soares em Portugal, embora o PTB tivesse sido formado em Portugal, e no Largo do Rato que é a sede do Partido Socialista Português quando Brizola cá estava.[34]

Mas Pedroso Marques, que teve a oportunidade de pensar e analisar este fenômeno – inclusive publicando recentemente em ensaio de sua autoria sobre os exílios – explica, a partir de sua vivência, aquilo que acredita ser o principal motivo para tal radicalidade. Por acreditarmos ser esta uma análise pertinente a reproduzimos abaixo:

> [q]uando cheguei ao Brasil é que eu vi realmente qual era a força e o peso dos Estados Unidos da América e do chamado Imperialismo Americano. Quando eu via os papéis do partido comunista [português] antes do 25 de abril falar em imperialismo americano, eu me perguntava: — Onde está o imperialismo americano? Quando cheguei ao Brasil e vi que o telejornal mais bem feito e mais ouvido se chamava Repórter Esso, eu tenho que pensar que aqui em Portugal nunca houve e nem poderia haver um telejornal chamado Pingo Doce, GALP ou PETROGAL. Não podia haver, nunca houve. Portanto, no brasil, realmente, via-se a presença do peso norte-americano que, inclusive, a atitude política dos EUA, na década de 50, a fazer e a desfazer governos na América do Sul leva a ficar muito confortável com a perda de peso político dos EUA no mundo ainda hoje. (...) Em consequência desta situação, um social democrata brasileiro é muito mais à esquerda que um social democrata português. Pelo menos na linguagem. E a linguagem é importante, porque a linguagem é tudo em política, ou quase tudo.[35]

Realmente, a ação americana, que remonta à II Guerra Mundial, torna-se cada mais presente no Brasil, ainda mais depois da revolução cubana, vide a cam-

34 MARQUES, M. P. [19 jun. 2015] Entrevistador: Rodrigo Pezzonia. Lisboa, 2015.

35 MARQUES, M. P. [19 jun. 2015] Entrevistador: Rodrigo Pezzonia. Lisboa, 2015.

panha alcunhada de *Aliança para o Progresso*, assim como a criação do Instituto Brasileiro de Ação Democrática (IBAD). Aliás, o próprio exemplo dado por Pedroso Marques, o *Repórter Esso*, demonstra a presença dos norte-americanos no Brasil desde 28 agosto de 1941, data da implantação do referido programa jornalístico financiado pela *Standart Oil Company Brazil*, e que se baseava na versão americana alcunhada de *Your Esso Reporter*. Neste, a predominância do *American Way of Life* e a evolução das guerras travadas pelos EUA eram a tônica editorial.[36]

No caso português, não há evidente ingerência americana. Portugal é predominantemente influenciado pelo trato inglês, mesmo no pós-guerra. Salazar sempre esteve na defensiva contra os americanos, posicionando-se como um anticomunista e antiliberal.

Assim, fica clara a peculiaridade da influência imperialista americana no Brasil, como diferencial do entendimento, até mesmo semântico, de alguns termos comuns entre a esquerda brasileira e portuguesa: a primeira conferia um sentido muito mais radical às palavras do que a segunda. Por isso o não entendimento de parcela do PS, e mesmo do PCP, em os brasileiros sentirem dificuldades em abandonar a luta armada.

Até mesmo o termo que representava o inimigo era diferente. Parece-nos que os brasileiros começam a usar o termo *antifascista* muito mais para se adequar ao discurso português para sua produção impressa de propaganda contra o regime brasileiro do que para propriamente identificar no antifascismo seu inimigo local. Entendemos que o antifascismo domina o imaginário Ibérico, pois foram estes os países que depois da "libertação" nazifascista permaneceram sob a égide autoritária por mais de 30 anos adiante.

Assim temos, pelo menos logo da chegada dos brasileiros em Lisboa, uma barreira que afastava uma parcela dos exilados da guerrilha urbana do PS. Mas, no balanço que já era feito pelos exilados das poucas vitórias e volumosas derrotas que sofreram e baixas que sofreram pela causa, o Chile também teve considerável influência na amenização da luta destes jovens. A experiência chilena, e não apenas pela barbárie da qual foram espectadores e por vezes protagonistas, mas por um vislumbre de um socialismo democrático, promoveu novo entendimento e abrandou o ímpeto revolucionário. Além, é claro, de muitos exilados crerem

36 Há 70 anos entreava no ar o Repórter Esso. Disponível em: <http://radionainternetbrasil.blogspot.com.br/2011/08/ha-70-anos-entrava-no-ar-o-reporter.html>. Acesso em: 4 abr. 2016.

poder continuar a atuação chilena na Revolução Portuguesa. Já para outra parcela este ímpeto só foi superado após os fatos ocorridos após o *25 de Novembro*, como vimos no capítulo anterior.

É importante realçar, todavia, que mesmo tendo amenizado seu discurso, os brasileiros se aliavam aos que à esquerda do PS se posicionavam. Isso ocorreu principalmente no primeiro ano, após o *25 de Abril*, quando os ânimos ainda estavam fortemente direcionados para o adensamento revolucionário. Frei Bento Domingues revela que

> [q]uando cá, é evidente que a sintonia deles ia muito mais com grupos de extrema esquerda. Só que os grupos de extrema esquerda estavam também demasiado encantados com tudo a frente. E estavam mais ligados a um grupo, aderente do Partido Socialista, no começo do Partido Socialista – também claro, o partido estava a fazer-se – e a facção do Manuel Serra que era um operário, que era um revolucionário, tinha estado na cadeia muito tempo. Quem fazia a formação neste grupo eram os brasileiros. Eu fui muitas vezes com um jesuíta para uma casa de retiros ali perto de Sintra, na Praia Grande, e fazíamos lá imensas sessões, e quem explicava o que era o Marxismo, o que era isso, o que era aquilo, era, naquela altura, esses grupos, três ou quatro, que participavam da formação dos militantes. E desse grupo me lembro muito bem.[37]

De qualquer forma, os brasileiros foram muito bem recebidos pelos militantes socialistas portugueses e tiveram apoio de vários quadros na luta pela Anistia no Brasil, como veremos a seguir ao tratar do Comitê Pró-Amnistia Geral no Brasil.

O Comitê Pró-Amnistia Geral no Brasil[38]

O CPAGB inaugurou-se em maio de 1975, na cidade Lisboa, Portugal, sob a aliança de exilados brasileiros e militantes da esquerda portuguesa que objetivavam dedicar-se a denunciar os regimes ditatoriais latino-americanos, sobretudo

37 DOMINGUES, B. [20 jul. 2015] Entrevistador: Rodrigo Pezzonia. Lisboa, 2015.

38 Uma versão preliminar deste capítulo foi publicada em: PEZZONIA, Rodrigo. O CPAGB e a Semana de Solidariedade com o Povo Brasileiro. In: Érica Sarmiento; Marieta Pinheiro de Carvalho; Patrícia Flier. (Org.). *Movimentos, trânsitos & memórias*: temas e abordagens. Niterói - RJ: UNIVERSO, 2016, vol., p. 44-54.

o brasileiro. Com isso, desde o início, explicitou sua identidade política diversa e agregadora, como podemos já notar nos nomes de seus apoiadores, que englobavam militantes de diversas correntes da esquerda portuguesa, representadas, por exemplo, por Fernando Piteira Santos, importante figura da resistência antisalazarista; por José da Felicidade Alves e Frei Bento Domingues, ligados à esquerda católica; por membros do PS como Vasco da Gama Fernandes e o deputado Antônio Reis;[39] Miguel Urbano Rodrigues, importante quadro do PCP, entre outros relevantes personagens e organizações da vida política portuguesa que hipotecavam enorme capital político para a entidade. Assim o jornal *Amnistia*, órgão oficial de divulgação do CPAGB, sintetizava o posicionamento plural da organização em seu número de estreia:

> [t]rata-se de um comitê apartidário, aberto a participação de todos quantos possam dedicar uma parte do seu tempo à solidariedade para com a luta do povo brasileiro contra a ditadura. É nesse sentido que apelamos a todos os portugueses que, tendo sentido em sua carne os 48 anos de fascismo, podem, mais que ninguém, avaliar o sentido desta luta. [40]

Já no *front* brasileiro, de acordo com depoimentos, a *geração de 68* se fazia em maioria. Figuravam nomes como Alfredo Sirkis, Almir Dutton, Carlos Minc, Moema São Thiago, Mauricio Paiva, Domingos Fernandes, entre outros indivíduos que se posicionavam de maneira crítica a seu passado de luta armada. Mas também se alinharam a estes em um primeiro momento militantes do PCB,[41] como Elivan Rosa e Alberto Carmo que, notoriamente, não haviam se colocado em armas contra o regime no Brasil, mas, junto ao PCP procuravam espaço político na organização. Aferimos então que estes dois grupos distintos do espectro político brasileiro se destacaram dentro do comitê, assim como seus congêneres portugueses, já que o PS havia se aproximado dos antigos guerrilheiros, enquanto o PCP, como era de se esperar, aliava-se ao PCB.

39 FREIRE, 2010, p. 50.

40 A LUTA pela amnistia. *Amnistia*, Lisboa, n. 0, abr. 1976, p. 3.

41 Esta aliança não suportou o ano de 1976, quando a luta interna entre PCB e os ex-militantes da luta armada, assim como as discordâncias entre PCP e PS, fez com que o PCB/PCP se distanciasse do CPAGB.

Mas a importância da relação entre brasileiros e portugueses no CPAGB pode ser traduzida nas inúmeras campanhas de denúncia contra o regime brasileiro que promoviam. A organização, com certa regularidade, conclamava entrevistas coletivas junto aos órgãos de imprensa portugueses, entre outros eventos de denúncia. Além disso, manifestavam-se enquanto paramentares na Assembleia da República,[42] local de onde, inclusive, aplicou-se o mais agudo ataque à ditadura brasileira, em reação ao que ficou conhecido no Brasil como o Massacre da Lapa.[43] Também promoveu intensos eventos de conscientização do povo português em relação ao que ocorria no Brasil, sendo, talvez, o mais significativo a *Semana de Solidariedade com o Povo Brasileiro*, sobre o qual trataremos adiante.

Mas os comitês de solidariedade internacionais, ou Comitês pela Anistia no Brasil (CABs), entre eles o CPAGB, embora independentes em seus atos, tinham como base as resoluções dos Comitês Brasileiros de Anistia (CBAs) espalhados pelo mundo e contados às dezenas. A maioria tinha pouca representação, muitas vezes se limitando a endereços de correspondência e de reuniões de exilados. Outros, no entanto, eram comitês organizados por cidadãos dos países de acolhida que se destacavam como indivíduos ligados à luta pelos direitos humanos, políticos de esquerda, estudantes e intelectuais.

É interessante notar que na França, país com maior número de exilados, o *Comitè Brèsil Pour l'Amnistie* inaugurou-se cinco meses depois, em dez de setembro de 1975. Outros comitês considerados de grande importância, como o da Suíça, Suécia e Holanda também vieram mais tarde.[44]

Mas este aspecto de inovação não se dava à toa: Portugal era um país em que os meios de comunicação e o governo estavam embriagados com as ideias de esquerda e de liberdade. Isso majorava o apoio aos brasileiros e fazia com que a facilidade de acesso aos meios de comunicação aumentasse, propiciando também a produção de seus próprios periódicos de denúncia contra o regime brasileiro, como o já citado *Amnistia*.[45]

42 Participaram também deste ato Acácio Barreiros, parlamentar da UDP, frente política ligada ao PCdoB.

43 Ação da repressão ocorrida em meados de dezembro de 1976, quando foram assassinados três dirigentes do PCdoB.

44 cf. GRECO, 2003.

45 *Amnistia: Órgão do Comitê Pró-Aministia Geral no Brasil*, como o próprio nome revela, foi o veículo impresso de denúncia e conscientização contra ditadura brasileira e em

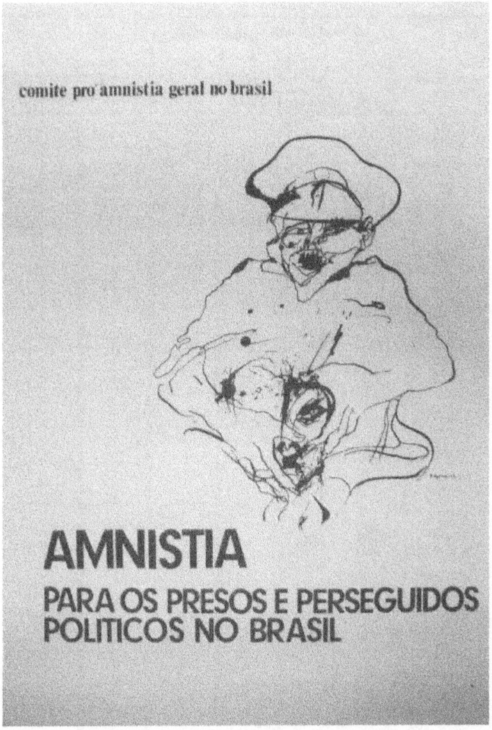

Cartaz criado pelo comitê pró-amnistia geral no Brasil em apoio aos presos e perseguidos políticos no Brasil. O desenho é do artista plástico argentino Frederico Aymá. Acervo do Centro de Documentação 25 de Abril.

apoio aos exilados. Foram publicados 7 números entre abril de 1976 e o ano de 1978 (não há data no último número do boletim).

Cartaz criado pelo comitê pró-amnistia geral no Brasil.
Acervo da Biblioteca Nacional de Portugal.

AMNISTIA – Órgão do Comitê Pró-Amnistia Geral no Brasil

As relações entre Portugal e o Brasil não podem restringir-se ao quadro oficial, diplomático, acadêmico. Não podem andar ao sabor de circunstâncias de tempo e de fortuna; não podem ressentir-se de dificuldades conjunturais. O passado comum, este falar na língua de Camões de Rui Barbosa, e na língua de Machado de Assis, e Eça de Queiroz, dá-nos mais do que condições de convivência intima – dá-nos uma consciência de comunidade de cultura que constitui cimento de real fraternidade.

> Por isso nas dificuldades políticas durante a longa noite do fascismo português, os nossos resistentes encontraram no Brasil - país irmão - lugar de exílio e de trabalho, lar e pão; por isso ontem eles, brasileiros, juntaram a sua a nossa voz no protesto contra a tirania, na luta pela nossa Liberdade, pela nossa Democracia, pela amnistia de nossos presos, pelo regresso de nossos exilados - de Jaime Cortesão, o historiador insigne a Humberto Delgado, o "general sem medo" - foram legião os nossos amigos, companheiros e camaradas a quem o Brasil abriu as portas e os Braços.
>
> Mas, entendamo-nos, não se trata apenas de pagar uma dívida à fraternidade antifascista brasileira.
>
> Quando hoje tomamos decisão na denúncia e condenação da repressão no Brasil, quando exigimos uma ampla amnistia para os combatentes brasileiros da Liberdade, quando exigimos que na nossa terra eles encontrem uma segunda pátria, - estamos apenas a continuar o nosso próprio combate contra o tentacular fascismo. A luta pela Liberdade é indivisível. E, no plano da fraternidade luso brasileira, é tempo de passarmos das palavras aos actos.
>
> Fernando Piteira Santos
> Lisboa, 8 de março de 1976[46]

Foi com esta carta[47] de Piteira Santos que, em abril de 1976, foi publicado o número zero do jornal *Amnistia*. Este jornal, sob a responsabilidade dos portugueses Antonio Reis, Fernando Piteira dos Santos e Frei Bento Domingues, contava com participação conjunta dos brasileiros exilados que faziam parte do CAB, embora estes últimos, por motivos políticos, não pudessem assinar como membros do corpo editorial ou mesmo as matérias, já que, estando em país de acolhida, não poderiam fazer "campanhas difamatórias" contra o Brasil sob a pena de extradição. Lembremo-nos que, por mais que Portugal estivesse passando por um período revolucionário à esquerda, o Brasil havia sido o primeiro país a reconhecer o *25 de Abril* e, mesmo com rusgas, exibiam relações diplomáticas consistentes.

46 SANTOS, F. P. *Amnistia*, Lisboa, n. 0, abr. 1976, p. 1.

47 Publicada também como prefácio do livro *Dos Presos Políticos Brasileiros*, Lisboa: Ed. Maria da Fonte, 1976.

Na verdade, todo o trabalho relacionado ao boletim era realizado pelos brasileiros. Frei Bento Domingues admite que sua participação em relação à produção do conteúdo era quase nula. Era o prestígio destas pessoas com seus nomes estampados como responsáveis pela publicação que adicionava a maior contribuição para a causa dos brasileiros, visto que, de acordo com Frei Bento Domingues, os brasileiros sabiam que estavam sendo vigiados:

> só se metiam em coisas visivelmente legais. Eu era diretor por uma razão banal. Só dava meu nome, o trabalho era todo eles quem faziam. Então tinha-se informação de tudo o que se passava no Brasil. Publicava-se, pois, o que eles queriam, conforme eles queriam e eu nunca interferi em nada.[48]

A tiragem do jornal era de 5000 exemplares[49] por número, que poderiam ser comprados avulsos ou por "assinaturas de apoio."[50] Em sua primeira capa, o *Aministia* trazia como manchete: *Brasil: 12 anos de Ditadura, 12 Anos de Resistência.* Esta era uma chamada para as duas páginas centrais do jornal que davam um panorama desde 1964 do regime militar brasileiro e de suas consequências políticas, sociais e econômicas. A ilustração que introduzia este primeiro número mostrava a foto de um jovem sentado, algemado, sob as vistas de dois policiais do exército, no que parecia ser um julgamento, com o questionamento abaixo da foto: "Quem é?"[51]

Esta primeira ilustração leva-nos a entender qual seria o objetivo do jornal. A foto daquele preso, até então anônimo, de certa forma identificava o anseio da publicação em informar aos leitores portugueses sobre o que estava ocorrendo no Brasil. Aquela imagem sem identificação da primeira página serviria para aguçar a curiosidade do leitor a folhear a revista e descobrir que aquele homem

---

48 DOMINGUES, B. [20 jul. 2015] Entrevistador: Rodrigo Pezzonia. Lisboa, 2015.

49 O CIEx notifica os órgãos brasileiros em seus informes números bem maiores que estes: dez, às vezes quinze mil exemplares, com o agravante de metade destas publicações serem enviados para o Brasil. CIEX, Arquivo Nacional: BR AN BSB IE 15.6 p. 130.

50 Este é um dado interessante, pois em seu número 5 a revista falava sobre a assinatura para recebimento de 8 números, mas, até onde tivemos acesso, a revista chegou apenas ao número 6 (7 edições, já que inicia-se no número 0).

51 Esta imagem foi utilizada como cartaz pelo Comitê que dizia: *Solidariedade com o Povo Brasileiro – Amnistia Geral para os Presos e Perseguidos Políticos.*

sentado se chamava Theodomiro Romeiro e que, naquele momento congelado no tempo, estava sendo sentenciado à morte em um julgamento que ocorreu no mês de março, seis anos antes. O artigo que elucida a questão só aparece na última página do jornal, onde há uma breve entrevista com o jovem, que relata sobre sua prisão, as torturas e suas condições carcerárias.

O artigo esclarecia também que Theodomiro teve sua pena revertida à prisão perpétua e mais tarde a 30 anos de reclusão, conseguida após severa "pressão da opinião pública internacional."[52] Assim, o objetivo da imagem havia sido concluído. A partir dela, os editores haviam chamado a atenção para o caso, esclareciam a situação pela qual passavam os prisioneiros políticos, e, por fim, apontava o papel do leitor para evitar, ou pelo menos se posicionar, na tentativa que aquilo cessasse, já que este leitor fazia parte da "opinião pública internacional" que fizera com que a morte daquele jovem fosse evitada.

Em nossa leitura, a importância dada ao papel da opinião pública internacional – neste caso a portuguesa –, seja na carta de Fernando Piteira, seja no breve artigo ou foto, ambas na primeira página do número de estreia do periódico, apontam para duas vias que deveriam chegar ao mesmo destino: ambos vêm ao encontro do apelo emocional do leitor. O primeiro, recorrendo aos anseios internos do povo português, chamando pelo passado de luta contra o fascismo, pelo seu próprio exílio e pela solidariedade encontrada no além-mar. O segundo, que de certa forma também traz à recordação o passado recente português, agora trata de uma atualidade externa a ele. Ali, embora seja um "antifascista" que está preso, é um brasileiro que naquele exato momento está sofrendo as sevícias de um Estado que prende tortura e mata seus cidadãos.

Em resumo, entendemos que nesta primeira página da primeira edição já temos evidente o principal público-alvo do jornal, que, diferente de outras publicações produzidas por exilados, não teria como foco o embate entre organizações ou grupos, nem a exibição das realizações dos brasileiros fora do país, mas sim, sendo órgão de um comitê de solidariedade, ater-se-ia a angariar o máximo de apoio internacional à causa brasileira. E isso também fica explicito nas frases de efeito publicadas, que exaltam a participação dos portugueses, por exemplo:"[c]aro Leitor: Você tem amigos ou parentes no Brasil? Terão eles consciência da situação que aqui descrevemos?" ou "[u]m dia esse jornal desaparecerá para dar lugar a outro que

52 QUEM é?. *Amnistia*, local, p. 8, n. 0, abr. 1976.

venha divulgar a realidade, não do Brasil da tortura, mas do Brasil da liberdade. Para que esse dia seja o mais breve possível, contamos com você."

Dessa maneira, acreditamos que o *Amnistia* se destacou em duas frentes principais: denúncia e informação. Pelas suas páginas denunciavam-se torturas, mortes, condições carcerárias e a formação e técnica dos órgãos de repressão. Mas também se informava o que acontecia na política, sociedade e, em menor grau, na cultura brasileira, mas tudo isso sempre voltado para a questão da Anistia e os agentes e movimentos que tentavam levá-la a cabo.

O *Amnistia* apareceu em um momento intenso da política nacional. O governo Geisel tentava segurar as rédeas do regime e se posicionava entre dois adversários – ou inimigos: a oposição que crescia e voltava a se organizar e a "linha dura" que se preocupava com os caminhos de "entrega do Brasil aos comunistas" que acreditavam que Geisel promovia. Assim, o clima interno ao governo era tão intenso quanto o externo a ele, sendo que qualquer evento estranho aos interesses de Geisel poderia vir seguido de uma ebulição política. E isso aconteceu em 1976, quando, dentro das dependências do DOI-CODI, o jornalista Vladimir Herzog e, depois, o operário Manuel Fiel Filho foram assassinados.[53]

O jornal, todavia, não atentava apenas para os assassinatos em si, focando-se também nos fatos que decorriam posteriormente aos casos, ou seja, no que tangia à proibição das mães em velarem seus filhos e às formas de repressão que sofreram as entidades que tentaram homenageá-los em cultos e manifestações. O *Amnistia* indicava, inclusive, as pressões, até de veículos que acusavam de estar comprometidos com a ditadura militar, como o *Estado de S. Paulo*, que supostamente não apuravam "a responsabilidade por este clima de terrorismo".[54]

A partir daí as mais diversas ações de denúncia foram publicadas no jornal, desde a morte do assessor de Dom Helder Câmara até uma suposta e bizarras mortes de dois operários dentro de um tanque de xarope da *Coca-Cola*, cercadas por toda uma teoria conspiratória.[55]

53 MANUEL e Vladimir: Dois Homens comuns. *Amnistia*, n. 0, abr. 1976, p. 2.

54 *Amnistia*, n. 0, abr. 1976, p. 2.

55 Trata-se de uma história macabra sobre a morte de dois operários da *Coca-Cola* no Rio de Janeiro, que teriam falecido dentro de um tanque de xarope, que, ainda, foi utilizado e teve seu conteúdo normalmente distribuído pela empresa. O jornal ainda fala que um dos que acusaram a empresa foi morto e "desovado" na baixada fluminense – onde o esquadrão da morte costumava dispensar suas vítimas – sem os dedos dos pés e das mãos,

O *Amnistia* também se dedicava a explicar ao público português como funcionava o aparato repressivo brasileiro. Publicou, por exemplo, um artigo que pormenorizava todas as atividades relacionadas ao DOI-CODI, já que, para o *Amnistia* e para outros comitês de solidariedade, uma das ações imprescindíveis para a libertação do regime seria "a dissolução da polícia política militar e os demais corpos repressivos."[56] Em outro artigo, o jornal identificava o que seria uma sofisticação dos atos repressivos: o desaparecimento, que ele traria

> menos aborrecimento e complicações para o regime ditatorial. Uma pessoa presa implica um advogado, um julgamento. Uma pessoa morta, embora facilite de um ponto de vista como "morto o cão, morta a raiva", nos meandros da legalidade por ventura existente aparecem sempre as tentativas de autópsia e ainda pode gerar o risco dos mitos e heróis. É então que o "desaparecimento" das pessoas simplifica na medida em que oficialmente o Governo nega a prisão da pessoa e afirma desconhecer o seu paradeiro ou então alega que está foragida e que os órgãos policiais estão à sua procura.[57]

Algo também interessante de notar é o fato, já relatado por Heloisa Greco, da falta "de qualquer alusão a questões locais relativas ao destino dos agentes da famigerada PIDE."[58] Realmente, poucas referências existem sobre as questões portuguesas pré ou pós-revolucionárias, estando estas relacionadas, quando muito, à relação brasileira com Portugal, por exemplo, quando da campanha de libertação de Alípio Freire e José Duarte das prisões brasileiras ou às visitas recíprocas entres os governantes brasileiro e português. Já a repressão portuguesa encarnada na PIDE é encarada pelo periódico como sendo um órgão repressor "diverso" do brasileiro (referindo-se ao DOI-CODI). No artigo do *Amnistia* – sem identificação, o que nos leva a crer que fora escrito por brasileiros do comitê, temos que

---

corroídos por ácido. Outros foram demitidos e desacreditados. A imprensa teria também recebido ameaças dos executivos da empresa, que teriam ameaçado retirar a verba destinada à propaganda para aqueles que ousassem divulgar notícias sobre o caso. Morte à Venda em Garrafas, *Amnistia*, local, n. 1, p. 8.

56 O QUE é o DOI-CODI. *Amnistia*, p. 1, n. 5, s/d.

57 DESAPARECIDOS. *Amnistia*, p. 3, n. 1, abr. 1976.

58 GRECO, 2003, p. 193.

> a repressão política no Brasil nunca conseguiu montar uma omnipresente rede de informantes e sempre tendeu a excluir o recurso a métodos de investigação minuciosos e demorados. A sua principal arma e fonte quase exclusiva de informação é a tortura.[59]

Isso, mesmo admitindo que após 1975 "a tortura tornou-se mais seletiva visando as pessoas sobre as quais recaíam suspeitas mais fundamentadas (...) muitas vezes acompanhadas por ainda maior crueldade e sofisticação."[60]

Dessa forma, e pelo que já comentamos anteriormente, a observação de Greco pode ser respondida pelo fato de que a preocupação do Comitê era dar importância à situação no Brasil, informando e conscientizando o povo português. Talvez por isso mesmo a ação da extinta PIDE tenha sido atenuada em relação ao DOI-CODI, mesmo que no imaginário português a repressão que sofreram ainda estivesse evidente.

Mas a resistência brasileira do CPAGB não se limitou à redação do *Amnistia*. Houve vários os outros meios de se chegar ao povo português, como coletivas de imprensa, atividades em jornais comerciais e eventos de solidariedade, como a *Semana de Solidariedade com o Povo Brasileiro* de 1977.

---

59 O QUE é o DOI-CODI. *Amnistia*, p. 1, n. 5, abr. 1976.

60 O QUE é o DOI-CODI. *Amnistia*, p. 1, n. 5, abr. 1976.

AMNISTIA

ORGÃO DO COMITE PRO AMNISTIA GERAL NO BRASIL nº 0

BRASIL:
12 ANOS DE DITADURA
12 ANOS DE RESISTENCIA
pag-s 4/5

SOLIDARIEDADE COM O POVO BRASILEIRO

AMNISTIA GERAL PARA OS PRESOS E PERSEGUIDOS POLÍTICOS

- Quem é ? p.8

Capa do N. 0 do Amnistia – Órgão do comitê Pró-amnistia geral no Brasil. Abril de 1976.

A Semana de Solidariedade com o Povo Brasileiro

Reprodução do autocolante de divulgação do evento. (Acervo Pessoal).

Na quarta-feira, 13 de abril de 1977, aos 13 anos e 13 dias do golpe que instalara os militares no poder no Brasil, iniciava-se, na Universidade de Lisboa, a *Semana de Solidariedade com o Povo Brasileiro*. No programa do evento pode-se identificar que seu objetivo era o de "levar ao conhecimento do povo português diversos aspectos da realidade brasileira ao longo dos 13 anos de ditadura militar no Brasil."[61]

A semana estendeu-se até a segunda-feira, dia 19, encerrando-se com um comício que reuniu milhares de pessoas. Nestes sete dias, quando houve intensa cobertura da imprensa, portugueses e brasileiros estiveram juntos nas mais diversas atividades políticas e culturais na busca de compreender e divulgar o que ocorria no Brasil, além de debater formas de ação para chegada ao objetivo imediato: a Anistia, a retomada das liberdades democráticas e o fim da ditadura.

Antes de nos dedicarmos à *Semana*, é válido salientar que naquele mesmo dia 13 era lançado no Brasil o *Pacote de Abril*, impondo medidas que – após derrota dos militares nas eleições de 1974 – objetivavam frear o avanço e pressão

61 Dossiê da Semana de Solidariedade com o Povo Brasileiro. Fundo: ASMOB, CEDEM – UNESP.

dos opositores usando do artifício do AI-5, como o fechamento do Congresso e modificações nos processos eleitorais e de composição do parlamento.

Esta lembrança é apenas para ilustrar que enquanto no Brasil o regime tinha como implantar meios de dificultar o acesso da população à oposição e garantir a lentidão da distensão, no exterior, o governo já perdia seu prestígio e a possibilidade de pressionar e dificultar a ocorrência de eventos como a *Semana de Solidariedade*. Vale também salientar que aquele era um evento que ocorria em um país de governo reconhecido pelo MRE e de ativa relação diplomática com o governo brasileiro. Mas, em fins da década de 1970, a pressão pelos direitos humanos em escala global era inconteste. Eventos desta natureza já vinham ocorrendo em vários outros países da Europa e América do Norte.

Faz-se importante também ressaltar que o ano de 1977 revelou-se aquele em que as manifestações de rua retornaram com força, principalmente no que confere ao movimento estudantil, assim como houve também o recrudescimento da repressão a elas infligida. Desta forma, como veremos adiante, estes agentes que começaram a se manifestar de forma mais contundente no Brasil são os personagens principais nas mesas de debates da *Semana*. Por isso, compreender e apoiar este retorno às ruas tinha importância ímpar. Discutia-se a possibilidade de ação de camponeses, operários, estudantes e Igreja, identificando aí a face do que, agora democrática, seria a reação ao regime.

Assim, ao acessarmos o programa da *Semana*, notamos que cada dia foi dedicado a uma força social que naquele momento se levantava, e retomava as manifestações no Brasil contra o regime. O primeiro dia, 13 de abril, foi o único que fugiu a esta condição, pois serviria à informação e à conscientização do povo português em relação ao que ocorria no Brasil. Devido a isso, seu título foi *Causas e Consequências do Golpe de Estado Brasil*, onde se podia ter um panorama das ações do regime militar brasileiro nos últimos treze anos de ditadura. Mas então, nos dias posteriores, evidenciaram-se os debates referentes aos setores que começavam a tomar as ruas no Brasil a pressionar o regime ao tratar dos trabalhadores do campo no colóquio *Situação dos Camponeses no Brasil*. Dia 14 serviu para dar voz à categoria que deixava o apoio ao regime e se colocava à oposição ao tratar de *A Igreja no Brasil*. No dia 15, foi a vez os trabalhadores urbanos estarem na berlinda com o debate *Movimento Operário no Brasil*, e, por fim, são os estudantes os primeiros à retornar as ruas, no colóquio intitulado *O Movimento Estudantil no Brasil*.

Mesa "*A situação da Igreja*". Na imagem (da esquerda para a direita) Jean Marc Von Der Weid, José Ibrahim, Frei Bento Domingues e Padre François Jentel.

Helena Greco, ao se focar no tema dos grandes eventos nacionais e internacionais, embora não se refira com mais entusiasmo à semana portuguesa, aponta que "[o] movimento pela Anistia no exterior tem consciência de que para a causa ter visibilidade é necessária a constante criação de fatos políticos."[62] Acreditamos que, pelo alcance que o comitê toma para com os portugueses e por ser considerado um dos cinco mais importantes pela própria autora, este evento mereceria ser mais bem analisado, enquanto exemplo relevante de *fato político*.

Como já citado, este tipo de evento já vinha ocorrendo em outros países. Paris, por exemplo, através do Comitê de Solidariedade França-Brasil, também já havia promovido eventos e, com o mesmo objetivo, "visavam sensibilizar a sociedade francesa e europeia em favor da campanha pela Anistia e os direitos dos exilados."[63] Mas, como aponta artigo no *Diário de Lisboa*, a relevância deste

62 GRECO, 2003, p. 199.

63 MARQUES, 2011, p. 200.

acontecimento na capital portuguesa difere dos demais, pois, "Portugal – saliência nesse ponto – é um daqueles países com os quais o actual regime brasileiro faz questão em ter boas relações."[64]

Acreditamos que este não seria motivo suficiente para fazer-se relevante o evento português, embora sim, houvesse interesse do governo brasileiro nas questões políticas portuguesas, sobretudo no que diz respeito à questão africana, mas cremos que a já citada afinidade cultural e histórica entre os dois países, se realmente interesse houvesse nisto, poderia ser acionada como diferencial entre as atividades promovidas por Portugal em relação aos países do resto da Europa, mesmo salientando que todos os CABs tinham objetivos e programas muito parecidos e baseados nas diretrizes do CBA.[65]

Em certo sentido, naquele Portugal de transição, não era muito difícil chamar a atenção para a situação política brasileira. O "antifascismo" era a palavra de ordem e o país que fosse entendido pelos portugueses ligados a esta luta como sendo fascistas seriam rechaçados. Mas havia a necessidade de se conectar também com o cidadão que, em sua maior parte, não se interessava pelos problemas externos a Portugal. Era preciso que a questão política pudesse ser tratada de forma mais palatável, para além dos debates, alcançando o maior número de pessoas. E isso parece ter sido realizado através de intervenções culturais, de cinema, teatro e música que permearam o encontro.

Por toda a semana, a história recente brasileira foi contada via curtas e longas-metragens, peças teatrais, saraus e concertos musicais. E esta solidariedade ficava ainda mais evidente quando o espetáculo teatral era de criação de um dramaturgo brasileiro, mas encenada por atores portugueses; na música, onde se revezavam artistas brasileiros e portugueses, também se mostrava a ilustração de união entre os países, assim como as mostras de arte e poesia contavam com artistas e público dos dois lados do oceano.

Na visão dos organizadores, e não temos por que não concordar, a "Semana foi a mais importante iniciativa até hoje [1977] realizada em Portugal, no que se refere

64 SOLIDARIEDADE com o Brasil: semana encerra hoje com comício no pavilhão. *Diário de Lisboa*, Lisboa, 19 abr. 1977. In: Dossiê Semana de Solidariedade com o Povo Brasileiro, ASMOB, CEDEM – UNESP.

65 O CPAGB era ligado aos CABs que eram órgãos de luta pela Anistia sediados no exterior, que por sua vez se reportavam aos CBAs que atuavam dentro das fronteiras nacionais.

à divulgação da realidade brasileira (...) E se constituiu, por isso mesmo, no mais importante acto de solidariedade com o povo brasileiro e de apoio à sua luta."[66]

Acreditava-se também que, a partir dali, alargavam-se "as perspectivas de acção em Portugal, no sentido de reforçar a luta que se trava no Brasil pelo pleno restabelecimento das liberdades democráticas."[67] Para Teotônio Pereira,

> [o]s objetivos principais desta iniciativa são chamar a atenção do povo português para a importância da permanente resistência do povo brasileiro contra a ditadura, e promover um esforço de informação tendente a esclarecer melhor essa dramática realidade: e para que essa data não seja considerada como um acontecimento histórico já ultrapassado, mas sim como um testemunho da luta dos antifascistas brasileiros.[68]

Como já dito, este evento poderia, normalmente, ter sido realizado em qualquer outro país da Europa que tivesse mais confluência de exilados, mas, de acordo com telegrama enviado à Agencia Noticiosa de Portugal (ANOP), o motivo da escolha de Portugal para o encontro seria, segundo o CPAGB, "de ordem histórica e cultural, os acontecimentos em Portugal têm uma grande repercussão no Brasil, como foi recentemente o caso da posição unânime da Assembleia da República portuguesa ao condenar os recentes crimes políticos perpetrados no Brasil." E continua: "[o] comunicado do Comitê Pró-amnistia no Brasil explica ainda que a semana realiza-se num momento em que se intensifica a luta pela Anistia geral no Brasil. O actual regime brasileiro é contestado pelos mais amplos setores da sociedade, desde os trabalhadores, as classes médias e até os empresários."[69]

Na imprensa, por exemplo, o *Diário Popular* mostrava a relevância daquele evento para acelerar o fim da ditadura que, para o jornal, estaria cada vez mais

66 Relatório das Actividades do CAB (25/04/1977). In: Dossiê Semana de Solidariedade com o Povo Brasileiro, ASMOB, CEDEM – UNESP.

67 Relatório das Actividades do CAB (25/04/1977). In: Dossiê Semana de Solidariedade com o Povo Brasileiro, ASMOB, CEDEM – UNESP.

68 NO ANIVERSÁRIO da Ditadura Militar: Semana de Solidariedade com o Povo Brasileiro. *Diário Popular*, local, 30 de mar. 1977. In: Dossiê Semana de Solidariedade com o Povo Brasileiro, ASMOB, CEDEM – UNESP.

69 SOLIDARIEDADE com o Brasil – Telex ANOP. In: Dossiê Semana de Solidariedade com o Povo Brasileiro, ASMOB, CEDEM – UNESP.

isolada internamente, tendo apenas apoio internacional. Assim, de acordo com todos os informes e notícias, a leitura que se fazia à época é a de que sem o apoio externo a ditadura cairia, já que não havia mais o apoio interno. Para este jornal, o que comprovava a queda do apoio interno estava no resultado das eleições de 1974, que deu vitória à oposição; "oposição tolerada, é certo, mas que significou, na circunstância, o repúdio possível pelo fascismo. Por outro lado, os votos nulos atingiram número elevado."[70]

Esta era uma leitura um tanto equivocada, mas não errada, pois a ditadura brasileira, embora com uma emergente oposição liberal que anteriormente fora apoiadora do golpe de 1964, ainda tinha nas elites apoio necessário para manter-se. Porém, realmente não tinha mais o mesmo apoio interno da sequência de 1964, ou mesmo dos anos do *Milagre Econômico*, e o apoio externo também começava a se esvair graças às intensas manifestações públicas contra o regime.

José Ibrahim, quando entrevistado no *A Capital*, parecia sustentar a afirmação anterior dizendo que a solidariedade

> no campo internacional tem contribuído cada vez mais para o isolamento da ditadura militar fascista de Geisel e, no interior do Brasil, tem dado força aos companheiros presos (...) essa ação já tem influenciado o regime no sentido da diminuição e tratamento dos presos políticos sujeitos a torturas.[71]

A imprensa portuguesa deu extensa cobertura ao evento. Os organizadores aferiram que por volta de 5000 pessoas participaram da semana, "destacando-se a presença de vários deputados do Partido Socialista, do Conselho da Revolução, Martins Guerreiro, do Major Otelo Saraiva de Carvalho, do Almirante Rosa Coutinho, entre outros."[72] Houve ampla divulgação por todos os meios de comunicação (rádio, TV, mídia impressa). Foram produzidas en-

70 Comício no Pavilhão dos Desportos de Solidariedade ao Povo Brasileiro. *Diário Popular*, 19 de abr. de 1977. In: Dossiê Semana de Solidariedade com o Povo Brasileiro, ASMOB, CEDEM - UNESP.

71 Comício Marca Encerramento da Semana de Solidariedade com o Povo Brasileiro. *A Capital*, local, 19 abr. 1977. In: Dossiê Semana de Solidariedade com o Povo Brasileiro, ASMOB, CEDEM - UNESP.

72 Relatório das Actividades do CAB (25/04/1977). In: Dossiê Semana de Solidariedade com o Povo Brasileiro, ASMOB, CEDEM - UNESP.

trevistas com os exilados, além da realização de sete programas de rádio que divulgaram a Semana, apresentando os participantes ao público português. A TV filmou o dia do debate sobre a igreja, em especial a apresentação da grupo musical *Caldo de Cana*, que reproduziriam as canções proibidas e censuradas de Chico Buarque no Brasil, além de registrar também o comício, que recebeu atenção de dois noticiários noturnos.[73]

É interessante ressaltar o leque de personalidades brasileiras as quais fizeram parte destes eventos. Discursaram e debateram naquela semana Apolônio de Carvalho, sempre destacado pela imprensa portuguesa como herói de guerra, pois lutara contra o regime Varguista e que também havia sido combatente na Guerra Civil Espanhola e parte da Resistência Francesa na II Guerra Mundial, além de exilado pela luta contra da ditadura militar brasileira; Rolando Fratti, ex-metalúrgico exilado na Itália; José Barbosa, um ex-dirigente sindical de São Paulo; José Ibrahim, sindicalista; o ex-presidente da União Nacional dos Estudantes (UNE), Jean Marc Von Der Weid; Artur Poerner, escritor exilado na Alemanha; o teatrólogo Augusto Boal, então exilado em Lisboa; e o poeta Thiago de Melo.

Assim como os dias se dividiram em temas referentes às diferentes forças que se aliavam em prol da Anistia no Brasil, nomeadamente, camponeses, intelectuais e artistas, Igreja e proletariado, assim também se deu em relação as atrações de cinema. O programa e o cartaz do evento indicam que foram exibidos os seguintes filmes: *Vidas Secas*, de Nelson Pereira dos Santos[74] e o curta-metragem *Memórias do Cangaço*,[75] de Paulo Gil Soares.[76] Também exibiu-se o curta-metragem *Viramundo*,[77] de Geraldo Sarno sobre os retirantes em sua chegada à São Paulo.[78] Para tratar do trabalhador urbano, os filmes escolhidos foram o curta-metragem *Subterrâneos do Futebol*,[79] de Maurice Capovilla e do

73 CIEX, 20 maio 1977. Arquivo Nacional: BR AN BSB IE 16.5 p. 29.

74 SANTOS, N. P. *Vidas Secas*. Drama. Brasil, 1963, P&B, 103 min.

75 SOARES, P. G. *Memórias do Cangaço*. Documentário. Brasil. 1964. P&B. 25 min.

76 Ambos os filmes relatam a questão dos camponeses nordestinos com a terra e a repressão ao cangaço, evidentemente trazendo para as discussões as relações de dominação do campo que não mudaram naqueles 40 anos, e que até hoje permanecem.

77 SARNO, G. *Viramundo*. Curta-metragem. 1965. P&B. 37 min.

78 Com trilha sonora de Capinan, o filme gira em torno da busca pelo trabalho e fica evidente o papel da religião nas vidas daqueles trabalhadores nordestinos.

79 CAPOVILA, M. *Subterrâneos do Futebol*. Documentário. 1965. P&B. 30 min.

longa-metragem *O Casos dos Irmãos Naves*,[80] de Luis Sérgio Person.[81] O filme de fechamento das exibições cinematográficas se deu pela obra *Antonio das Mortes, ou O Dragão da Maldade Contra o Santo Guerreiro*,[82] de Glauber Rocha.[83]

A apresentação teatral ficou por conta do Grupo Barraca,[84] que apresentou a peça *Barraca Conta Tiradentes*, baseado no texto encenado no Brasil pelo grupo Teatro de Arena, seguindo também sob a direção de Augusto Boal. Já as

80 PERSON, L. S. O *Casos dos Irmãos Naves*. Drama. Brasil. 1967. P&B. 92 min.

81 O primeiro vem com o objetivo de mostrar a relevância cultural do futebol para a população operária que, "sem meios de frequentar os clubes esportivos, cercados pelos edifícios, fábricas e várzeas, eles encontram no futebol um desabafo", e onde este – algo atualmente potencializado – vê o futebol como forma de sair da pobreza. Mas, ao mesmo tempo, o filme mostra a exploração dentro deste esporte: "[o] jogador é um operário de vida curta, o jogador é uma mercadoria facilmente perecível, seu valor é estabelecido pelos interesses dos clubes, dos seus dirigentes como válvula de escape, o futebol compensa uma semana de excesso de trabalho, de pouco dinheiro, e até de fome". E a narração termina com a pergunta: "Quem ganha com tudo isso?" O segundo filme, baseado em fatos reais, conta história de dois irmãos acusados de crime que não cometeram e por este crime pagam com a cadeia e as piores torturas como forma de assumirem tal delito. A repressão violenta e a tortura é a tônica do longa que, para a época, mostrava cenas fortes de violência e rogava pelos direitos humanos, além de mostrar grave falha da Justiça, o que, por tudo o que representava, foi censurado no Brasil, pois era clara crítica ao governo militar. Teria sido projetado no mesmo dia o filme *Os Fuzis*, de Ruy Guerra.

82 ROCHA, G. *O Dragão da Maldade Contra o Santo Guerreiro*. Drama. Brasil. 1969. 100 min.

83 Glauber estava exilado em Portugal, mas não teve lá qualquer atividade de combate à ditadura, ou mesmo de luta pela Anistia. Glauber tinha um posicionamento de simpatia com o então Presidente/General Ernesto Geisel, quem ele creria, realmente, trazer a abertura e a democratização brasileira.

84 *Grupo Barraca* é um importante grupo teatral português que inicia suas atividades em 1976 e mantém suas atividades até hoje. Entre 1977 e 1978 esteve sob a direção de Augusto Boal, quem dirigiu três peças com o grupo, *Barraca Conta Tiradentes; Ao Qu'isto Chegou! Feira Popular de Opinião e Zé do Telhado*.

atrações musicais ficaram a cargo de Francisco Fainhais[85] e Pedro Barroso,[86] do grupo português de jazz Pleyus, do músico Júlio Pereira, além do conjunto *Caldo de Cana*.[87] Estes últimos apresentaram músicas brasileiras, em especial, as proibidas e censuradas de Chico Buarque.[88]

A semana terminou com o *Comício de Solidariedade com o Povo Brasileiro* que ocorreu no dia 19 de abril e recebeu, de acordo com o relatório enviado ao CBA, vasto apoio das mais diferentes vertentes.[89] Mais de 5000 cartazes foram afixados em chamamento para o comício do dia 19. Neste, assim como nos demais dias, tiveram voz oradores portugueses e exilados brasileiros. Por toda a semana foram projetados slides sobre a realidade brasileira, houve exposição de fotografias

85 Francisco Fanhais, de acordo com Fiúza é um "[e]x-padre que foi expulso da Igreja por suas atividades de cantor de protesto e de opositor político ao regime salazarista e marcelista. Foi um dos mais frequentes companheiros de José Afonso em apresentações por todo Portugal e pelo exterior. Foi, durante os últimos anos da ditadura, um dos mais vigiados músicos pela PIDE/DGS. Hoje é professor de música e continua participando de espetáculos comemorativos ao 25 de Abril em Portugal e em outros países europeus". FIÚZA, A. F. *Entre um Samba e um Fado*: a censura e a repressão aos músicos no Brasil e em Portugal nas décadas de 1960 e 1970. 2006. Tese (Doutorado em História) - UNESP-Assis, p. 332.

86 Pedro Barroso, de acordo com sua biografia oficial, é um músico, poeta, escritor e apresentador de programas de rádio e televisão, que teve grande participação em auxílio à "comunidade e imigrantes" após o *25 de Abril*. Cf: http://www.pedrobarroso.com/f_biografia_p.htm acessado em: 22 abr. 2015.

87 *Caldo de Cana* foi um grupo formado em 1973, pelos brasileiros exilados em Buenos Aires Raul Ellwanger, Eliana Lorentz Chaves, Zeca Leal, José Luiz Saboia, José Rogério Licks e Márcia Savaget Fiani e seu primeiro espetáculo (*Canción Del Exílio*) teve a direção de palco de Augusto Boal. Já na Europa e sem Raul Ellwanger e Eliana Chaves, reúnem-se esporadicamente denunciando os crimes da ditadura. FIÚZA, 2006, p. 245-247.

88 De acordo com informe do CIEx, o apresentador do programa *Dois Pontos* da rádio difusora portuguesa RDP informou que o próprio Chico compareceria à *Semana de Solidariedade*, mas, "por um triz pessoal, privado", não conseguiu (CIEX. 20/05/1977. Arquivo Nacional: BR AN BSB IE 16.5 p. 29).

89 Entre os presentes estão Frei Bento Domingues, Olívio França, Kalidas Barreto, José Judas; Manuel Lopes, Carlos Lage, João Cravinho, José Carlos Megre, Fernando Pereira Marques, Nuno Teotonio Pereira, Mario Ruivo, Sophia de Melo Breyner, José Luis Gaspar, Salgado Matos, Rui Cabeçadas, Antonio Lopes Cardoso, Fernanda Lopes Cardoso, José Gomes Ferreira, Rui Luiz Gomes, João Madeira, Fernando Piteira, Eugenia Pereira de Moura, Levy Batista, Antonio Reis, José Leitão, Luis Moita, padre Alberto Neto, Francisco Lino Neto, Cesar de Oliveira, Alberto Arons de Carvalho.

e outra de gravuras feitas pelos presos políticos, além de um bar que vendia bebidas e comidas típicas tupiniquins. E uma banca com as publicações do CAB.

Portanto, ao falarmos do CPAGB, e em especial da Semana de Solidariedade com o Povo Brasileiro, temos que ter em mente que esta organização foi de extrema importância para os brasileiros que, em Portugal, encontraram sua terra de exílio, pois, além ter se destacado como um veículo para as análises e denúncia do que acontecia no Brasil, também se tratou de uma organização que promoveu um evento de conscientização internacional sobre a sociedade e cultura brasileira.

Cerca de dois anos após este evento, com a Anistia conquistada, esta organização naturalmente se dissipou. Lá ficaram os portugueses e os brasileiros retornaram. Mas a recordação daqueles anos permaneceram nas mentes dos que dela participaram.

Comício de Encerramento da Semana de Solidariedade com o Povo Brasileiro.

A seguir nos deteremos na ligação entre o PCB e o PCP, que estiveram, enquanto aliados aos socialistas e militantes brasileiros, ligados ao CPAGB durante os primeiros anos após a revolução, assumindo caminhos diversos com o tempo. Discutiremos também sua participação nas questões vinculadas ao exílio brasileiro em Portugal.

PCB (Partido Comunista Brasileiro) e PCP (Partido Comunista Português)

Apoio Internacional: a saída para o fim da ditadura

O PCB, de acordo com Napolitano, já vinha, pelo menos desde "a *Declaração Sobre Política do Partido Comunista Brasileiro - Março 1958*",[90] promovendo sua autocrítica e assumindo o aspecto democrático e "frentista" em contraposição às concepções revolucionárias de luta, que foi adotada como política internacional dos comunistas entre 1917 e 1953. Este documento, que havia começado a ser elaborado no XX Congresso do PCUS [Partido Comunista da União Soviética] em 1956, teria por objetivo representar "os primeiros ajustes de conta [do] PCB com o stalinismo (...) [e] o início de uma nova fase na vida do Partido, redefinindo a compreensão que os comunistas tinham do movimento democrático e nacionalista, da política de frente única e do papel da democracia na luta pelo socialismo."[91] De acordo com a *Declaração Março 1958*, o Congresso, ocorrido dois anos antes na União Soviética, "[motivou] nas fileiras do nosso Partido intensa discussão, no qual foram submetidos à crítica os graves erros de caráter dogmático e sectário da organização política do Partido."[92]

Esta resolução se dá em momento distinto daquele o qual nos referimos em nosso trabalho. Em 1958, o golpe contra a democracia ainda não havia ocorrido– embora, como se sabe, já estava na agenda. Mas, de qualquer forma, este documento se revelou ser o gatilho para fraturas dentro do partido. A primeira ocorreria em 1962 com a divisão que deu origem ao PCdoB e, a segunda, após o VI Congresso, realizado em 1967, no qual foram impedidos de participar Carlos Marighela, Mário Alves, Jover Telles, Joaquim Câmara Ferreira, Apolônio de Carvalho, Jacob Gorender e Miguel Batista dos Santos, militantes e dirigentes que se envolveram com movimentos armados contra o regime militar.

---

90 NAPOLITANO, M. *No exílio, contra o isolamento:* intelectuais comunistas, frentismo e questão democrática nos anos 1970. Estudos Avançados, São Paulo, vol. 28, n. 80, p. 51, jan./abr. 2014, p. 51.

91 NOGUEIRA, M. A. Apresentação, In: PESSOA, R. X. C. (org.) VV.AA. *PCB: vinte anos de política (1958-1979).* São Paulo: LECH, 1980, p. 9.

92 NOGUEIRA, 1980, p. 3.

Assim, por assimilar a ideia da luta democrática ante a revolucionária e se identificar à tática de "frentismo" em aliança com parcelas progressistas da sociedade que estivessem contra o regime, quase duas décadas antes, o PCB anteveria a estratégia utilizada pelas organizações que foram suas antagônicas no embate ideológico das esquerdas na década de 1960. Tal estratégia se elaborou, sobretudo, no exílio, onde o Comitê Central do PCB começou a despachar a partir de 1975, quando do acirramento da repressão no Brasil.

Neste momento, o Partido começava a se dividir entre os "renovadores" e "ortodoxos", sendo os primeiros ligados aos PCs da Europa Ocidental, e os últimos, vinculados às ideias do PCUS,[93] algo que seria crucial para a história futura do Partido, em especial após o retorno. Entendemos que este posicionamento moderado, além da própria condição internacionalista dos PCs, tenha facilitado a aproximação com os Partidos ocidentais, assim como aconteceu no caso português pós-25 *de Abril*.

Mas também foi no exílio que o PCB, assim como outras forças políticas, compreendeu a importância da solidariedade internacional e vislumbrou na evolução política que se desenvolvia fora do país um importante fator para a possível derrocada do regime ditatorial no Brasil, como podemos aferir na resolução do CC (Comitê Central) em 1975, que nos diz:

> [a]s profundas modificações que vem ocorrendo nos últimos anos na situação internacional criam condições cada vez mais favoráveis para a luta do nosso povo contra o fascismo e pela democracia. Os êxitos da política de distensão internacional tornam mais difícil a propaganda do anticomunismo e a preparação para o Brasil desempenhar papel de retaguarda segura do imperialismo, contribuem para o avanço das forças democráticas no País e criam condições mais propícias para que se desenvolva a solidariedade internacional à luta do povo brasileiro contra o fascismo.[94]

É por isso que um dos pontos da plataforma da frente política que o PCB pretendia liderar tinha por objetivo "realizar esforços para criar um amplo mo-

93 NAPOLITANO, 2014, p. 48.

94 PESSOA, R. X. C. (org.) VV.AA. *PCB: vinte anos de política (1958-1979)*. São Paulo: LECH, 1980, p. 231.

vimento internacional de solidariedade à luta antifascista e democrática do povo brasileiro e do isolamento mundial da ditadura." Indo além, entediam que

> [u]m trabalho sistemático e permanente deve ser efetuado de modo a informar e esclarecer a opinião pública mundial acerca dos fatos relacionados, de um lado, com os crimes e a repressão da ditadura, com seu caráter espoliativo e opressor e com o conteúdo expansionista da ação exterior do Governo brasileiro; e, de outro lado, com a crescente resistência e luta do povo contra o regime fascista. Um tal esclarecimento estimulará, em todos os países, as forças democráticas e progressistas, a começar pelo movimento operário e pelos partidos comunistas, a intensificar sua atividade de solidariedade à luta do povo brasileiro. Uma ação desse tipo concorrerá, em escala considerável, para isolar a ditadura brasileira.[95]

Estas considerações sobre a importância da conscientização e do esforço em mobilizar forças internacionais para o PCB se dão também por um processo autocrítico, já que, para o partido, havia sido subestimado o poder da solidariedade internacional "que pode e deve ser desenvolvida pelos partidos irmãos, aliados e organizações democráticas internacionais e os povos de todo mundo",[96] de forma que seu objetivo foi de organizar os comunistas que viviam no exterior, de acordo com os princípios de organização do partido, desenvolvendo

> a luta pela intensificação da solidariedade internacional, em todas as regiões do mundo, visando criar, também no exterior, um grande movimento de opinião pública mundial contra o fascismo no Brasil. Esse trabalho dever ser voltado para os partidos irmãos e as organizações de massa de âmbito internacional.[97]

Passados dois anos, o discurso quanto à necessidade de intensificação das relações internacionais do partido se aprofundava, pois já estava claro o apoio dos órgãos internacionais pelo fim da ditadura, principalmente o após aumento

95 PESSOA, R. X. C., 1980, p. 240.

96 PESSOA, R. X. C., 1980, p. 246.

97 PESSOA, R. X. C., 1980, p. 248-249.

das manifestações internas contrárias ao regime militar no Brasil. Por isso, este apoio internacional

> contribui para o desgaste da ditadura e o crescimento da luta antifascista. (...) O agravamento da crise geral do capitalismo, o nível atingido pela luta de classes no mundo capitalista, as vitórias do movimento de libertação nacional e os êxitos alcançados pelos países socialistas estão determinando, no cenário, internacional, o aparecimento de uma correlação de forças bem mais favorável à luta pela paz, pelo progresso social, pela democracia e pelo socialismo.[98]

Com efeito, a ditadura, em especial o governo Geisel, já começava a sofrer com mais intensidade a pressão externa iniciada anos antes, sobretudo a partir de 1977, com a subida de Jimmy Carter ao poder nos EUA. O maior apoiador do golpe de 13 anos antes, naquele momento afastava e criticava o regime brasileiro.

Portanto, já ficava claro para os comunistas do PCB, e demais organizações de esquerda no exílio, que essa virada de mesa começava a obrigar o governo a emitir medidas mais claras de liberalização e controle da repressão, de forma, por exemplo, a encontrar meios para evitar outros "acidentes" como os que vitimaram um ano antes Vladimir Herzog e Manoel Fiel Filho.

Assim, não era sem razões o entendimento do PCB que o direcionava para a busca de apoio internacional. Este apoio era encontrado em seu congênere português, como vemos em fala do parlamentar Veiga de Oliveira (PCP), em 1977, na Assembleia da República:

> Srs. Deputados: Os laços históricos que unem Portugal ao Brasil, as múltiplas afinidades culturais, a língua comum, fazem com que não possamos pensar o Brasil como se de um qualquer pais estrangeiro se tratasse. Isto significa para nós que, para além da solidariedade que devemos e activamente praticamos com todos os povos em luta pelas liberdades democráticas, contra a exploração e o imperialismo, sentimos mais vivamente, mais directamente, sem necessidades de tradução ou de interprete, tudo o que aos trabalhadores e ao povo brasileiro diz respeito.[99]

98 PESSOA, R. X. C., 1980, p. 254.

99 Diário da Assembleia da República. 26 mar. 1977. n. 91, p. 3102.

Além da atuação na Assembleia da República, é fácil notar que o maior ato de solidariedade vindo do PCP está voltado para a inserção de denúncias contra o regime brasileiro nos meios de comunicação social em seu país, uma vez que, naquele período, e principalmente nos dois primeiros anos pós-revolução, a imprensa era hegemonicamente pertencente aos comunistas.

Para além disso, a *Jornada de Solidariedade com os Povos da América Latina*, que ocorreu entre os dias 11 e 16 de maio de 1976, acabara por ser outro apoio para luta contra o regime brasileiro, embora tivesse um caráter de denúncia sobre todas as ditaduras latino-americanas e não fosse centrado apenas no caso brasileiro. Este evento teve a presença, como se esperava, da delegação do PCB, chefiado por Luis Carlos Prestes; do Partido Comunista do Chile por Samuel Riquelme; Carlos Altamirano pelo Partido Socialista do Chile; e por Rodney Arismendi do PC do Uruguai. O PCP objetivava com este evento "expressar o seu apoio militante e sua solidariedade de combate a todos os povos da América Latina [que] lutam pelo fim do terror e pela exploração (...) para ampliar a solidariedade ativa do povo português para esta luta."[100]

100 GRANDE Jornada de Solidariedade com os Povos da América Latina. *Avante!*, local, p. 4, 13 maio 1976.

Cartaz do comício do evento Solidariedade com os povos da América Latina. (Acervo do Centro de Documentação 25 de Abril – Coimbra).

O *Avante!*, periódico oficial do PCP, relatou no conteúdo do discurso de todos os representantes da América Latina exatamente a intenção estratégica da potencialidade daquele evento, assim como de toda a solidariedade internacional, como força adicional e imprescindível para alcançar os objetivos de liberdade de seus países. Arismendi relatou brevemente as condições gerais as quais seu país passava, e bradou agradecendo a força que aquele gesto e toda a solidariedade mundial daria aos movimentos uruguaios para "tirar das mãos dos verdugos os presos da Revolução Latino Americana"; Riquelme solicitou a manutenção e ainda maior estreitamento em relação aos auspícios da Internacionalização e união dos comunistas frente aos problemas enfrentados pela América Latina; já Prestes destacou o exemplo da *Revolução de 25 de Abril* como inspiração de confiança para a libertação do Brasil do fascismo e do imperialismo e declarou apoio dos comunistas à oposição legal como forma de isolar a ditadura, além de denunciar o governo de Geisel pelo desaparecimento de nove membros do Comitê Central do Partido, sendo que o PCB era o grupo predominante no que se tratava de repressão no Brasil após a dizimação dos outros grupos opositores. Já todas aspirações e intervenções que se referiram ao peso da solidariedade portuguesa para os países da América do Sul foram corroboradas por Cunhal:

> A revolução portuguesa, além de tudo quanto representa para o povo português, é uma contribuição para a luta dos trabalhadores dos povos de outros países. Temos por isso consciência que, a par das responsabilidades que assumimos perante ao nosso povo, temos também responsabilidade para com o movimento comunista internacional, para os trabalhadores e os povos em luta contra o imperialismo.[101]

Prestes chegou a Lisboa já no meio da *Semana*, dia 13 de maio, e a expressão da mídia, tanto pela sua chegada, quanto pela realização da *Semana*, foi muito acessada. Jornais produziram matérias de página inteira sobre Prestes, como por exemplo o Jornal *O Diário*, que estampou em letras grandes "Cavaleiro da Esperança Bem-vindo Sejais"; a RTP dedicou um longo programa neste dia para a Jornada, tendo transmitindo musicais e poesias revolucionárias da América Latina.[102]

Várias atividades foram preparadas para a *Semana*, especialmente para os convidados estrangeiros, como palestras, contato com trabalhadores e estudantes portugueses, abertura de exposição sobre a luta dos povos da América Latina. O jornal *Avante!*, às vésperas do evento, falava ainda em um deslocamento ao Porto e, como era de praxe nas semanas de solidariedade realizadas em Portugal pelos diversos partidos e organizações, um grande comício que costumava ser realizado no Campo Pequeno.

Já o governo português não via com bons olhos a entrada destes líderes comunistas no país, pois, na opinião de Magalhães Cruz, em um telegrama de 12 de maio de 1976, enviado para o Ministério dos Assuntos Internos:

---

101 GRANDE Jornada de Solidariedade com os Povos da América Latina. *Avante!*, local, p. 7-9, 13 maio 1976.

102 Arquivo Nacional. Ministério das Relações Exteriores. DPN.PES.291, p. 105.

> [n]o parecer deste MNE [Ministério dos Negócios Estrangeiros] entende-se impraticável estabelecer condições, quer concederem-se vistos [de] entrada quer a chegada [em] território nacional, relativamente [aos] dirigentes comunistas [dos] países América Latina que foram convidados [a] participarem [da] reunião organizada [em] Lisboa.[103]

Este evento também serviu para chamar a atenção do antagonista nacional do PCB, o PCdoB, e sua antiga disputa pela legitimidade da condição de único partido comunista. Em reunião com o Partido Comunista Português (Reconstruído) – PCP(R), os partidos aprovaram conjuntamente uma declaração em que denunciavam a *Jornada de Solidariedade aos Povos da América Latina*, qualificando os partidos envolvidos como "renegados", pois, diferente da soviética aliança PCB-PCP, PCdoB e PCP(R) tinham

> inabalável convicção de que a pedra de toque do internacionalismo proletário é a unidade indissolúvel em torno do glorioso Partido Comunista da China, tendo à sua cabeça o grande camarada Mao Tse-Tung, e do heroico partido do trabalho da ALBÂNIA, tendo à sua frente o grande camarada Enver Hoxha, os quais tantas severas derrotas têm infligido aos revisionistas kruchovianos e tantas vitórias têm trazido à causa do marxismo-leninismo, do socialismo e da revolução mundial.[104]

Sobre esta outra vertente do Partido Comunista e suas relações e propostas com a dissidência do PC português trataremos apenas mais adiante. Agora nos dedicaremos a tratar das relações entre o PCB e o PCP, assim como de suas atividades políticas, conjuntas ou individuais, em Portugal.

Relações Entre PCB e PCP

A ligação PCB-PCP parece ter tido relevância em três pontos principais: as já citadas campanhas da imprensa comunista contra o regime; as negociações referentes a acesso ao emprego de exilados qualificados em Portugal, e a sele-

103 Ministério dos Negócios Estrangeiros. MNE.PEA 32.19. Telex 8338.

104 Arquivo Nacional. Ministério das Relações Exteriores. BR.AN.SNA.OEP.20, p, 17.

ção de possíveis brasileiros para a entrada como apoiadores dos governos nas antigas colônias africanas. Como aponta Desiree Azevedo, em sua obra sobre o exílio brasileiro em Moçambique, seria Portugal uma das vias de acesso à África recém-descolonizada, pois

> [a] Revolução dos Cravos e o subsequente deslocamento de brasileiros para Portugal abriu contato com os movimentos políticos que passaram a governar Angola, Guiné e Moçambique, seja através do PCP, seja através de membros das forças armadas ligados à revolução ou outras organizações da esquerda portuguesa.[105]

E ainda:

> Com a independência, esta relação [PCB-FRELIMO] se tornou mais estreita e oficial com a articulação de um acordo em 1977 com o dirigente Luís Carlos Prestes que levaria o PCB a "recrutar" brasileiros de forma mais sistemática, inclusive ampliando o leque de seus próprios militantes para as redes nas quais estavam inseridos. Através das conexões entre grupos do PCB dispersos pelo mundo, pode chegar a diversos países a informação de que seria possível migrar para Moçambique com o aval do partido. Assim, brasileiros foram mobilizados desde Moscou, ao circuito estabelecido entre os brasileiros nas cidades ocidentais europeias.[106]

Não sabemos se a inteligência brasileira tinha ciência destes acordos, mas, em relação ao que ocorria dentro de Portugal, isso era evidente. Em 29 de agosto de 1974, a Divisão de Segurança e Informação brasileira informava que, em julho daquele ano, a embaixada brasileira em Lisboa havia sido informada sobre as primeiras diligências do PCP no sentido de promover emprego de professores intelectuais brasileiros para as universidades portuguesas com experiência e habilitação em docência e pesquisa no campo das ciências sociais e econômicas, a fim de exercer funções em suas dependências.

105 AZEVEDO, D. de L. *Os Melhores Anos de Nossas Vidas.* Narrativas, Trajetórias e Trajetos de Exilados Brasileiros em Moçambique. São Paulo: FAPESP/ANABLUME, 2013, p. 152.

106 AZEVEDO, 2013, p. 152.

Para a inteligência brasileira, o objetivo do PCP era o de, em primeiro lugar, "garantir a continuidade do proselitismo do marxismo-leninista nas universidades", e, em segundo, "cooperar para a reunião, em Portugal, em boas condições de vida, salário regular e oportunidades de participação política, de camaradas "de língua e raça irmãs, perseguido por regimes semelhantes que em Portugal foi deposto a 25 de abril."[107]

Já no dia dois de agosto de 1974, o reitor da Universidade do Porto, Ruy Luís Gomes, inaugurou a Cadeira de "Estudos Brasileiros" a funcionar na Faculdade de Letras com o nome de "Álvaro Lins", numa homenagem ao antigo embaixador do Brasil em Lisboa, por sua atuação no citado "Caso Delgado". O documento ainda aponta a presença de Plinio Arruda Sampaio para tratar do contrato dos brasileiros com Ruy Luís Gomes. As vagas que os brasileiros ocupariam seriam de ex-docentes depostos pela Revolução Portuguesa. A coordenação do referido programa estaria sob o cargo do professor, historiador, e então dirigente do PCP, Joaquim Barradas de Carvalho. O documento lista alguns nomes que seriam cogitados, como: Celso Furtado, Darci Ribeiro, Mario Schenberg, Hildebrando Pereira da Silva, Florestan Fernandes e Márcio Alves. Para o governo brasileiro, a preocupação era a de que:

> esses professores brasileiros esquerdistas, cassados ou banidos do território nacional, através dos temas explanados em suas aulas, venham a deturpar a imagem e a realidade brasileira. Se o projeto for levado a efeito, tornar-se-á desaconselhável a ida de bolsistas brasileiros para cursos de Economia e Ciências Sociais nas Universidades Portuguesas.[108]

Mas, por outro lado, o PCP parece tratar com cuidado sua adesão a um movimento de apoio à luta contra a ditadura no Brasil. O reflexo disso está quando nos dedicamos a analisar o seu meio de comunicação oficial, o jornal *Avante!*. Este periódico, que deixa a clandestinidade logo em maio de 1974, só irá vincular matéria acerca da questão brasileira no dia 12 de julho, em uma nota, na página seis, sob o título *Solidários com os Patriotas Brasileiros da Repressão Fascista*, que

107 Ministério das Relações Exteriores. BR.AN.DPN.PES.323, p. 23.

108 Ministério das Relações Exteriores. Br.AN.DPN.PES.323, p. 24.

denunciava a prisão de comunistas no Brasil, nomeadamente, Davi Capistrano, Ivo Valença e Miguel Baptista.

Lá, apontavam que o artigo fora um pedido de divulgação oriunda dos comunistas do jornal *Classe Operária*, com o intuito de salvar a vida dos brasileiros presos com a ajuda de manifestações internacionais contra o governo ditatorial, sendo que, apenas na página oito há referência a uma mensagem de felicitações pela revolução recebida por Cunhal do Comitê Central do PCB assinado por Prestes.

Em relação a esse fato, embora pouco provável, dadas as relações entre as cúpulas comunistas, podemos relevar que nos primeiros momentos da revolução portuguesa os brasileiros ainda estavam chegando, não havendo assim maiores contatos para a promoção de campanhas ou eventos de solidariedade e luta contra o regime militar. Além disso, naquele 1974, era outra a ditadura que chamava a atenção da esquerda pelo mundo: a chilena que, mesmo já sendo fato consumado, era um golpe ainda não assimilado. E isso fica evidente no grande número de artigos vinculados no periódico em relação a questão chilena.

Há também que ser evidenciado, e como já ocorria antes no regime salazarista, que poucas notícias eram vinculadas a este órgão sobre a questão internacional. A preocupação que se cunhava era prioritariamente interna. O órgão oficial do PCP parecia se preocupar apenas com o derrube do regime e pouco se posicionava em relação ao que acontecia nos regimes políticos internacionais. Depois do *25 de Abril*, o salazarismo e a legalidade não eram mais os problemas do PCP, mas, conforme a revolução se desenvolvia, a preocupação se direcionava para a manutenção da influência do partido junto aos portugueses, pois aquela que era a organização partidária mais influente e numerosa de Portugal começava, principalmente após a derrota da extrema esquerda no *25 de Novembro* de 1975, a perder força e influência política, principalmente com a ascensão do PS.

Dessa forma, assim como antes do *25 de Abril*, os olhos do PCP – ou pelo menos em seu órgão oficial[109] – se voltavam para dentro, não se envolvendo com afinco nas lutas externas.[110] O PCP estava a todo momento em acirrada luta elei-

109 Nos jornais de grande circulação que tinham influência interna do PCP, a questão internacional tinha melhor tratamento.

110 Talvez a exceção tenha sido o caso do golpe chileno, mas este era um fenômeno unânime, que ferira as esquerdas de forma geral, e foi entendido como ato de barbárie pela esquerda

toral interna em relação ao seu rival, o PS. Portanto, este desinteresse parece refletir também na questão da aliança entre os dois partidos da vertente soviética, pois parece ter sido a que menos resultados trouxe nas questões relacionada à solidariedade, organização e atuação de brasileiros em Portugal.

Motivos podem ser agregados para explicar esta, pelo menos aparente, pouca intimidade entre comunistas brasileiros e portugueses, como o fato de o polo aglutinador dos comunistas latino-americanos ser a França, e os olhares estarem voltados para o que lá acontecia. Já Napolitano concorda com a leitura da historiadora francesa Maud Chirio na interpretação que aponta na direção de que no exílio francês o "militantismo" é exclusivamente brasileiro, ou seja, sem articulação com franceses ou latino-americanos, afirmando que

> apesar da ação articulada dos comitês de denúncia, as ações políticas no exílio obedeciam a uma dinâmica própria dos grupos aos quais pertenciam os exilados. Em outras palavras, não haviam conexões orgânicas e determinantes entre si e entre os exilados e os militantes do país de origem em que pesem eventuais simpatias ideológicas e redes de solidariedade.[111]

Esta tese parece ser aplicável ao caso do PCP-PCB em Portugal, e pode até explicar este distanciamento entre as organizações. Mas nos parece que a tese compreende que em qualquer país europeu esta relação ocorreu da mesma forma, ou seja, os exilados se fecharam em si e em suas redes de solidariedade. No entanto, entendemos que no caso português, e nas relações gerais entre as organizações, provavelmente pela peculiaridade política pela qual passava aquele país, em estado revolucionário e de forte identidade política entre os exilados e os portugueses, além do incessante discurso de nação irmã, desenvolveu-se outro tipo de relação. Além disso, pelo próprio interesse dos partidos em, por vezes, assimilar o discurso da solidariedade enquanto ganhos políticos internos, já traz o entendimento que as relações entre exilados e organizações portuguesas eram mais próximas que as ocorridas na França.

---

europeia, e até mesmo mundial.

111 NAPOLITANO, 2015, p. 46-48.

Mas o que nos fica claro é que, no caso da relação PCB-PCP, uma das chaves de ligação entre os partidos estava na militância e afeição de Miguel Urbano Rodrigues. Urbano Rodrigues é o mais citado pelo governo brasileiro quando se trata de notícias ligadas ao PCB. Comunista que esteve exilado no Brasil e foi editor do jornal *O Estado de S. Paulo* e da revista *Visão*, teve seu filho preso no Brasil. A repercussão deste incidente foi enorme na imprensa portuguesa, a ponto de a embaixada brasileira temer pela sanidade física de seus funcionários e familiares, pois houve a suspeita de que elementos do MIR, juntamente a asilados brasileiros, estariam planejando atentados em represália pela prisão de Miguel Treufaut, e que estariam sendo instigados por David Lehrer, Neiva Moreira e Marcio Moreira Alves. A prisão também levou a protestos das mais diversas entidades, como a Associação de Ex-Presos Políticos Antifascistas, o PCP, o Movimento Unitário de Trabalhadores Intelectuais, o MDM, até mesmo da Assembleia da República, que enviaram telegramas pedindo a imediata libertação de Miguel.[112]

É relevante notar que dois dias antes, o governo português havia aberto espaço para que políticos cassados pelo regime brasileiro (Fernando Perrone, Marcio Moreira Alves e David Lehrer) pudessem ser recebidos na Assembleia da República no intuito de apoio à solicitação de libertação dos presos políticos do Brasil e à proclamação da Anistia Ampla e Irrestrita.[113]

Dessa forma, identificamos que o PCP, enquanto partido político, inclusos seus órgãos de divulgação, parece tentar se distanciar dos assuntos espinhosos que o levassem ao campo dos que pudessem alcunhá-lo de radical e acirrar os embates dentro do governo, e depois do *25 de Novembro* isso preocupa ainda mais o partido. Por outro lado, as relações externas a ele, em especial num caráter individual de militância, abriam espaço para um discurso mais forte e engajado. Assim, até certo ponto, os comunistas portugueses e as mídias a ele conexas apenas exerciam a liberdade de imprensa que era cara a um partido que se posicionará democrático, o que diferia em relação a seu órgão oficial de informação, o *Avante!*, mais parcimonioso nas questões que não se referissem aos embates de alcance interno.

Havia, entretanto, pela inteligência brasileira, a preocupação em relação às atividades conjuntas das esquerdas em Portugal. É pelos informes do Itamaraty que pudemos ter ciência de que o PCB, assim como os antigos militantes do

112 Arquivo Nacional. Ministério das Relações Exteriores. DPN.PES.308, p. 33.

113 Arquivo Nacional. Ministério das Relações Exteriores. DPN.PES.308, p. 29.

guerrilha, tiveram intensa atividade no CPAGB logo no início de suas atividades. Não são poucos os relatos da espionagem que se referem à participação dos comunistas no recém-criado movimento pró-Anistia. Mas, em grande medida, estes relatos se referem muito mais a discordâncias e embates entre os grupos do que propriamente à unidade dentro do comitê.

Torna-se visível que os revolucionários e os militantes do PCB estão intrinsecamente ligados neste primeiro momento de exílio em Portugal. Pelo que pudemos aferir, há intensa relação entre as duas vertentes da resistência à ditadura brasileira, mas, claro, com ressalvas: primeiramente, o PCB não havia assimilado a decisão pela luta armada no Brasil e isso sempre retornava à baila nas reuniões em que ambos estavam presentes, ainda mais que, em 1975, ainda havia quem se identificasse com a tática revolucionária para a chegada ao poder. Em segundo lugar, e como era de se esperar, havia o embate interno pelo controle do Comitê, e este jogo político se dava tanto pelos ex-militantes da esquerda armada com o PCB quanto pelos seus "tutores" portugueses, PS e PCP. Sendo assim, os relatos que vêm a seguir mostram como se deu esta confusa relação entre PCP e PS, sob a ótica das relações entre exilados brasileiros.

Os Comunistas e o CPAGB

Como já relatado, havia, sim, contato entre os antigos militantes da luta armada e o PCB, e isso se deu na tentativa de formação de um comitê de Anistia que acabou por gerar o CPAGB. Mas as divergências entranhadas nas relações entre as organizações, além do próprio combate interno entre os apoiadores dos antigos revolucionários (PS) e dos comunistas portugueses (PCP) frustraram a possibilidade de uma real frente suprapartidária de apoio à Anistia brasileira. Enoir de Oliveira, também conhecido como *Juca*, recorda:

> [e]stávamos tentando criar uma casa para a Anistia, onde participariam todas as pessoas interessadas na Anistia, qualquer grupo que havia, independentemente de sua cor política. Mas para poder conseguir isso tínhamos que ter apoio dos portugueses, e o apoio dos portugueses significava também ter apoio partidário, de alguns partidos. Eu participei por várias vezes na tentativa de criação da casa, mas aí a gente esbarrava porque muita gente destes grupos queriam fazer a casa da Anistia como forma de um partido político, mas não somos um partido político. Porque a revolução

> é dos portugueses, nós não somos portugueses. Nós não podemos ser uma vanguarda para fazer a revolução pelos portugueses. (...) Mas nós tentamos fazer de todas as formas para que não se usasse [o comitê] como bastão de arremesso, mas isso era difícil. Porque servia para arremessar contra o PS, contra o PC, e era difícil de fechar. (...) E havia muita gente que não pensava bem. O inimigo não era só a direita, era a esquerda também. Aí então que a gente tinha que filtrar. E foi o que entravou sempre a conquista da casa.[114]

Enoir de Oliveira, ex-sindicalista de Caxias do Sul e militante do PCB, deixou o Brasil no início da década de 1970, passou pelo exílio em Moscou e, no início de 1976, deslocou-se para Lisboa.[115] A grande crítica que aparece no discurso de Juca está na dispersão do objetivo real do comitê. Para ele, a organização deveria ser única e exclusivamente voltada para a conquista da Anistia no Brasil. Nenhuma ingerência à política externa deveria ser assumida, pois seria, como ele mesmo diz, provocação. E entende que houve vários momentos em que os exilados se colocaram a apoiar movimentos que se dedicavam unicamente às questões estrangeiras, como quando numa manifestação, com a bandeira do comitê à frente, atearam fogo na embaixada espanhola em Lisboa.[116] Assim, Enoir diz ter visto na atividade dos exilados uma tentativa de ingerência dos brasileiros nos assuntos portugueses, e não uma verdadeira atitude de montar uma comissão para os assuntos relacionados à reação à ditadura militar e, por isso, distanciou-se do vínculo com outros exilados.

Este tipo de comportamento, realmente, parece ter sido um dos motivos de afastamento do PCB em relação ao Comitê. Há documento do início de junho de 1976, que mostra que o PCB tenderia a "discordar dos métodos, tidos como 'revolucionários', que aquele comitê vem usando e com isso complicando as boas relações entre os asilados e/ou refugiados brasileiros e a cúpula do Partido Comunista Português."[117]

114 OLIVEIRA, E. de. [28 set. 2013]. Entrevistador: Anderson da Silva Almeida. Lisboa, 2013.

115 OLIVEIRA, E. de. [28 set. 2013]. Entrevistador: Anderson da Silva Almeida. Lisboa, 2013.

116 Em 27 de setembro de 1975 foi acometida por um assalto de forças de extrema esquerda após as execução de 5 militantes nacionalistas bascos pelo regime franquista. Este ato quase agravou a instabilidade pela qual passava o regime no *Verão Quente*.

117 Arquivo Nacional. CIEx, Informe 1775, jun. 1976.

Aqui, temos que ter em mente que o ano de 1976 para o PCP foi um momento delicado: acabara de ocorrer o *25 de Novembro* e o PCP foi o partido que sagrou-se como maior responsabilizado pela incursão da extrema-esquerda na tentativa de chegada ao poder. Então, fragilizado, o PCP – ou outra organização a ele vinculada – não poderia estar na berlinda de qualquer movimento mais radical que pudesse incriminá-lo ainda mais na opinião pública, o que o faria manter certa distância dos comunistas.

Uma tentativa de reaproximação ocorreu no dia 14 de junho de 1976, na casa de Almir Dutton, onde o comitê se comprometeu com concessões ao PCB como a

> revogação de alguns capítulos do estatuto do CPAGB e a introdução de artigos pelos quais somente os brasileiros filiados poderão ser membros das 'comissões de trabalho', com direito a voto e a assistir as assembleia gerais, excluindo-se, portanto, elementos de outras nacionalidades (chilenos, uruguaios, bolivianos etc.).[118]

Mas também apontam que

> [t]orna-se necessário convencer os elementos do PCB de que a 'esquerda revolucionária brasileira' luta por uma 'revolução total e definitiva' e não será a existência de seu comitê uma peça futura de negociações entre o MDB e o governo brasileiro em troca de algumas 'libertações' no Brasil, tal como pensa, neste momento, o PCB.[119]

Ficou decidida então uma Assembleia para o dia 3 de julho, onde se discutiria, inclusive, a reincorporação do núcleo dos comunistas. Cabe salientar que nesta reunião também ficou discutida e aprovada a ideia da criação de uma filial do comitê no Porto, o que ocorreria adiante, juntamente com uma filial na Madeira.[120]

Dois aspectos são importantes para análise deste documento. O primeiro diz respeito ao teor da Anistia que se procurava. Pelo que podemos observar pelo documento produzido pelo informante do CIEx – e esta informação também deve ser relevada, já que agente identificado com as ideias do governo vigente e

118 Arquivo Nacional. CIEx. 245/76 – 02 ago. 1976.

119 Arquivo Nacional. CIEx. 245/76 – 02 ago. 1976.

120 Arquivo Nacional. CIEx. 245/76 – 02 ago. 1976.

por isso não livre de dúvidas – a ideia revolucionária ainda estava muito evidente dentro do comitê. Em tese, a Anistia não se faria sem a revolução, ou então, a Anistia era objetivo que não poderia estar desagregado da "revolução total e definitiva". Isso nos mostra que naquele momento, se é que que algum existiu em alguma ocasião, ainda não se tinha o modelo de Anistia que alcançasse todas as aspirações de vertentes oposicionistas. Veremos adiante que este imbróglio também irá se evidenciar dentro do PCdoB, que demorou para assimilar a luta pela Anistia, que para o partido era sinal de derrotismo, e, quando o fez, fez também sem se desvencilhar do aspecto revolucionário, assumindo a Anistia como a luta possível daquele momento, mas sem perder de vista o objetivo final. No caso do CPAGB, o discurso revolucionário irá se enfraquecer durante o ano e meio seguinte, sobretudo após a chegada de Brizola, no início de 1978.

Outro aspecto interessante do documento é o fato de elencar cada membro participante da reunião, apontando suas possíveis filiações organizacionais.[121] Isso nos mostra a infiltração neste movimento de exilados brasileiros. *Juca* tem a mais absoluta certeza de que o infiltrado era Carlos Camacho, indivíduo muito próximo do Almirante Candido Aragão.[122]

Outro documento elaborado por informante do CIEx, em 18 de julho de 1976, revela ainda que outro motivo para os embates entre organizações se dava pela intensa disputa interna pela direção do Comitê. Nesta reunião, em que tentou-se resolver a situação do PCB, fica clara a incompatibilidade de convivência entre os grupos envolvidos. Assim, nesta data houve o encontro entre o os alinhados ao PCB e cerca de 18 exilados da "linha revolucionária" em que debateu-se o futuro do CPAGB. Entre os presentes estariam Almir Dutton Ferreira, Clarisse Galvão de Figueiredo, Nelson Chaves dos Santos, Moema São Thiago, Domingos

121 Assim consta no documento: "A reunião foi presidida por Candido da Costa Aragão e contou com a participação de Almir Dutton Ferreira (VPR), Clarisse Galvão de Figueiredo (?), Carlos Figueiredo Sá (ALN), Altair Lucchesi Campos (VPR), Domingos Fernandes (ALN), Bety Chachamovitz (ALN?), Carlos Camacho (?), Nelson Chaves dos Santos (VPR), Antonio José Pereira Machado Dray (MFA?), Alfredo Hélio Sirkis (VPR), Ely Suhamy Rodrigues, Euclides Moraes, Josué Guimarães (escritor ex-PTB), Lourival Nunes Dourado (?), Marcilio César Ramos (jurista-AP), Flavio Roberto de Souza Poli (?), Maria Nazareth Cunha da Rocha (banida?)."

122 OLIVEIRA, E. de. [28 set. 2013]. Entrevistador: Anderson da Silva Almeida. Lisboa, 2013.

Fernandes, José Eli Veiga, Carlos Camacho e Altair Luchesi Campos, de acordo com o informante do CIEx:

> [o] ponto básico da discussão foi saber se se aceitava ou não a posição de liderança a posição de liderança que a linha do "Partido Comunista Brasileiro (PCB)" pretende assumir no referido "comitê". Nesse contexto comentou-se que os integrantes do "CPAGB" afetos ao Partido Socialista Português (PS) –como, por exemplo, o deputado Vasco da Gama Fernandes – ficara bastante agastados como o fato de não terem tido conhecimento prévio da criação do "Comitê de Coimbra pela Anistia Geral no Brasil (CCAGB)" nítida manobra divisionista do Partido Comunista Português (PCP), visando o controle do "CPAGB". Foi também observado que até mesmo Fernando Piteira Santos, membro do "CPAGB" próximo ao PCP, não foi avisado da reunião em Coimbra.[123]

Nesta tentativa de controle, o PCP fez exigências como: "todas as pessoas ligadas ao comitê devem apresentar currículo *vitae*"; modificações no estatuto onde "as decisões não mais [serão] tomadas por maioria, em votação, mas sim por consenso, o que, evidentemente, atende aos interesses do grupo minoritário, mas aguerrido, afeto ao "Partido Comunista Brasileiro - PCP".[124]

Isso foi visto como uma afronta aos rivais, levando Domingos Fernandes a afirmar que talvez "a Anistia para os presos políticos não seja a melhor forma de luta", mas "é a luta com que nos empenhamos", e continua "essa luta não deve, contudo, ser feita em benefício dos cabelas do PCB atualmente em Lisboa", e completa, "se a alta burguesia do PCB em Lisboa pretende utilizar o comitê para promoção pessoal, ele, Domingos Fernandes, não mais porá os pés no Comitê". Moema São Thiago vai pela mesma linha, pois sua "luta é em favor de todos os presos políticos, sem fazer distinção entre os do PCB, do MDB etc., acrescento que se o PCB não quiser participar do 'Comitê', que não participe, mas 'mas nos deixe trabalhar sozinhos.'"[125]

123 Biblioteca Nacional. CIEx. Informe 279/76 – 19 ago 1976.

124 Biblioteca Nacional. CIEx. Informe 279/76 – 19 ago 1976.

125 Biblioteca Nacional. CIEx. Informe 279/76 – 19 ago 1976.

Já Almir Dutton, outro membro que se encontrava com a maioria,

> manifestou oposição a que grupos restritos alterem decisões tomadas, por unanimidade, por uma assembleia que contou com a participação de mais de sessenta pessoas; frisou que qualquer alteração dos estatutos só pode ser efetuada em assembleia.[126]

Por fim, foi apresentada proposta para assembleia no dia 30 de setembro, o que sofreu oposição de Nelson Chaves dos Santos, por considerar demasiado longo o período de inatividade. Então, decidiu-se marcar para 29 de julho uma reunião da comissão para saber que rumo tomar.

Com isso, não se é de espantar que a ligação entre os grupos não tenha suportado o ano de 1976. A partir daí, o protagonismo do PS na política portuguesa se espalhou ao comitê, que acabou por cindir definitivamente com o PCB/PCP. O CIEx parece comemorar a divisão em sua apreciação:

> [o] que parece indicar que vai surtindo algum efeito a manobra divisionista do PCP/PCB visando a controlar o Comitê Pró-Amnistia Geral no Brasil (CPAGB), em detrimento dos elementos afetos ao Partido Socialista Português (PS) e aos agrupados da esquerda "revolucionaria" (NA (sic), VPR, MR8, COLINA, etc) havendo entre estes quem, por comodismo - prefira ir "a reboque" dos PCs.[127]

Assim, até agora mostramos a forte capacidade de organização dos brasileiros exilados em Portugal a partir do auxílio angariado junto a indivíduos e organizações portuguesas na luta pela Anistia e pelo fim da ditadura no Brasil. Mas com o caso que trataremos adiante, talvez o discurso de solidariedade portuguesa com os exilados brasileiros possa tomar outro sentido. Enquanto os embates entre comunistas do PCB e os ex-militantes da luta armada eram travados sob os olhares das organizações portuguesas, do outro lado, os comunistas do PCdoB se alinhavam a outra estratégia de luta. Conforme veremos, o PCdoB parece ter servido muito mais aos comunistas portugueses do que o os comunistas portugueses aos brasileiros.

---

126 Biblioteca Nacional. CIEx. Informe 279/76 – 19 ago 1976.

127 Biblioteca Nacional. CIEx. Informe 279/76 – 19 ago 1976.

PCdoB, UDP, PCP(R) e a "Internacionalzinha"[128]

O ambiente político português na década de 1960 e 70, no que concerne às organizações dissidentes do PCP, poderia ser caracterizado de maneira informal como uma enorme "sopa de letrinhas". É muito difícil não se confundir com a gama de legendas oriundas do PCP e ainda mais complexo é aferir e compreender todas as "dissidências das dissidências",[129] mas este panorama não diferia muito do que podemos encontrar no Brasil.

O PCB, em 1962, dividiu-se e deu origem ao PCdoB, e depois do golpe de 1964 estas mesmas organizações originaram tantas outras pelo Brasil afora. O que não se podia imaginar era que o PCdoB seria não apenas influência, mas entidade formadora de um partido do outro lado do oceano. Dessa forma, aqui trataremos sobre a relação próxima entre duas organizações que foram força de ação e cooperação com os exilados do PCdoB: o PCP(R) e a sua frente de massas, a UDP.

Embora a UDP seja considerada a frente de massas do PCP(R), sua criação se deu um ano antes da criação partido, em 16 de dezembro de 1974. Sua formação se deu a partir da junção de três organizações marxista-leninistas, as quais são: o Comitê de Apoio à Reconstrução do Partido (CARP), que havia sido originado na Itália; os Comitês Comunistas Revolucionários Marxistas-Leninistas (CCR-ML), criado em Paris; e a União Revolucionária Marxista-Leninista (UR-ML). Seu objetivo era o de ser "uma frente de unidade destinada a agrupar os antifascistas dispostos a combater por um programa de democracia popular entendida esta como uma etapa para a construção do socialismo."[130]

O PCP(R) surgiu enquanto partido em janeiro de 1976, após um congresso que se iniciou no dia 27 de dezembro do ano anterior e se estendeu até o dia 5 de janeiro, quando foi votada e divulgada sua resolução política. O partido não poderia ter sido criado em momento mais conturbado, já que menos de dois meses

---

128 Uma versão preliminar deste capítulo foi publicada em: PEZZONIA, Rodrigo. *Em Busca de uma "Internacionalzinha": o Partido Comunista do Brasil em Portugal.* In: Maria Paula Araújo; António Costa Pinto. (Org.). Democratização, memória e justiça de transição nos países lusófonos. Rio de janeiro: Autografia / EDUPE, 2017, p. 130-163.

129 No caso dos maoístas, é possível encontrar junto à obra de Miguel Cardina, para além do conteúdo em si, mapa detalhado que identifica a formação de cada uma das organizações (CARDINA, 2010 e 2011).

130 Américo Duarte (UDP): A Democracia Popular. *Vida Mundial*, Lisboa, p. 30, 24 jul. 1975.

antes o país estava em convulsão, devido aos eventos do *25 de Novembro*. A partir de então, o país amenizaria seus arroubos revolucionários, vendo com extrema desconfiança a configuração de partidos que estivessem muito à esquerda do espectro político em relação aos então vitoriosos socialistas.

Como no caso do partido brasileiro, a viragem de parcela da militância portuguesa ao maoísmo, em contraposição aos PCs "soviéticos", deu-se no início da década de 1960. No caso português, essencialmente, por Francisco Martins Rodrigues, que questionava e apontava necessidade de uma revisão do posicionamento de Moscou na adesão à Revolução Democrático Burguesa em detrimento da condição revolucionária de viés socialista. Para Rodrigues, o PCP era definido como uma "deturpação pacifista do leninismo."[131]

No Brasil, essa discussão interna ao PCB também se fez, essencialmente por um grupo de militantes formado por Pedro Pomar, João Amazonas, Mauricio Grabois, Carlos Danielle e Calil Chade que, assim como os portugueses, discordavam da revisão teórica oriunda do XX Congresso do PCUS, o que os levou à expulsão do PCB – sigla que desde 1960 mudara de Partido Comunista do Brasil para Partido Comunista Brasileiro. Por isso, em 1962, formaram o PCdoB, tendo por objetivo resgatar a tradição revolucionária e o nome do antigo Partido Comunista do Brasil.

É importante ainda destacar que, assim como comenta Jean Rodrigues Sales, a adesão ao maoísmo não foi imediata à formação do partido. Isso só ocorreu na segunda metade da década de 1960[132] e, sobretudo, a partir da incorporação de militantes da Ação Popular Marxista-Leninista (AP-ML) na década seguinte. Como nos relatou Pedro Andrade, "a memória dos velhos sempre foram memórias russas, nunca foram chinesas. Mas depois o PCdoB liga-se a China e à Albânia porque fica órfão da URSS. Então o que sobra? Os chineses que começam a brigar com os russos e albaneses". E completa:

> [o] PCdoB nunca foi totalmente maoísta, maoísta era a AP. O velho PC do Brasil nunca foi maoísta, a matriz daquilo sempre foi soviética. Mas a China era aliada, iam para a china fazer curso... Mas quando a China começou a virar com aquela teoria dos três mundos, em que

131 *apud.* CARDINA, M. *O essencial sobre a Esquerda Radical.* Coimbra: Angelus Novos, p. 38.

132 SALES, J. Partido Comunista do Brasil: definições ideológicas e trajetória política. In: *História do Marxismo no Brasil VI*: Partidos e Movimentos após os anos 1960. RIDENTI, M.; AARÃO REIS, D. (Orgs.), Campinas: Editora UNICAMP, 2007.

> o inimigo principal era a URSS e não os EUA, então o PCdoB rompe com a própria China e fica como única aliada a Albânia.[133]

Os "velhos" aos quais Pedro se refere são os dissidentes do antigo PCB já citados, e outro, o qual teve importância ímpar em toda esta história, Diógenes Arruda. Arruda teve participação determinante não apenas na atuação do PCdoB no exterior, mas também na formação do partido português que tratamos anteriormente.

O Camarada Arruda

A Diógenes Arruda é creditada responsabilidade pela união dos partidos portugueses marxista-leninistas na UDP e na criação do PCP(R). Andrade vai além ao afirmar que "Ele [Arruda], na verdade, era o Secretário Geral do PCP(R)."[134]

Estas afirmações podem parecer entranhas, exageradas ou até mesmo inverídicas quando tratamos da possível ingerência de um brasileiro na história política de um partido estrangeiro, mas isso cai por terra ao nos depararmos com os textos de despedida produzidos por militantes portugueses em homenagem a Arruda após seu falecimento.

José Alves, inclusive, historiciza a relação, afirmando terem conhecido o "camarada Arruda" no *Verão Quente* em 1975, momento em que Portugal estava em ebulição política e diversos grupos queriam assumir a condução revolucionária, e revela a importância deste encontro:

> [e]ssa situação objectiva exigia o surgimento de uma cabeça esclarecida, capaz de guiar nos meios das dificuldades e perigos que o ameaçavam. Essa exigência era, no entanto, contrariada pelos caciques pequeno-burgueses que dirigiam os grupos (...) o camarada Arruda, apoiando-se nas forças sãs proletárias revolucionárias existentes nos antigos grupos, desenvolveu intensa luta que culminou poucos meses depois na reconstrução do Partido Comunista, no surgimento do PCP(R). (...) Dentro do nosso Partido o camarada Arruda apoiou com vistas a levar aos postos de direção quadros proletários firmes consequentes, oriundos das grandes fábricas (...) Foi esta firmeza disciplina e espírito de sacrifício dos

133 ANDRADE, P. [16 jun. 2016] Entrevistador: Rodrigo Pezzonia. Lisboa, 2015.

134 ANDRADE, P. [16 jun. 2016] Entrevistador: Rodrigo Pezzonia. Lisboa, 2015.

> proletários das grandes fábricas que o camarada Arruda quis que fossem transmitidos a todo o nosso Partido, assumindo um papel destacado na luta pela proletarização dos nossos órgãos dirigentes. Essa luta foi depois prosseguida com seu apoio entusiástico no sentido de erradicar do nosso Partido as ideias e práticas pequeno burguesas, estranhas ao proletariado, no sentido de fazer afirmar em todos os meios a ideologia proletária.[135]

Este é apenas um trecho de um dos textos que abordam o protagonismo de Arruda diante do PCP(R) e UDP, e que revela a condição do experiente militante brasileiro não apenas como um colaborador externo às organizações, mas como um mentor ideológico e alto dirigente na concepção das organizações.

Assim, entendemos que as relações entre as organizações marxista-leninistas na Europa da década de 1970 corriam bem. O encontro, no exílio, de militantes das mais diversas organizações coirmãs se davam facilmente, principalmente em Paris, local que congregava um número elevadíssimo de refugiados políticos das mais diversas matizes da esquerda, e dos mais diversos pontos do planeta.

No caso do PCdoB, o contato se deu via o Partido Comunista Espanhol Marxista-Leninista (PCE-ML) e da sua organização relacionada, a Frente Revolucionario Antifascista y Patriótica (FRAP), que dispunham de uma gráfica onde se produzia todo o material de propaganda que se espalhava pela Europa.[136] Os brasileiros se aproveitavam desta estrutura cedida pelos espanhóis e publicavam todo um material também em português, como a *Classe Operária*.

Mas então, com o *25 de Abril*, o PCdoB começou a encarar a possibilidade de transferir suas atividades para Portugal, e levar a cabo a orientação de unir os partidos marxista-leninistas.

> Ele [Diógenes Arruda] é quem convence os caras a se unir. Não convence todos, ainda sobraram duas organizações que não entraram. Uma chamada PCP-ML, do qual era onde andava Pacheco Pereira. Este continua apoiando à China, são os únicos que optam pela China. E outra que não entrou para a UDP por questões pes-

135 ALVES, J. *Os Contributos de Diógenes Arruda para a edificação do PCP(R). In: VV.AA. Aprender com Diógenes Arruda.* 1979, p. 13-14.

136 ANDRADE, P. [16 jun. 2016] Entrevistador: Rodrigo Pezzonia. Lisboa, 2015.

> soais (...) O Arruda, portanto, cria essas duas, e ao criar essas duas resolve mudar de Paris para Lisboa o aparelho produtivo do Partido Comunista do Brasil. Dos materiais, dos livros, passa a editar a Classe Operária de Portugal; até porque os caras aqui montaram uma gráfica e eles tinham muito mais a agradecer a Arruda do que os espanhóis. E é então que Arruda manda-me para cá. Para eu tomar conta da criação da materialada toda aqui. Eu venho cá primeiro para ver as condições, depois volto pra lá, fico fazendo vai e vem durante um tempo até que venho de vez um pouco antes do Massacre da Lapa.[137]

Fica evidente que Diógenes Arruda já tinha contatos com os partidos marxista-leninistas exteriores – e não apenas os portugueses – e que o intuito de congregar estes partidos em uma grande organização mundial era evidente. Nas palavras de Pedro Andrade, o objetivo era o de criar uma *Internacionalzinha*, Ou seja, uma congregação de forças marxista-leninistas que teriam como objetivo o de sanar os desvios ideológicos comunistas pós-XX Congresso, e retomar os preceitos programáticos da *Terceira Internacional*, além da medida interna ao partido de retomar contato com possíveis militantes "desgarrados" para auxiliar na construção de comitês de apoio à luta no Brasil. De acordo com ele:

> [o]s velhos tinham *know how* da *Terceira Internacional*, tinham *know how* de luta na clandestinidade, então criam uma espécie de "*Internacionalzinha*". Começam a ajudar os marxista-leninistas de outros países para passar *know how* para estes próprios comitês que eram organizados pelos partidos comunistas M. L.s. Pelo PCF-ML, que estava por trás do Comité France-Brésil, ou pelo KPD-ML (Kommunistische Partei Deutschlands/Marxisten-Leninisten).[138]

137 ANDRADE, P. [16 jun. 2016] Entrevistador: Rodrigo Pezzonia. Lisboa, 2015.

138 Pedro Andrade explica que no caso alemão nem era necessário o uso da sigla ML após a designação do Partido, já que o partido comunista pró-russo passa a se chamar Deutsch Kommunist Partei (Partido Comunista Alemão) e os comunistas guardam o velho nome de Kommunistische Partei Deutschlands (Partido Comunista da Alemanha – Marxista Leninista), mas por causa desta tradição europeia de inserir ML, que era quase um carimbo de autenticidade, eles assumem o KPD-ML (ANDRADE, P. [16 jun. 2016] Entrevistador: Rodrigo Pezzonia. Lisboa, 2015).

Mas quando do conflito sino-soviético, e depois entre China e Albânia, o PCdoB rompeu com a China, mantendo aliança apenas com a Albânia, mas, quase todos os partidos M. Ls europeus – com exceção de espanhol, do brasileiro e do português (que mantém sua lealdade pela origem) – continuam associados à China.

Faz-se relevante notar que todo este trabalho de prospecção de antigos militantes citado anteriomente é feito de maneira muito cuidadosa. O PCdoB no exterior parece assumir comportamento de clandestinidade no estrangeiro. Era comum não se revelar o verdadeiro nome e usar identidades falsas mesmo no exílio, inclusive no contato com outros exilados. Como revela Andrade:

> [h]avia o pessoal dos partidos todos e o pessoal do PCdoB que, normalmente, não se misturava com essa gente. Pra começar, para não "puxar rabo" pra gente. Imagina se eu fosse começar frequentar comitês de Anistia, lidar com aquela turma toda de exilado brasileiro, sei lá quem eram, sei lá quem falou na cadeia e quem não falou, ou mesmo quem foi solto para se infiltrar. Os que continuavam a trabalhar com os CODI ou CENIMAR da vida. (...) Nós éramos clandestinos, principalmente em relação aos brasileiros. O cara começa a ser seguido em Paris. Seguem a mim até o Arruda. Depois vê como o Arruda contata como Amazonas dentro do Brasil, ou com o Pomar, e depois consegue seguir até lá dentro e derruba a organização no Brasil. Nem pensar. Portanto, a clandestinidade era ninguém andar a aparecer dizendo "sou PC do Brasil", "sou revolucionário brasileiro". Não, [dizia] "sou estudante"! Enquanto a reivindicação básica dos outros exilados era apoio aos movimentos de Anistia, a reivindicação do PCdoB era de apoio aos brasileiros e a luta no interior do Brasil.[139]

E isso era algo muito próprio do PCdoB neste fim de exílio; eram poucos os exilados do partido que se mantinham em Lisboa e, de acordo com a pesquisa de Denise Rollemberg, realmente afastaram-se dos demais exilados e das lutas pró-Anistia, pois "considerava que os comitês adotavam uma visão derrotista e orientavam seus militantes no sentido de não se envolverem."[140]

---

139 ANDRADE, P. [16 jun. 2016] Entrevistador: Rodrigo Pezzonia. Lisboa, 2015.

140 ROLLEMBERG, 1999, p. 256.

Mas isso também nos mostra que o PCdoB em Portugal parecia estar distante, ou mesmo arredio, às discussões que eram travadas no Brasil, pois desde 1975, após a derrota da guerrilha no Araguaia, um grande debate interno se fez a partir de resoluções distintas acerca do futuro da organização. Enquanto para um lado, representado por Ângelo Arroio, a derrota havia se dado em âmbito apenas militar, para Pedro Pomar havia se dado também no âmbito político, o que mereceria toda uma remodelação estratégica e política para o partido. No caso de Arroio, como apenas a esfera militar havia sido derrotada, deveria se manter a mesma tática anterior, ou seja, agitação das massas e preparação clandestina da luta armada,[141] sendo que esta foi a resolução assumida pelo partido.

Assim, a estratégia do PCdoB fica confusa e paradoxal, já que, ao mesmo tempo que pregava a denúncia de crimes da ditadura e a defesa das *três bandeiras* – "assembleia constituinte livremente eleita, abolição de todos os atos e leis e Anistia geral"[142] – ainda entendia como meio de chegar ao seu objetivo, o empunhar das armas pelos seus militantes junto às massas.

De qualquer maneira, e como já citado, a posição assumida em Lisboa pelos militantes que lá estavam, a partir das ordens de Arruda, era a de não se alinhar aos movimentos de Anistia. O PCdoB se mantinha adepto à forma revolucionária de luta, e nela se manteria ainda por anos. Esta decisão mostrava uma leitura de que os militantes que estavam fora do país, neste caso, Portugal, pareciam não estar tão engajados nos debates que ocorriam no Brasil, tendo uma leitura própria da situação ou, então, entendiam que a realidade no exterior não poderia ser sobreposta à realidade de ação do partido no Brasil.

Por mais que o discurso em seus órgãos de imprensa tenha se amenizado, como podemos notar no próprio *América Latina*, e não mais expusesse o chamamento à luta armada, que era substituída pelo chamamento ao *poder popular*, as atitudes dos militantes pareciam permanecer ligadas à ordem revolucionária, o que só arrefeceu com a VII Conferência em Tirana em 1979, um mês antes da promulgação da lei de Anistia que se deu em agosto de daquele ano, causando discórdias e cisões dentro do partido

Mas voltemos à relação entre brasileiros e portugueses nas organizações M. Ls. Vemos que pela condição de auxiliar na criação do partido português

141 SALES, 2007, p. 342.

142 SALES, 2007, p. 345.

e sua frente de luta, a produção de material de propaganda do PCdoB se faz a partir da mesma célula de propaganda. Por exemplo, logo no primeiro ano de existência da UDP, um comício é promovido pela *União Democrática Popular* e pela *Frente Revolucionario Antifascista y Patriótico* em solidariedade com os povos da Espanha, Brasil e Chile. O evento ocorreu em data muito representativa para o calendário da esquerda latino-americana, 11 de setembro, dois anos após o golpe no Chile, mas o cartaz apontava que havia um significado local, que seria o aniversário de seis meses do 11 de março, ou seja, da vitória da esquerda ante à tentativa de golpe de Spínola. E a palavra de ordem era "[e]m Portugal como em todo o mundo os povos levantam-se contra o fascismo, solidariedade à luta antifascista!" Desta forma, se havia alguma dúvida para o governo brasileiro de que se tratava a UDP um braço do PCdoB, ela se esvai quando se lê a conclusão do folheto de apresentação da manifestação: "[b]asta de assassinatos e torturas no Brasil! Amnistia Geral! Viva a heroica luta armada do povo do Araguaia!"

Mural artístico do PCP(R) para o 3º Congresso (1979) com a participação do PCdoB. Local: Lisboa, Junqueira. Acervo: Centro de Documentação 25 de Abril (Coimbra).

Mural artístico do PCP(R) para seu 3º Congresso (1979) com participação do PCdoB. Local: Lisboa, Cais Sodré. Acervo do Centro de Documentação 25 de abril.

Campanhas e Propaganda

O partido brasileiro já se manifestava via edições bibliográficas desde sua fase parisiense, e mesmo no período de asilo latino-americano. Em Portugal, o PCdoB encontra na Edições Maria da Fonte – criada antes da UDP, mas integrada a ela na fusão das organizações marxista-leninistas – ambiente para produção não apenas de seu material mas, junto aos portugueses, de toda a gama de pensadores maoístas-albaneses, assim como teóricos soviéticos anteriores ao XX Congresso da PCUS.

Dos oitenta números lançados pela editora entre 1973 e 1978,[143] cinco têm títulos ligados às organizações brasileiras na série *Documentos*. Quatro delas diretamente ao PCdoB – *A Linha Política Revolucionária do Partido Comunista*

143 MAUÉS, F. *Livros que Tomam Partido: a edição política em Portugal (1968-1980)*, 2013. Tese de doutorado. FFLCH-USP, 2013, p. 167.

do Brasil (ML)[144];[145] *Guerra Popular: Caminho da Luta Armada no Brasil;*[146] *Cinquenta Anos de Luta;*[147] *Política e Revolucionarização do Partido* –[148] e um de responsabilidade do CPAGB sob o título *Dos Presos Políticos Brasileiros: Acerca da Repressão Fascista no Brasil.*[149]

Como o próprio título da série revela, o intuito da coleção é o de divulgar documentação teórica das organizações marxista-leninistas, sobretudo chinesas e albanesas, que seriam a linha mestra ideológica determinada para a condução da perspectiva revolucionária dos demais partidos pelo mundo. Flamarion Maués enumera 16 títulos referentes a autores chineses, 12 albaneses (dentre estes, sete redigidos por Enver Hoxha, secretário-geral do Partido Trabalhista da Albânia), 11 soviéticos (sete de Lênin e quatro de Stalin), quatro vietnamitas (sendo dois de Ho Chi Min), quatro sobre a luta de libertação africana (dois de Angola, um de Moçambique e um de Guiné-Bissau), além disso apresentam-se dois do PCE-ML, um do Partido Comunista da Bélgica, um do Partido Comunista da Coreia do Norte e um do Comitê Central da Organização dos Marxista-Leninistas da Grécia.[150]

Outra editora, também ligada ao movimento que em Portugal circundava o PCdoB foi a do PCP(R), *Bandeira Vermelha*, que, como comenta Maués em sua tese, publicava documentos próprios e do Partido Trabalhista da Albânia, publicando dois livros diretamente relacionados ao PCdoB e um sobre Diógenes

144 A inclusão – de reponsabilidade dos portugueses – da sigla ML (que configuraria a caracterização ao partido de marxismo-leninista) junto a do PCdoB trouxe desconforto à relação dos partidos. De acordo com Pedro Andrade, a reação era: "PCdoB – ML é o c...! Nós somos o original!" O mesmo Andrade explica qual era a visão dos comunistas brasileiros: "[n]ossos aliados eram os partidos irmãos, chamados PC-MLs (Partido Comunistas Marxistas Leninistas) que eram gente minimamente de confiança, gente saída dos PCs. Eram dissidências que saíram dos PCs, e que se reorganizaram depois fora. Mas não era como o PC do Brasil que rachou de alto a baixo, e que inclusive ficou com o nome, com o estatuto e com o nome do jornal, *Classe Operária*. Eram minoria, mas ficaram com o passado. Até porque os outros (PCB) não queriam saber do passado pra nada."

145 n. 2, ago. 1974.

146 n. 4, out. 1974.

147 n. 11, dez. 1975.

148 n. 21, jan. 1977.

149 n. 16, mar. 1976.

150 MAUÉS, 2013, p. 168.

Arruda.[151]Entre estes, identificamos apenas o livro *A Resistência Armada* no Araguaia, mas cremos que os outros dois livros aos quais Maués se refere sejam os que tenham sido editados pela *Grua Artes Gráficas.*

Tivemos acesso a duas brochuras editadas por esta empresa: a primeira, sem data, mas que acreditamos ter sido publicada no ano de 1977, é de responsabilidade do *Comitê de Apoio às Lutas dos Povos da América Latina*, sob o título: *Contra a Repressão no Brasil: Brasil Irmão teu Povo Vencerá.* Nesta brochura de 36 páginas temos toda a história da militância portuguesa e brasileira em Portugal contra aquele que foi chamado de *Massacre da Lapa*, de fins de 1976, onde dirigentes do PCB foram massacrados à bala em uma casa no Bairro da Lapa em São Paulo. O texto aponta recortes de jornais brasileiros e portugueses que se referem às mais diversas organizações em apoio ao PCdoB e às vítimas da ação. Além disso, relata os eventos de participação popular ocorridos com este mesmo intuito.

Outro título, e neste sim pudemos notar a marca do *Bandeira Vermelha*, trata-se de uma homenagem a Diógenes Arruda intitulada *Aprender com Diógenes Arruda*, datado de dezembro de 1979, ou seja, cerca de um mês após sua morte, que se deu no dia 25 de novembro daquele ano, quando já retornado ao Brasil.

Mas não apenas nas brochuras e panfletos se fez a organização política dos partidos brasileiro e português. Com a criação do CALPAL, entidade que congregava não apenas os partidos ML, mas também personalidades de várias nuances políticas da esquerda portuguesa, a UDP/PCP(R) e o PCdoB criaram um órgão de imprensa para falar com a população de maneira mais rápida e efetiva, como veremos adiante.

Comitê de Apoio à Luta dos Povos da América Latina

O CALPAL foi um comitê diretamente ligado ao PCdoB e responsável pela organização dos movimentos de solidariedade após o sucesso das ações do partido em relação aos eventos de denúncia quanto ao *Massacre da Lapa*, mas que não focava sua ação à luta no Brasil, e sim em toda a América Latina.

Portanto, acreditamos que a CALPAL tenha sido criada por volta do início de 1977, visto que em meados deste ano foi lançado, por iniciativa de um grupo político português em torno do PCdoB – não apenas da UDP e PCP(R), mas a uma miríade de militantes das mais diversas organizações e partidos – seu órgão

151 MAUÉS, 2013, p. 177.

de divulgação, o *América Latina - Boletim do Comitê de Apoio às Lutas dos Povos da América Latina* (CALPAL).

O periódico tinha como característica a preocupação com as questões - como o próprio nome refere - relacionadas à toda América Latina, sobretudo àqueles que sofriam sob a atuação de regimes autoritários e ditatoriais. O *América Latina* se preocupava com as questões dos países que estavam em luta revolucionária e buscava um caráter internacionalista para sua publicação.

Pedro Andrade revela sua versão para a criação do CALPAL e do *América Latina:*

> [q]uando se deu este movimento todo de solidariedade com o Brasil, pensei que não valeria perder isto. Vale a pena tentar organizar isso de uma maneira qualquer. E como nesta época haveria o campeonato mundial da Argentina, aqui na Europa nós organizamos campanhas contra a ditadura argentina. Inclusive isso levou a uma aliança momentânea minha com os Montoneros, porque, infelizmente, o PCA-ML tinha se virado para a China, apesar de ser o Arruda, que quando esteve na Argentina, deu ajuda àqueles sacanas e ajudou-os a consolidar o partido e usa o PCA-ML para criar estes comitês de solidariedade com o Brasil. Então essa história toda de transmitir *know how* começou lá na América Latina. Mas apesar de tudo, os caras prefeririam o ouro de Pequim a manterem a linha justa. A continuar a ser marxistas preferiram aderir a teoria dos três mundos, dizendo que inimigo da Argentina era a URSS. Então fizeram um comício aberto às esquerdas e a partir daí pensaram em fazer um movimento que englobasse toda a América Latina, então criou-se o CALPAL (Brasil, Argentina e Nicarágua). Só que para uma organização se legitimar era necessário um órgão, então foi criado o América Latina.[152]

Em seu primeiro número, logo na primeira página é possível acessar o estatuto ou a *Plataforma do Comitê de Apoio às Lutas dos Povos da América Latina*, onde, após um preâmbulo em que é reiterado o posicionamento antifascista e antiditatorial do povo português, devido a seus 48 anos vivendo e reconhecendo em si as agruras da ditadura e de ter sido agraciado com a solidariedade internacional, tornar-se-iam agora responsáveis por "apoiar os que lutam pela liberdade

152 ANDRADE, P. [16 jun. 2016] Entrevistador: Rodrigo Pezzonia. Lisboa, 2015.

e pela democracia e de prestar assistência às vítimas da repressão." Já os princípios e objetivos do CALPAL se entediam em 6 itens:

1. Informar o povo português sobre as lutas dos povos latino-americanos, assim como as diferentes formas de oposição interna aos regimes vigentes.
2. Informar o povo português sobre as condições de vida impostas aos povos da América Latina, assim como as atrocidades contra eles cometidas.
3. Apoiar e solidarizar-se com todas as formas de luta dos povos da América Latina contra o fascismo e o imperialismo.
4. Criar condições para que o povo português se solidarize.
5. Ajudar e prestar assistência às vítimas de repressão utilizando todos os meios ao alcance do comitê.
6. Denunciar a cumplicidade do imperialismo norte-americano com os regimes vigentes.[153]

Assim, o CALPAL, como outra organização de extrema importância na luta brasileira no exílio, o CPAGB, apoiava-se na ação interna de conscientização da população portuguesa contra os regimes ditatoriais da América Latina, o que não quer dizer que estas ações não pudessem ter reverberações externas. Os meios de ação também eram parecidos, consistindo em: publicação do boletim; organização de grupos de trabalho; organização de conferências, exposições e debates; publicação de documentos vários; organização e participação em encontros sobre a América Latina; e organização de campanhas de informação pública e imprensa. Mas é interessante ressaltar que, mesmo evidenciando que "esta solidariedade é desenvolvida por portugueses (...) este trabalho deve ser reflexo da luta desenvolvida internamente pelos povos da América Latina, o que pressupõe uma orientação a partir das lutas concretas aí travadas."[154]

Para nós, isso denota a indicação de que o trabalho seria feito em nome dos portugueses, mas com um *background* dos militantes dos partidos latino americanos. E, se levarmos em consideração que os artigos são todos escritos em "português brasileiro", podemos adiantar que o trabalho, pelo menos do boletim, se fazia todo pela militância brasileira que, de acordo Andrade, sempre se deu em número de apenas duas pessoas.

153 *América Latina*. n. 1, p. 1, jun./jul. 1977.

154 *América Latina*. n. 1, p. 1, jun./jul. 1977.

A ação referente à imprensa externa à organização, ou seja, nos meios midiáticos portugueses, também era parte da estratégia de luta do PCdoB. A estratégia era passar as notícias a conta-gotas aos órgãos oficiais de imprensa de forma de o Brasil ficasse em evidência nos meios de comunicação pelo maior de tempo possível. "Não podia dar todas [as notícias] de uma vez. Tinha que ir dando fracionado. (...) Então, daqui – como saía na primeira página dos jornais portugueses – a gente mandava esses jornais para Alemanha, para França, Suécia... E então o pessoal de lá reproduzia."[155]

Em outra frente, com ativa participação dos portugueses, a ideia

> foi fazer movimentos de massa, como comícios e o tal abaixo assinado para reunir dezenas de milhares de assinaturas em solidariedade com o povo brasileiro. Isto então foi feito com base em três pessoas; havia um pintor aqui muito conhecido chamado Carlos Botelho, que era o suprassumo, mas ele já estava velhinho. Mas o filho dele que era um arquiteto, Rafael Botelho, era um arquiteto muito conhecido. Ele era da UDP, não era do PCP(R), e os dois filhos também, Pedro e João Botelho (Pedro, arquiteto e João, cineasta), então eles me abriram para a intelectualidade portuguesa. Então a ideia era, a partir destes contatos, montar um comitê de intelectuais de solidariedade com o Brasil. Então eles vão falar com Sophia de Mello Breyner (poetisa) e Maria Keil (pintora), esta que serviu de contato para João Abel Manta, que fazia os cartazes do MFA, quem, aliás, fez a capa da brochura de denúncia. Esta mesma arte foi impressa e espalhada por todo Portugal. Além dos comícios no Porto, Lisboa e Algarve, além da de uma noite de teatro e artes, onde, em uma das noite, toda a receita da bilheteria seria revertida para as famílias dos presos.[156]

As personalidades que aderem ao *CALPAL* são das mais variadas matizes da esquerda portuguesa e não se limitam aos militantes de UDP e PCP(R). É possível encontrar deputados à esquerda do PS, como Alberto Arons de Carvalho e Carlos Lage, junto a Acácio Barreiro, da UDP, assim como o sacerdote Bento

155 ANDRADE, P. [16 jun. 2016] Entrevistador: Rodrigo Pezzonia. Lisboa, 2015.

156 ANDRADE, P. [16 jun. 2016] Entrevistador: Rodrigo Pezzonia. Lisboa, 2015.

Domingues e outros que também podem ser muito bem encontrados nas listas de apoio de outras organizações de solidariedade supra e pluripartidárias.

COLABORA COM O CALPAL

Segundo a plataforma do CALPAL, *"os democratas portugueses, conscientes da necessidade de apoiar os que lutam pela liberdade e pela democracia e de prestar assistência às vítimas da repressão, decidem constituir um Comité de Apoio às Lutas dos Povos da América Latina"*.

Até ao momento aderiram ao CALPAL as seguintes personalidades:

Alberto Arons de Carvalho .... deputado
António Lopes Cardoso .... deputado
António Reis .... deputado
António Bento .... regente agrícola
Armando de Castro .... economista
Acácio Barreiros .... deputado
Carlos Lages .... deputado
Felix Ribeiro .... economista
Frei Bento Domingues .... sacerdote
Gualter Basílio .... deputado
João Madeira .... sindicalista
João Mendes Espada .... engenheiro
José Augusto Rocha .... advogado
José Loelmo .... jornalista
José Manuel Esperto .... ex-preso político
Luís Pedro Faro .... maestro
Manuel Palma .... economista
Manuela de Freitas .... actriz
Riço Calado .... deputado
Rosa Rainho .... ex-deputada
Saul Nunes .... advogado
Sophia de Mello Breyner .... poetisa

Uma das funções do CALPAL é informar o povo português sobre as lutas que se travam na América Latina. Para isto é necessária a colaboração dos nossos leitores em Portugal e no estrangeiro, seja auxiliando concretamente as nossas actividades, seja enviando-nos informações sobre as lutas dos povos latino-americanos. Para tal pedimos que nos escrevam para:

Rua Luciano Freire nº 2/ 1º esq.
Bairro Santos
Lisboa
Portugal

América Latina: Boletim do Comitê de Apoio à Luta aos Povos da América Latina. N. 2. Nov. – Dez. 1977. P. 1.

No primeiro número do América Latina foram publicados depoimentos de aderentes ao CALPAL, tanto de organizações como a FAPIR, quanto de conhecidas personalidades portuguesas, como Frei Bento Domingues, que declarava seu apoio ao Comitê, entendendo que este poderia contribuir de forma rigorosa e isenta a todas as violações de direitos humanos na América Latina – e não apenas nela – e que deveria ser ambiente de solidariedade e de apoio a luta de independência de todos os povos. Mas dito isto, provocava: "[q]uero, porém, deixar bem claro o seguinte: não alinho com a posição daqueles que com os mesmos actos chama virtude ou crime segundo o continente, país, região, grupo ou partido."[157] Com isso, o Frei Bento Domingues se aliava à causa da América Latina, mas rechaçava os regimes extremos aos quais PCdoB, UDP e PCP(R) se aliavam.

Rosa Maria Rainho, deputada do PS, repetia o discurso de Frei Bento em relação à luta pelos direitos humanos na "sofrida América Latina" e somava que esta organização não poderia se limitar a Lisboa, já que "[t]oda a luta extraordinária na afirmação que cada homem tem de ser livre, deve ser conhecida, para ser sentida por todo nosso povo." E continua:

> [a]o aderir ao CALPAL fi-lo na convicção de que este comitê terá uma missão altamente positiva tanto no aspecto humano quanto no político, pois será como uma porta aberta para todos os companheiros latino americanos, não só para os que continuam nos países, como os que tiveram que o abandonar.[158]

De acordo com Andrade, devido à falta de pessoas que conhecessem sobre a América Latina, a maioria dos textos eram de sua autoria; os demais eram reproduções e traduções de material importado. Entendemos que este protagonismo de Pedro Andrade se dá pelo simples fato, corroborado por outras entrevistas, do número extremamente reduzido de militantes do partido em Portugal. Eram duas pessoas – neste momento Pedro Andrade e Nelson Levy – que orientadas por Diógenes Arruda levavam a cabo as tarefas do partido em Lisboa.

Com a Anistia, em 1979, o retorno dos exilados, que já ocorria com timidez nos tempos anteriores, aumentou em fluxo. Diógenes Arruda, ao perceber certa seguran-

157 Depoimento de Frei Bento Domingues. *América Latina*. n. 1, 1977, p. 3.

158 Depoimento de Rosa Rainho. *América Latina*. n. 1. jun./ jul. 1977, p. 3.

ça, retornou de seu exílio, mas deixou militantes no exterior como um dispositivo de segurança para o caso do instituto legal ser uma mera armadilha para aniquilar os dirigentes retornados. Com esta atitude, poderia ter a segurança para reorganização do partido no exterior no caso da dizimação dos que estavam no Brasil.

Já Diógenes Arruda morreu ao retornar, há quem diga que pela emoção da chegada de outro dirigente comunista, João Amazonas. Mas sabia-se que Arruda tinha problemas cardiácos que foram agravados pelas torturas pelas quais passou na prisão. Um mês depois, o PCP(R) lançou livro homenageando Arruda. Um dos textos nele contido havia sido originalmente lido após sua morte, em cerimônia no Teatro Vasco Santana, intitulado *Os Contributos de Diógenes Arruda para a edificação do PCP(R)*. Nele, José Alves Dias expõe as qualidades do falecido camarada e assume a importância dele e do PCdoB para o partido português:

> Para nós, militantes e dirigentes comunistas, lembrar o camarada Arruda é lembrar o internacionalismo proletário militante, a ajuda fraterna de nossos irmãos de ideais, de luta e de sangue do Partido Comunista do Brasil. O camarada Arruda foi para nós o símbolo vivo da justa política internacionalista prosseguida com firmeza pelos dirigentes do Partido Comunista do Brasil. Foi a lição prática de que o proletariado não tem pátria, de que fazemos parte de um destacamento do exército único do proletariado mundial. Da força dos ideais que abraçamos passa por cima e de que só é através da união combativa e revolucionária do proletariado e dos povos do mundo inteiro, através da solidariedade internacionalista militante entre eles é possível levar a vencida o capitalismo, o imperialismo e transforma a humanidade.[159]

Concluímos, então, ao analisar a história da ligação entre estes partidos que, diferentemente do que se poderia imaginar, o protagonismo da organização, em meios ideológicos e práticos, veio da experiência do exilado e não da condução solidária da organização nativa do país de acolhida.

Como último ponto deste capítulo, acreditamos ser interessante dar um derradeiro exemplo de atuação do PCdoB em terras lusas, relatando um episódio

159 ALVES, J. *Os Contributos de Diógenes Arruda para a edificação do PCP(R). In: VV.AA. Aprender com Diógenes Arruda. 1979*, p. 13.

que ficou marcado na História da resistência à ditadura militar no Brasil, e em especial do PCdoB, que foi o *Massacre da Lapa*. Este episódio também afetou a as relações entre o governo português e brasileiro no ano de 1977, tendo como cenário a Assembleia da República.

Cartaz criado pelo Comitê de Apoio à Luta aos Povos da América Latina (CALPAL), órgão do PCdoB em Portugal. Acervo do Centro de Documentação 25 de Abril.

4. 5. 4. A Assembleia da República Contra o Massacre da Lapa

Cartaz criado pelo CALPAL em referência à Copa do Mundo de futebol de 1978 então sediada na Argentina do general Videla

A Assembleia da República Contra o Massacre da Lapa

Em 1976, no Brasil, a esquerda armada já havia sido dizimada. Seu último foco de luta havia sido o episódio que ficou conhecido como o da *Guerrilha do Araguaia*. Neste movimento, por cerca de oito anos, militantes do PCdoB se dedicariam à deflagração da guerrilha rural em uma área de mata no sul do Pará, estado situado à região norte brasileira e que é conhecida, ainda hoje, como uma das mais sofridas do país, sendo ainda palco de graves conflitos agrários.

Durante todos estes anos, ou pelo menos até o início dos combates, visavam o objetivo estritamente militar, onde o trabalho político não teria espaço, como apontou o trabalho de Jean Rodrigues Salles, que revela ainda que "somente quando foram descobertos redigiram um programa - *União pela Liberdade e pelos Direitos do Povo* - e o distribuíram entre a população local".[160]

Então, o objetivo que era apenas o de reconhecer a região e promover o treinamento dos guerrilheiros passa então para, também, o de conscientização e atração dos camponeses para suas fileiras. Mas, com a deflagração antecipada dos combates, dada a descoberta dos planos do PCdoB, a insurreição é debelada após três incursões do Exército, sendo a última com ordens e único objetivo de destruição física dos envolvidos, e não apenas a prisão. O foco guerrilheiro é dizimado no ano de 1975.

A derrota no Araguaia causou um trauma no partido, levando seus dirigentes a debaterem sobre os caminhos futuros a partir daquele evento. Como comenta Sales:

> [n]a interpretação de [Angelo] Arroio, como fora apenas um erro secundário, muito mais de preparação do que outra coisa, o partido poderia continuar com a mesma tática e estratégia que utilizara até o momento –agitação das massa e preparação clandestina da luta armada. Já para [Pedro] Pomar, na medida que não havia conseguido nenhum de seus objetivos, aquela experiência demonstrara uma total ineficácia enquanto tática política, e, desta forma, o partido deveria pensar novas formas de atuação política.[161]

O desfecho deste debate, ou pelo menos de seus dois promotores, entretanto, seria selado em meados de dezembro de 1976. Mesmo o PCdoB não oferecendo mais qualquer resistência prática ao regime, três dirigentes do Partido foram assassinados pelas forças da repressão da ditadura: João Batista Drummond foi morto sob tortura nas dependências do DOI-CODI no dia 15 de dezembro; Pedro Pomar

---

160 SALES, J. R. *Partido Comunista do Brasil - PCdoB*: Propostas Teóricas e Práticas Políticas - 1962-1976. 2000. Dissertação de Mestrado (nome do curso) - Campinas: UNICAMP, p. 210-211.

161 SALES, 2000, p. 213.

e Ângelo Arroio foram alvejados em uma casa na Rua Pio XI, nº 767, no Bairro da Lapa na cidade de São Paulo. Outros dois que haviam saído da reunião pouco antes foram presos e mais dois fugiram, entre eles Jover Telles, o delator.

No Brasil, como era de se esperar, a reação dos órgãos de imprensa ao ocorrido foi a de aceite à versão oficial, qual seja, o de morte "após violento tiroteio"[162] a despeito de todos os indícios e testemunhos apontarem o contrário. Todavia, fora do país e longe da censura brasileira, o rumo tomado foi de outra ordem. Com o auxílio de intelectuais e políticos dos países de acolhimento, os exilados conseguiram adquirir solidariedade à causa. No caso português, não apenas aconteceu o mesmo, como foi mais surpreendente. De Portugal, surgiram moções e manifestos de solidariedade de intelectuais, políticos, e claro, como era de se esperar, dos estudantes.[163]

Já a Assembleia da República já demonstrava empatia com a luta dos brasileiros contra a sua ditadura havia algum tempo, e isso pode se ver a partir de seus Diários. Por exemplo, em agosto de 1975, Américo Duarte vinha à carga contra a "ditadura fascista brasileira" usando como mote a prisão de dois brasileiros, lendo carta da AEPPA, dizia:

> lutadores antifascistas de há longa data. São eles o dirigente operário José Duarte, ferroviário, de 72 anos, militante antifascista desde 1924, preso pela primeira vez em 1935 pelo regime fascista de Getúlio Vargas, e o padre Alípio de Freitas, condenado a uma pena de trinta anos de prisão por motivos políticos. O repatriamento destes dois valorosos lutadores antifascistas constitui tarefa urgente para o povo português e o Governo Português. Essa é a única possibilidade que se nos abre de os libertar das garras dos generais brasileiro.[164]

162 Sobre as versões ver: MIRANDA; TIBÚRCIO, 1999. p. 205-211.

163 A revista *Amnistia* publicou uma moção votada em assembleia no dia 31 de março de 1976 pelos alunos da Universidade de Coimbra em "solidariedade aos patriotas brasileiros na luta pelas liberdades democráticas e pelo estabelecimento do Estado de Direito no Brasil". Além de exigir o fim das violências perpetradas pelo Estado brasileiro, repudiavam a permanência na embaixada brasileira em Lisboa do general Carlos Alberto da Fontoura que, antes de ser nomeado ao posto de embaixador, havia sido chefe do SNI (Serviço Nacional de Informações). Coimbra: Moção. *Amnistia*: Órgão do Comitê Pró Amnistia Geral no Brasil. Lisboa, n. 1, p. 9.

164 *Diários da Assembleia Constituinte*, 21 ago. 1975, n. 35, p. 939.

É notório o desconforto que a manutenção das prisões de Alípio de Freitas e José Duarte, que ocorreram antes do *25 de Abril*, trouxeram para as relações entre Brasil e Portugal, e ainda mais com a prisão do filho do escritor e jornalista Miguel Urbano Rodrigues, Miguel Treafaut Rodrigues, em outubro de 1975. Todos foram presos e torturados pelo regime brasileiro por fazerem parte do PCdoB. No caso de Treafaut, o governo brasileiro chegou a temer ataques contra a sua embaixada em Lisboa e Porto, o que levou a sugerir aos consulados tomarem "providências acautelatórias."[165]

Mas nesta mesma sessão, a Assembleia dava voz aos exilados brasileiros, permitindo a leitura de uma carta assinada por Marcio Moreira Alves, David José Lehrer e Fernando Perrone, que apontava como primeiro objetivo da luta dos brasileiros a conquista da Anistia e avisava da formação de comitês pró-Anistia no Brasil em vários países, destacando sua presença em Portugal, "cujo lançamento contou com o apoio das comissões políticas e das direcções dos partidos que formam a esmagadora maioria desta Assembleia Constituinte." E continua pedindo o apoio da casa: "[d]irigimo-nos hoje, através da vossa Presidência e das lideranças parlamentares dos partidos políticos, a todos os Deputados, à Assembleia Constituinte para que intervenham da forma como julgarem conveniente, pela libertação dos presos políticos no Brasil e pela proclamação da amnistia ampla irrestrita."[166]

Realmente, esta ajuda existiu, pois, parlamentares dos partidos à esquerda se empenharam na constituição e desenvolvimento do Comitê e, com certa frequência, criticavam o governo brasileiro, e isso fica evidente nas moções de 1977.

Assim, voltemos ao caso *Massacre da Lapa*: na sessão do dia 19 de janeiro de 1977, foi aprovado por unanimidade um voto de repúdio contra o que havia ocorrido na Lapa e, em maior escala, vinha ocorrendo no Brasil há mais de uma década. A seguir temos a moção dirigida ao governo brasileiro:

> [a] Assembleia da República, ao tomar conhecimento do assassinato de três antifascistas brasileiros, Pedro Pomar, Ângelo Arroyo e João Baptista Drummond, na noite de 15 para 16 de dezembro de 1976 e da prisão de outros doze, dos quais se conhece só a iden-

165 Biblioteca Nacional. Ministério das Relações Estrangeiros. BR.AN.DPN.PES.308, p. 34/49.

166 *Diários da Assembleia Constituinte*, 14 out. 1975, n. 63, p 1938.

> tidade de seis, temendo pelo perigo que correm suas vidas e interpretando os sentimentos do povo português protesta contra estes assassinatos e reclama a libertação de todos os presos políticos, nomeadamente daquele que correm, neste momento, o perigo da tortura e o risco de morte.[167]

Com esta moção, a Assembleia da República dava o primeiro ultimato ao regime militar brasileiro, indo, como já vimos, em desacordo com o que pregava a política externa do governo português vigente que estava sob uma coligação em que se inseria o PS, e, surpreendentemente, o partido cujos representantes haviam sido redatores da proposta de moção.

Mas embora tivesse sido do PS a iniciativa de propor a moção de repúdio, foi a UDP quem mais se sentiu confortável para falar dos envolvidos no caso, tendo, inclusive, apresentado uma breve biografia de cada um dos mortos, e nomeado os outros possíveis envolvidos, presos ou desaparecidos. Isto se dá, principalmente, e como já vimos, pelo fato de a UDP ser a principal ligação do PCdoB[168] em Portugal, dada a linha maoísta assumida por ambas as organizações. Além disso, o PCdoB neste momento já tinha uma importante ramificação de ação, como na Bélgica e Albânia, onde também foram lidas moções de protesto (escrito por Enver Hoxha do Partido dos Trabalhadores da Albânia) pelas mortes brasileiras na assembleia portuguesa pela UDP.

Aliás, pelo detalhado relatório divulgado quanto aos nomes e trajetória dos brasileiros envolvidos no caso da Lapa, fica claro que o PCdoB, encarnado na UDP, foi responsável pela criação de tal voto. E isso fica ainda mais evidente quando perguntamos a Pedro Andrade sobre a motivação que levou o PS, e não a UDP, a propor a Moção de Protesto. Andrade explica:

> [p]orque nós éramos o PCdoB. Não íamos colocar uma moção pela UDP, a direita não iria votar uma moção da UDP nunca. A moção do PS eles votavam. Então o que a gente faz: nós tínhamos

167 Diários da Assembleia da República. 19 jan. 1977, n. 64, p. 2101.

168 Os poucos exilados do PCdoB que se mantinham em Lisboa, de acordo com a pesquisa de Denise Rollemberg, afastaram-se dos demais exilados e das lutas pró-Anistia, pois "considerava que os comitês adotavam uma visão derrotista e orientavam seus militantes no sentido de não se envolverem." (ROLLEMBERG, 1999, p. 256)

> contatos dentro do PS e aí então quem mete é o PS. A UDP apoia como os outros. E é por isso que o CDS e o PSD (na época ainda chamava-se PPD, não era Social Democrata, chamava-se Popular Democrático) que era a direita portuguesa e o CDS que era direita à direita, vota a moção, porque a moção foi metida pelo PS. Nunca pela UDP, meu deus![169]

Então, pergunto se o trânsito entre PS e UDP era tão fácil que permitiria um arranjo destes. Novamente, ele responde: "[c]laro que tinha! Eu tinha trânsito com deputados do PS que eu conhecia da ala esquerda do PS." Pedro afirma então que Carlos Lages era chefe da bancada parlamentar do PS, e que eles colocaram a proposta a partir de outro parlamentar que era mais à esquerda. Mas, ele explica que quem estava por trás

> era o Acácio Barreiros, que era do PCP(R), era um deputado da UDP mas era do PCP(R). Ele sabia de tudo, e foi pra ele que eu passei as coisas, já que vai brilhar, quem mete é PS, mas a UDP faz o discurso principal da moção. E foram duas moções, pois, quando a embaixada se recusa a receber a moção e as 50.000 assinaturas – há uma moção também popular de 50.000 assinaturas pedindo a libertação dos presos - as pessoas vão lá com caixas de papel assinado, a embaixada se recusa a receber a delegação do povo português que tentou entregar.[170]

169 ANDRADE, P. [16 jun. 2016] Entrevistador: Rodrigo Pezzonia. Lisboa, 2015.

170 ANDRADE, P. [16 jun. 2016] Entrevistador: Rodrigo Pezzonia. Lisboa, 2015.

Cartaz criado pelo PCP(R) e PCdoB com o intuito de sensibilizar o povo português para o caso do massacre da Lapa (1977). Acervo: Centro de documentação 25 de Abril.

Mas o trabalho com a documentação da Assembleia da República é muito interessante, pois a transcrição do documento é fiel, não somente às falas dos parlamentares, como também às suas reações. Acusa aplausos, interjeições e reações dos políticos. Isso nos mostra, por exemplo, o mal-estar que este tipo de votação trazia para o PCP, que, diferentemente dos demais partidos, não se manifestava, embora tenha votado a favor do voto de protesto.

Isso pode se explicar, também, pelo fato de que na mesma sessão houve votação a favor de uma moção contra as prisões de "Intelectuais, socialistas e democratas" na Checoslováquia, com ênfase do Ministro das Relações Exteriores anterior à invasão soviética, Jiri Hajeck. O Partido Comunista Português (PCP) votou contra, pois os comunistas levaram tal voto como "uma provocação política do mais requentando anticomunismo."[171]

Já a UDP votou a favor junto aos demais, mas não sem interpelar a questão pelo viés comunista. Dessa forma, isso viria a causar certo desconforto entre os partidos de direita[172] e esquerda no parlamento, porque a necessidade de coerência fazia com que os parlamentares tivessem que votar contra as suas identidades ideológicas, já que, enquanto era votada esta moção de apoio contra o governo brasileiro, o mesmo se fazia em relação à Checoslováquia, causando de parte a parte questionamentos.

No diário da sessão do dia 1° de fevereiro de 1977, o plenário acusa a devolução, pela embaixada da Checoslováquia, do voto de protesto enviado semanas antes pela repressão e pela prisão do ministro do exterior. Curiosamente, a reação do presidente da casa com a devolução da carta foi de surpresa e ironia: "[e]u estou pouco afeito às regras diplomáticas. Antigamente se supunha que só se devolviam as cartas dos namorados uns aos outros, quando acabava o namoro."[173]

Esta devolução acirrou ainda mais os ânimos entre as forças ideológicas da Assembleia. O CDS reclamava da posição do governo checoslovaco em recusar recebimento da carta, aproveitando para atacar todo o Leste Europeu, enquanto o PCP levava a reação dos partidos à direita como provocação, dizendo que o deputado estaria usando da "estratégia e táctica do imperialismo mundial, que nada tem a ver com os interesses da nação Portuguesa."[174]

Os Socialistas advertiam que a Assembleia portuguesa não toleraria violência que viesse de qualquer parte, vindo ela do Vietnã ocupado, do Chile, Brasil ou Checoslováquia. Enquanto a UDP caminhava no sentido de depreciar

---

171 *Diários da Assembleia da República*. 19 jan. 1977, n. 64, p. 2100.

172 Mais adiante, inclusive, um dos parlamentares do CDS, Cunha Simões, mostrará realmente o pensamento do partido ao defender o regime brasileiro, dizendo: "Especialmente hoje e especialmente num momento em que os destinos da Nação apresentam fortíssima incerteza, é trágico desviar as atenções da Assembleia da República praticando mais um enxovalho a um país estrangeiro, desta vez o Brasil, num gesto platónico de defesa de direitos que por si só não tem qualquer eficácia e pode prejudicar as relações internacionais de Portugal." (*Diário da Assembleia da República*, 3 jun. 1977, p. 3941).

173 *Diários da Assembleia da República*. 1 fev. 1977, n. 70, p. 2286.

174 *Diários da Assembleia da República*. 4 fev. 1977. N. 72. p. 2384.

as acusações do CDS, afirmando que vários outros abaixo-assinados já haviam sido devolvidos por países ocidentais, e, até então, o parlamentar do CDS apenas condenara atitudes do Leste Europeu. O membro da UDP considerava aquilo, inclusive, como um "desprezo grave", e colocavam também em questão qual seria o motivo de a moção votada dias antes, em relação ao que ocorrera na Lapa, até aquele momento não ter sido enviada. Realmente, aquele era um questionamento pertinente, levando em consideração que o voto contra os comunistas já havia recebido uma resposta, enquanto o voto de protesto contra o governo brasileiro não havia sido, sequer, enviado.

Vasco da Gama Fernandes, presidente da mesa, revelou, para surpresa dos parlamentares, que a ação não ocorreu porque não havia sido requerido tal ato. Assim, após votação unânime, e a burocracia sanada, o requerimento foi aceito e, enfim, o manifesto enviado à Embaixada Brasileira em Lisboa.

Este ato foi comemorado pelo CPAGB, que enviou uma carta, lida na Assembleia da República no dia 10 de fevereiro de 1977, em que, além de congratular a casa por sua "unânime condenação aos crimes políticos perpetrados no Brasil", pediam apoio para a soltura dos presos ligados ao ocorrido na Lapa, em especial Aldo Arantes, levando em consideração que "a repressão brasileira prepara o seu assassinato, caso Aldo não se dobre às torturas físicas e psicológicas a que vem sendo submetido e aceda a apresentar-se na televisão para prestar declarações renegando o seu passado de luta e apoiando o regime ditatorial no Brasil."[175]

Mas, no mesmo dia em que Antônio Reis (deputado pelo PS) reproduzia a carta de congratulação pelo ato da Assembleia, a Embaixada Brasileira escrevia a resposta aos parlamentares portugueses. Lida no dia 17 de fevereiro na Assembleia da República, este era seu conteúdo:

> [a] Embaixada do Brasil cumprimenta o Ministério dos Negócios Estrangeiros e tem a honra de remeter-lhe, em anexo, o oficio número 94/SL/77, de 4 de fevereiro corrente pelo qual o Presidente da Assembleia da Republica enviou-lhe fotocópia de um voto de protesto e pesar apresentado pelo Grupo Parlamentar do Partido Socialista e aprovado por unanimidade.
> A Embaixada do Brasil muito agradeceria as providências do Ministério dos Negócios Estrangeiros no sentido de devolver a seu signa-

175 *Diários da Assembleia da República*. 10 fev. 1977. N°74. p. 2454.

> tário esse ofício, pois seus termos são obviamente inadmissíveis e o procedimento de sua entrega é inaceitável à luz da prática internacional e da Convenção sobre Relações Diplomáticas de Viena.
> A Embaixada do Brasil aproveita a oportunidade para renovar ao Ministério dos Negócios Estrangeiros os protestos da sua mais alta consideração.
> Lisboa, em 8 de fevereiro de 1977.[176]

Esta resposta foi muito mal aceita pela Assembleia. Vasco da Gama Fernandes, Presidente da casa, chegou a ironizar:

> [e]sta missiva diz simplesmente que o Sr. Embaixador do Brasil devolve nossa carta e moção por ser imprópria e contra seus princípios, não sei em nome de que leis, pois não faço ideia nenhuma de que exista uma lei ou leis que obriguem um embaixador a devolver uma carta.[177]

No entanto, o que realmente parece ter irritado o Parlamento Português foi o fato de que a moção fora devolvida via MNE, o que deu a entender o não reconhecimento da Assembleia da República de Portugal pela Embaixada e, por sua vez, pelo governo brasileiro. Ele diz:

> [a] carta que foi devolvida vai para o arquivo. Há, no entanto, uma coisa que o Sr. Embaixador do Brasil pode ter certeza: é que todas as vezes que aqui forem aprovadas moções eu lhes enviarei diretamente, visto que não preciso de interposição do Ministério dos Negócios Estrangeiros, como presidente que sou de um órgão de soberania, para me dirigir directamente aos representantes diplomáticos acreditados em Portugal.[178]

O PS, citado na resposta como organizador da moção, pareceu se sentir frontalmente atacado. Carlos Lage discursou:

---

176 *Diários da Assembleia da República*. 18 fev. 1977, n. 77. IN: http://demo.cratica.org/sessoes/1977/02/17/ acessado em 25 fev. 2016.

177 *Diários da Assembleia da República*. 24 jan. 1977, n. 64, p. 2650.

178 *Diários da Assembleia da República*. 24 jan. 1977, n. 64, p. 2650.

> [a] Embaixada do Brasil devolveu a carta em que estava contida a moção que esta Assembleia, por unanimidade, aprovou, de condenação pelos crimes contra os direitos humanos e, nomeadamente, contra os assassinatos perpetrados no Brasil. Essa devolução não é de molde a deixar-nos muitas esperanças de que as coisas mudarão. Os homens são maus juízes de si mesmos e os regimes também o são. Estão sempre convencidos de que não cometem os crimes e as faltas que efectivamente cometem e que todo o observador imparcial e justo vê que cometem.[179]

E então apontou algo que é de suma importância e pode ser encontrado também nos discursos dos exilados:

> [p]arece que a arrogância com que essas moções são devolvidas significa que não produzem quaisquer efeitos, e que o nosso protesto não deixa eco. Mas, Sr. Presidente e Srs. Deputados, eu estou convencido, e o PS também, do contrário: apesar das devoluções e das atitudes aparentemente negativas, os nossos protestos e as nossas moções terão um efeito positivo na luta contra a situação de opressão, na salvaguarda dos direitos humanos. Por isso o PS, apesar das atitudes pouco positivas que esses países e governos demonstram, não deixará, sempre que haja opressões, tiranias, ou qualquer espezinhamento do homem de elaborar moções, de fazer protesto, e não se sentirá desencorajado pelas atitudes a que nós acabamos de assistir.[180]

Assim, por mais que o governo brasileiro negue o recebimento de tais votos de protesto, sabe-se que estes chegarão a seu destino. A opinião pública internacional e a brasileira estão cientes de sua existência e de seu conteúdo, o que faz com que haja, pelo menos, a segurança de vida para aqueles citados na moção ou o cessar das sessões de tortura, já que o regime fica obrigado a tirar o preso da incomunicabilidade e apresentá-lo.

Mas uma questão respondida a partir da análise deste caso diz respeito a qual motivo fez com que as relações diplomáticas entre os dois países não fossem

---

179 *Diários da Assembleia da República*. 24 jan. 1977, n. 64, p. 2651.

180 *Diários da Assembleia da República*. 24 jan. 1977, n. 64, p. 2651.

afetadas. Aliás, isso parecia estar confuso mesmo para os agentes brasileiros ligados ao CIEx, como vemos em um informe ainda de setembro de 1976:

> [n]ote-se a persistente presença de VASCO DA GAMA FERNANDES à frente de uma iniciativa hostil ao governo brasileiro, em que pese sua posição de presidente da Assembleia da República e figura destacada do Partido Socialista Português (PS). Situação paradoxal quando se atenta para o fato de que o governo português, formado pelo PS, ter manifestado reiteradamente seu propósito de promover o estreitamento das relações luso-brasileiras. A atitude do aludido parlamentar só é compreensível à luz das ligações que ele mantém com asilados políticos brasileiros radicados em Portugal.[181]

Realmente, Portugal e Brasil identificavam-se enquanto governos que mostravam interesses econômicos comuns, o que levava ao estreitamento de relações. O pragmatismo brasileiro orientava as relações políticas e de comércio e tentava superar as questões ideológicas. O mesmo parecia ser encarado nas relações externas portuguesas, principalmente no que confere um governo social democrata como era o de Mário Soares. Além disso, o agente do governo brasileiro escreveu o texto como se estivesse certo de que as técnicas de convencimento e persuasão do asilado pudessem ter sido o ópio ideológico que embriagou o parlamentar português.

Do mesmo modo, não nos estranha a resposta da Embaixada ser enviada pelo MNE, já que era este Ministério que tinha como tarefa manter as boas relações comerciais e políticas com o Brasil e funcionar como órgão interlocutor entre estes mesmos dois governos. Magalhães Cruz, Diretor Geral do MNE, foi, aliás, quem enviou a carta de resposta da Embaixada à Assembleia da República pedindo explicações. A resposta vindo no dia 18 de fevereiro de 1977, Vasco da Gama Fernandes envia sua impressão a Magalhães Cruz: "[n]ão tenho o que comentar a decisão da embaixada [brasileira], mas afigurasse-me que, não houve qualquer violação de regras pré-estabelecidas, pois se trata de um direito expresso por um órgão de soberania, que transmiti, como se impunha."[182] Por fim, o

181 CIEX, Informe n. 324/76, 16/09/1976. Arquivo Nacional: BR AN BSB IE 15.9 p. 17.

182 Ministério dos Negócios Estrangeiros. PEA 33/BRA/15-Geral.

Presidente da Assembleia pedia ao MNE que encaminhasse tal resposta para a Embaixada Brasileira.

Mas nos parece que não foi o que ocorreu, pois, anotado acima do documento enviado por Vasco Gonçalves, e assinado por Alves Machado, estava a seguinte recomendação, à caneta: "Parece-me ser melhor arquivar o papel e esfriar o assunto."[183] No entanto, mais adiante foi divulgado novo voto de protesto, ainda mais contundente e acusador.[184]Na seção do dia 1° de abril, quando o golpe brasileiro comemorava o 13° aniversário, o ato de protesto mais violento vem à votação a partir da representação do PS na voz do Deputado Gualter Basílio, e assinado pelos também socialistas, Antônio Reis, Carlos Lage e Herculano Pires. Diz ele:

> [t]emendo pela vida de Manuel Jover Telles, ex-deputado brasileiro, e José Novais, que a ditadura daquele país confessou «desaparecidos».
> Sabendo que na linguagem das ditaduras «desaparecido» significa quase sempre um prisioneiro que sucumbiu à tortura. A Assembleia da República, reunida em 1 de Abril de 1977: manifesta a sua natural inquietação sobre a sorte de Manuel Jover Telles e de José Novais; Alerta contra a ficção de «desaparecido» sob a qual se ocultam os mais bárbaros atentados aos direitos do homem; apela para a liberdade e direito à vida de todos os perseguidos políticos do Brasil, nomeadamente de Manuel Jover Telles e José Novais.[185]

Sabe-se hoje que Jover Telles não estava preso naquela ocasião e que, na realidade, ele teria sido o delator da reunião que vitimou os três militantes do PCdoB, além das prisões. Mas, em linhas gerais, o que importa é que, em apenas um breve comunicado, o órgão legislativo da república portuguesa acusa o governo militar brasileiro de sequestrar, desaparecer, torturar e assassinar cidadãos brasileiros. A moção foi aceita por unanimidade novamente e, desta vez, prontamente enviada.

---

183 Ministério dos Negócios Estrangeiros. PEA 33/BRA/15-Geral.

184 Acreditamos que esta não reação possa estar ligada à política externa brasileira daquele momento, o supracitado *pragmatismo ecumênico e responsável*, pois os interesses brasileiros em Portugal e em suas colônias que estavam em processo de independência estariam acima de qualquer desconforto que as moções pudessem trazer ao governo brasileiro.

185 *Diários da Assembleia da República*. 1 abr. 1977, n. 94, p. 3180.

A resposta da embaixada foi tratada pela Assembleia somente no mês de maio. Aliás, resposta que novamente vem encaminhada via MNE, e exatamente com o mesmo teor, ou seja, uma cópia da resposta enviada anteriormente, o que causa a ira do Presidente da Assembleia:

> Srs. Deputados, como naturalmente notaram, o Sr. Embaixador do Brasil reincide em devolver a esta Assembleia – é esta a segunda vez que isso acontece – uma moção aqui aprovada, devolução que eu considero em termos impróprios. Ora, quero dizer ao Sr. Embaixador do Brasil alquilo que já aqui disse uma vez: é que me parece que a sua vocação para Monsieur de Sevigné se devia dirigir mais à Assembleia do que ao Ministério dos Negócios Estrangeiros, porque não há nada, absolutamente nada, nas regras diplomáticas que impeça a este órgão de Soberania receber correspondência directa dos diplomatas acreditados neste país. E sobre o juízo que o Sr. Embaixador do Brasil possa fazer sobre os termos em que foi dirigida essa moção, aprovada nesta Assembleia, creio que, por unanimidade, não me importo de fazer aqui qualquer comentário. O Sr. Embaixador ficará com a sua opinião e nós com a nossa. É, no entanto, de estranhar que, mais uma vez, se reincida numa prática comum, que nem sequer chegou a considerar atentatória da nossa dignidade, mas que chega a ser um pouco deselegante da parte de um representante diplomático, prática essa de não se entender directamente com esta Assembleia e de o fazer por intermédio do Ministério dos Negócios Estrangeiros.[186]

Mais uma vez, fica claro o sentimento de contrariedade causado pelo fato de o retorno vir via MNE. Isso, para os representantes portugueses, além de um desrespeito, parecia ser a não concordância com a legitimidade daquela Assembleia, e porque não dizer, dos representantes socialistas que haviam redigido a moção, assim como os demais que nela votaram.

Em 7 de junho, houve uma terceira moção, mais amena que as duas primeiras e que se dedicava ao protesto contra a repressão violenta e contra o mo-

---

186 *Diário da Assembleia da República*, 6 maio 1977, n. 105. http://demo.cratica.org/sessoes/1977/05/05/ acessado em 28 fev. 2016.

vimento estudantil e as passeatas que estavam em ebulição naquele 1977. Dizia o voto de protesto:

> [o]s estudantes brasileiros realizaram no dia 19 de maio uma jornada nacional de luta, com greve geral, manifestações nas grandes cidades brasileiras, exigindo liberdades democráticas, o fim das torturas e da repressão fascista, a libertação dos presos políticos. Mais uma vez o governo brasileiro reprimiu com violência o manifesto dos estudantes, como tem feito a todas as manifestações do povo brasileiro, que vão no sentido de restaurar as liberdades democráticas. A Assembleia da República de Portugal manifesta uma vez mais a sua solidariedade ao povo do Brasil e exprime o seu protesto pela repressão e a tortura que continua a atingir os que se batem pelas liberdades democráticas e pelos direitos do homem, apelando pela libertação imediata dos estudantes presos.[187]

Este voto, de 2 de junho de 1977, também foi apresentado pelo PS, mas desta vez na voz de José Leitão, então membro da Juventude Socialista. Na leitura do voto, Leitão, atinando para o fato de a Embaixada Brasileira estar devolvendo os manifestos da Assembleia da República, sugeriu ao Presidente da mesa que aquele voto fosse enviado diretamente ao

> Sr. General Ernesto Geisel, Presidente da República do Brasil – Palácio do Planalto, Brasília (Brasil) –, ao Sr. Armando Falcão, Ministro da Justiça do Brasil – Ministério da Justiça, Brasília (Brasil) – e ao Sr. Deputado José Bonifácio de Andrade, Presidente da Câmara dos Deputados – Congresso Nacional, Brasília (Brasil).[188]

Por fim, em 22 de setembro de 1977, um documento, que falava sobre a visita de Mario Soares ao Brasil em 1976 e a possibilidade de esforços de ambos os governos em uma intensificação da cooperação política e econômica tanto a nível bilateral quanto a organismos internacionais a quem fazem parte, mostrava a preocupação do MNE com os embates ocorridos entre a Assembleia da República e a Embaixada Brasileira. Diz o documento:

---

187 *Diários da Assembleia da República*, 2 jun. 1977, n. 116, p. 3915.

188 *Diários da Assembleia da República*, n. 116, 02 jun. 1977, p. 3915.

> o resultado das relações entre os dois países que os resultados desta visita deixavam antever foi ensombrado, durante o ano de 1977, por sucessivas notas de protesto apresentadas pela embaixada do Brasil em Lisboa. Uma destas referia-se as atividades contra o actual regime brasileiro, desenvolvidas em Portugal por cidadãos daquele país, e à cobertura que lhes era dada pelos órgãos de comunicação estatizados. As outras acompanhavam as devoluções de votos de protesto sobre acontecimentos internos do Brasil, aprovadas em fevereiro, abril e junho pela Assembleia da República e enviadas diretamente por este órgão de soberania à Embaixada Brasileira. Invocando a Convenção de Viena e a prática internacional corrente, estas novas protestavam contra o que considerava uma ingerência nos assuntos internos daquele país.[189]

O temor do MNE, no entanto, era expresso da seguinte maneira:

> [a]contecimentos deste tipo se alguma utilidade podem reverter para as forças que no Brasil lutam contra o actual regime, vão por outro lado reforçar os argumentos dos sectores político-militares mais radicais que neste país se opõem ao estreitamento das relações com o Governo português.[190]

A preocupação parecia ser legítima e congruente, mas estavam ocultos neste documento os interesses mútuos e a tentativa de reaproximação comercial entre os dois países, que se tornara, de acordo com a documentação dos MNEs de ambas as nações, esforços que não poderiam ser prejudicados.

Apresentamos, então, este panorama sobre a representatividade do PCB dentro do espaço político português, sua influência na formação partidária e ideológica da UDP e do PCP(R), assim como o inestimável auxílio que os partidos e povo português tiveram com a causa brasileira após o *25 de Abril*. O PCdoB, mesmo com uma baixa representatividade em número de militantes, parece-nos, teve amplo trânsito entre os partidos tidos como "MLs" da esfera partidária portuguesa e europeia, e, mesmo de forma clandestina, envolveu-se e produziu material de denúncia contra o regime ditatorial brasileiro e da América Latina como um todo.

189 Ministério dos Negócios Estrangeiros. Lopes Aleixo – Aditamento. PEA 33/BRA/1 (1978).

190 Ministério dos Negócios Estrangeiros. Lopes Aleixo – Aditamento. PEA 33/BRA/1 (1978).

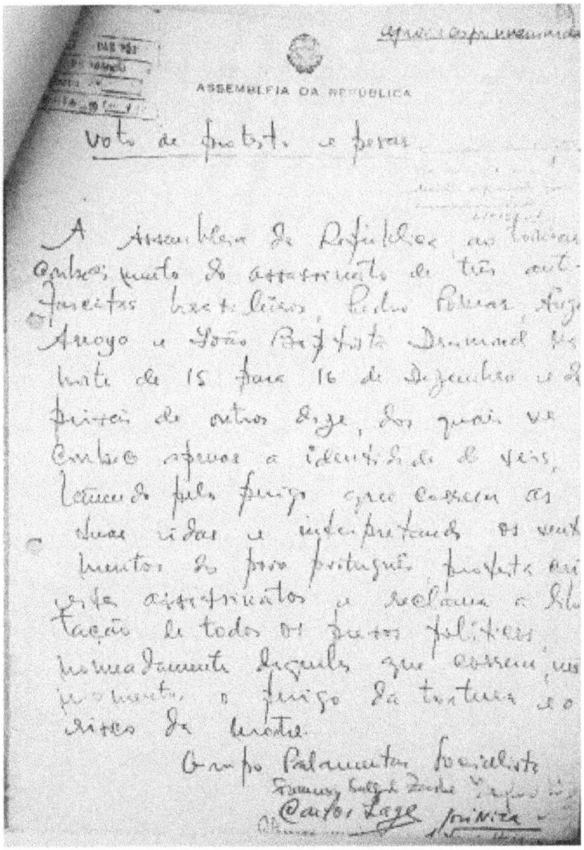
ASSEMBLEIA DA REPÚBLICA

Voto de protesto e pesar

A Assembleia da República ao tomar conhecimento do assassinato de três cidadãos brasileiros, Pedro Pomar, Ângelo Arroyo e João Batista Drummond na noite de 15 para 16 de Dezembro e da prisão de outros dois, dos quais se conhece apenas a identidade de seis, temendo pelo perigo que correm as suas vidas e interpretando os sentimentos do povo português protesta contra estes assassinatos e reclama a libertação de todos os presos políticos, nomeadamente daqueles que correm, no momento, o perigo da tortura e o risco da morte.

Grupo Parlamentar Socialista

Manuscrito do segundo voto de protesto.

Até aqui, apontamos como se deram as relações entre os governos, as vivencias e ações políticas dos exilados, assim como as manifestações de solidariedade dos portugueses para com os brasileiros. A partir de agora buscaremos trazer à luz os últimos momentos do exílio brasileiro em Portugal, a partir da chegada de Leonel Brizola à Lisboa, se papel na restauração partidária e o retorno dos exilados ao Brasil.

ENTRE PORTUGAL E BRASIL: A REESTRUTURAÇÃO PARTIDÁRIA NO EXÍLIO

Depois deste longo processo autocrítico e da ligação com o país de acolhida pelas esquerdas brasileiras, trataremos aqui sobre o término desta estada num momento em que a dita abertura lenta e gradual proferida pelo general Ernesto Geisel começava a avançar.

Neste último espaço de tempo do exilio em Portugal – que vai de 1977 a 1979 –, no Brasil a oposição comunista já havia sido dizimada ou incorporada à oposição legal ao regime no MDB, o bipartidarismo já não teria mais razões de existir, embora, por vezes, esta ação de abertura partidária fosse vista como artifício dos militares para dividir a oposição. Como vimos no caso do PCdoB, Portugal teve importância ímpar para sua reestruturação, enquanto uma das bases de apoio e sede gráfica do partido, além de influir na formação de outros partidos, em especial no PCP(R), dentro da própria terra de acolhida. Outros grupos também tiveram, mas em menor grau, ação dentro deste país de acolhida, como o PCB que se ligou ao PCP.

Os trotskistas do que viria adiante se tornar a *Convergência Socialista* também mantinham um pequeno grupo em Lisboa na figura de Enio Bucchioni, um sobrevivente do Estádio Nacional Chileno, Valéro Arcary, o argentino Aldo Casas, entre outros militantes latino-americanos e portugueses. Portanto, em 1979, iniciou-se uma corrida de possíveis novas e antigas legendas a integrar a política brasileira.

Exemplo disso veremos agora a partir de da trajetória de Leonel Brizola da sua partida do Uruguai e a aventura política entre América e Europa.

Brizola e a expulsão do Uruguai

Leonel Brizola, membro conhecido da classe política brasileira desde a década de 1950, foi um dos expoentes da campanha pela legalidade no início da década de 1960 e um dos primeiros a tentar organizar um movimento guerrilheiro no Brasil logo após o golpe, que ficou conhecido como a *Guerrilha do Caparaó*. Em fins do ano de 1977, viu-se obrigado a deixar o Uruguai, onde passara os últimos 13 anos, devido a uma solicitação do governo brasileiro ao governo uruguaio pela sua expulsão. De acordo com uma das biografias do político, a exigência extemporânea teria chegado a Geisel por meio do General Sylvio Frota, representante da linha dura do regime e interessado à concorrência interna na candidatura de próximo general no poder.[1]

É importante notar que, pela documentação analisada, não havia motivos concretos e explícitos para que, naquele momento, o regime brasileiro dispensasse preocupação com a movimentação política de Brizola no Uruguai. Tendo ele a inteligência brasileira nos calcanhares durante todo o seu tempo de exílio, podemos afirmar que mesmo nos documentos da espionagem encontrados nos arquivos do CIEx e do MNE, entre os anos de 1974 e 1977, Brizola pouco se envolvia politicamente para além de reuniões esporádicas com amigos e antigos colegas do tempo de PTB. Aliás, os documentos que integram o dossiê da expulsão de Brizola do Uruguai tratam mais da vida pessoal de seus filhos, Neusinha e João Vicente, onde referenciavam os jovens como "viciados em drogas e [que] levam a vida dentro dos preceitos hippies",[2] do que evidenciam algum envolvimento de Brizola em qualquer atividade política. Na realidade, pelo que notamos, é a partir de sua expulsão do Uruguai que realmente Brizola renasceu para a política.

Fica evidente que a notícia da expulsão acabou por surpreender – não pudemos aferir em que medida – os próprios diplomatas dos dois países, que passaram a ser frequentemente indagados pela imprensa sobre a motivação do ato de expulsão. O conselheiro Felipe Lampréia dizia que o nome de Brizola jamais

1 LEITE FILHO, F. das C. *El Caudillo:* Leonel Brizola, um perfil biográfico. São Paulo: Editora Aquariana, 2008, p. 342.

2 Ministérios das Relações Exteriores. BR.AN.DPN.PES.76, p. 246. Informe 0261.

apareceu em questões oficiais do Brasil com o governo do Uruguai em alto nível desde 15 de março de 1974, e afrimava que o governo brasileiro nem havia sido consultado. Já o Embaixador uruguaio Carlos Manini-Rios também se surpreendeu com a expulsão: "[h]á quatro anos que não tomo conhecimento desse cidadão." Também se surpreende o adido militar, Coronel German de la Fuente: "[v]ocês tão sabendo muito mais do que eu." Lampréia chega a ponto de negar a pressão brasileira naquele evento:

> [o] Governo brasileiro não tem nada a ver com o assunto. Do ponto-de-vista do Governo brasileiro, a única novidade que se coloca é que, se Brizola entrar no Brasil terá que responder por seus atos e será enquadrado nos dispositivos legais a que está sujeito, por ter sido condenando, à revelia, em vários processos.[3]

Entendemos que Lampreia não estava sendo sincero. Podemos observar que pelo menos desde o dia 14, ou seja, um dia antes do aviso à Brizola, o MRE já se referia à expulsão do político cassado, tendo por razão este não se submeter "de maneira compatível com o comportamento exigido pelo governo uruguaio para um asilado político."[4]

Os problemas se iniciaram a partir da própria comunicação de expulsão que deveria, após o aviso, concretizar-se num prazo ínfimo de apenas cinco dias. A partir daí a movimentação nas embaixadas na busca de informações relativas aos motivos da expulsão e de que forma se daria esta saída do país foi constante e cercada pela má vontade dos funcionários das agências diplomáticas. Era claro o intuito dos governos em encurralar Brizola para que fizesse algum movimento mal pensado, como o retorno ao Brasil ou tentativa de entrada em algum país de forma clandestina, o que o levaria à prisão ou deportação. A vitória para o governo pareceria estar na possibilidade de Brizola responder aos processos e pagar sua pena em território brasileiro.

Parece-nos também que o intuito do governo era o de, evidenciado o processo de abertura, tentar dar um recado para a oposição que estava no exterior. A oposição tradicional ao regime já havia sido silenciada no Brasil, as forças de

3 Ministérios das Relações Exteriores. BR.AN.DPN.PES.76, p. 267. Itamaraty Afirma que Nunca Falou do Assunto. *Jornal do Brasil*, 20 set. 1977.

4 Ministério das Relações Exteriores. BR.AN.DPN.PES.76, p. 143.

embate contra o regime em 1977 eram outras (sindicalistas e a Igreja) ou estavam renovadas (movimento estudantil). No exterior, Brizola era a única força política tradicional e de substancial ameaça política ao regime que insistia em permanecer na América do Sul: um fantasma na fronteira.

Com o ultimato do governo uruguaio, Brizola ficou à mercê da vontade de países que lhe concedessem asilo político. O que ninguém poderia imaginar é que o convite viria do mais improvável dos chefes de Estado: o presidente dos EUA, Jimmy Carter. Tal atitude causou considerável desconforto às ditaduras latino-americanas, pois a nação que auxiliara sua ascensão agora assumia a guarda de um de seus notórios inimigos.

Carter concedeu ao político brasileiro asilo temporário de seis meses (prorrogável), mas, com a oferta e concessão de asilo também do primeiro-ministro português Mário Soares, seu destino mudaria.[5]

Hoje, já podemos dizer que não houve necessariamente um convite para que Brizola se deslocasse para o exílio de Carter. Há, inclusive, documentos que indicam o interesse de Brizola pelo asilo nos EUA meses antes da notícia de sua expulsão, o que pode indicar a rapidez no aceite do governo norte-americano. Moniz Bandeira, historiador ligado a Brizola, indicaria que, inclusive, foi sob a proteção da CIA que o político deixou Montevidéu, pois acreditava-se na possibilidade de um atentado, ou mesmo que ele pudesse ser sequestrado ou aprisionado.[6]

Não é de se surpreender a possibilidade de um atentado contra Brizola, dados os atentados contra outros parlamentares do Cone Sul (a exemplo do senador Letelier), mas a condução do processo de traslado pela CIA, que era corresponsável por estes atentados, no mínimo, apresenta a necessidade dos EUA em clarificar a mudança política em relação à América do Sul e seu apoio às ditaduras, assim como seu compromisso com os direitos humanos. Brizola acabou por ser porta-voz desta pretensa viragem de posicionamento norte-americano quando, em diversos meios de comunicação, propagandeou seu caso como exemplo e comentou sobre os "novos ventos que sopram dos Estados Unidos (...) Confesso que ao pedir asilo aos Estados Unidos o fiz com certa curiosidade de ver como,

5 LEITE FILHO, 2008, p. 356.

6 Um Gaúcho em Nova York. *Folha de S. Paulo*, São Paulo, 22 ago. 2010. Disponível em: <http://www1.folha.uol.com.br/fsp/ilustrissima/il2208201003.htm>. Acesso em: 10 jun. 2016.

na prática, estaria funcionando a bandeira da defesa dos direitos humanos que publicamente se desfraldava."[7]

Realmente, e de acordo com matéria do *Jornal do Brasil*, o traslado Uruguai-Argentina-Nova Iorque (trajeto necessário para a chegada aos EUA) não foi fácil e cercado de percalços e dificuldades produzidas pelos governos do Brasil, Uruguai e Argentina a todo o momento.

Dona Neusa, companheira de Brizola, por exemplo, não conseguia que sua documentação fosse liberada. Após Brizola reivindicar por mais de uma vez a documentação dela para que ambos pudessem sair juntos do Uruguai, o funcionário da Chancelaria se esquiva e diz: "Es para usted",[8] negando que tivesse sido incumbido de providenciar papéis para ambos, sendo que apenas ele, Brizola, poderia sair do Uruguai. Então, Brizola dispara: "Bueno, pero yo y ella somos una cosa sola",[9] assim se negando a deixar o país. Mas, como neste momento já estavam sob a proteção dos EUA, a embaixada não teve outra opção que não a de providenciar a saída também de Dona Neusa Brizola.[10]

Brizola chegou em 25 de setembro de 1977 nos EUA, e já no dia 11 de outubro, em entrevista ao jornal português *A Capital*, assumia que ficaria nos EUA por algum tempo e depois se deslocaria a Portugal. O artigo em questão foi escrito pela já citada Maria Antonia Palla,[11] que relatou o receio de um atentado contra ele, principalmente após as mortes de Juscelino e Jango, embora ele recusasse a reconhecer o perigo.

Algo de muita relevância neste artigo é o fato de que assim que pisou em Nova Iorque, Brizola declarou-se à Social Demoracia. Em um primeiro momento, poderia-se imaginar que esta amenização de discurso serviria para acalmar os EUA sobre sua chegada, assim se mostrando menos radical do que se fazia conhecer pelos atos e discursos anteriores, mas, como veremos adiante, isso não se concretizou. Realmente, Brizola tomava outro rumo para seu comportamento político, mas, para ele, isso não seria incoerente com seu passado e sua tradição. Imediatamente,

---

7 Um Gaúcho em Nova York. *Folha de S. Paulo*, São Paulo, 22 ago. 2010. Disponível em: <http://www1.folha.uol.com.br/fsp/ilustrissima/il2208201003.htm>. Acesso em: 10 jun. 2016.

8 "É para você" (Tradução nossa)

9 "Bem, mas eu e ela somos a mesma coisa". (Tradução nossa)

10 O Último Dia de Exílio no Uruguai. *Jornal do Brasil*, Rio de Janeiro, 21 set. 1977.

11 Arquivo Nacional. MRE. AN.BN. DPN.PES.76 p. 1-267.

ele reclamou suas raízes Varguistas, comparando-se a Getulio que, de acordo com Brizola, havia sido um homem que se definiu em uma evolução contínua, revendo constantemente a sua posição à luz do exame da realidade brasileira.

Nos três meses que passou nos Estados Unidos, Brizola começou sua jornada que levaria ao retorno ao Brasil anos depois. Lá, tratou com brasileiros exilados, brasilianistas, além de políticos e intelectuais de vários países, até sua ida para Portugal em janeiro de 1977.

A cessão do asilo em Portugal

O dia 20 de setembro de 1977 foi conturbado na vida cotidiana das embaixadas envolvidas com a situação de Brizola. No Brasil, o MRE já estava sabendo dos esforços para o asilo de Brizola em Portugal: o Chefe da Agência Central do SNI recebeu naquele dia a mensagem de que o jornalista e escritor gaúcho Josué Guimarães, que se encontrava em Montevidéu, havia telefonado dias antes à sua esposa Nydia, em São Paulo, incumbindo-a de "falar com nossos amigos de Portugal, para conseguirem de Mario Soares que Brizola possa ir para Lisboa",[12] sendo que no mesmo telefonema Josué já identificava a possibilidade de os EUA de Carter terem recebido o pedido de asilo e que estaria propenso a aceitá-lo.

Se essa informação da espionagem brasileira estiver correta, podemos então rastrear o processo que levou à chegada de Brizola à Portugal. E não temos porque duvidar, já que Guimarães tinha trânsito junto aos exilados em Portugal e em suas ex-colônias. Josué Guimarães havia sido, entre 1974 e 1976, correspondente pela *Companhia Jornalística Caldas Junior* do Rio Grande do Sul, tendo como tarefa cobrir Portugal e o processo de libertação das colônias. Foi em Lisboa que criou o jornal político-satírico *Chaimite*.[13] Além disso, foi documentada a presença de Guimarães em algumas reuniões do CPAGB, em especial nas que tiveram como tema as relações PCB/PCP e os exilados brasileiros ligados ao PS.

Moema São Thiago, assim como outros membros do grupo entrevistados, tem em sua memória que partiu do grupo do CPAGB a ideia de trazer Brizola

12 Arquivo Nacional, Ministério das Relações Exteriores. BR.AN.DPN.PES.76, p. 116-267.

13 Sobre o jornal *Chaimite* ver NAJAR, A. L. O Humor Gráfico Brasileiro em Portugal: um estudo do semanário de humor português Chaimite. 2006. 168 f. Dissertação (Mestrado em Ciências da Computação) – Universidade do Vale do Rio dos Sinos.

para Portugal, o que ocorreu a partir do contato com Mário Soares antes mesmo da ciência de que os americanos o haviam acolhido:

> [n]inguém tinha intimidade com Mário Soares (...) e então a gente se lembrou no Comitê: 'O Hermano é amigo dele!' Então corremos para casa do Hermano e dissemos: 'Hermano, você tem que ligar agora para o Mário Soares para ele dizer que o Brizola pode vir. Então, quando o Mario Soares disse que o receberia, daria o passaporte e poderia vir à Portugal, já tinha acontecido dos americanos do Partido Democrata terem oferecido o asilo.[14]

Assim, baseando-nos em tais informações, acreditamos que ao receberem a informação da expulsão de Brizola via Josué Guimarães, através de sua esposa no citado telefonema aos "amigos de Portugal" recebido naquele mesmo dia pelo CPAGB, a busca de asilo se orientou por acionar imediatamente Hermano Alves. Este, ao saber das informações vindas do Brasil e intermediadas pelo CPAGB, acatou o pedido do grupo e telefonou para Mário Soares às três horas daquela madrugada solicitando um posicionamento sobre a possibilidade de cessão de asilo ao político brasileiro. A resposta de Soares veio sem rodeios: "Imediatamente, obviamente."[15]

Mas Mario Soares relatou a Clóvis Brigagão que esta decisão rendeu embaraço, pois foi tomada sem anuência do poder decisório da Presidência da República na figura de Ramalho Eanes, que só soube do ocorrido no dia seguinte e pela imprensa. Entedemos que o primeiro ministro não havia se "amotinado" contra o Presidente nesta decisão, como esclarecido, de forma um tanto cômica, na conversa abaixo:

> [Eanes] Eu sou o Presidente da República, sou o Chefe do Estado-Maior das Forças Armadas e sou, ainda por cima, o Presidente da Revolução, e o senhor, o Primeiro-Ministro, não me diz uma coisa dessas.
>
> [Mario Soares] Respondi: Eu não disse porque, primeiramente, não me lembrei; em segundo lugar fui apanhado de surpresa, de madrugada, mas o senhor não precisa ficar irritado.[16]

---

14 SÃO THIAGO, M. [15 maio 2014] Entrevistador: Rodrigo Pezzonia. Brasília, 2014.

15 BRIGAGÃO, C.; RIBEIRO, T. *Brizola*. São Paulo/Rio de Janeiro: Paz a Terra, 2015, p. 52.

16 BRIGAGÃO; RIBEIRO, 2015, p. 52.

Por fim, de acordo com Soares na obra citada, a rusga durou pouco e houve entendimento por parte de Eanes das condições decisórias do primeiro-ministro, não havendo necessidade de se criar uma crise por isso. Realmente, é estranho que alguém na posição de Mário Soares tenha se "esquecido" de avisar sobre este tipo de decisão a Eanes. Cremos muito mais que Soares preferiria remediar que prevenir, ou seja, dado o receio de haver resistência de Eanes e do MNE em assumir o asilo de um opositor tão importante do regime brasileiro em um momento em que se falava em aproximação e criação de uma comunidade lusófona. Acreditamos também que Soares já entendia a possibilidade de Brizola ser útil para a entrada da Internacional Socialista na América Latina.

Restava, então, ao MNE legitimar o aceite de Portugal e minimizar os possíveis prejuízos políticos desta atitude, e, assim, o Ministro português convidou o embaixador brasileiro para manifestar que a intenção de ceder asilo para Brizola não deveria ser entendida como gesto de hostilidade, mas sim como uma ação humanitária, pois sabia que a notícia não havia sido bem recebida pelo Itamaraty. Isso fica evidente quando acessamos informe do embaixador Fontoura ao MRE, com a classificação de "secreto e urgentíssimo" e "para o imediato conhecimento dos senhores Ministro do Estado e Secretário Geral de Política Exterior", um informe que questionava a pronta atitude do governo português em ceder asilo à Brizola,

> antes mesmo de ter conhecimento seguro e oficial de sua expulsão do Uruguai. Não cuidou nem de saber das motivações de tal expulsão, nem de avaliar o impacto desta trafega iniciativa sobre as relações com o Brasil. Com evidente oportunismo demagógico, procurou retirar dividendos internos desta manobra diplomática, além de exercer indisfarçável pressão sobre o governo daquele país no sentido de evitar a prisão e apressar a expulsão daquele líder da oposição clandestina brasileira inculpado por certo de atividade contrária a lei uruguaia.[17]

Para Fontoura, mesmo que o primeiro-ministro Mario Soares e o Ministro dos Negócios Estrangeiros Medeiros Ferreira identificassem a cessão de passaporte por motivação humanitária e que não se tratou de um gesto de hostilidade com o Brasil, o embaixador brasileiro encarou tal atitude como "mais uma im-

17 Arquivo Nacional, Ministério das Relações Exteriores. DPN.PES.76, p. 99-267.

portante manifestação de apoio à oposição brasileira, tanto a democrática quanto a clandestina."[18] Logo, para Fontoura, esta ação se somava ao apoio que o PS estava dando para o inimigo imediato daquele momento, o CPAGB. E enumerava:

> a) [o] estímulo político e ajuda financeira para o estabelecimento e operação neste país para organizações do tipo "Comitê Pró Amnistia Geral no Brasil", que são bastante ativas ou para edição regular de publicações de ataques sistemáticos específicos ao regime brasileiro, como a revista "Aministia"; b) [a] adoção pela Assembleia da República de repetidas moções de censura ao regime e ao governo brasileiros, bem como de apoio a oposição brasileira, inclusive a baseada no terrorismo e na subversão, todas elas representadas pelo grupo parlamentar governamental; c) [a] acolhida oficial e amistosa nos mais elevados níveis da hierarquia governamental portuguesa de representantes da oposição brasileira legal (Franco Montoro, Saturnino Braga etc.) ou clandestina (Marcio Moreira Alves, Miguel Arraes, Hermano Alves etc.); d) Proteção, até por empregos públicos, a fim de alguns asilados e banidos brasileiros poderem manter sua ação e ataque permanente ao regime brasileiro.[19]

Mas Fontoura esclarece algo que nos parece uma leitura pertinente sobre a gestão política internacional sob o olhar do governo brasileiro que não conseguia enxergar coerência nas atitudes do governo Constitucional português. Ele diz:

> [a] atitude diplomática portuguesa face ao Brasil, a meu ver, na clássica política de seguir uma orientação esquerdizante no plano externo, com óbvios propósitos demagógicos, enquanto que no domínio interno persegue a estratégia de um neocapitalismo cada dia mais nítido e menos compatíveis com o socialismo marxista da constituição e do programa do PS.[20]

Como veremos adiante, Brizola foi abraçado em sua chegada não apenas pelo PS português e pelos exilados, mas também pela imprensa, o que enfurecia

18 Arquivo Nacional, Ministério das Relações Exteriores. DPN.PES.76, p. 99-100.

19 Arquivo Nacional, Ministério das Relações Exteriores. DPN.PES.76, p. 100.

20 Arquivo Nacional, Ministério das Relações Exteriores. DPN.PES.76, p. 100.

o embaixador Fontoura, ao ponto de encontrar-se "casualmente" com Francisco Knopfli – adjunto diplomático do Primeiro Ministro dos Negócios Estrangeiros, que naquele momento estava incumbido do cargo de Diretor Geral dos Serviços de Imprensa do Ministério dos Negócios Estrangeiros – e externar seu "desagrado pessoal" pela forma pela qual Brizola estava sendo acolhido pelo governo português.

Sobretudo, o que desagradava o embaixador era a alta audiência que as declarações do político brasileiro cassado adquiriam e reverberavam com espaço e apoio da imprensa estatizada. Fontoura relatava que sua preocupação se dava pelo ambiente desfavorável que criaria entre os dois países, principalmente num momento em que se avizinhava a visita do presidente Ramalho Eanes ao Brasil. O que Fontoura requeria era "uma atuação coerente, em lugar das manifestações de amizade entremeadas de gestos de hostilidade ao Brasil, ao seu Regime e a seu Governo."[21]

Foi então que Fontoura sugeriu pressionar Portugal para não mais tolerar uso de seu "território para base de ataque permanente ao Brasil". Como veremos, entretanto, com a chegada de Brizola, sua imediata assimilação pela Internacional Socialista – que advém do interesse dos socialistas europeus em ativar contatos na América Latina – a preocupação quanto a propaganda de brasileiros contra o regime ditatorial, principalmente aqueles ligados a Brizola, tem menos evidência do governo português.

O Centauro dos Pampas e a "Turma do Gatilho": um encontro de gerações

Como bem recordam Brigagão e Trajano, em obra recente de ensaio e memória sobre Leonel Brizola e sua trajetória a partir do exilio no Uruguai, o político gaúcho chegou a Lisboa em 22 de janeiro de 1978, seu aniversário de 56 anos, com passaportes liberados por Mário Soares,[22] que acabara de formar o II Governo Constitucional, a partir do acordo com o CDS que se identificava no espectro à direita da política portuguesa.[23]

21 Arquivo Nacional. Ministério das Relações Exteriores. BR.AN.DPN.PES.77, p. 241-308. Ofício: DSI: 013628.

22 Há documento que mostra que Mario Soares chegou a emitir dois passaportes para Brizola, um a para viajar dentro da Europa e outro para as Américas, para que assim fosse dificultada a perseguição política por parte dos órgãos de inteligência brasileira.

23 BRIGAGÃO; RIBEIRO, 2015, p. 51.

Quando aterrissou no aeroporto de Lisboa, aguardavam-no o diretor do serviço de informação do MNE: o conselheiro Francisco Knopfli, o representante do secretário geral do PS, João Tito de Morais, além de cerca de 50 pessoas, em sua maioria brasileiros, entre os quais Miguel Arraes, Moniz Bandeira, Altair Campos, Frei Bento Domingues, Marie Moreira Alves e Manuel Mota.[24] De lá, Brizola foi hospedado em hotel na rua das Janelas Verdes, onde também já havia se hospedado Miguel Arraes.

Na chegada, a emoção se deu exatamente pelo reencontro de Brizola e Arraes, duas personalidades da política brasileira, após 14 anos, além, é claro, do encontro do político gaúcho recém-chegado com uma parte considerável de exilados que residiam, principalmente, em Lisboa e Porto e que tinham naquela figura histórica um misto de desconfiança e admiração.

Muito procurado pela imprensa, Brizola não se furtava em agradecer Mário Soares e o povo português pela acolhida, mas se esquivava, a princípio, em responder indagações da imprensa sobre as eleições que ocorreriam naquele ano de 1978 e demais assuntos relacionados com a política brasileira. Esperto, tateava o campo de ação, usando como subterfúgio estar, naquele momento, havia 14 anos no exílio e afastado da vida política brasileira. Assim, precisava atualizar-se sobre a real situação seu país.

Por mais que preferisse se resguardar, porém, não conseguia deixar de tecer comentários sobre política e posicionar-se em oposição ao regime, sendo que no segundo dia em Lisboa já assumia a possibilidade de se comprometer com então "interrompido" PTB, pois, de acordo com o *Jornal de Notícias do Porto* que o entrevistara, "embora o actual regime o tenha extinguido, ele nunca deixou de existir porque, explicou [Brizola], 'faz parte da nossa realidade'. Ainda que os seus quadros não actuem legal ou clandestinamente, porque não o podem fazer, nem por isso são menos importantes: 'Eles estão lá numa situação de resistência.'"[25]

É importante salientar que este anseio de reestruturação do antigo partido trouxe desconforto dentro da oposição no exílio, em especial Miguel Arraes e Marcio Moreira Alves que entendiam a necessidade de agregação em torno do MDB como forma de fortalecimento político e de pressão contra o regime. Para

24 Ministério das Relações Exteriores. AN.BN.DPN.PES.77, p. 262 Informe DSI/267.

25 Ministério das Relações Exteriores. AN.BN.DPN.PES.77, p. 259/308. Leonel Brizola chegou a Lisboa. *Jornal de Notícias*, Porto, 23 jan. 1978.

Brizola, todavia, o MDB não poderia ser considerado um partido, e sim uma frente de oposição que abarcava em seu seio as mais diversas vertentes políticas, por isso a necessidade de um verdadeiro partido que sustentasse a tradição trabalhista alienada com o golpe de 1964. Como comenta Moema São Thiago, ele dizia: "[o]lha, se a gente depender do MDB a gente nunca vai voltar. Ou esse movimento vai para as ruas, pra sociedade, pois, se depender do PMDB nós vamos ter mais quarenta, cinquenta anos de exílio."[26]

A agenda política foi imediatamente acionada. Logo no dia da chegada, Brizola foi homenageado por exilados brasileiros e personalidades portuguesas que se reuniram não apenas com o intuito de promover as boas-vindas, mas também por comemorar seus 56 anos de vida. Mais de uma centena de pessoas se acomodaram em restaurante de Lisboa e agregaram figuras do cenário político português como a de Frei Bento Domingues, Manuel Pedroso Marques e Fernando Piteira Santos. Já os discursos que se ouviram na intervenção dos brasileiros foram proferidos por Sarmento Barata, Miguel Arraes e Brizola. A tônica deles foi sobre a necessidade de "esquecer ódios, debater divergências e criar um verdadeiro desarmamento espiritual para possibilitar às forças democráticas normalizar a vida política brasileira."[27]

Nesta mesma ocasião, aproveitou para responder aos jornalistas o motivo pelo qual preferiu os EUA a Portugal quando expulso de Montevidéu. De acordo com ele:

> [f]oram dias difíceis – acentuou – porque o Governo do Uruguai me deu um prazo multo curto. Foi uma medida tomada intempestivamente e, o facto de Portugal não ter Embaixada em Montevidéu, tornou difícil uma decisão imediata por minha parte. Inicialmente, pensei voltar ao Brasil. A decisão de procurar exílio nos Estados Unidos surgiu no segundo dia, creio eu. Recebi a mensagem do Dr. Mário Soares um dia mais tarde.[28]

Mas para preferir deixar os EUA – local que como veremos adiante tem importância também para seus anseios políticos – e ir a Lisboa outros seriam os

26 SÃO THIAGO, M. [15 maio 2014] Entrevistador: Rodrigo Pezzonia. Brasília, 2014.

27 Ministério das Relações Exteriores. AN.BN.DPN.PES.77, p. 247/308. Informe: DSI/376.

28 Ministério das Relações Exteriores. AN.BN.DPN.PES.77, p. 257/308. Brizola em Portugal. *O Primeiro de Janeiro*, Porto, 23 jan. 1978.

motivos. Acreditamos que o processo histórico pelo qual o país havia passado e os caminhos percorridos por aquela nação encantaram Brizola, que já se convencera de que o radicalismo não seria o fator que derrubaria a ditadura e, ainda, ele já flertava com o socialismo democrático europeu, como já se notava em discurso que proferira logo em sua chegada a Nova Iorque.

Em Portugal, isso se potencializaria ainda mais quando apresentado à Mario Soares e à toda a órbita socialista europeia: Willy Brandt, Olof Palme, François Miterrand e Felipe Gonzalez. De acordo com Alfredo Sirkis, Brizola seduziu os socialistas a ponto de seu futuro partido ser o único oficializado pela Internacional Socialista no Brasil após a Anistia.

> Nós fizemos, inclusive, uma ponte entre ele e o Partido Socialista. Apresentamos ele para o Mário e ao Partido Socialista. Ele conquistou o pessoal do PS (...) amor à primeira vista entre eles, Mario Soares e essa turma toda. O Brizola era muito carismático, era muito envolvente. Quando você olhava você tinha a certeza que estava diante de um personagem da História, um predestinado a ser presidente da república do Brasil em algum momento. Sucessor do Getúlio, do Jango... Então, eles o apresentaram pro Willy Brandt. Conquistou o Brandt logo de saída. Ele [Brizola] dizia o seguinte: "A ditadura no Brasil estava na mesma situação que os Estados Unidos no Vietnã, eles tem a força, mas não tem condições de utilizá-la da forma que precisam." A partir de então, Brizola virou para sempre referência da Internacional Socialista no Brasil.[29]

O contato e o protagonismo requisitados por figuras como Alfredo Sirkis, Moema São Thiago, Mauricio Paiva, entre outros do CPAGB no processo que levou Brizola a Portugal nos revela uma nova faceta da reação ao regime militar após o golpe de 1964. Finalmente, as duas gerações de exílio se encontraram e tentaram desenvolver algo novo. O livro de Brigagão e Trajano traz à tona este encontro entre Brizola e os *novos barbudinhos*, como ele costumava chamar. De acordo com os autores, esta relação não foi de começo fácil, mas Brizola e suas estórias fizeram com que as barreiras cedessem e a relação se estreitasse, criando

29 SIRKIS, A. [14 maio 2014] Entrevistador: Rodrigo Pezzonia. Brasília, 2014.

uma "filosofia política que atualizasse as bases do trabalhismo brasileiro, agora em um mais amplo contexto internacional."[30]

Não era fácil para ambos os grupos tão distintos entre si. Naquele momento não era apenas Brizola, e, sim, um grupo de personalidades da geração de 64 que participavam dos encontros do CPAGB. Lá estavam Darcy Ribeiro, Almino Afonso, Flávio Tavares, além dos que de fora de Portugal buscavam influenciar nas decisões sobre os caminhos dali por diante. Em outra medida, para estes ex-militantes da esquerda armada, Brizola, quando de sua chegada, não passava de "um vil populista."[31] E como já revelamos, embora estes militantes que se aproximavam de Brizola já tivessem passado pelo processo de crítica à luta armada e se aproximado da social-democracia, não se dispunham em acatar o modo político anterior à 1964. Identificavam-se com a cultura política europeia de socialismo que diferia sobremaneira com a tradição dos velhos trabalhistas. Os jovens queriam algo novo e, de certa forma, conseguiram (pelo menos enquanto estiveram em Europa). Moema São Thiago indica a influência de Portugal para este processo:

> [a] gente incorporou ao trabalhismo as ideias da social democracia europeia em termos de estrutura partidária, um novo partido, um partido de militância. Não era o partido comunista, também não era uma organização clandestina de luta armada, mas era um partido legal, um partido que ia buscar suas raízes numa inserção social que até então só quem procurava ter no Brasil eram os partidos comunistas. Mas a gente queria um movimento sindical sem o atrelamento de correia de transmissão dos partidos comunistas. Então este aspecto são coisas que a gente foi incorporando, sim. Acho que vivências, você acompanhar processos revolucionários transformadores como a revolução portuguesa foram experiências muito grandes. Reconhecer o quanto nós fomos ingênuos… quando eu sai de casa achávamos que a revolução aconteceria em seis meses/um ano. A gente ia até na cartomante… juntando remédio, roupa pra guerrilha… O massacre poderia ter sido muito maior.[32]

30 BRIGAGÃO; TRAJANO, 2015, p. 62.

31 SIRKIS, A. [14 maio 2014] Entrevistador: Rodrigo Pezzonia. Brasília, 2014.

32 Moema São Thiago - entrevista concedida ao autor, em Brasília, no dia 15 de maio de 2014.

Pedro Celso Uchoa, rompido com o PCB[33] e oriundo da geração de 64, também passou a conversar com aqueles jovens, criando confiança entre as duas gerações que "se autocriticavam a respeito da herança stalinista, bem como os laços afetivos pessoais criados no ambiente de tolerância da democracia portuguesa."[34] Pedro Celso e sua mulher Valentina Rocha moravam próximos ao apartamento de Sirkis, Minc e Paiva, e este encontro serviu para a convergência de ideias que despontaria nos projetos futuros de Brizola. Este encontro entre o "velho" e o "novo" na política; entre trabalhismo e a geração de 68 (ou como Brizola apelidou os jovens ex-militantes da guerrilha: *A Turma do Gatilho*) cria aquilo que ficou conhecido como o *Novo Trabalhismo*. Moema São Thiago rememora a relação e suas peculiaridades:

> Brizola teve uma abertura muito grande com o pessoal da luta armada. Achando que tinha que incorporar e trazer o sangue novo, o sangue da coragem, então, por exemplo, tinha uma questão pessoal, que era uma questão assim, como os filhos de Brizola eram muito alienados, ele se encantou com a meninada guerrilheira. Eu era menina mulher, era a única ali naquele momento, se encantou com Sirkis, se encantou com Domingos, com Mauricio, com Almir. Então Brizola ficou um pouco encantado com as nossas histórias. E nós também, pela primeira vez, conhecendo um político ao vivo e uma pessoa extremamente carismática como o Brizola. Se você brigasse com Brizola você tinha que dar as costas pra ele e sair de perto porque em cinco minutos ele começava a rir, brincar com você e era uma vergonha, não tinha mais como você ficar zangado.

33 Em informe do Ministério da Aeronáutica de 8 de janeiro de 1979, classificado com Brizola, Magnus Guimarães do MDB e José Gomes Talarico de Estocolmo. O teor do documento se refere a negociações entre o PTB e sua aliança e campanha para a legalização do PCB. Em passagem por Paris, Talarico havia se encontrado com Prestes, de onde veio sua posição de que o "futuro PTB deve defender a legalidade do PCB, pois –no passado sempre foram aliados, etc"; que a diferença do antigo para o "futuro PTB" está em que aquele foi "corporativista fundamentado no paternalismo do Ministério do Trabalho", e que, o "atual" defenderá "a liberdade e a livre organização sindical, sem ingerências e sem pelegos." BR.AN.DPN.PES.78, p. 178.

34 BRIGAGÃO; TRAJANO. Op. Cit, p. 62.

> Tinha um carisma, era uma pessoa muito interessante. Tinha capacidade não só de ouvir, mas de contar histórias.[35]

Desta forma, e concordando com Sento Sé,

> os sobreviventes da luta armada e militantes mais jovens apostam na possibilidade de recuperar a vocação popular e a capacidade de mobilização das massas do antigo trabalhismo, redefinindo-o e atualizando-o mediante a incorporação de novos temas da agenda política brasileira e internacional.[36]

Assim como os *barbudinhos* da *turma do gatilho,* Brizola havia amenizado seu discurso. Como ressalta Costa, "o novo Brizola recusava a pecha de radical. Ou melhor, relia o radicalismo. Ser radical era chegar à raiz dos problemas. Ele era radical contra a corrupção. Intransigentemente contrário à subversão democrática e favorável à legalidade constitucional."[37] Esse novo aspecto facilitou, e muito, na aderência de Brizola e, futuramente do PDT, na Internacional Socialista.

O Encontro do CPAGB, Brizola e a Internacional Socialista

Dados os esforços para que Brizola conseguisse seu asilo em Portugal, sua relação com o CPAGB foi imediata e se estreitava cada vez mais. Dias após sua chegada, no dia 25 de janeiro, com o aval do grupo e em sua sede, onde podia-se notar cartazes a favor da libertação dos presos políticos produzidos pela organização e com a bandeira do Brasil sobre a mesa, Brizola proferiu sua primeira coletiva de imprensa. Nesta e como relatam seus parceiros políticos da época,

> com auditório lotado, tendo ao lado Miguel Arraes, Brizola respondeu às perguntas dos jornalistas em tom calmo e conciliatório. Sua convicção era a de que sua pessoa não seria obstáculo para qualquer normalização da vida política brasileira e admitiu a hi-

35 SÃO THIAGO, M. [15 maio 2014] Entrevistador: Rodrigo Pezzonia. Brasília, 2014.

36 SENTO-SÉ, J. T. de L. Um Encontro em Lisboa: O novo trabalhismo do PDT. In: FERREIRA, J.; AARÃO REIS, D. (Orgs.). *Revolução e Democracia* (1964...). Rio de Janeiro: Civilização Brasileira, 2007, p. 434.

37 COSTA, I. C. G. da. A Hora da Travessia: Reinventando o Brizolismo e o Trabalhismo. *Revista Mundos do Trabalho*, vol. 4, n. 7, jan./jun. 2012, p. 125.

> pótese de, se for o caso, "abandonar a vida pública", para que os setores mais direitistas não temessem sua presença.[38]

O discurso da *conciliação* foi a praxe na chegada de Brizola a Lisboa, ao ponto de a embaixada brasileira entender o político gaúcho como "um homem derrotado e vencido", e entender que seu único objetivo era o retorno ao Brasil, mesmo que para isso se obrigasse a assumir a culpa sobre seus delitos.[39]

O jornalista Marco Antônio Kraemer, ao relatar ao então Ministro do Exército General Fernando Belford Bethlem seu encontro com Brizola em Lisboa, declarou que o exilado aparentava-se muito calmo, mas disse por várias vezes que não aguentava mais o exilio e que retornaria ao Brasil o mais breve. Dizia que Brizola não sabia as reais intenções do governo quanto à abertura (inclusive acreditando que poderia se fechar novamente quando oportuno ao governo), mas que se estes se manifestassem boa vontade em relação à Anistia, cassações etc., estaria disposto a ceder, inclusive não participando da política, afastando-se em sacrifício a sua pátria.[40]

Acreditamos ser um blefe esta possibilidade de abandono da vida pública por Brizola, aliás, e como em todo este último período do exilo, ele parecia tatear o terreno político antes de se colocar em curso contra o regime. Mas a inserção e interesse por Brizola se mostra ao retomarmos a já citada entrevista coletiva que inaugurava seus atos públicos em Portugal. Este evento reuniu cerca de 40 pessoas (entre jornalistas e brasileiros exilados na Europa).

Entre os presentes estavam os brasileiros Miguel Arraes, Flavio Tavares, e portugueses os deputados Antônio Reis e Carlos Lage do Partido Socialista e Aurélio Santos do PCP. A entrevista externava muito bem a estratégia de Brizola. Nela, ele agradeceu a recepção de Mario Soares e falou sobre as razões de sua vinda para o país, e em tom ameno afirmou que o Brasil "[aspirava] a união" e evocava um "desarmamento dos espíritos", e assumia a luta pela Anistia ao dizer

38 BRIGAGÃO; TRAJANO. 2015, p. 54.

39 Ministério das Relações Exteriores. AN.BN.DPN.PES.77, p. 203-204.

40 Ministério das Relações Exteriores. AN.BN.DPN.PES.77, p. 172-308.

que "a tradição do Brasil é o exílio... a do exilio é da Anistia... e é isto o que desejamos, umas Anistia total e sem restrições."[41]

Todas as falas sempre evidenciavam este discurso ameno, muito diferente dos tempos passados. Argumentava Brizola: "[a] situação nacional, qual quadro negro que borramos toda a marca... exige esqueçamos o passado (...) Importante é que todos os brasileiros e seus filhos possam retornar ao país." Estes trechos foram tirados de um informe produzido e assinado por Fontoura a partir de relatos de um funcionário da embaixada que estivera na coletiva e para o qual as declarações de Brizola denotavam considerações "cautelosas e conciliatórias despidas de qualquer agressividade ou ódio",[42] o que, claro, surpreendia também os agentes do governo em Lisboa.

Algo que podemos afirmar, levando em consideração seu discurso no jantar de boas-vindas e mesmo nesta coletiva de imprensa é o uso do termo *conciliação*. Este será o mantra repetido não apenas por Brizola, mas por boa parte da oposição ao regime militar no exterior. Parecia haver o consenso de que deveria se abandonar o intuito revolucionário, ou mesmo amenizar o discurso contestatório em relação ao regime, não usando de métodos provocativos à linha dura do governo brasileiro. Fica clara a crença de que o "bom comportamento" levaria a uma possível aceleração do processo de abertura, assim como a neutralização dos surtos radicais da direita militar e civil. Talvez, o que não se esperava era que este espirito conciliador levaria, adiante, a uma Anistia que abrangesse os crimes de Estado.

Mas na Europa a vida política de Brizola se agita novamente. Reuniões e encontros com uma miríade de personalidades das mais variadas posições políticas circundavam o hotel da rua das Janelas Verdes, onde se instalara o "Centauro dos Pampas". Brizola, "com seu discurso contagiante e irreverente, sua verve semântica gaúcha, iniciava uma nova jornada, arrebanhando adeptos, tocando seu incansável, insistente e paciente realejo."[43]

Evidente é que no Brasil havia a impossibilidade de se manifestar junto a organizações estrangeiras sob a pena de ser enquadrado na Lei de Segurança

41 Arquivo Nacional. Ministério das Relações Exteriores. AN.BN.DPN.PES.77, p. 248-249/308. Oficio: DSI: 403.

42 Arquivo Nacional. Ministério das Relações Exteriores. AN.BN.DPN.PES.77, p. 248-249/308. Oficio: DSI: 403.

43 BRIGAGÃO, TRAJANO, 2015, p. 58.

Nacional, mas, no exterior, em grande medida, este problema se encerrou. Brizola, ao chegar em Lisboa, já havia se referido às afinidades entre o trabalhismo e a social-democracia. Mas, como recordam Brigagão e Trajano, aquele era o momento de "pegar o trem", de "sentar na cadeira vazia" que o Brasil dispunha para a Internacional Socialista, já que outros países da América Latina já tinham de alguma sua relação com a Internacional Socialista.

Assim, em fins do mês de janeiro, Brizola foi convidado pelos parlamentares do PS para a Assembleia da República, onde pôde trocar impressões com os deputados daquela casa, sempre acompanhado por vários brasileiros, e não apenas trabalhistas. Neste caso, além de Dona Neusa, estavam Miguel Arraes, além de Trajano Ribeiro, Moniz Bandeira, Miguel Bodea, Josué Guimarães, e os ex-deputados Marcio Moreira Alves e David Lerer. No mesmo dia de sua visita à Assembleia, chamado a um jantar em sua homenagem pelos Socialistas – em que estavam presentes Vasco da Gama Fernandes e a esposa de Mario Soares – quando enfim foi convidado a participar de reuniões da Internacional Socialista em Espanha e Hamburgo para conversas com seus setores políticos.[44] A partir de então passa a ser frequentador das reuniões da IS na condição de observador e, mais adiante, líder do PTB. Emitindo por muitas ácidas e controversas que ao mesmo tempo pareciam encantar, surpreender ou mesmo incomodar membros oficiais da IS.

Parece que então que Brizola realmente sai do ostracismo político, iniciando sua a peregrinação por vários países europeus e americanos em um período de nem duas semanas de sua chegada à Lisboa.

Em Hamburgo, seria recebido oficialmente pela Internacional Socialista sob a responsabilidade de levar a compreensão do Brasil e da América Latina aos europeus. Importante, é que se evidencia então o intuito de querer compreender "o que seria e o que não seria possível aplicar em nosso país das experiências europeias do pós-guerra, especialmente as desenvolvidas pelos partidos socialistas europeus, nas recentes experiências portuguesa e espanhola."[45] Desta forma, já se vislumbrava levar ao continente sul americano a experiência europeia de socialismo democrático, então experimentados pelos países ibéricos, ou seja, assumia-se que seria necessário usar e ampliar esta experiência do exílio e

44 Ministério das Relações Exteriores. AN.BN.DPN.PES.77, p. 241-308. Oficio: DSI: 016761.

45 Ministério das Relações Exteriores. AN.BN.DPN.PES.77, p. 123-308. Oficio: DSI: 2582.

de vivência no exterior para modificar e transformar a ordem política, que se via arcaica, dentro das fronteiras brasileiras.

De acordo com Trajano e Brigagão, para os europeus, Brizola era identificado como a maior liderança latino-americana naquele momento, principalmente pelo destaque nacional e internacional que a passagem por Nova York havia lhe dado. Fica evidente que o interesse da IS em relação a Brizola dizia respeito a utilização de seu prestígio para influenciar na entrada da organização na América Latina, algo que há tempo era um sonho da gestão de Willy Brandt, já que até 1976 a IS não tinha envolvimento regular com a América Latina, o que só viria a mudar com a chegada à presidência de Brandt, que entendendo que mundo estava se transformando, não se podia mais apenas pensar em sentido leste e oeste, mas sim norte e sul. Mas os autores também afirmam que – baseados em arquivos do Instituto Internacional de História Social de Amsterdã – o histórico de contatos entre a IS e partidos brasileiros (nomeadamente, PSB e PTB) já se desenvolviam desde pelo menos 1962, sendo, nesta época, contatados Almino Afonso, Alberto Guerreiro Ramos, Pelópidas Silveira, entre outros.[46] O objetivo era o de

> abrir canais regulares de contato, programar mecanismos de cooperação, compartilhar visões comuns para a solução dos problemas presentes e futuros do Brasil e América Latina. Em particular incentivar os dois partidos a ingressarem na internacional socialista, resguardando as características e o modo de pensar dos trabalhistas e dos socialistas brasileiros com os partidos socialistas e social democratas europeus da IS.[47]

Nesta nova empreitada entre socialistas europeus e latino-americanos, Mario Soares – diferente do que disseram os testemunhos que coletamos, onde foi exposto no que diz respeito que toda a cúpula europeia da IS era favorável a Brizola –, diz que, dos líderes europeus, o que mais afinava com o brasileiro era Willy Brandt. Já François Miterrant e o Partido Socialista Francês não se alinhavam com Brizola, assim como como Felipe Gonzalez e os socialistas espanhóis.

46 BRIGAGÃO, TRAJANO, 2015, p. 115.

47 BRIGAGÃO, TRAJANO, 2015, p. 116.

Isso se dava, de acordo com Soares, pela "imagem de comandante de Brizola", assim como por sua "falta de atualização de vocabulário."[48]

É importante ressaltar que Brizola e Willy Brandt já se conheciam da época em que o alemão foi prefeito de Berlim Ocidental (1957-1966), e também se encontraram no exílio de Brizola no Uruguai.[49] No entanto, apesar dos contatos entre os dois e a admiração de Brandt por Brizola, não era incomum o premier alemão negar que tivesse contatos mais próximos com o político brasileiro, dizendo, por exemplo, que este seria "apenas um brasileiro que o chamou para conversar."[50] Parece claro que, assim como Portugal, os socialistas alemães não queriam problemas com o governo brasileiro e com a América Latina, principalmente por ter interesses em inserir-se ao sul do equador.

Isso ocorria ainda mais pelo fato de que Brizola tinha os passos vigiados constantemente e mais de perto após a saída do Uruguai,[51] como notamos na documentação do MRE, e como também salientado pelos autores de sua já citada biografia de exílio. Em sua viagem a Paris, por exemplo, o serviço de informações brasileiro era mais ativo, em razão da maior quantidade de exilados e a maior importância política de alguns. Mas em Lisboa o controle não era menor, e muitos exilados alertavam para esse fato. Por isso, Brizola, embora fizesse questão de minimizar esse problema, não se descuidava.

Mas em Paris, exatamente por essa relevância política, a passagem de Brizola causou certo *frisson*. O *Hotel Le Paix*, simples e pequeno, foi o quartel general de Brizola na capital francesa. Os autores comentam:

> [o] interesse que a presença de Brizola despertava entre os exilados refletia a necessidade dos que, longe do pais, viam nele um elo com o Brasil, que os militares haviam tentando suprimir da História. Alguém que os antecedera na luta, no caso dos mais jovens, como Sidnei Miguel, o José Carlos Mendes, que estivera na mesma trincheira, no caso dos mais velhos, como José Maria

48 BRIGAGÃO, TRAJANO, 2015, p. 119-120.

49 BRIGAGÃO, TRAJANO, 2015, p. 116-117.

50 Arquivo Nacional. Ministério dos Negócios Estrangeiros. BR.AN.DPN.PES.77. p. 193-194.

51 Por saber que estava sendo vigiado pelo governo brasileiro, seus encontros políticos se davam em movimento, ao ar livre e acompanhado por seus interlocutores em longas caminhadas pelas localidades lisboetas. (BRIGAGÃO, TRAJANO, 2015, p. 168).

> Rabelo, capitão Altair e Fernando Perrone. Por outro lado Brizola representava a possibilidade de, novamente, retornar a luta, agora com uma referência nítida e de enorme peso político, em outro quadro histórico e dentro de uma perspectiva democrática. Em Paris isso seria perceptível, em razão do grande números de exilados que lá residia. Brizola era o denominador comum, e por ter defendido, durante algum tempo, a resistência armada à instauração da ditadura, era respeitado pelos jovens que haviam participado em diversas organizações da luta armada.[52]

Mas o aspecto que mais preocupava o Itamaraty e o governo brasileiro era a inserção do continente americano nas ideias socialistas e, principalmente, com a influência de Brizola neste possível "socialismo moreno."

Nuno Teotônio Pereira, Frei Bento Domingues, Miguel Arraes, Leonel Brizola, Fernando Piteira Santos e Antônio Reis em coletiva de imprensa. (Espólio Fernando Piteira Santos. Foto 253 – CD 25 de Abril).

52 BRIGAGÃO; TRAJANO, 2015, p. 155-156.

Internacional Socialista na América Latina

Entre os dias 30 de setembro e 3 de outubro de 1978 ocorreu, em Dakar, a reunião da Internacional Socialista, onde se determinaria como seria a incurso da organização na América Latina. Um informe da embaixada brasileira informava sobre a presença de Brizola e Marcos Freire nesta reunião, que ocorreria sob os auspícios do PS, cujo tema seria *O processo de democratização na Península Ibérica e na América Latina*. Nesta reunião estariam presentes representantes de 33 países, entre eles Willy Brandt e Felipe Gonzalez,[53] além do vencedor das eleições Dominicanas Luiz Guzman.[54] Os principais assuntos abordados na reunião foram as novas relações Norte e Sul e a Nova Ordem Econômica Internacional, a conferência sobre desarmamento e a missão de Mario Soares por países da América Latina, mas via-se que a preocupação do Itamaraty refletia-se na dúvida sobre qual a condição de Brizola enquanto participante deste evento, ou seja, se seria apenas um observador ou representante de um partido socialista brasileiro.[55]

Para Uchoa, os europeus viam a possibilidade de entrada na América Latina em detrimento de outros continentes, por comparar suas características histórias e políticas com a África e Ásia, já que, devido à

> colonização latino-americana, a espécie de sociedade que criou e a memória recente da colonização na Ásia e na África (...) Resumindo, os países da América Latina estão culturalmente mais "ocidentalizados" do que as nações africanas e asiáticas. Além disso, os ideias socialistas permanecem muito atraentes para povos que vivem sob ditaduras capitalistas - especialmente tendo em vista que hoje este tipo de socialismo também significa democracia.[56]

53 De acordo com Pedro Celso Uchoa Cavalcanti, Miterrand e Palme não estiveram presentes, já que o primeiro teve que permanecer em Paris dado um compromisso com o Parlamento, e o segundo presidia reunião de seu partido. CAVALCANTI. P. C. U. A Internacional Socialista vai à América Latina. *Revista Crítica de Ciências Sociais*, n. 3, dezembro de 1979.

54 Arquivo Nacional. Ministério dos Negócios Estrangeiros. BR.AN.BSB.Z4.REX.IPE.553, p. 138

55 Arquivo Nacional. Ministério dos Negócios Estrangeiros. BR.AN.DPN.PES.77. p. 146.

56 CAVALCANTI. P. C. U. A Internacional Socialista vai à América Latina. *Revista Crítica de Ciências Sociais*, n. 3, dezembro de 1979, p. 8

Além disso, o fato de a América Latina ter um nível relativamente alto de urbanização e não dispor de partidos políticos radicais como os europeus também facilitaria "o recrutamento de massas leigas afastadas da competição", de acordo com Uchoa.[57]

Foi então que Mario Soares e delegação de Socialistas (Brizola incluso) visitaram a Venezuela. Esta viagem, de acordo com os órgãos de informação, visava colher informações sobre a situação política na América Latina e objetiva preparar um relatório que seria debatido em reunião específica da Internacional Socialista e que objetivava pressionar pelo respeito aos direitos humanos e o fim das ditaduras militares.[58] De acordo com o jornal *A Luta*, esse parecia ser mesmo o intuito da visita, já que Brizola reconheceria

> nas organizações democráticas latino-americanas – especialmente no Partido Revolucionário Institucionalizado do México e na Acção Democrática da Venezuela – nas correntes liberais dos Estados Unidos e na social-democracia europeia, os apoios internacionais necessários para se conseguir a redemocratizaçãodo seu país. (...) preciso, aqui, distinguir entre liberalização e democratização. Houve mesmo um certo abrandamento no regime, uma relativa liberalização. Porém, a essa liberalização, adjectiva e formal, correspondeu concretamente um retrocesso no que diz respeito à democratização.[59]

Mas, para quem esperava para este evento uma maior ofensiva dos socialistas contra o governo brasileiro a partir de uma possível radicalização pela participação de Brizola se enganou. Isso se percebe em documento que mostra Francisco Knopfli, Adjunto Diplomático do Primeiro Ministro Mário Soares, confidenciando para o Encarregado de Negócios do Brasil em Lisboa, em 24 de maio de 1978, que os representantes dos países socialistas do Chile, entre outros, apresentaram propostas de moção de censura ao Brasil "dadas as repetidas violações dos mais elementares direitos humanos por parte de seu governo", mas o funcionário diz que Mário Soares opôs-se, pois "não poderia jamais votar uma moção de censura ao Brasil" e apresentou uma proposta em termos genéricos e sem precisar o país o qual foi aprovada. Para tanto, contou com a colabora-

57 CAVALCANTI, 1979, p. 9.

58 Arquivo Nacional. Ministério dos Negócios Estrangeiros. BR.AN.DPN.PES.77. p. 179.

59 *A Luta*, 11 nov. 1978.

ção de Brizola que, em longa intervenção, procurou demonstrar a conveniência de uma prolongada acalmia, política no Brasil, "a fim de o Presidente Geisel e seu Governo poderem levar avante seus projetos de abertura para a democracia. Ademais, Brizola insistiu na prioridade a ser dada 'Anistia, política geral"em lugar da "defesa intransigente dos direitos humanos."[60] Ou seja, mais uma vez o mantra conciliatório e pragmático sustenta o discurso da Internacional Socialista em relação aos problemas referentes aos regimes ditatoriais da América Latina.

Então, quanto à América Latina para a Internacional Socialista, podemos perceber que o discurso oficial, publicado no *Documento de Lisboa*, que nada mais era do que o resultado da conferencia de Dakar, em seu artigo 12 anunciava:

> a presente situação crítica na América Latina requer uma cooperação mais estreita entre partidos socialistas democráticos com as forças que actuam no continente. Esta colaboração, não deve unicamente tomar a forma de apoio moral, mas também significar medidas concretas e coordenadas da parte de todos os nossos partidos e, especialmente, aqueles que estão no poder, com o fim de estabelecer uma colaboração eficiente contra as forças reacionárias e os esforços imperialistas. Com um tal proposito em vista, os *leaders* reunidos em Lisboa permanecerão em contato permanente e fraternal, estabelecendo relações tanto bilaterais quanto multilaterais a diferentes níveis.[61]

Dessa forma, percebemos que o discurso era deveras mais incisivo que a prática. Na Europa se agia de forma muito parcimoniosa e cuidadosa, enquanto que nas fronteiras do continente latino-americano as forças políticas de oposição aos regimes requeriam e fomentavam atitudes práticas e rápidas de reação às ditaduras.

Enfim, Brizola, destacando-se naquele ano e meio em que estava junto aos debates da Internacional Socialista, em meados de 1979, no Congresso do PS português, viu-se pronto e seguro para enfim assumir discurso que reivindicava a inserção de partidos latino-americanos e africanos junto à organização internacional, o que teve apoio dos portugueses, em especial de Mário Soares. Como Brigagão e Trajano relatam,

60 Arquivo Nacional. Ministério dos Negócios Estrangeiros. BR.AN.DPN.PES.77. p. 145.

61 CAVALCANTI, 1979, p. 7-8.

> houve debate a respeito, tolerando-se críticas (e preceitos) e a maioria foi favorável a que Brizola e sentasse na cadeira vazia da Internacional Socialista à espera da representação brasileira. Foi um misto de senso de oportunidade e garantia de participar de um foro político internacional, extremamente plural. Mesmo sem grande força política, em termos do poder real, a IS exercia muita influência, não só na Europa, mas em centenas de partidos políticos (membros, observadores etc.) Ásia, Américas e África. Havia também aliados espalhados pela Rússia, Oriente Médio e através de movimentos e associações civis (com agenda de direitos humanitários e segurança, trabalho, gênero, desenvolvimento sustentável, energia renovável etc.).[62]

Todas estas preocupações seriam, a partir de então, evidenciadas também nas discussões referentes ao novo trabalhismo e sua influência socialista no Encontro de Lisboa que correu naquele mesmo mês de junho de 1979.

O Encontro e a Carta de Lisboa: aspirações para um novo trabalhismo

Como vimos, com a chegada de Brizola em Lisboa, seu imediato acesso à jovem militância brasileira oriunda da luta armada[63] que se encontrava em Portugal, mais a adoção deste *Grupo de Lisboa* pela Internacional Socialista, modificou e deu fôlego à intenção e ambição de trazer à tona o trabalhismo a partir da reestruturação do antigo PTB.

Em um restaurante na Avenida da Liberdade em Lisboa, após uma digressão que acompanhava os avanços daqueles últimos meses, foi que Brizola bateu o martelo em relação aos esforços para recriar o PTB e, com isso, se afastava definitivamente da possibilidade de se aliar ao MDB, o que causaria desconforto em sua relação Miguel Arraes e Marcio Moreira Alves.[64]

---

62 BRIGAGÃO; TRAJANO, 2015, p. 62.

63 Os antigos trabalhistas e os jovens social democratas brasileiros trabalharam em comunhão para organizar o Encontro de Lisboa, tanto que Clóvis Brigagão recorda como se organizaram algumas tarefas do evento: secretário executivo: Georges Michel Sobrinho; encarregado da hospitalidade: Moema São Thiago e Irineu Garcia; administração e apoio: José Carlos Mendes; responsável pela comunicação do Encontro com a imprensa: Flávio Tavares.

64 As relações entre Miguel Arraes, Brizola e Marcio Moreira não eram nada boas, em especial no que se referia à recriação do PTB. Um documento revelaria que Arraes demitiu José

> Creio que não nos resta outra alternativa senão reorganizarmos nosso partido. Retomar o fio da História que eles tentaram cortar fora do nosso partido não há caminho para nós. (...) Agora sinto que se abre o horizonte para nós. O MDB está esgotado, é arvore que já deu frutos, nós temos só dois caminhos: ficar na geleia geral que o MDB ou buscar a nossa identidade, retomar as nossas lutas, com os nossos mártires nos inspirando. O PTB é o partido com maior número de cassados, presos, exilados e mortos. O Dr. Getúlio e Jango foram sacrificados pela causa de nosso povo trabalhador.[65]

Mas, ao mesmo tempo, fica claro que seria impossível acionar e reavivar a doutrina trabalhista apenas a partir de sua tradição. Com os novos personagens que assumiram também este compromisso, seria impossível manter a base e os conceitos de antes de 1964 intactos, e isso fica evidente quando os grupos espalhados entre EUA, México, Brasil e, claro, Portugal, encontraram-se para decidir em que consistiria o programa deste Novo Trabalhismo.

Assim, durante todo o primeiro semestre de 1979, Brizola e seus colaboradores planejaram o *Encontro de Lisboa - Encontro entre os Trabalhistas do Brasil e os Trabalhistas no Exílio*, que ocorreu entre os dias 15 e 17 de junho daquele ano na sede do PS português, no Largo do Rato, Lisboa. Contabilizam-se, de acordo com as memórias de Brigagão e Trajano, 140 os trabalhistas que se reuniram naquela sede, sendo predominantemente dos EUA, México, África e Europa, além, é claro, dos que vinham do Brasil. O encontro teve como observadores o PS português, o Partido Socialista Operário Espanhol, o Partido Socialista do Chile, a Acción Democrática, o Partido Revolucionário Institucional, a FRELIMO, o MPLA, o Partido Africano para a Independência da Guiné e Cabo Verde, o Movimento de Libertação de São Thomé e Príncipe, a Frente Sandinista da Nicarágua, além da representante do Secretariado Geral da Internacional Socialista.[66]

Maria Rabelo de uma livraria na França por adesão política a Brizola, pois Miguel Arraes seria contra. Já Marcio Moreira Alves que seria representante de Arraes em Lisboa teria sido interpelado por Brizola, pois declarou em Paris que o PTB seria a "ameba da política brasileira." Alves teria feito autocrítica, mas, adiante, especulou com jornalista Roberto Penteado sobre quem estaria pagando as constantes viagens. BR.AN.DPN.PES.78, p. 175.

65 BRIGAGÃO; TRAJANO, 2015, p. 158-159.

66 BRIGAGÃO; TRAJANO, 2015, p. 97.

O auxílio da Internacional Socialista, em especial dos socialistas portugueses, que proporcionaram condições materiais e institucionais para que com segurança os militantes pudessem se reunir e organizar facilitou muito a pré-organização institucional do PTB.

Não que esta reunião não pudesse ter ocorrido no Brasil, já que as forças que se encontravam em terras brasileiras avançavam em conseguir se reunir e organizar, mas, por outro lado, seria impossível este encontro ocorrer com todos os interessados na reestruturação do trabalhismo, ou mesmo da redemocratização, levando-se em consideração o número elevado de dirigentes e militantes que se encontravam exilados. Era muito mais fácil levar os militantes do Brasil ao "Novo Trabalhismo" que levar o "Novo Trabalhismo" aos militantes do Brasil.

Assim, brasileiros residentes em vários países, inclusive militantes e políticos de outras agremiações políticas, inseridos ou não na oposição consentida do MDB, discutiram a criação de um trabalhismo renovado, que se definiria como "uma alternativa de esquerda para o Brasil enfrentar suas mazelas históricas, a começar pelo fim do regime autoritário",[67] mas adotando a antiga sigla PTB. Também debateram estratégias sobre como poderiam alcançar as necessidades imediatas para o Brasil, como a Anistia ampla, geral e irrestrita, o retorno às Liberdades democráticas e livre organização política e sindical, o fim dos organismos de repressão e espionagem, e assim voltar a se impor pelas prerrogativas do Estado de direito tendo como ordem a luta pela criação de uma assembleia constituinte, pela redução da dívida externa e pelo controle da desnacionalização da economia e pelo fim da hipoteca da soberania nacional.

Neste encontro foi redigida a *Carta de Lisboa*, que expressou as ideias e diretrizes deste novo movimento e um documento no qual podemos encontrar assinaturas das mais diferentes vertentes da oposição e que colocava em pauta a fusão trabalhista à doutrina socialista. O corpo diplomático este presente na recepção que Mario Soares ofereceu aos participantes do encontro no *Hotel Avis*, com exceção dos EUA, Brasil e URSS, mas as ausências não deixaram de mostrar o reconhecimento internacional ao evento. Levando em consideração a conjuntura política brasileira de abertura e de possibilidade de reestruturação partidária,

67 SENTO-SÉ. 2007, p. 434.

> o encontro passou a ser visto com grande expectativa pela imprensa e pelos meios políticos e ficou registrado como marco na história política brasileira (...) [e marcou a] afirmação do PTB como partido aglutinador das novas forças democráticas surgidas no período da resistência à ditadura e o instrumento para reinstalar as liberdades fundamentais e da sociedade brasileira.[68]

Decidiu-se o encontro em dois espaços: público e privado. O público abarcava assembleias abertas cujos temas eram dos mais variados, "diante do panorama internacional, da situação política e econômica do Brasil". O privado, fechado, era composto por 12 comissões que debateriam 17 temas. As discussões sobre o projeto partidário ficavam em discussão pelos grupos de Lisboa e do México, mas, como já constatamos, "a experiência internacional dos grupos que se alinhavam a ideia de um partido socialista democrático influenciou essa abertura ao mundo."[69]

A posição mais moderada e reformadora foi conquistando o plenário, onde a exposição de Brizola incluía três temas: *Nação Brasileira e a Nossa Nacionalidade*; *Liberdade e Democracia*; e *Povo Brasileiro e Estado Democrático*. O problema inicial se deu ao analisarem qual seria o modelo de partido que deveriam se basear, sendo que a via reformista e democrática parecia ser a favorecida pelos participantes. "Acalorados debates revelavam as divisões sobre concepções doutrinárias: socialismo, socialismo democrático, ou democracia socialista e social-democracia, Anistia e posicionamento em relação aos trabalhadores."[70] O termo socialismo democrático foi o aprovado pela maioria da Comissão.

Em relação à adesão à social democracia, Brizola determinou que somente no retorno ao Brasil em um Congresso do PTB poderiam ser decididas "as características do novo trabalhismo, suas afinidades com os partidos socialistas democráticos e social democratas, embora a inspiração devesse ser, sempre, a realidade brasileira."[71] Aliás, outros relatos nos mostram que qualquer ideia que viria com aura definitiva era rechaçada pela cúpula do PTB que, não raras as vezes, assumiam posição de que não poderiam sair daquele encontro ideias acabadas e

68 BRIGAGÃO; TRAJANO, 2015, p. 101.

69 BRIGAGÃO; TRAJANO, 2015, p. 99.

70 BRIGAGÃO; TRAJANO, 2015, p. 99.

71 BRIGAGÃO; TRAJANO, 2015, p. 100.

definitivas sem passar pelo processo decisório interno ao Brasil, ou seja, apenas em congresso em terras brasileiras se fecharia um estatuto partidário. É possível notar também que ideias e propostas mais radicais não tiveram audiência do público, sendo que a moderação foi a tônica do encontro.

Assim, a *Carta* passou a ser o guia programático para as reuniões que aconteceriam no Brasil, tendo como tarefas e compromissos retornar o Brasil à sua constitucionalidade democrática. Assim, após Anistia política ampla, geral e irrestrita, haveria o compromisso pela luta ao retorno da normalidade democrática que só poderia ocorrer quando da reimplantação da liberdade partidária e possibilidade de escolha para um nova Assembleia Nacional Constituinte guiada pelo povo. O PTB então hastearia a bandeira do trabalhismo no intuito de reimplantar a liberdade sindical e o direito de greve, revertendo diretrizes da política econômica vigente no governo militar para satisfazer necessidades vitais do povo (alimentação, moradia, vestuário e educação).

Além disso, ficava claro que se tratava de um trabalhismo novo, mas sem perder de vista a tradição e a herança getulista. Como aponta Sento-Sé, o novo PTB se assumiria

> Tanto em relação a defesa dos excluídos de todos os matizes quanto a defesa da riqueza nacional, a figura de Getúlio Vargas funcionava como referência fundamental. Tratava-se, ao recuperar a tradição trabalhista, de reatualizar o mito, o estadista, o fundador do partido e seu principal líder histórico. O legado trabalhista personificado na figura de Brizola fazia-o, ao mesmo tempo o sucessor do herói fundador dessa tradição e o novo condutor da corrente que, organizada partidariamente, retomaria a obra imorredoura de Vargas interrompida pelo golpe militar, mas mantida viva na memória popular. Essa memória deveria ser reativada com pujança maior, de modo a atingir sua realização virtuosa na nova democracia que estava por vir.[72]

Mas o encontro com o socialismo, ou a social democracia, que permearia o futuro partido organizado por Brizola em Lisboa, fê-lo alçar outros voos. Como afirma Cunha:

72 SENTO-SÈ, 2007, p. 436.

> [o] Encontro de Lisboa, com sua arremetida para o socialismo passou a agitar os quadros trabalhistas preexistentes e socialistas afins. Velhos, jovens, negros e mulheres vivem no seio do PDT, um ambiente de fermentação, de inquietação de ideias. A manutenção do velho trabalhismo não teria repercutido se a ele não se acrescentasse a problemática do socialismo, que está na ordem do dia. Aqueles que conheceram a prática do velho PTB percebem nitidamente a diferença.[73]

Foi no encontro de Lisboa que os grupos afinaram seu discurso e onde sintetizaram-se as propostas deste novo partido, "nacional e democrático", que trazia a novidade de preocupações com os "marginalizados". Pela primeira vez dentro de uma organização que se pretendia partidária, notavam-se preocupações com parcelas da sociedade até então esquecidas. Na *Carta de Lisboa*, resultado final do encontro, foram acionados assuntos como a questão da criança e do adolescente, ao se referir às "crianças abandonadas e famintas, que estão sendo condenadas à delinquência; bem como o meio milhão de jovens que, anualmente, alcançam os dezoito anos de idade analfabetos e descrentes de sua Pátria"; o discurso da defesa étnica, já que buscava "fazer justiça aos negros e aos índios que, além da exploração geral de classe, sofrem uma discriminação racial e étnica, tanto mais injusta e dolorosa, porque sabemos que foi com suas energias e com seus corpos que se construiu a nacionalidade brasileira" e com o reconhecimento da luta das mulheres aos direitos iguais, estas que jamais viram "reconhecidos e equiparados seus direitos de pessoa humana, de cidadã e de trabalhadora; e que, além de ser vítima da exploração representada pela dupla jornada de trabalho, se vê submetida a toda sorte de vexames sempre que procura fazer valer seus direitos", e, por fim, propõe a voltar os olhos para a exploração contra o povo do nordeste.

É certo, contudo, que esta corajosa abordagem social não se manifestava pela reconhecida tradição trabalhista. Fica aí muito clara a intervenção dos jovens militantes do futuro partido que já vinham, junto a seu projeto autocrítico e atentos aos movimentos sociais europeus, discutindo o lugar dos marginali-

73 CUNHA, A. P. da. *Do Trabalhismo ao Socialismo Democrático*. São Paulo: Intermédio, 1986, p. 35-36.

zados, dos negros e, especialmente, dos assuntos voltados à questão feminista desde o início daquela década.[74]

Isso fica também mais evidente na produção de jornais e boletins publicados pelos grupos de exilados que expressam as preocupações concernentes a estas camadas sociais havia tanto esquecidas pela ordem política nacional, e que seria também um novo nicho eleitoral a ser explorado quando do retorno da normalidade democrática que se aproximava.[75]

O PTB se destacaria, principalmente, junto ao movimento negro sob a batuta condução de Abdias do Nascimento que naquele momento vivia e se dedicava à docência na cadeira de cultura africana na Universidade do Estado de Nova Iorque, Buffalo. Nascimento teve importância vital para trazer ao entendimento, particularmente de Brizola, que, ao se colocar a par das questões relacionadas à luta pelos direitos da população negra, "ficou vidrado (...) e daí, não nos largamos mais."Aliás, com o retorno ao Brasil em 1981, Abdias viabilizou a Secretaria do Movimento Negro do, então, PDT, sendo que no ano seguinte seguiu sua luta pelos direitos da população negra, então como deputado federal pelo partido.[76] Assim, a questão do negro, já abordada na *Carta de Lisboa*, entra de vez no programa trabalhista, e é "incorporada como política pública, em seu primeiro governo, com três Secretarias de Estado voltadas para a população negra no Rio de Janeiro".[77]

Este fato também nos ajuda a mostrar que os grupos que se encontravam fora de Lisboa também tiveram forte influência na criação do novo trabalhis-

74 No Brasil, periódicos desta natureza apareceram mais tardiamente, por volta de 1977-1978, obviamente pela repressão e censura que sofriam, mas também pelo desinteresse (e até preconceito) das esquerdas tradicionais.

75 Por exemplo, nas capas da revista *DEBATE: problemas da revolução brasileira*, um periódico produzido por um grupo de exilados em Paris, é possível perceber todo o processo evolutivo dos movimentos de resistência, desde os de aspirações armadas, depois se posicionando acerca de vários assuntos espinhosos (sindicalismo, feminismo, racismo) até se envolver com as discussões referentes à resistência dos hoje chamados "novos movimentos sociais", que culmina com o processo de Anistia, e a volta daqueles que ainda estavam em terras estrangeiras, levando, então, a *DEBATE* a firmar bases no Brasil.

76 Abdias do Nascimento. Direção Fernando Brito. Documentário. TV Câmara, 2012. Duração: 00:37:48.

77 BRIGAGÃO; TRAJANO, 2015, p. 165.

mo, em especial os que congregavam exilados do México[78] e Estados Unidos.[79] O livro recém-lançado de Trajano e Brigagão nos revela detalhes do que ocorreu naqueles dias em meados junho de 1979, mostrando, inclusive, que havia discordâncias entre o grupo do México e o grupo de Lisboa, sendo que, enquanto o primeiro sugerira uma "imediata formação de um núcleo nacional de articulação do PTB, com setores estaduais, municipais e de base (...) paralelo ao grupo parlamentar para a formação de comissões de mobilização e arregimentação", o mexicano "apresentou um anteprojeto para imediata organização do PTB com diretrizes provisória de ação até a realização congresso no Brasil."[80]

O grupo do México, apoiado pelo Partido Revolucionário Institucional mexicano, era um tanto mais radical que o grupo de Lisboa. Este radicalismo pode ser notado em vozes de alguns membros do grupo que acreditavam que Brizola deveria retomar o projeto revolucionário e ser o Fidel Castro brasileiro. Não sendo este o seu intuito, os autores afirmam que ele ficou irritado com a comparação e insinuação, e que seu objetivo era a luta democrática. Os autores também apontam que a motivação pela diferenciação entre o grupo do México e o de Lisboa

78 Destaca-se neste Grupo do México: Neiva Moreira, Beatriz Bisso, Francisco Julião, Herbert de Souza, Maria Nakano, Theotônio dos Santos, Vania Bambirra e José Thiago Sintra. Francisco Julião, fundador das "ligas camponesas", teve problemas nas sua chegada sábado a Lisboa, exilado no México, Julião viajava com documentos mexicanos, cuja validade não *é* reconhecida pelas autoridades portuguesas. Entretanto, depois de uma espera de 18 horas no aeroporto, Julião foi autorizado excepcionalmente a entrar em Portugal (BRIGAGÃO; TRAJANO, 2015, p. 161).

79 Os EUA foram outro país no qual Brizola mantinha contatos, amizades e aliados, e para lá se deslocou pelo menos duas vezes antes de seu retorno ao Brasil. Isso parecia não agradar em nada, seja o governo brasileiro, seja o próprio governo americano, pois os EUA, mesmo tendo sido protagonista na expulsão do Uruguai, não ficava confortável com a presença de Brizola. Exemplo disto foi que em meados de 1978 Brizola ameaçara retornar ao Brasil, mas antes passando por Nova Iorque, o que preocupou Francis Mcneil, do secretariado de negócios interamericanos, que prontamente avisou a embaixada brasileira no intuito de evitar qualquer "interpretação no sentido de interferência norte americana em assuntos internos da exclusiva competência do governo do nosso país." Dias depois, em um informe vem a resposta do governo brasileiro: "Se o Governo norte-americano entende que receber o Senhor Brizola não signifique interferência nos assuntos internos do Brasil, o Governo brasileiro julga que, no futuro, comunicações sobre fatos semelhantes são desnecessárias." BR.AN.DPN.PES, 77, p. 123-126.

80 BRIGAGÃO; TRAJANO, 2015, p. 101.

era o fato de que a experiência europeia se dava pela social democracia, enquanto no México o terceiro mundismo era a base ideológica.

Dessa forma, e retomando a constatação de quando assimilou-se a ideia da social democracia para o novo trabalhismo, em Lisboa, não se admitiria impor regras acabadas antes de se reunir no Brasil, e isso fica mais uma vez claro na atitude Doutel Andrade e Trajano Riberio em refutar ambas as propostas (dos grupos de Lisboa e México), delimitando que qualquer decisão de ordem prática não poderia ser aprovada fora do país, lembrando que Lisboa era apenas um local possível para uma reunião de uma pequena parcela dos trabalhistas, "e que, portanto, não deveria concretizar qualquer estrutura no exterior"[81], pois como revelaria a *Carta de Lisboa*, "se o fizemos fora do País, é porque o exílio arbitrário e desumano impediu este Encontro no lugar mais adequado: a Pátria brasileira." Portanto, se do encontro saísse um estatuto pronto e acabado, isto contrariaria o elemento básico da criação do partido, que seria a harmonia entre o Partido e as Organizações Populares, estas últimas ausentes de representação no encontro de Lisboa. Aliás, como afirmara Petracco da Cunha, sete anos após o Encontro, e já sobre o PDT:

> [o] PDT enfatiza doutrinariamente a necessidade de organização popular e partidária de tal modo que criou os chamados "núcleo base" em que pretende assentar a espinha dorsal de sua organização. O trabalhismo, na busca de novos caminho rumos ao socialismo, não pode se satisfazer em organizar-se os termos convencionais como outros partidos liberais, eu apenas mobilizam eleitoralmente o povo. (...) O Encontro de Lisboa foi o primeiro a falar em organização popular, em 1979, ainda nos pródromos da atual fase de feitura dos partidos. O Encontro de Lisboa foi o primeiro em falar em "núcleos de base.[82]

Assim, o documento definia um estatuto programático para o partido que é base e documento fundador do futuro PDT, mas também deixava em aberto definições absolutas, que deveriam ser alcançadas quando do Congresso Nacional de organização do PTB, que deveria ocorrer no ano seguinte.

81 BRIGAGÃO; TRAJANO, 2015, p. 100.

82 CUNHA, 1986, p. 28-29.

Inclusive, o que pode resumir muito bem o que se acreditava quando realizada esta reunião no além-mar fica explicito no pronunciamento de Brizola naquele evento. Percebe-se ali, realmente, a vontade de atingir novos parâmetros políticos e sociais, uma identidade realmente democrática e popular, mas que aparece de maneira muito tímida, para não dizer esquecida e dificultada pelas condições políticas brasileiras, nos anos em seguida ao retorno. Dizia o líder Brizola em 15 de junho de 1979:

> [é] nosso povo organizado em mil formas, ajudando colaborando, que construirá o desenvolvimento com duas próprias mãos. Desde associações das mais despretensiosas e modestas que nada tem a ver com a organização de partidos. Não para fazer dessas entidades, dos sindicatos dos trabalhadores, dos organismos de base, da igreja, das associações de bairro, de mil entidades, de estudos, de reivindicações ou de desenvolvimento correias de transmissão dos partidos políticos. Não, aí seria uma verdadeira concepção totalitária que não tem conteúdo democrático de nossa natureza. Todos os organismos devem ser a fonte de inspiração de um verdadeiro partido do povo. É a fonte de onde vamos buscar orientação. Nós queremos ser um braço político de toda a sociedade auto organizada. Antevejo nosso partido presente como uma sombra, solidário e ao lado das instituições populares. Aí sim eu creio no desenvolvimento brasileiro e creio que tudo isso é possível. Acho que nosso partido deve ser um grande instrumento de mobilização do nosso povo (...) O trabalhismo e a auto-organização, portanto, é um tema de grande importância. Acho que uma das questões essenciais da vida brasileira é a auto-organização do povo. Além do sindicalismo são as organizações populares de todo tipo e de toda ordem que o trabalhismo tem de estimular. E as organizações pluralistas: aí tem que estar todos, gente de todas as cores, de todos os pensamentos, para que a comunidade possa trabalhar unitariamente nesses organismos.[83]

83 CUNHA, 1986, p. 32.

Ensaiando o retorno

Com a Anistia, Brizola parecia se mostrar ao mesmo tempo ansioso e reticente quanto à possibilidade de retorno, embora já ensaiasse esta ação desde sua expulsão do Uruguai:

> [e]u ainda não adquiri bem a consciência de que vou regressar, vou pisar o chão de novo de minha pátria... voltar ao nosso ambiente. Eu só vou adquirir consciência, acho, quando chegar lá. Quando encontrar as caras conhecidas, os abraços, quando ouvir aquele linguajar, aquele português brasileiro. Só terei consciência disso depois de dormir uma noite no Brasil. Há de ser muito agradável acordar no Brasil.[84]

Desde fins de 1978, o abrandamento do regime parecia finalmente se fazer presente, levando-se a crer que a Anistia estava próxima, principalmente após a extinção do Ato Institucional n. 5, a revogação dos banimentos e a reintrodução do *habeas corpus* inseridos dentro de uma nova lei de Segurança Nacional. Isso fica ainda mais evidente quando acessamos o informe número N.002/79 do DSI/MRE sob o título *Concessão de Passaportes e de "Títulos de Nacionalidade"* que informava:

> [e]m decorrência da entrada em vigor, em *01/Janeiro* das reformas constitucionais, a Secretaria de Estado das Relações Exteriores expediu em 03/JAN/79, às Missões diplomáticas e repartições consulares brasileiras, novas instruções relativas a concessão de documentos de viagem a brasileiros que se encontrem no exterior.[85]

A partir deste documento, as repartições brasileiras no exterior estariam autorizadas a conceder, "no prazo de vinte e quatro horas, 'título de nacionalidade' válido para retorno ao país a todo e qualquer brasileiro que o solicite."[86]

Também de acordo com o documento, os brasileiros que obtiveram a condição de asilados junto a outros governos só poderiam ter seu passaporte expedido

84 Entrevista a Tarso de Castro, *Enfim*, Rio de Janeiro, ano 1, n. 1, 12 set. 1979, p. 2. BR.AN.PES.78, *apud*. BRIGAGÃO; TRAJANO, p. 181.

85 Arquivo Nacional. Ministério das Relações Exteriores. BR.AN.PES.78, p. 183.

86 Arquivo Nacional. Ministério das Relações Exteriores. BR.AN.PES.78, p. 183

após declaração escrita do interessado, perante a autoridade consular brasileira de que renuncia a essa condição. Segundo a jurisprudência sobre o assunto, as pessoas condenadas ou indiciadas em processo na esfera da justiça civil ou militar somente teriam direito ao "título de nacionalidade" para regresso ao Brasil. Mas, na mesma data, a Secretaria de Estado das Relações Exteriores expediu outra circular aos seus postos no exterior determinando que permanecessem sujeitas a consulta prévia as eventuais solicitações de documento de viagem efetuadas por um pequeno rol de pessoas que seriam: Luiz Carlos Prestes, Leonel de Moura Brizola; Candido Aragão, Miguel Arraes de Alencar, Márcio Moreira Alves e Francisco Julião.[87]

A revista *Veja* de 10 de janeiro de 1979 trazia à tona esta informação e apontava, inclusive, que o governo atribuía cores aos exilados e os dividia em três grupos distintos. O grupo *verde* era aqueles que não tinham problemas políticos e eram merecedores de passaportes normais; *rosa* identificava cidadãos indiciados em processos, e por isso habilitados, apenas, a obter um título de nacionalidade para o regresso; já o grupo *vermelho*, "[receberia sua permissão] somente após uma negociação política de sua volta com o governo."[88] Além disso, a revista inseria mais dois nomes no grupo de "indesejáveis": Paulo Schilling e Gregório Bezerra, mas não mencionava o Almirante Candido Aragão.

Assim, para o governo, "[t]odos podem voltar, mas quem tem culpa no cartório deve responder aos seus processos", dizia um "agente credenciado da Presidência da República". O mesmo agente exemplificou a lógica governamental: "[v]ocê daria um título de nacionalidade ao Prestes em 24 horas se fosse cônsul em Moscou? Ou consultaria o chanceler? E o chanceler, por sua vez, tomaria uma decisão dessas sem ouvir o presidente?"[89]

Além dos esforços para caracterizar Brizola como um "indesejado", vários jornais deixam clara a tentativa do governo em não ceder ao político o recém-reinstaurado direito *habeas corpus*, pois, na versão do governo, ele teria saído do Brasil como foragido, sendo assim não habilitado a usufruir da posição de asilado. Mas em fevereiro o MRE reconhece o estatuto de exilado político à Brizola,

87 Arquivo Nacional. Ministério das Relações Exteriores. BR.AN.PES.78, p. 183-184.

88 Exilados: Os Caminhos da Volta. *Veja*, São Paulo, p. 30. 10 jan. 1979.

89 Exilados: Os Caminhos da Volta. *Veja*, São Paulo, p. 31. 10 jan. 1979.

o que dá esperanças aos seus advogados de realizarem manobras jurídicas que evitassem sua prisão no retorno.[90]

Mas Brizola já possuía documento de viagem, tinha seus passaportes portugueses, o que permitia que ele se deslocasse para o país que mais o aprouvesse e, naquele momento, o retorno à Nova Iorque parecia ser a melhor opção para a futura volta ao Brasil, onde poderia retomar o diálogo com políticos (trabalhistas e do MDB) e discutir sobre a abertura. Assim, durante os meses de julho a setembro instalou-se nos EUA, onde recebeu representantes das mais diversas forças políticas, preparando-se para seu iminente retorno, o que ocorreu após uma saga que envolveu Nova Iorque, Assunção, Foz do Iguaçu, até sua chegada a São Borja, terra que remetia à tradição política e de nascimento de Getúlio Vargas e João Goulart, onde "Brizola quis retomar o legado de Getúlio Vargas e os preceitos da Carta Testamento", como disse Brizola aos jornalistas: "Lá vamos retomar o fio da História.[91]"

Por fim, com a promulgação da lei da Anistia, Brizola, entre outros brasileiros que em Portugal se exilaram, também se prepararam para o retorno. Assim, no dia 20 de agosto de 1979, estiveram no consulado brasileiro em Lisboa: Almir Dutton, Moema São Thiago, Alfredo Sirkis e Maria do Carmo Brito que, em nome de mais 17 asilados, solicitaram a concessão de passaportes para o regresso ao Brasil tão logo o consulado recebesse a comunicação oficial e ter sancionado a Lei de Anistia. Nesta relação estavam Shizuo Ozawa, Domingos Fernandes, Edmauro Gopfert, Carlos Minc Baunfeld, Mauricio Vieira Paiva, Flavio Tavares, Daniel Aarão Reis, Sonia Yessin, Nelson Levy, Altair Lucchesi Campos, Flavio Augusto Leão, Claudio Alencar, Helena Krieger, Marcilio Krieger, Marcio Moreira Alves, Ângela Mendes de Almeida e Renato Lino de Souza. Assim, como naquela semana o consulado acreditava sair a Lei de Anistia, o que pediam nesta consulta era saber a lista dos que estavam impedidos de receber passaportes.[92]

No Brasil

No Brasil, este esforço de reavivar o trabalhismo não era simples, pois, como bem coloca a historiadora Izabel Cristina Gomes da Costa:

90 Arquivo Nacional. Ministério das Relações Exteriores. BR.AN.PES.78, p. 121.

91 LEITE FILHO, 2008, p. 370-371.

92 Arquivo Nacional. Ministério das Relações Exteriores. BR.AN.PES.21, p. 23.

> [p]ara a direita, eles representavam a república sindicalista, a desordem, a quebra das hierarquias. À esquerda, entre os mais moderados, as opções feitas pelos trabalhistas e seus apoiadores foram os principais responsáveis pela radicalização do pré-64. Os mais radicais eram incisivos: o fracasso da resistência ao golpe deveu-se a sua própria essência: dúbia, inorgânica e personalista...[93]

Ainda sem Brizola, iniciam-se, a seu pedido, os esforços para a reestruturação do PTB, sendo que três foram as localidades que serviriam de embriões: Rio de Janeiro (futuro político de Brizola), Rio Grande do Sul (seu berço político) e São Paulo, onde se manifestariam dois grupos distintos: o de José Barbosa e o de Ivete Vargas, grupos estes que viam com muita desconfiança os grupos do RS e RJ.

Foi Darcy Ribeiro que deu o pontapé inicial na recriação do partido assim de seu retorno ao Brasil quando da Bienal de 1978. Brizola, ainda visto com muita desconfiança pelos grupos de esquerda brasileiros, e ainda à distância, demorou a angariar jovens militantes no Brasil, diferentemente do que ocorria no exterior, quando do contato pessoal com os indivíduos. Os jovens da geração de 68 ainda se posicionavam com desconfiança e mesmo repulsa em relação à figura de Brizola e do trabalhismo; buscavam algo novo, não reforma. O processo de criação do PTB no Brasil nos parecia ter base diferente do que a proposta do exterior, e o discurso que ecoava parecia ser majoritariamente de grupos com posicionamentos intimamente ligados à tradição trabalhista anterior ao golpe de 1964.

Não que no processo não houvesse outras figuras importantes envolvidas na captura de interessados para novo PTB – como Darcy Ribeiro e Almino Afonso –, mas Brizola se mantinha como o totem, e sobrevivente, da tradição trabalhista brasileira. Já no exterior, a condição parecia ser diferente. O encontro da compreensão de diferentes modelos políticos, neste caso nomeadamente a social democracia europeia, junto com a amenização do posicionamento político de Brizola – que para alguns se manifestaria enquanto evolução –, assim como o contato pessoal com seu afamado dom de persuasão e sedução, facilitava a condução e a arregimentação destes novos membros para a frente de luta para

---

93 COSTA, I. C. G. da. O Caleidoscópio Político do "Novo Trabalhismo": Os socialistas do Centro de Mobilização Trabalhista. *Revista Contemporânea*. Dossiê Contemporaneidade, ano 1, n. 1, 2011, p 236-237.

a criação do Novo PTB: os *barbudinhos* ou a *Turma do Gatilho* encontravam-se com o *Centauro dos Pampas*.

De qualquer forma, com o apoio daqueles que já haviam sido os críticos do trabalhismo, ou seja, os oriundos das organizações de esquerda armada, e, pelo visível entendimento de Brizola de que o trabalhismo deveria ser modernizado a partir das experiências que teve em Portugal com os socialistas, o "Novo Trabalhismo" teria vida longa. Mas, como indica Alfredo Sirkis, no retorno ao Brasil, a perda da sigla PTB para a sobrinha de Getúlio Vargas e o retorno de Brizola à companhia dos "caciques" do antigo PTB fizeram com que o então recém-criado PDT tivesse poder de dispersão daqueles militantes que haviam aderido à ideia de Brizola nos anos de exílio em Portugal.

De acordo com Paiva, as pessoas em volta de Brizola eram um "saco de gatos", de todas as esferas e ordens, ou seja, havia várias concepções diferentes em relação àquilo que se esperava do partido, que se definiria dos mais à esquerda aos mais fisiologicamente trabalhistas. Mas quando chegaram ao Brasil, os rumos mudaram; com a cassação da legenda muitos abandonaram o partido, metade dos quadros que estavam identificados com o velha guarda do PTB. Paiva relembra: "chegamos aqui com um projeto de PTB, com Brizola. Eu trabalhei com Brizola quase um ano entre aqui [Belo Horizonte] e o Rio de Janeiro, uns nove meses direto. E eu via que aquele era um projeto meramente eleitoral." Isso fica exemplificado na trajetória de alguns dos envolvidos neste grupo a cujos testemunhos tivemos a oportunidade de acessar.

Alfredo Sirkis, após sair do PDT, foi um dos fundadores do Partido Verde (PV), foi deputado federal pelo Partido Socialista Brasileiro (PSB) e um dos fundadores do Rede Sustentabilidade (REDE); Moema São Thiago, depois de Brizola, foi uma das fundadoras e parlamentar pelo Partido Social Democrata Brasileiro (PSDB); Maurício Paiva, ao sair do PDT, assim como Moema, foi um os fundadores do PSDB em Minas Gerais (PSDB-MG), passou pelo PSB até que decidiu por deixar a militância política. Todos mantiveram-se, portanto, ligados à social democracia brasileira.

Assim, exercendo hoje posição "centralizada" no que tange ao embate político nacional, seriam vistos como estranhos irreconhecíveis e ferrenhos adversários à direita aos olhos dos jovens revolucionários de 40 antes, quando da Portugal revolucionária.

RETORNOS DIFERENTES, MAS TÃO IGUAIS

> Os portugueses, por exemplo, sonhavam com uma eterna primavera e riquezas à flor da terra, quando aqui chegaram. Mas é tudo um pouco mais complicado. Os portugueses deram nas costas brasileiras meio por acaso. Eu esperei dez anos pela Anistia política e sequer conhecia o aeroporto onde o avião deveria aterrissar.[1]

É assim que Fernando Gabeira inicia o primeiro capítulo do seu livro *Entradas e Bandeiras*, obra editada pelo *Pasquim*, que tinha como objetivo ser um depoimento sobre o seu retorno ao Brasil após o exílio. Esta menção pode parecer fora de contexto, e não apenas pela comparação anacrônica que o autor do trecho se permite produzir, mas também pelo fato de Gabeira - embora citado em seu texto - não ter escolhido Portugal como terra de asilo. Assim, parece não haver sentido, após centenas de páginas sobre o exílio em terras lusas, citar um autor que lá não se abrigou.

Mas, no caso do retorno, não consideramos que haja diferenças substantivas no que confere a experiência de voltar à sua terra. Dizemos "substantivas" pois cremos que voltar da Argélia não seria o mesmo que voltar da Suécia, da

1 GABEIRA, F. *Entradas e Bandeiras*. Rio de Janeiro: Codecri, 1981, p. 13

França, ou de Portugal. A bagagem cultural, social e política carregada no retorno era diferente, além de também o serem as experiências que, por si, são pessoais e intransferíveis.

Mas o lugar de onde se vem não tem a mesma importância que o lugar para onde se volta. A expectativa para onde se volta é maior do que para onde se vai, já que ao sair para o exílio, o pensamento sempre estará ancorado na vontade de voltar. A partida para o exilado é para qualquer lugar, muitas vezes para onde o aceitarem, para o desconhecido ou aonde não se quer ir, dado que a vontade sempre é a de permanecer. Por isso, as experiências são as mais diversas.

Já no retorno, o objetivo é certo: voltar para casa! Onde as expectativas, mesmo que não se concretizem, são as mesmas para todos. O *retornado* quer ter o prazer do reencontro. Reencontro com as pessoas, com os antigos hábitos, lugares etc. Soledad Lastra, utilizando-se de argumentos de Hector Malleta, afirma que

> es importante reflexionar sobre la imposibilidad de renunciar a esa experiencia temporal pues "renunciar al retorno equivale a romperla sacralización" del exilio y, por lo tanto, significaría renunciar también a una forma de identidad (...) El regreso del exilio emerge en el imaginario como el camino a desandar para volver a incorporarse a la vida tal y como era antes de partir. Regresar al país de origen, significaría entonces volver al viejo marco de experiencia que estos exiliados construyeron antes de salir.[2]

Sabiá, de Chico Buarque, com música de Tom Jobim, é sempre lembrada como uma carta de despedida, um retrato do exílio. Ao mesmo tempo, no entanto, ela pode ser considerada uma promessa que reflete o compromisso do retorno. O personagem crava: "Vou voltar! Sei que ainda vou voltar para o meu lugar! Foi lá, e é ainda lá, que eu hei de ouvir cantar uma sabiá." E enfatiza: "Vou voltar!"Mas, por outro lado, a música também se refere ao receio do porvir, ao medo do que poderia

2 Importante refletir a impossibilidade de renunciar a essa experiência temporal, porque renunciar ao retorno equivale romper a sacralização do exílio e, para tanto, significaria renunciar a uma forma de identidade (...) o regresso do exílio emerge no imaginário como o caminho a refazer para voltar a vida tal e como era antes de partir. Regressar ao país de origem, significaria então voltar ao velho marco de experiência que estes exilados construíram antes de sair. LASTRA, M. S. ¿Volver al Hogar? La Experiencia del Retorno de los Exilados Argentinos. *Andamios. Revista de Investigación Social*, vol. 10, n. 21, enero-abril, 2013, p. 333.

ter-se perdido após tanto tempo de ausência forçada, ao ter de se "deitar à sombra de uma palmeira que já não há; colher a flor, que já não dá."[3]

O retorno, como aponta Gabeira ao fim do trecho destacado, também traz o medo do novo, da mudança e das transformações pelas quais o país pode ter passado durante a ausência. Todavia, não é só o medo; é a ansiedade em aterrissar em um aeroporto que agora há, mas que não havia outrora; o medo de pôr os pés em lugares que já não existem, que pertencem à memória afetiva; e de também de pôr os pés em lugares novos, que ainda não lhe pertencem.

Lastra aponta aquilo que já está evidente nas pesquisas anteriores: que o exílio é visto como algo "transitório", um "parênteses", uma "suspensão temporal", pois a cada dia há o desejo de voltar e não é possível se acomodar e aceitar o degredo. Assim, há a necessidade de pensar o exílio como um fenômeno passageiro, e de breve retorno, vivendo em um espaço de transição, dificultando inclusive a própria vivência no exílio, visto que, como considera Rollemberg: "[a] transitoriedade, marca do momento inicial do exílio, dificultará a adaptação e a organização da vida: trabalho, moradia, relações sociais e afetivas, tudo terá contornos imprecisos e frágeis."[4]

Esse sentimento de parênteses ou transitoriedade também ocorre no caso do exílio brasileiro, mas talvez não por todo o período de exílio. Diferentemente do caso argentino ou chileno, o exílio brasileiro se estendeu por um largo espaço de tempo. Enquanto as outras ditaduras do Cone Sul foram de duração inferior à brasileira, embora mais violentas e de exílios massivos, a ditadura brasileira durou 21 anos. O exílio se iniciou em 1964, recrudesceu em 1968 e durou até 1979. São, portanto, 15 anos, ou 11, se levarmos em consideração o AI-5, em que o exílio esteve presente na vida de parte dos brasileiros. Sendo assim, é comum no discurso dos brasileiros que essa suspensão temporal que aguarda a possiblidade do retorno a qualquer momento tenda a desaparecer com o tempo, sobretudo após o golpe contra Allende, que, para os brasileiros, significou uma nova derrota, e foi quando as esperanças do breve retorno desapareceram. Dessa forma, neste capítulo, pedimos licença para fugir um pouco à exclusividade do recorte geográfico da tese para tentarmos, de forma mais ampla, promover um trabalho acerca do retornado em geral.

3 JOBIM, A. C. Sabiá, In: JOBIM, A. C. Stone Flower. EUA: CTI Records, 1970.

4 ROLLEMBERG, 1999, p. 29.

Tratar da história recente de um país tem suas dificuldades, mas também há diversos mecanismos facilitadores que suportam a análise do tema de maneira mais palatável e menos rebuscada. A possibilidade de utilizar elementos da "cultura de massa" como "escada" para a compreensão de um tema tão complexo como o do exílio é um presente. O humor é um desses mecanismos.

"Sebá, Sebastião, Codinome Pierre, o último exilado em Paris"

Assim *Sebá* se apresentava ao telefonar para sua Madalena.[5] Impaciente com a telefonista francesa, demonstrava, assim, sua ansiedade. Seu mantra: "Minha terra tem palmeiras onde canta o sabiá. Não permita Deus que eu morra, sem que eu volte para lá."Na mesinha do telefone, o jornal *Le Monde* encostado no abajur, para além de adorno cenográfico apontava o país de acolhida e o posicionamento político do personagem.

De forma cômica, como todos os personagens de Jô Soares no início dos anos 80, em seu programa humorístico *Viva o Gordo*, Sebá demonstrava sua surpresa em relação ao que acontecia no Brasil. Madalena, sua companheira, não conseguia comprar a passagem para o tão aguardado retorno, pois a economia não ajudava – o dólar subira 5 vezes nos últimos dois meses. Mas o personagem, na sanha de retornar, não queria perder tempo, pedia à sua amada que já se adiantasse na busca de um lugar para morarem: *Uma coisa razoável, não muito caro, sendo na quadra da praia na Zona Sul, até 3.500, 4.000 cruzeiros de aluguel, eu pago...*, orientava Sebá.

Novamente, entretanto, o desconhecimento da atualidade brasileira, além da desconfiança e o medo da traição de sua mulher alimentada pela distância, o consumia:

> — Qu'est que c'est, Madalena? Qu'est que c'est, Madalena?! Madalena, você não quer que eu volte, não é possível! Digue, Digue! Seje (sic) franca, você não quer que eu volte! Então um apartamento na quadra da praia está mais de 70.000 cruzeiros por mês, fora as taxas??? Madalena, você amancebou-se! Amancebou-se!

5 Disponível em: <http://globotv.globo.com/rede-globo/memoria-globo/v/viva-o-gordo-seba/2567081/>. Acesso em: 2 mai. 2016.

Mas Madalena, este personagem oculto, parecia que docemente argumentava com Sebá, e a sede pelo retorno ao Brasil aliado ao amor pela mulher do outro lado da linha sempre o fazia acalmar-se: "É verdade mesmo? Madalena, tá custando isso tudo? Você quer que eu volte?"

Madalena parecia também pedir o comprometimento de Sebá, assediando-o para maiores esforços para voltar. Mas Sebá, compreendendo a angústia que vinha do outro lado do oceano, parecia também hesitar pelo retorno:

> [e]u sei que tá voltando todo mundo Madalena, só falta eu. Eu sei que esse voltou também, voltou de tanga (...) quem mais que voltou? Voltou de vassoura e candidato? Madalena você não quer que volte. Seje franca! (...) Eu sei que o mundo dá volta, mas isso não e volta é cambalhota, Madalena!

Assim, a *sketch* terminava com a impressão de que Sebá ansiava pelo retorno, mas ao mesmo tempo hesitava. O frio de Paris, algo de que sempre reclamava, as saudades de Madalena e do Brasil o faziam querer voltar, mas as notícias que Madalena enviava a Sebá sempre pareciam deixá-lo reticente quanto ao retorno e tudo aquilo que poderia encontrar no país que tivera de abandonar anos antes. Parece-nos, pelas reações do personagem, que o Brasil que se tinha para voltar não era, nem de longe, o Brasil que se esperava. As figuras políticas não eram aquelas esperadas pela esquerda que tentara fazer a revolução. A própria esquerda não era mais a esquerda de antes. Para alguns ela envelhecera e para outros amadurecera no exílio. Aqueles jovens que tinham entre 18 e 25 anos em 1968 já passavam dos 30 em 1979 e o extenso processo de autocrítica amenizara os discursos de boa parte desta militância.

Levando em consideração a comicidade da *sketch*, não podemos deixar de lado o teor irônico do quadro que era linha do programa *Viva o Gordo*, o qual, como revela o próprio *site* da emissora,[6] tinha por objetivo "ironizar a política e os costumes do país." Devemos considerar também o modo caricatural pelo qual a figura do exilado era representada no quadro. Mas, por outro lado, este único episódio ao qual tivemos acesso já nos dá espaço para abordar problemas, insatisfações, preocupações e inquietações que o retorno poderia trazer para aquele que estava

6 Disponível em: <http://memoriaglobo.globo.com/programas/entretenimento/humor/viva-o-gordo/galeria-de-personagens.htm>. Acesso em: 2 mai. 2016.

ausente de sua pátria havia anos. Mas o que mais impressiona, porém, é quando a arte imita a vida, como veremos a seguir.

Em primeiro de julho de 1981, a revista *Veja* informava sobre a existência do verdadeiro Sebá, pois existia mesmo um último exilado em Paris.[7] De acordo com a notícia, o brasileiro "queixa-se do frio, vive de bicos e, com certa frequência, surpreende-se com as novidades que chegam pelo DDI [Discagem Direta Internacional]."[8] Seu nome não era Sebá, nem o codinome Pierre; era Herbert Eustáquio de Carvalho, e seu codinome Daniel vinha dos tempos de militância na luta armada. Queixava-se de ser "esquecido" no exílio aguardando a prescrição de suas penas para o tão sonhado retorno.

Diferentemente do que se pode imaginar, não houve por parte de Jô Soares no quadro de Sebá qualquer influência da história de Daniel. Quando soube da existência da versão real de seu personagem, o comediante, como relatou à revista *Veja*, "desabou pesadamente sobre uma poltrona do Teatro Procópio Ferreira, e arregalou os olhos: 'não brinca', exclamou. (...) 'Essas coisas confirmam que a realidade supera a ficção.'"[9]

Realmente, ficava evidente que aquele personagem caricatural não fazia parte da realidade de Herbert Daniel. Daniel era homossexual declarado, havia participado da luta armada, saiu tardiamente do Brasil em direção a Portugal, que como vimos, não se caracterizou para ele como um exílio, ao contrário de Paris. E foi na capital francesa que ele amargou dois anos, aguardando a prescrição de suas penas. Dois anos em que ele reclama que foram os piores de sua vida. Em seu livro *O Meu Corpo daria um Romance*, Daniel chega a se dizer incomodado com o fato de sua condição tê-lo levado ao status de "piada nacional."[10]

7 Ressaltemos que o último exilado, Theodomiro Romeiro dos Santos, só retornou em 1985, sendo que aderiu ao exílio no mesmo mês em que a Lei de Anistia foi promulgada, em agosto de 1979. Ver: <http://novo.fpabramo.org.br/content/theodomiro-romeiro-dos-santos>.

8 CAVALCANTI, P. Exilados: Ele Vive de Bicos. *Veja*, São Paulo, n. 669, 1 jul. 1981. Disponível em: <https://acervo.veja.abril.com.br/index.html#/edition/669?page=26&section=1&word=volta%20exilados>. Acesso em: 3 mai. 2016.

9 CAVALCANTI, P. Exilados: Ele Vive de Bicos. *Veja*, São Paulo, n. 669, 1 jul. 1981. Disponível em: <https://acervo.veja.abril.com.br/index.html#/edition/669?page=26&section=1&word=volta%20exilados>. Acesso em: X.

10 DANIEL, 1984, p. 344.

É sabido, e como já tratamos, que o exílio ajudou a trazer para a esquerda e – por que não? –, para a sociedade brasileira, novos temas e debates que até então eram tratados como tabu. Discussões de comportamento, sexualidade, gênero e racismo vigoraram no início da década de 1980, e daí por diante. Não é novidade, por exemplo, que a chegada do já citado Fernando Gabeira chocou de certa forma a sociedade "careta" brasileira quando "passou da militância clandestina e violenta para a ecologia e a política do prazer",[11] e choca também a esquerda local ao trazer para o âmbito conservador dos comunistas e socialistas brasileiros as mesmas questões. É interessante notar no discurso dos jornais à esquerda certo sarcasmo ao falarem, por exemplo, sobre o que Gabeira pretenderia fazer "além de frequentar restaurantes vegetarianos, dar entrevistas e ir à praia num visual de sunga de 'crochê'",[12] citada, inclusive, na *sketch* de Sebá.

O próprio Herbert Daniel dizia ter como maior receio as reações por ter assumido no exílio sua sexualidade, ou seja: qual seria o posicionamento da esquerda brasileira sobre um militante homossexual? Mas tinha esperança, pois se animara com notícias de que a esquerda brasileira estava menos intolerante com aos hábitos sexuais de seus aliados. "Já era tempo de isso acontecer",[13] dizia ele.

No caso das mulheres havia algo muito parecido. No exterior, elas tiveram acesso à autonomia e a novos modelos de comportamento; muitas se aliaram aos movimentos feministas internacionais ou formaram suas próprias organizações. Debateram incessantemente dentro das próprias organizações de origem, objetivando a conscientização da importância e luta das mulheres pelos espaços políticos. Mas quando retornaram, foram obrigadas a encarar as antigas convenções sociais e o atraso das organizações brasileiras em relação ao exterior, algo que comprometeria a vontade de permanecer. Embora no retorno houvesse esperança de mudanças positivas, os debates no exílio faziam com que este desejo se manifestasse com mais fidelidade, o que na prática não ocorreu de imediato. Se ocorreu, foi a passos lentos, o que fez com que houvesse casos de pessoas que, pelos mais diversos motivos, optaram por retornar ao exterior.

11 CARVALHO, F.; OLIVEORA, R. de. Gabeira: da luta armada à política do prazer. *Movimento*, n. 233, 16 dez. 1979, p. 10.

12 CAVALCANTI, 1981

13 CAVALCANTI, 1981.

Denise Rollemberg já trabalha com este aspecto do retorno no último capítulo de seu *Exílio: Entre Raízes e Radares*. Lá, a partir de algumas dezenas de testemunhos, identifica também estas motivações para o não retorno, apontando que, por vezes, elas foram tão fortes quanto o ímpeto de retornar. A autora identifica os motivos que faziam com que a preparação para o retorno, quando se concretizava, assustasse tanto quanto alegrava, pois, encarada era como uma nova ruptura. Exemplificamos aqui com um dos testemunhos que encontramos na obra. É Regina Carvalho relatando a Rollemberg que:

> [o]s dois primeiros anos aqui foram tão difíceis quanto o ano e meio no Chile quando saí. Foi muito difícil. Olhar tudo de novo, me identificar. Eu me sentia em cima do muro: não era daqui nem de lá. A mesma sensação que você tem quando é estrangeiro. Tive essa sensação ruim quando voltei. Não estrangeira, mas com vontade de me sentir brasileira como as pessoas se sentiam. Tudo me incomodava. Coisas da vida cotidiana. A invasão da sua vida. Estas coisas que o brasileiro faz: barulho, música alta, confusão na rua... Eu tinha horror.[14]

Para Elivan Rosa,[15] militante do PCB, desistir do retorno veio de outra forma. Ela revela que com o tempo começou

> a sentir uma espécie de nostalgia. As coisas que eu sabia, as coisas que eu sentia eram coisas do passado. Com relação ao presente já não tinha mais nada a ver com aquilo de que tratava a assessoria [no PCB]. Para mim começava a ser um esforço enorme estudar o Brasil, escrever coisas sobre o Brasil, a não ser que fossem coisas de divulgação. Para mim era sempre uma maravilha falar do Brasil para divulgar o país, mas não pensar realmente nas coisas do Brasil. Fugia, não tinha mais a sensibilidade que eu acho que é preciso ter quando a gente trata disso. E depois, uma parte da minha sensibilidade estava completamente organizada noutra direção. Em Portugal, eu estava a dar aulas numa universidade enorme. Só a minha faculdade, que se chama Instituto Superior de Economia e Gestão, tem por aí uns

14 Rollemberg, 1999, p. 291,

15 Elivan lecionou no Instituto Superior de Economia e Gestão, sendo que cindiu com o PCB e se filiou ao PCP.

> quatro mil alunos, em três cursos de graduação e uns dez ou doze mestrados. É uma instituição grande, com mil problemas, com mil coisas para se resolver, e com mil problemas de ordem política também. Então você começa a se meter nas coisas políticas, nas coisas sindicais e tal e começa a faltar espaço, e a faltar sensibilidade, e a faltar informação, e a faltar ciência, e a faltar tudo. Então o Brasil para mim passou a ser uma coisa paralela, um trabalho paralelo. Por outro lado, nós tínhamos em Portugal umas pessoas que nunca conseguiram se desligar do Brasil. Eles viviam lá o contrário de mim. Aquilo tudo era uma espécie de enquadramento, um sonho. O Brasil é que era o real. Então eles estavam sempre com a cabeça no Brasil, faziam política, escreviam sobre o Brasil. Não eram camaradas, infelizmente. Talvez tivessem assinatura de contribuição ao partido. Eram tipos como Antônio Rangel Bandeira, pessoas maravilhosas, fantásticas, que passaram essa temporada toda em Portugal vivendo as coisas do Brasil. E é tanto que, quando voltaram para o Brasil, logo se arrumaram. O Clóvis teve logo cargo político, no governo do Brizola, acho que foi para uma direção regional qualquer, não sei bem, não sei se estou falando mal. O Márcio Moreira Alves também, voltou e foi logo para um banco e depois fazer jornalismo. É um cara espetacular, informadíssimo, maravilhoso, foi meu colega em Portugal. Essa gente conseguia estar com os pés no Brasil e um pouco assim alienadamente em Portugal. Comigo, não sei por que razão, o processo foi ao contrário. Eu comecei a ficar pedra e cal em Portugal e o Brasil foi ficando uma fumaça, uma coisa do passado, um afeto enorme, mas não uma solução. E nunca mais consegui pensar em nada de jeito para dizer o caminho é esse, o caminho é aquele. Eu tinha mesmo dificuldade de opinar sobre a vida política, sobre o que estava certo e o que estava errado. A não ser das coisas escandalosamente sérias. Mas no dia a dia, no cotidiano, não. Então que diabo de assessora era eu? Assessora de quê? Não dava. Daí que fiz uma carta ao partido pedindo o meu desligamento. Não só da assessoria mas do próprio partido.[16]

Elivan Rosas, pelo que vemos, viveu o distanciamento do exílio às últimas consequências, perdendo a própria identificação com o país natal, e aproximan-

16 RIBEIRO, E. R. [31 ago. 1999]Entrevistador: Osérias Gouveia, 1999.

do-se ao de acolhida, já que não apenas se desligou do partido brasileiro, como filiou-se ao congênere português.

Então, pelos mais diversos motivos, outros exilados também recusaram, ou não suportaram, o retorno ao Brasil, ou mesmo não puderam retornar. Além do caso anterior, vimos os exemplos de Pedro Andrade e *Juca*,[17] que em Lisboa se mantiveram e constituíram família, carreira e laços que, no Brasil, possivelmente não conseguiriam mais reatar. Aliás, tanto um quanto outro assumem o mesmo discurso, apesar de em partidos diferentes. Diz Juca:

> [e]u, em 1979, decidi ir embora. Estava pronto para ir embora. Saudades da família, meu pai já tinha morrido, tinha os irmãos e minha mãe. Mas aí veio um percalço. O partido veio me procurar, a direção do partido. E Giocondo Dias e Salomão Malina vieram pedir para eu continuar em Lisboa, com uma tarefa [sua permanência ajudou quando a direção do partido foi presa ao tentar a legalidade do partido e ele, no exterior, pode ajudar na denúncia da prisão ajudando na libertação]. E eu fui ficando, e como fui ficando ficou difícil de voltar. A família falou mais alto.[18]

E conclui: "Fiquei para a apagar a luz."

O caso de Pedro não foi diferente. Acatando o pedido da direção do Partido de permanecer em Portugal para reagir a uma possível investida repressora do regime, também foi ficando, constituiu família e hoje não se imagina mais morando no Brasil.

Mas é interessante notar que as discussões sobre o retorno pouco tiveram espaço no Brasil. É sabido que a ditadura brasileira serviu de "laboratório" para as experiências que culminaram nas ditaduras de países vizinhos. Mas de certa maneira o mesmo acontece com as oposições. Exemplo disso podemos encontrar quando o tema é o retorno, na revista *Controvérsia* que, em 1980, iniciava uma sessão chamada *El exílio e el retorno*,[19] que serviria exatamente para preparar e ajudar no processo de retorno dos exilados argentinos que estavam no México.

17 Em setembro de 1978, juntamente a Altair Lucchesi Campos e a outro militante do PCB, Alberto Carmo inaugurou com o auxílio financeiro da ACNUR o *Brasuca*, restaurante que faria muito sucesso nos anos seguintes e que ainda tem suas portas abertas.

18 OLIVEIRA, E. de. Entrevistador: Anderson da Silva Almeida. Lisboa, 2013.

19 LASTRA, 2013, p. 330.

Dessa forma, ninguém melhor que um brasileiro, que já passara por essa experiência, para inaugurar a coluna e os debates que teriam como objetivo orientar o regresso dos argentinos. Este é um fato gera curiosidade, porque não encontramos, no caso brasileiro, para além dos CBAs, qualquer organização de auxílio aos *retornados* e a motivação parece ficar evidente no excerto reproduzido a seguir, sessão da revista escrita por Carlos de Sá Rego, que é quem relata as primeiras impressões do retorno, dizendo que depois de longos anos o primeiro choque que se recebe ao voltar é realmente físico:

> [a] primeira surpresa ao desembarcar é constatar que seus antigos pontos de referência se afogam em uma avalanche e novos sinais. Nada é como antes. É inútil buscar aquele velho café onde ia para discutir o futuro do país ou do mundo. Em seu lugar haverá provavelmente um estacionamento ou um edifício de trinta andares.[20]

E adverte: "Esta desestruturação provisória não ajudará a afrontar um choque mais violento: o encontro com os velhos amigos, os camaradas de militância ou a família."[21] Isso se explica pois, quando "los recuerdos se muestran insuficientes para comprender el mundo que se ha dejado, la condición de extranjero renace en la propia pátria,"[22] já que quem regressa espera encontrar o mundo que deixou.

Outro ponto feito por Carlos de Sá Rego, e que nos parece muito perspicaz, diz respeito à festa do reencontro na chegada ao aeroporto, evento que criou imagens que ficaram eternizadas como símbolos da volta do exílio; imagens em que o *retornado* era levado por sobre os braços da multidão em festa que comemorava seu retorno à pátria depois de longos anos de ausência e luta. O que Carlos aponta de diferente neste cenário é que "[e]mocionados, os exilados não se davam conta que a festa não era só para eles, senão também para quem a havia preparado." Lembrava ele que no Brasil, milhares haviam se dedicado à luta pela volta dos exilados pelos comitês de Anistia, e, por isso,

---

20 SÁ REGO, C. de. A saudade mata a gente...: también el regresso a un país que ha cambiado. *Controversia*, n. 5, México, marzo, 1980, p. 28.

21 SÁ REGO, 1980, p. 28.

22 "as lembranças se mostram insuficientes para compreender o mundo que se havia deixado, a condição de estrangeiro nasce na própria pátria". LASTRA, 2013, p. 339.

> [n]o aeroporto os festejos mostravam seu sincero carinho pelos recém-chegados, mas, sobretudo, as pessoas iam celebrar sua própria vitória política. Este mal-entendido pesará adiante nos problemas de readaptação dos que regressavam. Heróis por um dia, os exilados se veem sós muito rápido, quando aqueles que os haviam esperado no aeroporto voltam às suas ocupações cotidianas.[23]

Assim, este retorno que conhecemos é o das cenas da chegada ao aeroporto, da festa, do entusiasmo da volta. Mas depois, quando a multidão se dissipa, a festa acaba e a vida normal é retomada e o cotidiano demora a se constituir, o indivíduo se rende ao ostracismo: perde-se o interesse pelo ex-militante, ex-exilado, ex-sequestrador ou ex-torturado (como se fosse possível tirar a tortura de si). Desse modo, torna-se novamente um cidadão comum.

Para muitos, deve ter sido alentador voltar ao anonimato, sem maiores preocupações com a repressão, com a clandestinidade, ou mesmo com os debates de conjuntura política. Para outros, todavia, que se dedicavam e viviam a política havia mais de uma década, o sentimento de vazio deve ter sido arrebatador. Como teria dito Henfil a Herbert Daniel: "Rapaz, antes de seis meses você ainda não desceu do avião. Daqui a um ano você sai do aeroporto."[24]Este sintoma, como nos revelou Enio Bucchioni, aparece porque a maioria dos brasileiros durante o exílio não construiu uma retaguarda política:

> [m]uitos voltaram e se renderam à depressão, outros foram para o PDT, mas não como construtores, como seguidores. No caso diferente meu, eu fui construtor, eu fui do grupo original do partido. Teve gente que ficou e não preparou o futuro político. Aí já era PT [Partido dos Trabalhadores], PT não tinha antes. Isso foi invenção nossa. Aí o cara... 'antigamente era guerrilha, agora é PT', e o cara não se situava, não reciclou, não... uns voltaram por PC, depressão, ex-guerrilheiro, amigo meu, o cara estava até se matando, sei lá. Por que a luta política era completamente diferente, não tinha nada a ver com 68, 67,69. Era outro Brasil, você podia falar, podia se reunir..."[25]

23 SÁ REGO, 1980, p. 28.

24 DANIEL, 1984, p. 351.

25 Bucchioni, E. Entrevistador: Rodrigo Pezzonia. São Paulo, 19 abr. 2016.

Neste trecho da entrevista a qual Bucchioni nos cedeu, há mais uma peça que se agrega para que entendamos o retorno: o fato de que a militância não era mais a mesma. A criação do Partido dos Trabalhadores, além de outras organizações, especialmente estudantis, que emergiam das manifestações pela Anistia e pelo fim da ditadura, ignorava

> toda a atividade dos 'velhos' e nem sequer sabiam seus nomes. A nova geração de ativistas políticos tem crescido em um meio radicalmente diferente daquele que viveram os antigos combatentes. A problemática não é a mesma, as reivindicações e as exigências são outras. Nem sequer a linguagem é a mesma. (...) Em muitos setores o abismo geracional, agregando a certa suficiência de parte dos exilados provoca uma hostilidade real.[26]

Levando em consideração o relato de Carlos Sá Rego, trata-se de uma nova crise de *gerações*, no sentido que já falávamos em relação ao estudo de Rollemberg.[27]No entanto, desta vez, sob uma ordem etária muito próxima, já que os da nova geração eram uma década, ou década e meia, apenas mais jovens do que a anterior, mas com vivências muito diferentes em um período de tempo muito curto. As lutas e as formas de lutar já eram outras.

Os de Dentro e os de Fora

Entendemos, portanto, que talvez o problema não esteja propriamente apenas no retorno dos ex-exilados ao seu cotidiano, mas também no fato de que não havia para o regressado um cotidiano disponível. O retorno era uma nova ruptura; o indivíduo estava desempregado, muitas vezes sem onde morar e dependente de amigos e parentes. Assim, para aquele que com custo se fazia autossuficiente no exterior, quando no Brasil, estava mais uma vez reiniciando sua vida, e muitas vezes sem o apoio das próprias organizações e partidos para os quais militara, já que muitas vezes havia resistência ante os próprios militantes que cá ficaram.

Carlos Sá Rego afirma que não era raro escutar "enquanto nós aguentamos os anos negros da repressão, vocês faziam doutorado na Sorbonne e agora vem

26 SÁ REGO, 1980, p. 28.

27 ROLLEMBERG, 1999.

com estes diplomas tirar nossos trabalhos,"[28]ao que os exilados respondiam: "enquanto nós suportávamos o sofrimento do exílio vocês se ocupavam de fazer sua carreira profissional." Lastra dialoga com Bufano, e se refere ao *destiempo*, que "serviria como um limitante do diálogo entre quem retornava e quem havia permanecido no país."[29] Denise Rollemberg, em vários momentos, demonstra este desentendimento, mas, para nós, isso fica mais patente quando ela menciona o depoimento de Ângela Xavier de Brito, que relatava sobre os conflitos entre os "de dentro" e os "de fora", quando o tema era o mercado de trabalho. Diz: "[a]cusavam a gente de ter comido o amargo caviar do exílio. Era amargo, mas era caviar. Enquanto eles permaneceram lá. Eles sentiam como se a gente tivesse abandonado o campo de luta. Muitos haviam saído pelo clima, mas poderiam ter ficado, não eram obrigados a sair."[30]

Guardadas as devidas proporções, o caso argentino relatado por Lastra se assemelha em alguns aspectosao brasileiro, visto que em seu texto ela afirma que

> una gama de estigmas recayeron sobre los exiliados a partir de la construcción de una memoria social que distinguía entre "los de adentro y los de afuera". En las disputas de memoria sobre el pasado reciente argentino, aparecieron reforzadas las marcas del exilio como experiencias de "apátridas", "cobardes" y "subversivos" que fueron construidas por la corporación militar. Esto se reflejó en las críticas que recibieron en su regreso al país, como parte de un "exilio dorado" en oposición a quienes se habían quedado en Argentina constituyendo la verdadera "resistencia".[31]

28 Uma gama de estigmas recaíram sobre os exilados a partir da construção de uma memória social que distinguia entre 'os de dentro e os de fora'. Nas disputas de memória sobre o passado recente argentino, apareceram reforçadas as marcas de exílio como experiências de 'apátridas', 'covardes' e 'subversivos' que foram construídas pela corporação militar. Isso se refletiu nas críticas que receberam em seu regresso ao país, como parte de um 'exílio dourado' em oposição a quem havia permanecido na Argentina constituindo a verdadeira 'resistência'. LASTRA, 2013, p, 334-335. (Tradução nossa)

29 *apud*. LASTRA, 2013, p. 331.

30 ROLLEMBERG, 1999, p. 294.

31 LASTRA, 2013, p. 334.

Carlos Sá Rego chega a sugerir que o *retornado* argentino deveria voltar ao seu país de forma discreta, humildemente e sem alarde, pois, como uma amiga o advertira em seu retorno, "tem mais a aprender do que a ensinar. Nosso Brasil não é mais o de vocês. Tem que readaptar-se e utilizar o que tem aprendido no estrangeiro, mas para proveito de todos e não somente seu."[32]

Outro exemplo que agravou a relação entre os "de dentro" e os "de fora" pode ser explicado pela forma dúbia, e até contraditória, como a Lei da Anistia foi aplicada. Em setembro de 1979 o jornal *Movimento*, sob a manchete *As Duas Faces da Anistia*, usava os casos de Fernando Gabeira e Manoel Cirilo para mostrar disparidades entre os julgamentos de quem mereceria e de quem não mereceria estar incluído entre os Anistiados. De acordo com o periódico, ambos haviam participado da luta armada e da captura do embaixador americano Charles Elbrick. Gabeira, banido antes de seu processo ter sequência, não foi condenado e por isso era apto a receber a Anistia, enquanto que Cirilo, processado e condenado, já amargava mais de uma década na prisão, não podendo assim ter acesso ao novo dispositivo que o Anistiaria.[33]

Mas há também o outro lado deste discurso, que defende o fato de que aqueles que estiveram fora também sofreram:

> [e]m relação aqueles que, permanecendo no país, não conheceram o sofrimento do desenraizamento e viveram uma outra experiência, enquanto nossa lembrança permaneceu fixa e imutável, ligado a um passado que representa um ideal (...) alteridade, sobretudo em relação aqueles que, por haverem estado aprisionados ou mortos, nos submetem a este sentimento de falta insuportável de estamos livres e vivos podendo gozar e sofrer.[34]

Acreditamos que esses exemplos mostram que o retorno brasileiro foi conflituoso assim como o de outros países. No Brasil, o retorno ficou marcado pelas festas nos aeroportos, mas como vemos, assim como para nossos vizinhos, e de acordo com Lastra, "haber salido al exilio parece haber funcionado en el retorno

32 LASTRA, 2013, p. 334.

33 MARTINS, R. As duas Faces da Anistia. *Movimento*, n. 218, 25 set. 1979, p. 5.

34 VINAR; VINAR, *apud*. ROLLEMBERG, 1999, p, 287.

como una etiqueta de categorización entre los que 'resistieron' en el país y los que 'abandonaron' a la."[35]

A Ameaça

Para a maioria, o retorno é dotado de extrema alegria, mas também de desconfiança. Há medo no momento do retorno e, por muitas vezes, no caso brasileiro, o medo permanece ao chegar em um país órfão de democracia e ainda sob o jugo ditatorial, o que trazia total desconfiança, tanto para os que estavam fora, quanto para os que estavam no país.

"Quando Zezinho voltar vai ter festa na rua", dizia dona Zelina, mãe de José Ibrahim. "Nestes dez anos eu me encontrei com ele três vezes. Estou com muita saudade: será que ele está bem? Será que ele está contente? Uma carta leva dez dias para chegar lá." Mas, mesmo esperançosa, ansiosa para as comemorações que celebrariam o retorno de José Ibrahim, dona Zelina tinha medo: "[s]ó que eu tenho medo dele chegar e ficar preso. Eu não queria isto, não queria que ele ficasse preso. Queria que viesse sem problema nenhum."[36] Assim, por mais que dona Zelina comemorasse a possibilidade de Anistia para o retorno de seu filho, ficava dividida, pois se fosse para seu Zezinho vir para ser preso, parece-nos que ela preferiria que ele ficasse lá.

Este relato publicado no *Movimento* identifica em dona Zelina a impressão de insegurança por parte de familiares e amigos com relação àqueles que estavam retornando, e também àqueles que deixavam os presídios, evidenciando o efeito emocional dúbio que tomava conta daquele momento peculiar da edição da Lei de Anistia.

É necessário notar que o medo não vinha apenas da repressão oficial. O país se mantinha conservador e vivendo sob a instrução da Doutrina de Segurança Nacional,[37] assim como abrigava grupos insatisfeitos com os caminhos políticos da abertura e vinculados à "linha dura" do regime.

---

35 Haver saído para exílio parece ter funcionado no retorno como uma etiqueta de categorização entre os que 'resistiram' e os que 'abandonaram' a pátria. LASTRA, 2013, p. 337. (Tradução nossa).

36 ABREU, D. Com Medo a Mãe Espera. *Movimento,* n. 184, 8 jan. 1979, p. 4.

37 Um texto da revista *Veja* relata em números qual o posicionamento da população brasileira a respeito da Anistia. Nele, vê-se ainda afinidade com o governo, já que entrevistados declararam entender que a lei deveria ser restrita e que não deveria beneficiar atos

No mesmo dia da promulgação da Lei, as portas das prisões se abriram para uma parcela de presos em capitais como Recife, Rio e São Paulo, mas, por outro lado, também foi imediata a ação ou, ao menos, as ameaças de grupos clandestinos de direita e de órgãos de segurança descontentes com a decisão do governo em Anistiar presos e Anistiados políticos.

O *Movimento* aponta que o ex-preso político José Monteiro teve sua casa cercada no mesmo dia da promulgação da Anistia; no Rio de Janeiro, sindicalistas foram presos; em Porto Alegre e Belo Horizonte ameaças foram feitas, tendo como alvo Leonel Brizola. Afirmavam esses grupos que o político gaúcho "pisará em território brasileiro, mas por poucos momentos, pois aqui não ficará vivo."[38] O jornal também informava que em Pernambuco o diretório do MDB sofria ameaças em relação à chegada de Miguel Arraes. Evidente era que parcela das Forças Armadas não estavam satisfeitas com o a abertura, o que era percebido nas falas de alguns oficiais.

Maurício Paiva nos contou uma experiência que o amedrontou quando de sua chegada em Belo Horizonte, vindo de Portugal. Revelou ter sido ameaçado por grupos de extermínio; um deles, aliás, ostentava o símbolo de um Cravo Vermelho,[39] o que ele acredita fazer menção à simbologia de sua chegada do país

---

violentos que resultaram em morte ou oriundos de caso de corrupção. Apenas 18% dos entrevistados entendiam que deveria ser irrestrita. Contudo, a própria revista aponta que 35% nem sequer sabiam da existência de uma lei de Anistia, mas 80% entendiam que deveria haver, em graus diferentes, Anistia para os punidos pelo regime. 47% apontavam que os que participaram de ações armadas não deveriam ser beneficiados e que 59% não a queriam para os que se envolveram em violência política. Disponível em: <https://acervo.veja.abril.com.br/index.html#/edition/554?page=20&section=1&word=retorno%20exilados>. Acesso em: 28 de ago. 2016.

38 MARTINS, R. As duas Faces da Anistia. *Movimento*, n. 218, 25 set. 1979, p. 5.

39 "Como resquício da ditadura, os grupos de extermínio surgem fortes no final dos anos 70 e na década de 80. dentre eles o *Cravo Vermelho*, *Bombril* e *Mão Branca* destacam-se na mídia pelo número de criminosos mortos e pelos recados deixados junto aos corpos. Os grupos se distinguiam pela forma de registrar as mortes: ou deixavam um cravo vermelho, uma esponja de Bombril ou recados com recortes de jornais que sempre caracterizavam e diferenciavam um grupo do outro. Centenas de criminosos foram condenados sumariamente à pena de morte. Alguns participantes desses grupos chegaram a ser presos, como os policias militares, na virada de 70/80, no famoso *Caso Anguretá*, os policias civis e federal no "Caso da Braquiara" e posteriormente policiais civis e outros criminosos no *Caso Torniquete*. Disponível em: <http://www.cyberpolicia.com.br/index.php/historia/decadas/147-decada-80>. Acesso em: 16 de ago. 2016.

da Revolução dos Cravos. Este grupo, que deixava uma flor ao lado dos corpos das vítimas vinculadas a delitos comuns, começou a aparecer em 1980, logo em março, o que, apesar de não provar alguma relação entre as duas coisas, ainda é um dado importante, já que se tratava de um grupo sediado em Belo Horizonte.

Neste momento havia no mínimo, 150 mortes de criminosos comuns em seu rol, mas havia denúncias de dezenas de personalidades políticas e ligadas aos direitos humanos em seu nome na primeira metade dá década de 1980. Após o retorno, não é segredo a ação deste tipo de organizações nas famosas bombas em bancas de jornal, ou mesmo o afamado atentado ao Riocentro em 1981.

Dessa forma, não podemos nos espantar com o medo trazido pela falta de segurança que os oposicionistas, em especial os militantes das organizações de esquerda, deveriam estar sentindo em fins da década de 1970, fazendo com que, inclusive, exilados adiassem seu retorno até que se arejassem as relações internas ao Brasil.

O Retorno de Portugal

Nesta pesquisa sobre o exílio brasileiro em Portugal, talvez o maior desafio tenha sido tratar sobre o tema do retorno: este é difícil de ser captado no discurso dos militantes. O retorno é assunto sobre o qual não se está acostumado a falar. É comum, ao entrevistarmos um ex-militante, ouvirmos respostas que se assemelham a discursos prontos. Não é raro, ao compararmos entrevistas dadas a outros pesquisadores, ou mesmo às mídias, encontrarmos frases replicadas na íntegra. Isso se dá, acreditamos, pela extrema curiosidade que se fez a partir do início da década de 1980 pelas histórias destes personagens que foram alçados à condição de heróis da pátria e da democracia. Foram procurados por toda a imprensa, lançaram livros, fizeram palestras e aulas, expuseram o que havia se passado, entre 1964 e 1979, como cronistas do seu tempo. Mas o interesse por aquilo que se passava em suas vidas depois deste momento, por ser tão recente ou presente, não existia. Não eram chamados a falar sobre o "agora", e quando o presente virou passado, suas vidas não interessavam mais da mesma forma.

É o exemplo de Alfredo Sirkis. O jornalista lançou dois livros, um sobre sua experiência como militante da luta armada (*Os Carbonários*) e outro como exilado no Chile (*Roleta Chilena*). Depois disso não se dedicou mais ao assunto. Aliás, ao perguntarmos sobre este evento, ou seja, o retorno, Sirkis se limitou a dizer: "Foi a glória! Foi maravilhoso! Deve ter sido o dia mais feliz da minha vida."[40]

Identificamos então que um dos motivos por não ser dada a mesma importância da vida clandestina à vida "comum", é que a segunda não é romanceada; a vida comum não tem ação, não tem drama, além do que, para alguns dos personagens que se mantiveram envolvidos com a política, a vida comum é pública. A vida comum é a vida do parlamentar e o que interessa são seus feitos para esta ou aquela comunidade. Não tem *glamour*.

Ao entrevistar alguns militantes para nossa tese de doutorado percebíamos que após duas, até três horas de entrevista, era vasto o repertório de situações e histórias sobre o período que antecedia a 1979, mas quando interpelados por histórias sobre o retorno e a vida pós-Anistia não havia informações detalhadas tal qual no período anterior. Mesmo procurando incentivar o entrevistado a falar mais, o discurso cessava.

Entendemos que os entrevistados não estavam "treinados" para aquelas indagações. Nunca haviam sido perguntados sobre o tema. Este era, até então, irrelevante; era algo privado que não parecia interessar ao público. Alguns entrevistados induziam seus comentários para política de forma genérica, dizendo que entraram para tal partido, sob a égide de tal dirigente e então voltavam a falar do período anterior, ou se adiantavam para o seu presente.

Por outro lado, e praticando um *mea culpa*, possivelmente a própria abordagem e a temática informadas no contato inicial tenham levado o entrevistado a se preparar a falar apenas sobre seu exílio em Portugal. Talvez, em uma nova pesquisa que se dedicasse apenas ao retorno, poder-se-ia atingir melhor este objetivo.

Mas, como apontou Pollack,[41] este silêncio também representa algo, assim como existem lembranças que de tão traumáticas são *proibidas, indizíveis* ou *vergonhosas*. Em contraposição, parece-nos que também existem as memórias "não ditas" que as testemunhas podem julgar cotidianas e desinteressantes demais para o interlocutor.

Informações documentais e bibliográficas em relação a Portugal também são importantes para entender este retorno. Rollemberg apresenta em seu livro[42] dados

---

40 SIRKIS, A. [14 maio 2014] Entrevistador: Rodrigo Pezzonia. Rio de Janeiro, 2014.

41 POLLACK, Michael. Memória, esquecimento, Silêncio. In: *Estudos Históricos*. Rio de Janeiro CPDOC/ Fund. Getulio Vargas, n. 3, 1989..

42 ROLLEMBERG, D. 1999, p, 280-281.

produzidos pelo Comitê Intergovernamental para as Migrações Europeias (CIME), órgão que se incumbiu de ceder passagens aos brasileiros após a Anistia. A partir dessas fontes, vimos que embora a procura por este auxílio não tenha sido alta, já que foram concedidas apenas 327 passagens por toda a Europa, acreditamos que podemos utilizar os números para entender alguns pontos do retorno de Portugal.

Ao acessarmos os dados divididos por períodos anuais, entre 1979 e 1984, entendemos que o ano de 1979, de forma geral, foi o que apresentou mais procuras ao CIME. Foram 203 passagens em um total de 327 emitidas, ou seja, 60% da procura se deu entre os meses de agosto e dezembro de 1979, já sob a Lei da Anistia, pois, ainda que os dados abranjam o período de 1º de janeiro a 31 de dezembro, foi apenas a partir do momento em que vigorou a Lei de Anistia(agosto) que o volume de procura aumentou. É interessante notar também que deste total, Portugal está em segundo lugar em número de procura (46), mesmo não sendo terra de asilo massivo, perdendo apenas para a França (70), este sim destino em massa de exilados. Este dado corrobora a declaração de David Lerer, que revela:

> [n]ós estávamos todos concentrados em Lisboa, Lisboa era o trampolim para o Brasil. Estava todo mundo lá (...) Não vou dizer que só havia gente lá, havia gente em Paris, havia gente na Suécia etc. Mas o grosso da imigração brasileira, pelo menos da imigração militante, que pensava no brasil, estava se concentrado em Portugal. Vendo o que estava acontecendo do outro lado do mar. Estávamos em clima de: "Daqui a pouco a gente volta!"[43]

No ano seguinte, 1980, a procura caiu drasticamente, sendo contabilizado o total de 57 exilados. O país com mais procura foi a Bélgica (15), seguido por França (7) e depois Portugal (6). Já em 1981 apenas 21 passagens foram emitidas pelo CIME, e Portugal (2) assume novamente a terceira posição, atrás de França (7) e Itália (6). Nos demais anos contabilizados (1982, 1983 e 1984), Portugal não é citado pela documentação.

Talvez um ponto que explique Portugal ser tão acionado pelos exilados, especialmente no primeiro ano, é o fato já relatado de que este país pode não ter

43 Memória do Poder Legislativo. Entrevista com David Lerer. TV Assembleia SP: Associação dos Parlamentares do Estado de São Paulo, 56:43 minutos. https://www.youtube.com/watch?v=JaswytDgUCc Acessado em 13/03/2016.

sido lugar de procura de muitos exilados, mas foi em grande medida terra de transição. Portugal era a porta de entrada para o Brasil. Era um país próximo em língua, cultura e que já havia muito reatara as relações com o governo brasileiro, além de possuir leis comuns para estrangeiros.

De qualquer forma, é evidente que o retorno de Portugal foi peculiar não apenas em números. Mauricio Paiva se recorda de sua chegada:

> [e]u cheguei aqui, no aeroporto, no Rio de Janeiro e aqui [BH], com um buquê de cravos vermelhos. Aquilo foi um presente afetivo dos portugueses que nos apoiaram, que se relacionavam conosco lá em Lisboa. O Antônio Reis, que era deputado, a Rosa Rainho que era deputada do PS, o capitão que era chefe do gabinete da região militar de Lisboa, e foram se despedir e nos deram aquele símbolo da revolução portuguesa.[44]

Assim como havia sido a ida, o retorno trazia em si as recordações da revolução portuguesa. Identificava-se e entendia-se que o processo democrático que se instalara em Portugal pudesse ser influência e modelo para a conjuntura brasileira que se moldaria após o fim da ditadura. Mauricio fazia parte daqueles que retornavam sob os auspícios de Brizola e da social-democracia europeia, que entendiam que aquele era o caminho futuro também para o Brasil.

Desta feita, a intensa manifestação política dos indivíduos no exterior, em maioria, fez com que quando retornassem se colocassem de imediato em trabalhos relacionados à militância, em especial àqueles envolvidos com a almejada sigla PTB, e futuro PDT, além, é claro, aos velhos e novos partidos que se desenvolveriam a partir dali, como o PMDB e o PT. E isso nos parece claro ao identificarmos a preocupação dos órgãos de inteligência brasileiros logo do resultado das primeiras eleições diretas de 1982.

Mauricio Paiva, quando de seu retorno, veio assessorando Brizola. Com a perda da legenda para Ivete Vargas, Paiva diz que perderam também metade dos quadros que estavam identificados com o PTB, muitos deles ligados ao antigo partido, o que não era de todo ruim para os jovens militantes que permaneceram ao lado do político gaúcho. Ainda assim, uma parcela significativa dos antigos PTBistas se mantiveram ao lado de Brizola, o que fez com que a *Turma*

44 PAIVA, M. [10 fev. 2013] Entrevistador: Rodrigo Pezzonia. Belo Horizonte, 2013.

do Gatilho abandonasse a sigla do PDT e alçasse novos voos, como foi o caso de Paiva, que foi um dos fundadores do PSDB, assim como Moema São Thiago, que inclusive foi parlamentar constituinte em 1988, e que até recentemente era eleita pela sigla. Paiva, ainda nos anos 80, alinhou-se ao PSB até se decepcionar com a política e abandoná-la.

Alfredo Sirkis foi outro militante ligado ao PDT que abandonou Brizola e fundou uma nova sigla, o Partido Verde (PV), onde ficou até recentemente quando deu início ao REDE Sustentabilidade. Outro membro importante do exílio brasileiro em Portugal é Carlos Minc, que aderiu ao PT após conflitos com Fernando Gabeira em fins da década de 1980. Passou diversos cargos públicos eletivos e comissionados, tendo tido a oportunidade até mesmo de ter sido Ministro do Meio Ambiente do governo de Luiz Inácio Lula da Silva.

Enio Bucchioni, ao chegar, foi empregado pela própria organização *ConvergênciaSocialista* no jornal *Versus*. Quando a *Convergência* se integrou ao PT, trabalhou para o partido. Enio diz ter se adaptado rapidamente e falou com animação do período de sua chegada, "com as greves do ABC, Vila Euclides, helicópteros... me senti à vontade, feliz da vida!". Sempre dedicado à docência, aposentou-se há poucos anos, distante de cargos públicos, como sempre. Quando perguntando sobre a influência do exílio, ele responde:

> [a]cho que tudo, né? O exílio pra mim foi o mestrado e o doutorado. Eu era... Como a imensa maioria dos militantes da época, nós éramos analfabetos políticos. A esquerda dessa época, 66, 67, 68, 69, 70, eram de analfabetos políticos. Nós tínhamos uma herança do PC, eu era uma herança do PC, não preciso dizer mais nada. Nós éramos analfabetos políticos, voluntaristas (...) e como era ditadura você também não tinha onde achar [informação]. Eu lia livros que achava em sebos (...) o que pintava você lia.[45]

Bucchioni recorda sua primeira emoção do retorno: "[a] minha chegada ao Brasil veio com a bandeira do Palmeiras." Foi através do vislumbre da flâmula de seu time do coração da infância que ele entendeu haver retornado. Então, ao chegar, a primeira preocupação foi de se identificar, reaver seus documentos, já que os originais haviam sido destruídos no Chile. Diz ele que primeiro necessitou

45 Bucchioni, E. Entrevista concedida ao autor. São Paulo, 19 abr. 2016.

tirar a certidão de nascimento e, a partir dela, pediu todos os outros. Ao recebê-los, por um bom tempo os levava dentro de uma valise para todos os lugares que ia: "Foi a reintegração, ou seja, voltei a ser brasileiro."[46] Bucchioni readquiria sua cidadania brasileira, e era com aquela valise cheia de documentos que ele legitimava seu pertencimento ao país onde nascera.

Ele também afirma que a esquerda brasileira teve dificuldades no retorno. O PT acabou sendo o destino de parte dos exilados, os quais conseguiram se ajustar, "em um ponto de vista bem eleitoral." Mas eram com os dirigentes dos partidos que o governo militar se preocupava. No Brasil, em 1979, a oposição política ainda não tinha cara de partido; o PT ainda não era um partido consolidado. Devido a isso, era no exterior que estavam os olhos dos militares aguardando reticentes seu retorno.

Por fim, é no relato de uma filha, nascida no exílio português pouco antes da Anistia, que tentou enxergar pelos olhos da mãe os sentimentos que haveria de existir no retorno, que podemos ter um exemplo de como foi o retorno. Da nova ruptura à alegria do reencontro:

> [a] Anistia veio em agosto de 1979. Um mês depois ela desembarcou no Galeão junto com uma dezena de exilados políticos. Flashes da maior parte dos jornais e revistas cariocas estavam lá para cobrir a euforia dos que chegavam e dos que recebiam. O bebê que ela carregava não se incomodou com a multidão, nem mesmo se assustou com a quantidade das pessoas que o pegavam no colo. Era como se ele conhecesse a casa que ainda não conhecia. Quando saiu a provação da Lei de Anistia ela ponderou: não precisamos voltar agora, estamos bem aqui. A revista tem gostado do meu trabalho como correspondente, você tem feito contatos com o partido no mundo inteiro. E a nossa filha ainda é muito pequena, é cedo para viajar de avião, mudar de ambiente. Ele bateu o pé: nosso lugar é lá. E é lá que eu quero fazer a revolução.
>
> Ela acabou se convencendo que era mesmo o momento de voltar, fazia tempo que não via a família e os amigos, que não comia pão de queijo nem não bebia uma caipirinha. Não foi fácil arrumar a mala, afinal, haviam sido cinco anos de exílio. (...) Antes de ir embora, ela

46 Bucchioni, E. Entrevista concedida ao autor. São Paulo, 19 abr. 2016.

reuniu os amigos mais próximos e disse que, se estava feliz de reencontrar que não via fazia muito, estava triste por deixá-los.

Ao desembarcar ela sentiu um frio subindo a espinha, o coração acelerando. Quem estaria lá para recebê-la? Enquanto esperava a bagagem, o tempo parecia interminável, embora estivesse de papo com um conhecido que encontrara. Queria sair logo, chegar de verdade. Quando percebeu que era possível ver quem estava do outro lado, aproximou-se do vidro que impedia a passagem. Com os olhos de azeitona afoitos, procurou algum conhecido. Levou um susto: arrastando de mansinho a mão pelo vidro, seu pai chegou até ela. Quanto tempo fazia que não se viam! Ela diria que ele estava igual - igualzinho -, não fossem algumas rugas a mais e a coluna mais curva do que da última vez em que se encontraram. Os olhos dos dois estavam molhados, embora as lágrimas não caíssem. Imitando o seu gesto, ela encontrou a mão no vidro feito fosse segurar a dele. Trocaram carinhos, e era como se o vidro não existisse, até podiam sentir o calor da mão um do outro. De repente, como se ainda não tivesse se dado conta, ele apontou para a neta, era a primeira vez que a via. Ela ficou olhando para os dois, seu pai e sua filha, pensando em coisas óbvias demais, simples demais, coisas que lhe davam a certeza que voltar tinha sido a melhor escolha. (...) Enquanto tirava a bagagem da esteira não pensava em outra coisa, queria sair de lá correndo e abraçar o pai, sem se incomodar com o tumulto que a aguardava, os flashes, os amigos querendo saber como ela estava, a filha passando de colo em colo. Queria apenas sentir que havia chegado.[47]

O retorno dos dirigentes

Entendemos que a questão do retorno pode ser considerada de maneiras diferentes e em tempos diversos no processo de abertura e Anistia. A Anistia e o retorno se deram de maneira tão gradual quanto se dava o processo de abertura originada por Geisel. Num primeiro momento, cedeu-se o direito de retorno aos "inofensivos", depois aos dirigentes políticos de menor envergadura, e, por fim, aos envolvidos em "crimes de sangue".

47 LEVY, T. S. *A Chave de Casa*. Rio de Janeiro: Edições BestBolso, 2013, p. 171-173.

Destes, talvez os "pontos do fora da curva" tenham sido os dirigentes partidários. Mas, Raymundo Faoro, em 1979, apontava que:

> as tentativas do governo de impedir a volta dos líderes exilados – estavam fadadas ao fracasso. Esses líderes já retornaram. No momento em que os jornais falam deles toda hora, eles já estão de volta, atuando politicamente. Por isso que estamos tratando de um falso problema. O que é um líder político? Uma pessoa que atua politicamente, se está aqui, na Europa, ou no Japão, não interessa.[48]

O jurista e historiador apontava que o retorno daqueles que tinham história de vida política antes do golpe, ou seja, membros da primeira geração, diferentemente dos anônimos militantes da esquerda armada, tinham outro tipo de retorno. Ele é taxativo ao afirmar que os antigos políticos como Miguel Arraes, Leonel Brizola, Luís Carlos Prestes, e mesmo figuras de menor impacto popular, como Marcio Moreira Alves, retornavam antes do verdadeiro retorno: já voltavam como força política, estavam cotidianamente pelos órgãos de imprensa de todos os suportes midiáticos. Essas pessoas já faziam parte do cotidiano do país mesmo sem estarem no Brasil. Aqui não estamos levando em consideração o exilado enquanto figura particular, mas sim figura pública e política.

Além disso, o retorno de tais figuras afamadas era o que realmente preocupava o governo brasileiro; era o retorno dos "indesejáveis" que, com o advento da Anistia, embora tentassem, pouco podiam fazer para barrar. O capital político dessesindivíduos e as pressões externas e internas impossibilitavam o regime de mantê-los longe da nação. Note-se também que cada um retornou com uma postura particular. Cada um, de forma mais ou menos calculada, com sua estratégia, seus objetivos e postura definidos.

Em setembro de 1979, via-se que tudo já estava preparado para o retorno, principalmente dos grandes nomes, como Arraes e Brizola, militantes que haviam se destacado nos movimentos estudantis de 68 e os dirigentes dos Partidos Comunistas. Isso fica muito evidente, por exemplo, em matéria do *Movimento*, que dias antes já sabia quando eles voltariam e qual itinerário usariam: era um grande evento.

O exílio devolveu outro Brizola ao Brasil. Em sua chegada reiterou o posicionamento que tinha assumido no exterior em defesa da tradição getulista fa-

48 BARBOSA, D. Raymundo Faoro: "Anistia deve ser ampla, geral e irrestrita. E vai ser assim". *Movimento*, n. 190, 19 fev. 1979, p. 14.

zendo um longo discurso, de teor moderado, no túmulo de Vargas em São Borja, também sua cidade natal. O *status* de lenda da política nacional poderia ser visto pelo considerável número de jornalistas que, de acordo com o *Movimento*,[49] acotovelavam-se para entrevistá-lo. Alguns deles já tinham se mudado havia um mês para a cidade para não perder o acesso ao político, como é o caso de um repórter da rádio *BBC* de Londres.

Dessa forma, o teor do discurso de Brizola não fugia em nada do teor do discurso em seu exílio, em que propagava o desarmamento de espíritos. Evitou passagem por Porto Alegre para evitar qualquer tipo de leitura triunfalista pelos órgãos do governo. O discurso pregado no exterior também se repetia quando o tema era o MDB. Brizola dizia que concordava com esta organização política enquanto frente; já enquanto partido único, rejeitava. Dizia ele:

> [n]ão se pode confundir o MDB com oposições, nem unidade do MDB com unidade das oposições. A unidade do MDB é paralisante e antidemocrática, deixando milhões de brasileiros, principalmente os jovens, sem meios de militância democrática. Com o pluripartidarismo e o estabelecimento de uma plataforma comum, poderemos chegar mais rapidamente até uma alternativa de poder.[50]

Já Arraes retornava ferrenho defensor do MDB, assim também como o era no exílio. Esse fato era motivo das desavenças entre ele e Brizola, embora estivesse arredio em relação à sua filiação ao partido.

Concordamos com Raimundo Rodrigues Pereira, que identificava no itinerário de retorno dos políticos em questão significados intrínsecos, visto que, para ele, "às vezes um pequeno gesto é uma manifestação política."[51] O fato de Brizola ter chegado pelos "fundos dos Rio Grande do Sul" haveria de ser para "esfriar os ânimos, desestimular a radicalização do ambiente", sendo que só seis dias depois de sua chegada participaria de comício na capital gaúcha.

Já com Arraes era diferente; ele aportaria no Brasil já sob um grande comício em Pernambuco com representantes de todas as forças sociais. Arraes chegaria já demarcando seu território político sob as asas do MDB que tanto defendera

49 QUEIROZ, A. C. Brizola Chegou. *Movimento*, n. 219, 10 out. 1979, p. 3.

50 QUEIROZ, 1979, p. 3.

51 PEREIRA, R. R. Arraes está Chegando. *Movimento*, n. 218, 10 set. 1979, p. 5.

no exílio. Arraes seria a tábua de salvação do MDB para se manter como partido forte após a Anistia. Inclusive, a decisão de Arraes em não iniciar os "festejos" pelo seu retorno logo no Rio de Janeiro, e por decidir viajar em avião alugado ao Crato para ver sua mãe, não agradou em nada os comitês de recepção organizados por membros do MDB.

Não apenas na maneira como chegou Arraes diferenciou-se de Brizola, mas, como diria o jornal, "[n]o seu conjunto foi um comício denso, combativo, de um tom oposicionista indiscutível e forte, frequentemente dramático e comovente", ou seja, longe da moderação e autocrítica de Leonel Brizola. Arraes abriria seu discurso dizendo: "[n]ão renego nada do que fiz, e se se tivesse que recomeçar faria tudo de novo."[52]

Este comportamento de Arraes parecia preocupar muito mais que a presença de Brizola. Azeredo da Silveira, que não era mais pertencente ao *staff* governamental, mas ainda era lembrado como homem forte do Itamaraty, explicava em entrevista que:

> [o] Brasil é uma sociedade muito permeada intelectualmente pelo marxismo. Um homem como o [Miguel] Arraes, é hoje, a meu juízo, o maior risco de radicalização brasileira que nós temos... O Brizola é um amador do radicalismo, está entendendo? Ele gosta mesmo, como o Jango, de encontrar parceiros que tem terras. Quer dizer, é um negócio muito especial lá do Rio Grande, muito localista. Ele conseguiu se vender no Rio, teve uma votação espetacular, mas foi num momento desvario nacional: todo mundo estava mais ou menos nessa fase. O ser humano é assim mesmo, não é? Isso faz parte da natureza humana.[53]

Embora nunca tenha chegado a seu objetivo maior, a Presidência da República, Brizola foi muito influente na política brasileira até sua morte. Foi eleito logo nas primeiras eleições diretas para governador em 1982, o que o difere dos demais "indesejáveis" que nunca chegaram à popularidade que o político gaúcho adquirira, apesar de Arraes haver sido eleito governador de Pernambuco, pela segunda vez em 1986, logo quando do primeiro governo civil.

52 PEREIRA, 1979, p. 5.

53 SPECTOR, M. *Azeredo da Silveira*: um depoimento. Rio de Janeiro. Rd. FGV, 2010, p. 322.

Já Luís Carlos Prestes nunca mais teria o mesmo prestígio de antes. Mesmo ainda sendo o rosto mais lembrado entre os comunistas, o Partido Comunista não o via mais como uma referência significativa. Em 1982 desligou-se do PCB e sua atuação política foi muito tímida a partir de então, embora tenha sido apoiador de candidaturas como a de Brizola em 1989 para Presidência.

O PCdoB, em fins da década de 1970, sem se render ao discurso autocrítico em relação a outras organizações que se colocaram em armas contra o regime, dizia não se arrepender dos caminhos tomados. Haroldo Lima se declarava cada vez mais convencido de que a luta armada no Brasil era algo inevitável no processo histórico, mas que naquele momento era necessário engajar-se num partido legal.[54] E isso se expõe na fala de Lima, que revelava: "agora é hora de lutar pela Anistia ampla geral e irrestrita, pela revogação de todos os atos de exceção, especialmente da lei de segurança nacional,"[55] algo impensável no discurso do PCdoB menos de dois anos antes.

No caso do PCdoB, com a morte de Diógenes Arruda logo após seu retorno, João Amazonas, outro dos fundadores da legenda após a ruptura dentro do PCB, torna-se o principal dirigente do partido. A partir de então, o PCdoB passa por uma "reforma" interna que o faz amenizar o discurso. Foi ele base dos governos do PT até meados de 2016, quando a Presidente eleita Dilma Roussef foi destituída do cargo.

No sentido da influência política do exílio, algo que ficou muito evidente nesta pesquisa foi que, do exílio, o sistema ou ideologia de governo que se evidenciou como soberana enquanto influência no Brasil é a Social Democracia. Como vimos, é clara a adesão de parte de parte considerável dos militantes brasileiros em Portugal junto ao Partido Socialista. Para além disso, a recíproca também é verdadeira: os partidos socialistas europeus, em especial após a presença de Brizola em Lisboa, compraram a ideia de incursão social democrata na América Latina. A prova de que esta ideologia predominou também está na atuação destes ex-exilados na fundação e militância de partidos que se afinavam com este regime, como na criação do PDT, PV e, principalmente, do PSDB.

Com as eleições diretas de 1982, a preocupação, tanto da oposição ao regime militar quanto dos generais se transforma. A oposição, mesmo que desmembrada, toma força. É possível notar a preocupação dos militares quando acessamos do-

54 MARCONI, P. PCdoB: Lima propõe luta num Partido Legal. *Jornal da RepúblicaL*, 4 jul. 1979, p. 2.

55 FALAM os Primeiros Anistiados. *Movimento*, n. 218, 03 set. 1979, p. 4.

cumento de 1983, um *Relatório Especial de Informações*, produzido pelo Centro de Informações da Aeronáutica (CISA), sob o título *A Nomenklatura Tupiniquin*, que dava cabo de relacionar todos os "fichados" pela justiça militar que naquele momento acendiam ao poder ou cargo público nos Estados da Federação. Este documento traz uma introdução que coloca o leitor a par do que se tratava o termo *Nomenklatura*, e associando-a ao que acreditavam ser a sobreposição deste mecanismo para a realidade brasileira. Segundo trecho do documento:

> (...) a prática comum utilizada nos países ditos socialistas; a elite oficial dos partidos comunistas agarra-se aos privilégios do poder, consegue bons empregos para os parentes, ocupa as casas confortáveis deixadas pelos antigos funcionários, tem acesso a lojas onde compram por preços especiais dá aos filhos as melhores oportunidades de "educação no exterior.
>
> No Brasil, embora o partido comunista, e suas diversas correntes não estejam no poder, observa-se a lenta implantação da prática de nomear parentes, parentes de parentes e amigos de parentes justamente por aqueles que defenderam, em Suas campanhas eleitorais a palavra-de-ordem, simpática à opinião pública, da mobilização dos costumes, Será esse o socialismo moreno, nacionalista, fraterno, democrático, pluralista e participativo? [56]

A lista, que contém 50 páginas, cita um a um os profissionais nomeados, assegurando haver ocorrido uma espécie de aparelhamento de Estado, já que ela evidenciava cargos no Governo do Estado do Rio de Janeiro, Assembleia Legislativa do Estado Rio de Janeiro, Governo do Estado de São Paulo e Governo do Estado do Espirito Santo.

Mas os militares pareciam se preocupar menos com os "parentes, parentes de parentes e amigos de parentes" do que com "a nomeação de amigos companheiros, da guerrilha, dos assaltos, dos sequestros, ou apenas da infraestrutura das diversas organizações terroristas dizimadas nas décadas de 1960 e 1970" e ironizavam dizendo "todos hoje irmanados na busca do socialismo moreno, nacionalista, democrático, pluralista e participativo (...) como o unicórnio, animal que nunca existiu, composto a partir de elementos tomados aos animais do mundo real."[57]

56 Arquivo Nacional. MRE.DPN.PES.80.95/145.

57 Arquivo Nacional. MRE. DPN.PES.80.107/145.

Assim, os militares viam o projeto de distensão de Geisel tomar a forma que talvez não fosse de seu gosto, mas já era tarde. Mesmo com negativa do Congresso em acatar a lei Dante de Oliveira, um ano depois, a ditadura já estava enfraquecida a ponto de só conseguir promover uma transição final conciliada que os levaria de volta à caserna, mas não sem deixar, na figura de José Sarney, um antigo aliado no poder.

CONSIDERAÇÕES FINAIS

Nestas páginas pudemos dividir a periodização do exílio e retorno de brasileiros em Portugal em três momentos distintos: o primeiro em 25 de abril de 1974 com a Revolução dos Cravos, que para muitos foi uma lufada de liberdade após o golpe contra Salvador Allende em setembro do ano anterior no Chile. Nesse primeiro momento, por um lado, ressalta-se a busca daqueles que se decidem por fazer de Portugal sua terra de exílio por meios de sobrevivência em terra que desconheciam; por outro, há a euforia em participar ativamente de um processo revolucionário vitorioso e, por fim, há também aqueles que usaram Portugal como local de transição para outros países, sobretudo europeus e africanos. Este período vai até o fim do *Verão Quente*, em 25 de novembro de 1975, quando um golpe frustrado à esquerda que tinha como objetivo a aceleração do processo revolucionário é debelado.

Em tempo, parte considerável dos brasileiros se sentiu à vontade em participar do processo histórico português com vultosa dedicação. Envolveram-se nas questões políticas e sociais lusitanas como se no Brasil estivessem e com a mesma ambição revolucionária, agindo como se sua participação no movimento português fosse um meio de redenção pelas derrotas anteriores.

O segundo momento se deu na sequencia do *25 de Novembro*, quando as forças moderadas lideradas pelo Partido Socialista tomaram o poder e o movimento revolucionário arrefeceu. Como reflexo, é quando parcela dos brasileiros que ainda se agarravam às ideias de insurreição armada, com exceções pontuais, desilude-se, em muitos casos aliando-se ao projeto socialdemocrata do Partido Socialista português.

De forma geral, mesmo que ainda existisse a chama revolucionária, o aspecto da luta e transição democráticas tomam maior relevância dentro dos coletivos de exilados em Portugal, em especial a partir da chegada de Leonel Brizola. E é assim até a edição da Lei de Anistia em agosto de 1979, quando identificamos o fim desta segunda fase.

O último momento ocorre já do outro lado do Atlântico. É quando podemos notar as influências adquiridas nos exílios trazidas para o jogo político brasileiro. Assim, este momento diz respeito ao retorno, às influências políticas nas instituições e partidos e ao balanço das vivências e memórias adquiridas a partir do processo do exílio. Este período se inicia com a volta dos exiliados, mas, embora encerremos esta história com o ano de 1982 e as primeiras eleições diretas para Governador, cremos que não há como delimitar uma data que traduza o fim deste processo. Ele continua com o desenvolvimento dos partidos políticos e com a ascensão ao poder de indivíduos perseguidos no regime anterior e que, muitas vezes, influenciaram-se pelas vivências políticas e pessoais do exílio.

Inseridas nestes recortes temporais estão todas as experiências de portugueses, brasileiros, demais latino-americanos e espanhóis desterrados que experimentaram os conflitos, as contradições, as incertezas, as decepções, as vitórias e derrotas que um processo revolucionário, assim como seu arrefecimento, pode trazer para uma nação e para os indivíduos que nela habitam.

Isso se constata também pelo fato de que em nenhum outro lugar o brasileiro teve sua cultura (no sentido mais amplo possível) tão bem aceita, mais aderida e incorporada como em Portugal. No momento em questão, música, teatro e especialmente televisão são difundidos em larga escala em Portugal.

Isabel Ferin Cunha, por exemplo, se refere à questão da inserção da cultura brasileira em Portugal sob a ótica da novela *Gabriela, Cravo e Canela*, e revela que esta produção ajudou a alterar o percurso da televisão em Portugal. Além disso, indica que os produtos culturais brasileiros

> [s]ão produtos de grande impacto e consumo: a música popular brasileira, a indústria livreira, o teatro e o cinema. No momento em que se assiste ao lançamento do primeiro capítulo da tele-

> novela, 16 de Maio [de 1977], as rádios e a televisão mantinham programas regulares de divulgação da MPB, os romances de Jorge Amado eram best-sellers na feira do livro e nas livrarias. Enquanto encenações de Boal (Barraca conta Tiradentes) e uma peça de Dias Gomes (O Santo Inquérito) eram exibidas nos teatros da capital com notável êxito de bilheteira. No mesmo período o cinema brasileiro chega a Portugal, quer através de festivais mais selectivos, como o da Figueira da Foz, quer através do grande circuito comercial (Dona Flor e seus dois maridos, O Casamento de Arnaldo Jabor e Xica da Silva de Cácá Diegues).[1]

Falamos aqui das figuras de Augusto Boal – inclusive lembrado, em 2006, em homenagem do grupo teatral *A Barraca* por sua contribuição ao teatro português, quando do aniversário de 30 anos da companhia teatral –, assim como quando nos referimos a José Celso Martinez Correa e sua contribuição para a revolução nos palcos, nas ruas e nas telas.

Mesmo não tendo tratado sobre sua passagem por Portugal, não podemos deixar de citar Glauber Rocha e sua contribuição crítica à Revolução, como quando de sua participação no longa-metragem *As Armas e o Povo*,[2] onde cobria, fazendo as vezes de repórter, os primeiros dias após o *25 de Abril*. Há também aqueles brasileiros que participaram como agentes das *Campanhas de Dinamização Cultural e Acção Cívica*, que ainda pouco são reconhecidos pela história portuguesa ou brasileira, mas que lá estiveram como apoio à Revolução no âmbito intelectual e cultural.

Como mostramos no início deste livro, as relações entre Portugal e Brasil foram tratadas, com maior ou menor êxito, sob o entendimento de aproximação e influência. Em vários momentos, a história de ambos os países se entrecruza e não poderia ser diferente dado o passado colonial brasileiro. Mas neste momento específico do Processo Revolucionário em Curso, não há dúvidas de que os portugueses revolucionários se interessaram pelas experiências de resistência dos brasileiros. E isso fica claro quando percebemos um partido brasileiro influenciando a construção de outro português, ou quando acompanhamos a militância em um país estrangeiro trabalhando para a construção de uma revolução no país de acolhida.

1 CUNHA, I. F., 2003, p. 50 - 51.

2 Colectivo de Trabalhadores da Actividade Cinematográfica. As Armas e o Povo. Lisboa: Documentário, 81 min, Cor, 1975.

Aliás, acreditamos que isso não pode ser caracterizado como se houvesse apenas algum tipo de influência de brasileiros nas questões portuguesas, mas percebemos que houve colaboração entre os grupos de esquerda de ambos os países. Pois, assim como quando iniciamos a investigação, ainda cremos na importância de Portugal não apenas para os cincos anos em que os brasileiros lá estiveram acolhidos; entendemos que as experiências democráticas portuguesas influenciaram as condições políticas brasileiras da abertura e da transição para a democracia. Exemplo disso está não apenas nos aspectos de identificação dos sistemas políticos europeus, mas também na formação de nossa Constituição de 1988, influenciada pela Constituição Portuguesa de 1976.[3]

Nossa pesquisa também objetivou revelar as várias facetas das relações entre exilados, moradores locais e retornados, que vigoraram na segunda metade dos anos 70 em Portugal. Aliás, as próprias diferenças entre os exílios pela Europa em relação a Portugal mostram suas peculiaridades. Talvez esta seja uma das contribuições deste trabalho: mostrar que mesmo com todas as diferenças encontradas por brasileiros em suas andanças pelo mundo, compreendendo a hegemônica preferência dos brasileiros pela França como morada neste período de exílio e levando em consideração as dificuldades que o governo português impôs aos exilados, entendemos que Portugal pode ter sido o mais acolhedor, e por que não dizer, o mais brasileiro dos exílios. Acreditamos ter conseguido expor essas afinidades quando em documentos e testemunhos são apontadas as fortes ligações emocionais que derivavam da relação Brasil-Portugal.

Ficou evidente que o momento pelo qual passava Portugal, com problemas internos que custariam a ser sanados, coibia atos mais expressivos de auxílio pelo governo português aos exilados que lá se encontravam. Mas vimos que a recepção dos portugueses, por vezes, amenizou e até mesmo eliminou o sentimento de distância e facilitou o "desenraizamento" da terra natal. E isso se dá, em grande medida, pelo sentimento de gratidão e dever moral que parte dos portugueses tinham para com os brasileiros que os haviam acolhido muito pouco tempo antes, quando do regime salazarista. O sentimento parece ser recíproco por parte dos brasileiros,

3 TRINDADE, F. A.G. Algumas Reflexoes a Pretexto dos 20 Anos da Constituiçao de 1988. In: https://www12.senado.leg.br/publicacoes/estudos-legislativos/tipos-de-estudos/outras-publicacoes/volume-i-constituicao-de-1988/alguma-reflexoes-a-pretexto-dos-20-anos-da-constituicao-de-1988. Acessado em: 18/11/2016.

o que fica evidente quando acessamos as contribuições orais que ex-exilados cederam a esta investigação. Aliás, talvez não seja possível mensurar a utilidade, para a pesquisa, do material produzido no exílio ou pelos próprios exilados, além das já citadas memórias, biografias, autobiografias, entrevistas por nós realizadas, e por outros pesquisadores antes de nós, aos quais, enfaticamente, agradecemos.

Tentamos também compreender as relações institucionais a partir do ponto de vista da documentação oficial dos países envolvidos e da legislação internacional acerca da concessão de asilo político para que assim identificássemos o ambiente e a conjuntura na qual estava inserido nosso tema central: os exilados.[4]

Por fim, tentamos nos dedicar a algo pouco tratado na historiografia brasileira e nas ciências sociais de modo geral no Brasil: o fenômeno do exílio analisado a partir de um viés local, e não geral. O recorte que utilizamos, ou seja, o exílio dos brasileiros em Portugal após a Revolução dos Cravos, veio enquanto necessidade de verticalizar os estudos sobre o exílio brasileiro, sendo mais uma contribuição para futuras análises comparativas.

Além disso, mesmo hoje, o exílio, em sentido *latu*, não tem sido objeto de análise de muitos investigadores brasileiros, o que leva à curiosidade de pesquisadores estrangeiros, sobretudo dos demais países latino-americanos. É muito comum, inclusive, que a bibliografia e os eventos acadêmicos mais importantes aconteçam fora do país e com predominância de pesquisadores de língua hispânica.

Cremos, todavia, que com os trabalhos brasileiros que ora começam a surgir, em breve retomaremos não apenas a produção intelectual sobre os exílios, como também nos posicionaremos com destaque junto às pesquisas sobre este fenômeno que ainda tem vasto campo de estudo sobre o qual se debruçar.

4 Esta documentação esta à disposição dos interessados no Arquivo Nacional no Rio de Janeiro e no Arquivo Histórico e Diplomático no Palácio das Necessidades em Lisboa carecendo de pesquisadores que se interessem em acessá-los, pois é vasto em quantidade e mais ainda em qualidade de informações.

LISTA DE ABREVIATURAS E SIGLAS

ACNUR	Alto Comissariado das Nações Unidas para os Refugiados
AEPPA	Associação de Ex-Presos Políticos Antifascistas
ALN	Ação Libertadora Nacional
ANOP	Agencia Noticiosa de Portugal
ANUAR	Administração das Nações Unidas para Auxílio e Restabelecimento
AP	Ação Popular
AP-ML	Ação Popular Marxista-Leninista
CALPAL	Comitê de Apoio à Luta dos Povos da América Latina
CAMPE	Comitê Coordenador dos Assuntos Relativos ao Movimento de Fronteiras e Permanências no Estrangeiro
CAB	Comitê pelaAnistia no Brasil
CARP	Comitê de Apoio à Reconstrução do Partido
CBA	Comitê Brasileiro de Anistia
CCR-ML	Comitês Comunistas Revolucionários Marxistas-Leninistas
CDS	Centro Democrático Social
CIA	Central Intelligency Agency
CIEx	Centro de Informação do Exterior
CIME	Comitê Intergovernamental para as Migrações Europeias

CISA	Centro de Informações da Aeronáutica
CNARPA	Comissão Nacional de Apoio aos Refugiados Políticos Antifascistas
CODICE	Comissão Dinamizadora Central
CPAGB	Comitê Pró-Amnistia Geral no Brasil
DGS	Direcção Geral dos Serviços
DOI-CODI	Destacamento de Operações de Informação – Centro de Operações de Defesa Interna
EUA	Estados Unidos da América
FAPIR	Frente dos Artistas Populares e Intelectuais Revolucionários
FNAT	Fundação Nacional para a Alegria no Trabalho
FNLA	Frente Nacional de Libertação da Angola
FRAP	Frente Revolucionario Antifascista y Patriótica
FRELIMO	Frente de Libertação de Moçambique
GADU	Grupo de Apoio aos Desalojados do Ultramar
IARN	Instituto de Apoio ao Retorno dos Nacionais
IBAD	Instituto Brasileiro de Ação Democrática
INATEL	Instituto Nacional para Aproveitamento dos Tempos Livres
ISEL	Instituto Superior de Engenharia de Lisboa
LUAR	Liga de Unidade e Acção Revolucionária
MAI	Ministério dos Administração Interna
MDB	Movimento Democrático Brasileiro
MDM	Movimento Democrático de Mulheres
MES	Movimento Esquerda Socialista
MFA	Movimento das Forças Armadas
MEIC	Ministério da Educação e da Investigação Científica
MIR	Movimento Isquierda Revolucionária
MNE	Ministério dos Negócios Estrangeiros
MPLA	Movimento Popular para a Libertação de Angola
MR8	Movimento Revolucionário 8 de Outubro
MRE	Ministério das Relações Exteriores
OIR	Organização Internacional de Refugiados
ONU	Organização das Nações Unidas
OPA	Operação Pan-Americana
PCB	Partido Comunista Brasileiro

PCE-ML	Partido Comunista Espanhol Marxista-Leninista
PCP	Partido Comunista Português
PCP(R)	Partido Português Reconstruído
PCdoB	Partido Comunista do Brasil
PCUS	Partido Comunista da União Soviética
PDT	Partido Democrático Trabalhista
PEI	Política Externa Independente
PIDE	Polícia Internacional e de Defesa do Estado
PMDB	Partido do Movimento Democrático Brasileiro
POLOP	Política Operária
PPD	Partido Popular Democrático
PREC	Processo Revolucionário em Curso
PRP	Partido Revolucionário do Proletariado
PS	Partido Socialista
PSB	Partido SocialistaBrasileiro
PSD	Partido Popular Democrático
PSDB	Partido da Social Democracia Brasileira
PSP	Polícia de Segurança Pública
PT	Partido dos Trabalhadores
PV	Partido Verde
RTP	Rádio e Televisão de Portugal
SEC	Secretaria de Estado da Cultura
SNI	Serviço Nacional de Informação
UDP	União Democrática Popular
UNE	União Nacional dos Estudantes
UR-ML	União Revolucionária Marxista-Leninista
URSS	União das Repúblicas Socialistas Soviéticas
VPR	Vanguarda Popular Revolucionária

FONTES

Arquivos e Centros de Documentação Brasileiros

CEDEM – Centro de Documentação e Memória da UNESP
Fundo: Archivio Storico del Movimento Operaio Brasiliano - ASMOB

AEL – Arquivo Edgar Leurenroth
Fundo Comite Brasileiro pela Anistia - CBA
Fundo Gilberto Mathias
Fundo Teatro Oficnia

AN - Arquivo Nacional
Fundo Ministério dos Negócios Estrangeiros - MRE
Fundo Centro de Informaçao do Exterior - CIEx

Arquivos e Centros de Documentação Portugueses

Arquivo Nacional da Torre do Tombo
Fundo Ministério dos Assuntos Internos - MAI

Arquivo Diplomático do Ministério dos Negócios Estrangeiros
Fundo Politica Europa América - PEA

Arquivo e Biblioteca da Fundação Mário Soares

Biblioteca Nacional de Portugal

Casa do Brasil de Lisboa

Centro de Arquivo e Documentação do Movimento Democrático de Mulheres
Solidariedade Internacional

Centro de Documentação 25 de Abril
Acervo jornal AVANTE!
Acervo jornal Voz do Povo
Espólio Ana M. Carriço
Espólio Fernando Piteira Santos
Espólio Judith M. Abreu
Espólio Nuno Teotonio Pereira

Acervos Digitais

Casa Comum (Desenvolvido pela Fundaçao Mário Soares)
http://casacomum.org/cc/arquivos

Jornal Estado de S. Paulo
http://acervo.estadao.com.br/procura/

Jornal Folha de S. Paulo
http://acervo.folha.uol.com.br/

Revista VEJA
http://veja.abril.com.br/complemento/acervodigital/index-novo-acervo.html

Jornal *O Movimento*
Mídia (CD-ROM) contendo todo o acervo do periódico. Incluso na obra: AZEVEDO, Carlos. *Jornal Movimento: uma reportagem.* Belo Horizonte: Editora Manifesto, 2011.

Entrevistas

No Brasil
Mauricio Paiva
Moema Santiago
Alfredo Hélio Sirkis
Enio Bucchioni

Em Portugal
Manuel Pedroso Marques
Frei Bento Domingues
Pedro de Andrade
Helder Costa

BIBLIOGRAFIA

AARÃO REIS FILHO, Daniel. *A Revolução Faltou ao Encontro: Os comunistas no Brasil.* São Paulo: Brasiliense, 1990.

______, Daniel; SÁ, Jair Ferreira de (org.) *Imagens da Revolução. Documentos políticos das organizações de esquerda dos anos 1961-1971.* São Paulo: Editora Expressão Popular, 2006.

______, *Ditadura Militar, Democracia e Sociedade.* Rio de Janeiro: Jorge Zaar, 2005.

AARÃO REIS FILHO, Daniel; RIDENTI, Marcelo; MOTTA, Rodrigo Patto Sá. (orgs.) *O Golpe Militar 40 Anos Depois (1964-2004).* Bauru, SP: EDUSC, 2004.

ALMEIDA, Paulo Roberto de. *Do Alinhamento Recalcitrante à Colaboração Relutante: o Itamaraty em tempos de AI-5.* IN: Oswaldo Munteal Filho, Adriano de Freixo e Jacqueline Ventapane Freitas (orgs.). Tempo Negro, Temperatura Sufocante: Estado e Sociedade no Brasil do AI-5. Rio de Janeiro: Ed. PUC-Rio, Contraponto, 2008.

ALMEIDA, A. M. F.; CANÊDO, L. B.; GARCIA, A.; BITTENCOURT, A. B. *Circulação Internacional e Formação Intelectual das Elites Brasileiras.* Campinas-SP: EDUNICAMP, 2004.

ALMEIDA, A. S. *... como se fosse um deles – Almirante Aragão: memórias, silêncios e ressentimentos.* Tese de doutorado, Niterói, 2014.

ALMEIDA, Sonia Vespeira de. Vítimas do Fascismo. Os camponeses e a dinamização cultural do movimento das forças armadas (1974-1975). Análise Social, vol. XLIII (4.º), 2008, p. 821.

ALMEIDA, Sónia Vespeira de. Camponeses, Cultura e Revolução: Campanhas de Dinamização Cultural e Acção Cívica do MFA (1974-1975). Lisboa: Edições Colibri/IELT, 2009

ALTAMIRANO, Carlos. *Para un Programa de História Intelectual y otros ensayos.* Buenos Aires: Siglo XXI, 2005.

______. *Intelectuales. Notas de Investigación.* Bogotá: Grupo Editorial Norma, 2006.

______. *Historia de los Intelectuales em America Latina I. La ciudad letrada, de la conquista al modernismo.* Buenos Aires: Katz, 2008.

ALVES, Marcio Moreira. *O Despertar da Revolução Brasileira.* Lisboa: Seara Nova, 1974.

VARELA, Raquel. *História do Povo na Revolução Portuguesa (1974-1975).* Lisboa: Bertrand Editora, 2014

ARQUIDIOCESE DE SÃO PAULO. *Brasil Nunca Mais: Um Relato para História.* Rio de Janeiro: Ed. Vozes, 1985.

ARAÚJO, Maria Paula Nascimento. *A Utopia Fragmentada: As novas esquerdas no Brasil e no mundo na década de 1970.* Rio de Janeiro: Editora FGV, 2000.

AZEVEDO, Carlos. *Jornal Movimento: uma reportagem.* Belo Horizonte: Editora Manifesto, 2011.

BASTOS, Elide Rugai; RIDENTI, Marcelo; ROLLAND, Denis. (orgs). *Intelectuais: Sociedade e Política.* São Paulo: Cortes, 2003.

BARRETO, Luiz Paulo Teles Ferreira. *Das Diferenças entre os Institutos Jurídicos do Asilo e do Refúgio.* Nov. 2015. IN:http://www.migrante.org.br/migrante/index.php?option=com_content&view=article&id=133:das-diferencas-entre-os-institutos-juridicos-do-asilo-e-do-refugio&catid=87&Itemid=1203 acessado em 22/02/2016.

BIJOS, Leila. *O Direito Internacional e o Refúgio Político.* In: Revista CEJ. Brasília. Ano XVII, n 61, set. dez, 2013, p. 22.

BOAL, Augusto. *Hamlet e o Filho do Padeiro.* Rio de Janeiro: Record, 2000.

BOSI, Ecléia. *O Tempo Vivo da Memória: Ensaios de Psicologia Social.* São Paulo: Ateliê editora, 2004.

BRIGAGÃO, Clóvis; RIBEIRO, Trajano. Brizola. São Paulo/Rio de Janeiro: Paz a Terra, 2015

CADERNOS AEL. *Tempos de Ditadura.* 14/15 IFCH, Unicamp, Campinas, 2001.

CARDINA, Miguel. O Essencial sobre a Esquerda Radical. Coimbra: Angelus Novos, 2010.

______. *Política, Puniçao e Silenciamento nas Oposições Radicais ao Estado Novo.* IN: O Cabo dos Trabalho: Revista Eletronica dos Programas de Mestrado e Doutoramento do CES/FEUC/FLUC. N4, 2010.

CAVALCANTI. P. C. U. A Internacional Socialista vai à América Latina. In: Revista Critica de Ciências Sociais, 3, dezembro de 1979.

CEREZALES, Diego Palacios. *Um Caso de Violencia Política: O "Verão Quente" de 1975.* In: Análise Social. Vol. XXXVIII (165), 2003, p. 1127-1157.

CERVO, Amado; MAGALHÃES, José Calvet de. *Depois das Caravelas: As relações entre Portugal e Brasil (1808-2000).* Brasília: Editora da Universidade de Brasília, 2000.

CODATO, Adriano Nervo. *Uma História da Política de Transição Brasileira: da ditadura militar à democracia.* Revista de Sociologia e Política. N° 25. Nov. 2005.

COLLING, Ana Maria. *A Resistência da Mulher a Ditadura Militar no Brasil.* Rio de Janeiro: Record / Rosa dos Tempos, 1997.

CORREA, José Celso Martinez. Primeiros Atos: cadernos, depoimentos, entrevistas (1958-1974). São Paulo, SP: Editora 34, 1998.

CORTEZ, Lucili Grangeiro. *O drama do barroco dos exilados do Nordeste* Lucili Grangeiro Cortez. - UFC, 2005, p, 209.

COSTA, Albertina; MORAES, Maria Tereza Porciuncula; MARZOLA, Norma; LIMA, Valentina da Rocha. *Memória das Mulheres do Exílio. Memórias do Exílio Volume II.* Rio de Janeiro: Paz e Terra, 1980.

COSTA, Izabel Cristina Gomes da. *O Caleidoscópio Político do "Novo Trabalhismo": Os socialistas do Centro de Mobilização Trabalhista.* IN: Revista Contemporânea. Dossiê Contemporaneidade, ano 1, n°1, 2011, p 236-251.

______. *A Hora da Travessia: Reinventando o Brizolismo e o Trabalhismo.* Revista Mundos do Trabalho, vol. 4, n 7, jan. - jun. 2012.

CRUZ, Fabio Lucas da. L. *Brasileiros no Exílio: Argel como local estratégico para a militância política (1965-1979).* Tese (Doutorado em História Social): FFLCH-USP, 2016

CUNHA, Álvaro Petracco da. *Do Trabalhismo ao Socialismo Democrático*. São Paulo: Intermédio, 1986.

CUNHA, Isabel Ferin. A Revolução da Gabriela: o ano de 1977 em Portugal. IN: Cadernos Pagu. N. 21, 2003, p. 39 – 73.

CUNHA, Maria de Fátima. *Eles Ousaram Lutar... A Esquerda e a Guerrilha nos anos 60/70*. Londrina: Ed. UEL, 1998.

DANIEL, Herbert. *Passagem para o Próximo Sonho: um possível romance autocrítico*. Rio de Janeiro: Codecri, 1982.

DANIEL, Herbert. *Meu Corpo Daria um Romance*. Rio de Janeiro: Roco, 1984.

D'ARAUJO, Maria Celina; CASTRO, Celso (orgs.). *Ernesto Geisel*. Rio de Janeiro: Editora FGV, 1997.

DEL'OLMO, Florisbal de Souza. *Asilo Diplomático e Refugio: especificidades, semelhanças e um breve estudo de casos*. IN: Direito internacional [Recurso eletrônico on-line] organização CONPEDI/UFSC; coordenadores: Vladmir Oliveira da Silveira, Karine de Souza Silva, Rosângela Angelin. – Florianópolis: CONPEDI, 2014, Op. Cit, p. 163.

DREIFUSS, René Armand. *1964: A Conquista do Estado: Ação Política, Poder e Golpe de Classes*. Rio de Janeiro: Ed. Vozes, 1981.

FERREIRA, Jorge; AARÃO, REIS, Daniel (Orgs.). *Revolução e Democracia (1964...)*. Rio de Janeiro: Civilização Brasileira, 2007.

FERREIRA, Marieta Moraes. E*ntrevistas: Abordagens da História Oral*. Rio d Janeiro: Ed. Getulio Vargas, 1994.

FERREIRA, Walace. ReVisitando a África na Política Externa Brasileira: Distanciamentos e Aproximações da "Independência" à "Década de 1980". Universitas Relações Internacionais, Brasília, Vol. 11. N. 1. Jan-jun, 2013.

______. *A África na Política Externa Brasileira: Análise de Distanciamentos e Aproximações entre as Décadas de 1950 e 1980*. Revista Acadêmica de Relações Internacionais. Edição N°4 Vol. II, 2013.

FICO, Carlos. *Como Eles Agiam – Subterrâneos da Ditadura Militar: Espionagem e Polícia Política*. Rio de Janeiro: Ed. Record, 2001.

FIÚZA, Alexandre Felipe. *Entre um Samba e um Fado: a censura e a repressão aos músicos no Brasil e em Portugal nas décadas de 1960 e 1970*. Tese de Doutorado. UNESP-Assis, 2006

FREIRE, Américo. *Ecos da Estação Lisboa: O exílio das esquerdas brasileiras em Portugal.* In: Sociologia, Problemas e Práticas. N° 64, 2010, p. 37-57.

FREIRE, Américo; MARTINHO, Francisco Carlos Palomanes. *Lembrar Abril: as historiografias brasileira e portuguesa e o problema da transição para a democracia. História e Historiografia.* Ouro Preto. N. 10. Dez. 2012, 124-145.

GABEIRA, Fernando. *Carta sobre a Anistia; A Entrevista do Pasquim; Conversação sobre 1968.* Rio de Janeiro: Codecri, 1980.

______. *O Crepúsculo do Macho.* Rio de Janeiro: Codecri, 1980.

______. *Entradas e Bandeiras.* Rio de Janeiro: Codecri, 1981.

GEORGE, João Pedro. *A Cultura.* In: Pinto, Antônio Costa (Coord.) História Contemporânea de Portugal (1808 - 2010). Vol. 5: A Busca da Democracia (1960 - 2010). Lisboa: Fundación Mapfre/Objectiva. 2015. p, 145 - 195. GORENDER, Jacob. *Combate nas Trevas.* São Paulo: Ed. Ática, 1998.

GRECO, Heloisa Amélia. *Dimensões Fundacionais da Luta pela Anistia.* FAFICH-UFMG. Tese de Doutorado, 2003

GREEN, James. *Apesar de Vocês: oposição à ditadura brasileira nos Estados Unidos. 1964-1985.* São Paulo: Companhia das Letras, 2009.

GREEN, James N. *Exilados e Acadêmicos: A luta pela Anistia nos Estados Unidos.* IN: Cadernos AEL 29: Trabalho e Política: Edição Comemorativa. Segundo semestre de 2010.

GUERRA, Jacinto. JK: Triunfo e Exílio: um estadista brasileiro em Portugal. Brasília: Thesaurus, 2005.

HALBWACHS, Maurice. *Memória Coletiva.* São Paulo: Ed. Brasiliense,1990.

______. *Las Classes Sociales.* México: Fondo de Cultura Econômica, 1954.

JALALI, Carlos. Partidos e Democracias em Portugal (1974-2015). Lisboa: Editora ICS, 2007.

JENSEN, Silvina. *Los Exilados: la Lucha pelos Derechos Humanos durante lá ditadura.* Buenos Aires, Editorial Sudamericana, 2010.

______. *Reflexões acerca dos Retorno dos Exilados: um olhar a partir do caso dos argentinos radicados na Catalunha (Espanha).* IN: QUADRAT, Samantha Viz (org.) Caminhos Cruzados: História e Memória dos Exílios Latino-americanos no Século XXI. Rio de Janeiro: FGV Editora, 2011

JOSÉ, Emiliano. *Carlos Marighella - O Inimigo Número Um da Ditadura.* São Paulo: Ed. Sol e Chuva, 1997.

KUSHNIR, Beatriz. *Cães de Guarda: Jornalistas e censores, do AI-5 à constituição de 1988*. São Paulo: Ed. Boitempo, 2004.

LAMOUNIER, Bolivar (Orgs.). *De Geisel a Collor: o balanço da transição*. São Paulo: Editora Sumaré – IDESP, 1990.

LASTRA, Maria Soledad. *¿Volver al Hogar? La Experiencia del Retorno de los Exilados Argentinos*. Andamios. Revista de Investigación Social, vol. 10, núm. 21, enero--abril, 2013, p. 321-344.

LASTRA, Maria *Soledad. La (des)organización del retorno: las tiempos, rutas e conflictos em El regresso dos exialdos argentinos (1983-1988)*. IN: Actas de las VI Jornadas de Trabajo sobre Historia Reciente (segunda parte), http://www.riehr.com.ar/archivos/Investigacion/JTHR2012Eje8.pdf Acessado em: 26/04/2013

LASTRA, Soledad; PALMA, Carla Peñaroza. *Asilos em Dictaduras. Chilenos em la embajada argentina*. In: Perfiles Latino-americanos, 24 (48), 2016, pp, 83-109.

LEITE FILHO, Francisco das Chagas. *El Caudillo: Leonel Brizola, um perfil biográfico*. São Paulo: Editora Aquariana, 2008

LESSA, Antônio Carlos. Há Cinquenta Anos a Operação Pan-Americana. IN: Revista Brasileira de Política Internacional. Vol. 51. N. 2, Brasília, Jul-Dez, 2008.

LEVY, Tatiana Salem. *A Chave de Casa*. Rio de Janeiro: Edições BestBolso, 2013, p. 117-118.

Memórias do Exílio: Brasil-(1964-19??). De muitos caminhos. Vol. 1, São Paulo: Livraria Livramento, 1976.

LISI, Marcos. Os Partidos Políticos em Portugal: continuidades e rupturas. Lisboa: Almedina, 2011.

MACHADO, Ângela Montalvão. O Binômio "Esquerda/Direita" no Portugal pós-25 de Abril. In: ResPublica: Revista Lusófona de Ciência Política, Segurança e Relações Internacionais n. 09, 2009.

MACIEL, Wilma Antunes. *Militares de Esquerda: formação, Participação política e engajamento na Luta Armada (1961-1974)*. São Paulo: Tese de doutorado/USP, 2010.

MAINWARING, Scott. *Os Objetivos dos Partidossob Regimes Autoritários eleitorais ou Democracias Frágeis*. In: Civitas. Porto Alegre. Vol. 2. N. 2, dez. 2002.

MAINWARING, Scott; TORCAL, Mariano. *Teoria e Intitucionalizaçao dos Sistemas Partidários após a Terceira Onda de Democratizaçao*. Opiniao Pública, Campinas. Vol. XI, n. 2, out. 2005, p. 249-286.

MARQUES, Manuel Pedroso. Os Exilados não Esquecem nada mas Falam Pouco. Lisboa: Âncora Editora, 2015

MARQUES, Teresa Cristina Schneider. *Militância Política e Solidariedades Transnacionais: A trajetória política dos exilados brasileiros no Chile e na França (1968-1979).* Tese de Doutorado – Programa de pós-graduação em Ciência Política: UFRGS. Porto Alegre, 2011.

MASSENA, Aandreia Prestes. *Exílio em Moçambique: experiências vivdas em terra estrangeira durante a Ditadura Militar no Brasil.* Dissertação (Mestrado em História): UFRJ, 2005

MATHIAS, Suzeley Kalil. *Distensão no Brasil: o projeto militar (1973-1979).* Campinas-SP: Papirus Editora, 1995.

Mazé Torquato Chotil. *Trabalhadores exilados – a saga de brasileiros forçados a partir (1964-1985).* Curitiba: Prismas, 2016.

MAUÉS, Flamarion. *Livros que Tomam Partido: a edição política em Portugal (1968-1980).* Tese de doutorado. FFLCH-USP, 2013.

MAXWELL, Kenneth. O Império Derrotado: Revolução e Democracia em Portugal. São Paulo: Companhia das Letras, 2006.

MIRA &LOPEZ, Emilio. Almir Dutton Ferreira. A vida é o grande momento de todos nós. Rio de Janeiro: Achiamé, 2005

MIRANDA, Nilmario; Tiburcio, Carlos. *Dos Filhos deste Solo – Mortos e Desaparecidos Políticos Durante a Ditadura Militar: A Responsabilidade do Estado.* São Paulo: Boitempo Editorial, 1999.

NAJAR, Angélica Lorini: O Humor Gráfico Brasileiro em Portugal: um estudo do semanário de humor português *Chaimite*: Unisinos, 2006.

NAPOLITANO, Marcos. *Seguindo a canção: engajamento político e indústria cultural na MPB (1959/1969).* 1. ed. São Paulo: Anna Blume / FAPESP, 2001.

______. *1964: História do Regime Militar Brasileiro.* São Paulo: Contexto, 2014.

______. *NoExílio, Contra o Isolamento: Intelectuais comunistas, frentismo e questão democrática nos anos 1970.* IN: Estudos Avançados. Vol. 28, n. 80. São Paulo: IEA/USP, jan. – abr. 2014.

NORA, Pierre. *Entre memória e história: A problemática dos lugares.* In.: Revista Projeto História. São Paulo: PUC, N. 10.1993.

NORONHA, Rodrigues. *A História do Direito de Asilo no Direito Internacional*. http://www.ambito-juridico.com.br/site/?n_link=revista_artigos_leitura&artigo_id=4561&revista_caderno=16 Acessado em: 12/2/2016, p. 2.

PAIVA, Mauricio. *O Sonho Exilado*. Rio de Janeiro, Mauad Editora, 2004.

PAIVA, Tatiana Moreira Campos *Herdeiros do exílio. Memórias de filhos de exilados brasileiros da ditadura militar.* Rio de Janeiro: PUC-Rio, Departamento de História, 2006.

PARTIDO COMUNISTA BRASILEIRO. *PCB: vinte anos de política. 1958-1979* (documentos). São Paulo, Livraria Editora Ciências Humanas, 1980.

PASSERINI, Luisa. *Mitobiografiaem História Oral*. IN: Projeto História, São Paulo, n. 10, dez. 1993, p. 29-40.

PENNA FILHO, Pio. *Os Arquivos do Centro de Informações do Exterior (CIEX): O elo perdido da repressão*. In: Acervo, Rio de Janeiro, vol. 21, n°2, p. 79-92, jul/dez. 2008.

______. *O Itamaraty nos Anos de Chumbo – O Centro de Informações do Exterior (CIEX) e a repressão no Cone Sul (1966-1979)*. IN: Revista Brasileira de Politica Internacional. 52 (2): 43-62, 2009.

PEIXOTO, Fernando. *Teatro Oficina (1958-1982): trajetória de uma rebeldia cultural*. São Paulo: Brasiliense, 1982.

PEREIRA, José Pacheco. *A Sombra: Estudo sobre a clandestinidade comunista*. Gradiva, 1993.

PEZZONIA, Rodrigo. *Revolução em DEBATE: o grupo DEBATE, o exílio e a luta armada no Brasil*. Dissertação de Mestrado. Campinas: IFCH-UNICAMP, 2011.

PINTO, António Costa. O Passado Autoritário e as Democracias da Europa do Sul. IN: PINTO, A. C; MARTINHO, F. C. P. O Passado que não Passa: A sombra das ditaduras na Europa e na América do Sul. Rio de Janeiro: Civilização Brasileira, 2013.

POLLACK, Michael. *Memória, esquecimento, Silêncio*. IN: *Estudos Históricos*. Rio de Janeiro CPDOC/ Fund. Getulio Vargas, n. 3, 1989.

______. *Memória e Identidade Social*. IN: *Estudos Históricos*. Rio de Janeiro CPDOC/ Fund. Getulio Vargas, n. 10, 1992.

PRADO Jr., Caio. *A Revolução Brasileira*. Rio de Janeiro: Editora Brasiliense, 1966.

PROCHASSON, Christophe. *Les intellectuels, le socialisme et la guerre, 1900-1938*, Paris, Seuil, "L'univers Historique", 1993.

QUADRAT, Samantha Viz (org.) *Caminhos Cruzados: História e Memória dos Exílios Latino-americanos no Século XXI*. Rio de Janeiro: FGV Editora, 2011.

RAMOS, Luís Fernando. *Dez Anos de Uzina Uzona, Trinta Anos do Exílio Português.* In: Izabel Margato; Renato Cordeiro Gomes (orgs.) Literatura, política, cultura (1994-2004). Belo Horizonte: Editora UFMD, 2005.

RÉMOND, René. *Por uma História Política*: Rio de Janeiro: Ed. UFRJ/Ed. FGV, 1996.

REZOLA, Maria Inácia. 25 de Abril: Mitos de uma Revolução. Lisboa: A Esfera dos Livros, 2007.

RIDENTI, Marcelo. *O Fantasma da Revolução Brasileira – Raízes Sociais da Guerrilha Armada.* São Paulo: EDUNESP, 1993.

______. *Em Busca do Povo Brasileiro: Artistas da Revolução, do CPC à era da TV.* São Paulo: Record, 2001.

______. *Classes Sociais e Representação.* São Paulo: Cortez Editora, 2001.

RIDENTI, Marcelo; BASTOS, Elide Rugai; ROLLAND, Denis. *Intelectuais e Estado.* Belo Horizonte: Editora UFMG, 2006.

RIBEIRO, Vasco. Os primeiros passos da comunicação política democrática em Portugal: A 5.ª Divisão do MFA como motor da propaganda revolucionária no PREC. In:http://ler.letras.up.pt/uploads/ficheiros/12911.pdf, p. 81. Acessado em 15/01/2016

ROLLEMBERG, Denise. *A Idéia de Revolução: Da Luta Armada ao Fim do Exílio (1961 – 1979).* IN: *Que História é Essa?* Rio de Janeiro: Relume-Dumará, 1994.

______. *Exílio: Entre Raízes e Radares.* Rio de Janeiro: Record, 1999.

______. *O Apoio de Cuba à Luta Armada no Brasil: O Treinamento Guerrilheiro.* Rio de Janeiro: Muad, 2001.

______. *Nômades, Sedentários e Metamorfoses: Trajetórias de vida no exílio.* IN: REIS,. Daniel Aarão; RIDENTI, Marcelo; MOTTA, Rodrigo Patto Sá (orgs.). O Golpe e a Ditadura Militar 40 Anos Depois (1964 – 2004). Bauru-SP: EDUSC, 2004.

______. *Cultura Política Brasileira: Redefinição no exílio (1964-1979).* In: Hispanic Research Journal, Vol. 7, N° 2, June 2006.

______. *Debate no Exílio: Em Busca da Renovação.* IN: Ridenti, Marcelo; Reis, Daniel A (ORG.). História do Marxismo no Brasil. Volume VI: Partidos e Movimentos após os Anos 1960. Campinas – SP: Editora da UNICAMP, 2007.

______. *Memórias no exílio, memórias do exílio.* FERREIRA, Jorge; AARÃO REIS, Daniel. (Orgs.). As Esquerdas no Brasil. Revolução e democracia (1964...). Vol. 3. Rio de Janeiro: Civilização Brasileira, 2007. In: http://www.historia.uff.br/nec/sites/default/files/esquerdas_no_exilio.pdf

RICOEUR, Paul. *A Memória, a História e o Esquecimento*. Campinas: Editora UNICAMP, 2007.

RONIGER, Luis. *Exílio Massivo, Inclusão e Exclusão Política no Século XX*. In: Dados – Revista de Ciências Sociais, Rio de Janeiro, vol. 53, n° 1, 2010, P. 91 a 123.

ROSI, Bruno Gonçalves. *As Relações Brasil-África no Regime Militar e na Atualidade*. IN: Revista Conjuntura Astral, Vol. 2, n 3-4, Dez 2010 – Mar 2011

SÁ REGO, C. de. *A saudade mata a gente...: también el regresso a un país que ha cambiado*. In: Controversia, núm. 5, México, marzo, 1980.

SAID, Edward W. *Reflexões Sobre o Exílio e Outros Ensaios*. São Paulo. C&A das Letras, 2003.

______. *Representações do Intelectual: As Conferências Reith de 1993*. São Paulo, C&A das Letras, 2005.

SALES, Jean Rodrigues. *Partido Comunista do Brasil – PCdoB: Propostas Teóricas e Praticas Políticas – 1962 – 1976*. Campinas: UNICAMP – Mestrado, 2000.

______ *O Impacto da Revolução Cubana Sobre as Organizações Comunistas Brasileiras. (1959 – 1974)*. Campinas: UNICAMP – Doutorado, 2005.

SALES, Jean Rodrigues. Partido Comunista do Brasil: definições ideológicas e trajetória política. IN: História do Marxismo no Brasil VI: Partidos e Movimentos após os anos 1960. RIDENTI; AARÃO REIS (Orgs.), Campinas: Editora UNICAMP, 2007.

SALVADORI, Fausto. O Revolucionário Cordial. In: Apartes: revista da Câmara Municipal de São Paulo. N° 17, out-dez, 2015.

SANTOS, Cecília Macdowell. *Questões de Justiça de Transição: A Mobilização dos Direitos Humanos e a Memória da Ditadura no Brasil:* In: Repressão e Memória Politica no Contexto ibero-Brasileiro: Estudos sobre Brasil, Guatemala, Moçambique, Peru e Portugal. Brasília: Mininstério da Justiça, Comissão de Anistia; Portugal: Universidade de Coimbra, Centro de Estudos Sociais, 2010.

SANTOS, Idelette Muzart-Fonseca dos; ROLLAND, Denis. *Le Bresil des Gouvernements Militaires et L'Exil. Violence Politique, exil et accueil des Brésiliens em France: témoignages et documents*. Paris: L'Harmattan, 2008.

______ (Dir). *L'Exil Brésilien em France: Histoire et Imaginaire*. Paris: L'Harmattan, 2008.

SANTOS, Luiz Claudio Machado dos. A Política Externa Brasileira para a África Negra: da "Interdependência" ao "Pragmatismo Responsável". (1964-1979). In: Universitas FACE, Vol. 1, N1, 2003.

SARAIVA, Miriam Gomes; VIGEVANI, Tullo. *Política Externa do Brasil: continuidade em meio à descontinuidade, de 1961 a 2011*. In: AARÃO REIS FILHO, D. RIDENTI, M. MOTTA, R. P. S. (orgs.) *A Ditadura que Mudou o Brasil: 50 anos do golpe de 1964*. Rio de Janeiro: Zahar, 2014

SECCO, Lincoln. *A Revolução dos Cravos e a Crise do Império Colonial Português*. São Paulo: Alameda, 2004.

SENTO-SÉ, João Trajano de Lima. Um Encontro em Lisboa: O novo trabalhismo do PDT. IN: Jorge Ferreira; Daniel Aarão Reis (Orgs.). Revolução e Democracia (1964...). Rio de Janeiro: Civilização Brasileira, 2007.

SILVA, Haike Kleber da (Org). *A Luta pela Anistia*. Imprensa Oficial, Edunesp, Arquivo Público do Estado de São Paulo, 2009.

SILVA, Helenice Rodrigues da. *Os Exílios dos Intelectuais Brasileiros e Chilenos, na França, Durante as Ditaduras Militares: uma história cruzada*. Disponível em: <http://nuevomundo.revues.org/5791>. Acesso em: 13 jul. 2010

SILVA, Helenice Rodrigues da; KOHLER, Heliane. (orgs). *Travessias e Cruzamentos Culturais: A Mobilidade em Questão*. Rio de janeiro: Ed. FGV, 2008.

SILVA, Isabela Oliveira Pereira. *"Barbaros Técnizados": Cinema no Teatro Oficina*. São Paulo: FFLCH-USP. Dissertação de Mestrado, 2006.

SIRKIS, Alfrdo Hélio. *Roleta Chilena*. São Paulo: Circulo do Livro, 1981.

SZNADJER, Mario; RONIGER, *Luiz. La Politica del Destierro y el Exilio en América Latino*. Mexico: FCE, 2013.

SOUZA, Paulo Artur Ferreira de. O Sistema de Saúde em Portugal: realizações e desafios. IN: Acta Paul Enferm 2009;22(Especial - 70 Anos)

SPECKTOR, Matias. *Kissinger e o Brasil*. Rio de Janeiro: Jorge Zahar Ed., 2009.

______ *Azeredo da Silveira: um depoimento*. Rio de Janeiro. Rd. FGV, 2010.

TELO, António José. *Do 25 de Abril à Atualidade. Vol. I*. Coleção Fundamentos. Lisboa: Editora Presença, 2007.

THOMPSON, Paul. *A Voz do Passado: História Oral*. Rio de Janeiro: Ed. Paz e Terra, 1992.

VARELLA, Raquel. *História do Povo na Revolução Portuguesa (1974-1975)*. Lisboa: Bertrand Editora, 2014.

Vários Autores. *Aprender com Diógenes Arruda*. Lisboa: Edições Bandeira Vermelha, 1979.

VELOSO, Caetano. *Verdade Tropical*. São Paulo: Cia. das Letras, 1997.

WACHOWICZ, Marcos. *O Direito de Asilo como Expressão dos Direitos Humanos.* In: Revista da Faculdade de Direito da Universidade Federal do Paraná. Vol. 37, n. 0, 2002

YANKELEVICH, Pablo. *Estudar o Exílio.* IN: Samatha Viz Quadrat (org.) *Caminhos Cruzados: História e Memória dos Exílios Latino-americanos no Século XXI.* Rio de Janeiro: FGV Editora, 2011.

ZERBINI, Therezinha. *Anistia: semente da liberdade.* São Paulo: Edição da Aurora, 1979.

AGRADECIMENTOS

À minha companheira Katy Magalhães e filha Anita de Magalhães Pezzonia. À minha mãe Elisa Pezzonia e ao casal irmão Margarete e Luiz Henrique da Silva Bueno.

À família que escolhi: meus amigos.

Meus agradecimentos também vão a todos que, gentilmente, cederam entrevistas para esta pesquisa, nomeadamente: Manuel Pedroso Marques, Alfredo Sirkis, Moema São Tiago, Antônio Marques, Mauricio Paiva, Frei Bento Domingues, Helder Costa, Pedro Andrade e Enio Bucchioni. Além de tantos outros que se dispuseram a produzir uma rede de contatos com intuito de ajudar em nossa investigação.

Agradeço ao orientador da tese que deu origem a este livro, o Prof. Dr. Francisco Carlos Palomanes Martinho.

À Fundação de Amparo à Pesquisa do Estado de São Paulo (FAPESP) pelo financiamento deste trabalho tanto no Brasil quanto exterior.

Ao Prof. Dr. Marcelo Siqueira Ridenti por toda a ajuda prestada desde o início de meu curso de mestrado e ao facilitar o acesso ao Instituto de Filosofia e Ciências Humanas da UNICAMP (Universidade Estadual de Campinas) para esta pesquisa.

Ao professor e investigador Antônio Costa Pinto, quem supervisionou nosso estágio doutoral no Instituto de Ciências Sociais da Universidade de Lisboa entre os meses de abril e agosto de 2015.

Aos professores Marcos Napolitano, Américo Freire, Denise Rollemberg.

Aos centros de pesquisa brasileiros e portuguesese a todos os seus funcionários:

No Brasil, ao Arquivo Nacional, Arquivo Edgar Leurenroth e ao Centro de Documentação e Memória da UNESP.

Em Portugal devemos agradecimentos à Rita Alho e Heliana Bibas da Casa do Brasil de Lisboa; Isabel Moura do Arquivo e Biblioteca da Fundação Mário Soares; à Idalina Charraz e o Centro de Arquivo e Documentação do Movimento Democrático de Mulheres; ao Centro de Documentação 25 de Abril (Coimbra) nas pessoas de Natércia Coimbra, José Carlos Patrício, Fernanda Ventura e Luísa Conceição, à Biblioteca Nacional de Portugal, ao Arquivo Nacional da Torre do Tombo, ao Arquivo Diplomático do Ministério dos Negócios Estrangeiros e a todos os atenciosos funcionários que aqui não foram nomeados.

Por fim, a todos aqueles e aquelas, conhecidos ou anônimos, que de alguma forma participaram da nossa jornada.

Alameda nas redes sociais:
Site: www.alamedaeditorial.com.br
Facebook.com/alamedaeditorial/
Twitter.com/editoraalameda
Instagram.com/editora_alameda/

Esta obra foi impressa em São Paulo no outono de 2019. No texto foi utilizada a fonte Minion Pro em corpo 10,5 e entrelinha de 15,5 pontos.